O PIOR DIA NA HISTÓRIA DE WALL STREET

DIANA B. HENRIQUES

O PIOR DIA NA HISTÓRIA DE WALL STREET

A QUEBRA DA BOLSA DE 1987 E AS DISPUTAS POLÍTICAS E ECONÔMICAS DE UMA DAS MAIORES CRISES DO CAPITALISMO

Tradução de
CATHARINA PINHEIRO

1ª edição

RIO DE JANEIRO – 2023

CIP-BRASIL. CATALOGAÇÃO NA PUBLICAÇÃO
SINDICATO NACIONAL DOS EDITORES DE LIVROS, RJ

H449p   Henriques, Diana B.
    O pior dia na história de Wall Street : a quebra da bolsa de 1987 e as disputas políticas e econômicas de uma das maiores crises do capitalismo / Diana B. Henriques ; tradução Catharina Pinheiro. - 1. ed. - Rio de Janeiro : Best Business, 2023.

    Tradução de: A first-class catastrophe : the road to Black Monday, the worst day in Wall Street history
    ISBN 978-65-5670-020-5

    1. Quebra da Bolsa de Valores, 1987. 2. Bolsas de valores - Estados Unidos - História - Séc. XX. 3. Crise econômica - Estados Unidos - História - Séc. XX. I. Pinheiro, Catharina. II. Título.

23-85025
CDD: 332.64273
CDU: 336.76(73)

Meri Gleice Rodrigues de Souza - Bibliotecária - CRB-7/6439

Copyright © 2017 by Diana B. Henriques

Texto revisado segundo o Acordo Ortográfico da Língua Portuguesa de 1990.

Todos os direitos reservados. Proibida a reprodução, armazenamento ou transmissão de partes deste livro, através de quaisquer meios, sem prévia autorização por escrito.

Direitos exclusivos de publicação em língua portuguesa somente para o Brasil adquiridos pela Best Business, um selo da Editora Best Seller Ltda.
Rua Argentina, 171 – Rio de Janeiro, RJ – 20921-380 – Tel.: (21) 2585-2000, que se reserva a propriedade literária desta tradução.

Impresso no Brasil

ISBN 978-65-5670-020-5

Seja um leitor preferencial Record.
Cadastre-se no site www.record.com.br
e receba informações sobre nossos lançamentos e nossas promoções.

Atendimento e venda direta ao leitor:
sac@record.com.br

Para Floyd Norris, colega admirado,
mentor da maior confiança e amigo querido

SUMÁRIO

Personagens	9
Nota da autora	13
Prólogo	17

PRIMEIRA PARTE: O DESAPARECIMENTO DAS FRONTEIRAS

1. Quinta da Prata	25
2. Ideias inteligentes	38
3. Chicago *versus* Nova York	50
4. Mudando de marcha	66
5. Um acordo em Washington	77
6. Futuros de ações, fracassos de títulos	92

SEGUNDA PARTE: TITÃS E MAGOS

7. Uma praga de Oklahoma	109
8. Altas e bancos	121
9. A ascensão de Chicago	137
10. Arbitragem e acomodação	146
11. Bancos à beira do colapso	159

TERCEIRA PARTE: CONTÁGIO

12. Fusões e mutações	173
13. A ascensão de Berkeley e a queda dos bancos	188

14. A hora da feitiçaria   200

15. Mercados racionais?   213

16. Portfólios de Pandora   228

17. Presságios de janeiro, alarmes de julho   243

QUARTA PARTE: ACERTO DE CONTAS

18. As piores semanas de todos os tempos   265

19. 508 pontos   283

20. Malabarismo com granadas   308

21. Procurando culpados, fugindo da realidade   331

Epílogo   350

Notas   359

Agradecimentos   477

Índice   483

PERSONAGENS

WASHINGTON

REGULADORES BANCÁRIOS E AUTORIDADES DA CASA BRANCA

Howard H. Baker Jr., chefe de gabinete da Casa Branca (1987-1988)

James A. Baker III, chefe de gabinete da Casa Branca (1981-1985) e secretário do Tesouro (1985-1988)

Nicholas F. Brady, presidente do conselho da Força-Tarefa Presidencial para Mecanismos do Mercado (1987-1988) e secretário do Tesouro (1988-1993)

C. Todd Conover, autoridade controladora da moeda, funcionário independente dentro do Departamento do Tesouro (1981-1985)

E. Gerald Corrigan, vice-presidente do Federal Reserve Bank de Nova York e assistente especial do presidente do Sistema do Federal Reserve [Fed] de Nova York Paul Volcker (1976-1980), presidente do Federal Reserve Bank de Minneapolis (1980-1984) e presidente do Federal Reserve Bank de Nova York (1985-1993)

Alan Greenspan, presidente do conselho do Sistema do Federal Reserve de agosto de 1987 a janeiro de 2006

10 O PIOR DIA NA HISTÓRIA DE WALL STREET

William M. Isaac, presidente do conselho da Federal Deposit Insurance Corporation (FDIC) (1981-1985)

Donald T. Regan, secretário do Tesouro (1981-1985) e chefe de gabinete da Casa Branca (1985-1987)

Paul A. Volcker, presidente do Federal Reserve Bank de Nova York (1975--1979) e presidente do conselho do Sistema do Federal Reserve (1979-1987)

REGULADORES DO MERCADO DE AÇÕES

Richard G. Ketchum, diretor de regulação do mercado na Securities Exchange Commission (SEC), equivalente à Comissão de Valores Mobiliários dos Estados Unidos (1983-1991)

David S. Ruder, presidente do conselho da SEC (1987-1989) e ex-reitor da Northwestern University School of Law

John S. R. Shad, presidente do conselho da SEC (1981-1987) e ex-vice--presidente da E.F. Hutton and Co.

Harold M. Williams, presidente do conselho da SEC (1977-1981)

REGULADORES DO MERCADO A FUTURO

Wendy Gramm, presidente do conselho da Comissão Reguladora de Operações a Futuro com Commodities (CFTC) (1988-1993)

Kalo A. Hineman, presidente do conselho em exercício da CFTC (1987--1988)

Philip Johnson, presidente do conselho da CFTC (1981-1983) e consultor legal de longa data da Chicago Board of Trade (CBT)

Susan M. Phillips, comissária da CFTC (1981-1983) e presidente do conselho da CFTC (1983-1987)

James M. Stone, presidente do conselho da CFTC (1979-1981) e comissário da CFTC

WALL STREET

W. Gordon Binns Jr., gerente de investimentos do fundo de pensão da General Motors (GM) (1981-1994)

Robert J. Birnbaum, presidente da Bolsa de Valores Americana (em inglês, American Stock Exchange, ou Amex) (1977-1985) e presidente da Bolsa de Valores de Nova York (em inglês, New York Stock Exchange, ou NYSE) (1985-1988)

Roland M. Machold, diretor da Divisão de Investimentos de Nova Jersey e gerente dos fundos de pensão do estado (1976-1998)

John J. Phelan Jr., vice-presidente do conselho da NYSE (1975-1980), presidente da NYSE (1980-1984), presidente do conselho e CEO da NYSE (1984--1991)

CHICAGO

William J. Brodsky, vice-presidente executivo e diretor de operações da Chicago Mercantile Exchange (Merc) (1982-1985), e presidente da Merc (1985-1996)

Leo Melamed, presidente da Chicago Mercantile Exchange (1969-1973, 1976-1977), consultor especial da Merc (1977-1985), e presidente do comitê executivo da Merc (1985-1991)

Richard L. Sandor, economista-chefe e vice-presidente da Chicago Board of Trade (1972-1975), e ex-professor da Faculdade de Administração da Universidade da Califórnia em Berkeley

BERKELEY

Hayne E. Leland, economista formado em Harvard que entrou na Faculdade de Administração da Universidade da Califórnia em Berkeley em 1974

John O'Brien, sócio-fundador, com Leland e Mark Rubinstein, e presidente executivo da Leland O'Brien Rubinstein Associates (1981-1997)

Mark Rubinstein, teórico da precificação de opções e professor de Finanças que entrou na Faculdade de Administração da Universidade da Califórnia em Berkeley em 1972

R. Steven Wunsch, vice-presidente da Kidder Peabody nos anos 1980, especializado em derivativos, além de consultor informal da LOR Associates

NOTA DA AUTORA

É difícil transmitir para o público atual o impacto emocional das flutuações do mercado na década de 1980, ou, aliás, em qualquer década distante, pois os padrões mais populares de avaliação do mercado cresceram muito nos anos transcorridos.

Por exemplo, no pior dia da quebra da bolsa de 1929, o Dow Jones Industrial Average [DJIA] perdeu aproximadamente 38 pontos, uma alteração insignificante nos mercados atuais. Mas, naquele dia, o Dow Jones havia aberto com quase 300 pontos, o que significa que aquela queda de 38 pontos representava um declínio sem precedentes de 12,8%. Esse recorde só foi batido na quebra de 1987.

As alterações diárias nas pontuações do Dow desta história também podem parecer irrelevantes em uma época na qual o índice é calculado com cinco dígitos. No momento em que isto é escrito, no início de 2017, o Dow ultrapassou os 20.000 pontos, mas, durante grande parte do início da década de 1980, o índice ficava entre 1.000 e 1.500 pontos. Para se ter uma ideia hoje do impacto que as flutuações do mercado tiveram naqueles anos, é preciso dobrar os pontos da época e acrescentar um zero – assim, uma perda de apenas 50 pontos no início de 1981 seria mais ou menos equivalente a uma queda de 1.000 pontos no início de 2017. Para as flutuações na pontuação do Dow ocorridas após janeiro de 1987, quando o índice alcançou 2.000 pontos pela primeira vez, devemos acrescentar um zero ao número – portanto, uma queda de 100 pontos no final de 1987 seria o equivalente a uma grande queda de 1.000 pontos hoje em dia. Essa regra, ainda que imprecisa, transmite uma ideia de como as pessoas encaravam as alterações históricas ocorridas no mercado na década de 1980. É claro que as mudanças nos percentuais podem oferecer uma comparação mais exata.

O tempo também serviu para turvar a escala das somas monetárias citadas nesta história. Para ter uma ideia geral da magnitude moderna desses números, devemos triplicar as quantias em dólar antes de 1985 e, graças à queda da inflação, duplicar as quantias em dólar após 1985.

O PIOR DIA NA HISTÓRIA DE WALL STREET

PRÓLOGO

Naquela histórica segunda-feira de outono, parecia possível que todo o sistema financeiro norte-americano fosse se partir no meio. No dia seguinte, essa apreensão se transformou em certeza.

A tempestade não viera de um céu sem nuvens. Foram anos de uma expansão absurda, meses de ansiedade crescente, semanas em que as sombras de problemas no horizonte se aproximavam, enquanto as opções desapareciam. Então, chegou a manhã da segunda-feira – um dia tão aterrorizante que aqueles meses e semanas de inquietação pareceriam plácidos quando comparados a ela.

Os mercados globais foram abalados. As negociações feitas em alta velocidade por computadores, alimentados por modelos matemáticos, superaram o ritmo dos pobres humanos. Derivativos pouco compreendidos causaram explosões em todos os lugares, revelando as conexões ocultas que ligavam os bancos, as companhias de seguros, os investidores de grande porte e as grandes corretoras que povoavam Wall Street. Aquelas conexões estendiam-se através de todas as fronteiras regulatórias que agências governamentais rivais defendiam com unhas e dentes. À beira do abismo, algumas ações legalmente questionáveis salvaram uma empresa-chave do colapso que teria transformado a crise em uma catástrofe.

Para muitos, esse relato cronológico instantaneamente traz à memória o desastre financeiro que eclodiu na segunda-feira, 15 de setembro de 2008, com o colapso da corretora Lehman Brothers. No dia seguinte à "Segunda-Lehman", o Departamento do Tesouro e o Federal Reserve dos Estados Unidos brigavam desesperadamente para salvar a maciça corretora AIG, que nenhuma das agências regulava oficialmente, mas que estava ligada a outras firmas gigantescas do mundo inteiro por meio de um conjunto de derivativos financeiros chamados "credit default swaps" (CDS). Esses eventos desencadearam um estado de pânico generalizado que ofuscou quase tudo que aconteceu nos mercados desde 1929.

Quase tudo. Porque os eventos que acabamos de descrever, os eventos centrais nesta história, não aconteceram nas semanas angustiantes de setembro de 2008. Eles aconteceram em 19 de outubro de 1987, um dia quase imediatamente apelidado de "Segunda-Feira Negra".

Naquele único dia, o Dow Jones Industrial Average, o pulso de quase todos os mercados proeminentes do mundo, caiu a um percentual chocante de 22,6%, o que ainda continua sendo a maior queda ocorrida em um só dia da história de Wall Street. Foi o equivalente a uma chamada urgente do noticiário no meio da tarde de hoje, em 2017, gritando "DOW CAI QUASE 5.000 PONTOS!".

Um declínio de 22,6% em um único dia hoje é quase impensável para nós. Era *realmente* impensável para os homens e as mulheres de 1987. Podemos olhar para a experiência que tiveram lá atrás, mas quando eles olharam para trás, não viram nada que lembrasse nem de longe a Segunda-Feira Negra – nem durante a Grande Depressão, nem quando os Estados Unidos foram à guerra, nem mesmo depois do assassinato de um presidente. Até 1987, um dia muito ruim no mercado de ações significava uma queda de entre 4% e 5%. Um dia terrível significava uma queda entre 10% e 11%, uma base excedida apenas durante a histórica quebra de 1929.[1] Então, na Segunda-Feira Negra, o impensável de

PRÓLOGO 19

repente se tornou o inesquecível, uma quebra do mercado tão grande e rápida que parecia que todo o sistema financeiro seria reduzido a destroços semelhantes aos de um avião ao atingir o solo após a queda.

Naquele dia, os novos brinquedos de Wall Street, derivativos e negociações assistidas por computadores, provocaram um terror compreensível: de que um declínio iniciado muito tempo atrás se tornasse um desastre incontrolável. A avalanche de vendas por um breve momento paralisou um mercado essencial de Chicago e por poucos minutos não fechou a Bolsa de Valores de Nova York. Hong Kong fechou seus mercados por uma semana. Tóquio e Londres, centros financeiros quase tão importantes quanto Nova York, foram atingidas. Os abalos sísmicos secundários duraram dias, semanas, e até meses. Levou dois anos para o mercado retornar ao seu pico de 1987.

A Segunda-Feira Negra foi o resultado de mudanças profundas, mas mal compreendidas, ocorridas na década anterior na forma do mercado. Wall Street (um termo que representa toda a indústria financeira da nação) transformara-se em um lugar com o objetivo de se tornar maior e mais amplo, buscando lucros em tantos e tão diversos mercados quanto possível. Enquanto isso, os clientes de Wall Street haviam passado por uma mutação incomum: estavam exponencialmente maiores e mais exigentes, e haviam se tornado muito mais homogeneizados, adeptos crédulos de teorias acadêmicas que levaram hordas gigantescas de investidores a buscar, ao mesmo tempo, as mesmas estratégias com grandes quantias.

Como consequência dessas duas mudanças estruturais, os reguladores do governo em Washington depararam-se com um novo mundo em que uma crise financeira se tornaria repetida e repentinamente contagiosa. Graças a firmas diversificadas gigantescas e a investidores gigantescos em busca de diversificação, uma falha em apenas um mercado de um regulador poderia se espalhar como uma praga transmitida pelo ar e infectar os mercados supervisionados por outros reguladores. Após anos de surtos dessa espécie, a Segunda-Feira Negra foi a crise contagiosa que quase matou o sistema.

POR MAIS DRAMÁTICA E INÉDITA QUE TENHA sido, a Segunda-Feira Negra tornou-se a Cassandra das quebras do mercado – um alerta claro de mudanças críticas e permanentes no cenário financeiro, mas um alerta que tem sido persistentemente ignorado há décadas.

Conforme os eventos de 1987 foram ficando no passado, suas lições foram esquecidas. O mito rapidamente substituiu a memória, e a Segunda-Feira Negra, quando lembrada, é vista como uma quebra sem consequências. Ao final de quase uma década, um mercado quebrado parecia ter se recuperado quase por mágica, marchando para um rico futuro menos regulado. A prosperidade que se seguiu, raramente abalada ao longo dos anos 1990, parecia a prova de que nada de grande importância de fato acontecera naquele dia de outubro.

Ainda assim, deixando de lado a mitologia, não surpreende que a Segunda-Feira Negra e a crise de 2008 se pareçam tanto.[2] Todas as falhas geológicas que tremeram em 2008 – automações precipitadas, produtos financeiros mal compreendidos alimentados por grandes quantias de dinheiro emprestado, regulação fragmentada, hordas de investidores gigantes – já haviam sido expostas como riscos em 1987.

Não é exagero dizer que a Segunda-Feira Negra foi a primeira quebra moderna do mercado, a primeira a expor esses riscos fundamentalmente novos. A maioria das quebras anteriores, inclusive a de 1929, essencialmente lembravam as anteriores, da bolha provocada pela febre das tulipas na Holanda no final do século XVII, passando pelo colapso da Companhia dos Mares do Sul em Londres no início do século XVIII, à queda abrupta no estilo "air pocket"* que abalou o mercado norte-americano de ações no final de maio de 1962. A Segunda-Feira Negra foi um novo tipo de crise, envolvendo novos protagonistas e os produtos financeiros nunca antes envolvidos em uma queda do mercado de ações.

---

* São chamadas de "air pocket" as ações cujo preço cai abruptamente, assim como ocorre com os aviões ao atingirem uma bolsa de ar (daí o nome). Em geral, isso acontece depois da divulgação de notícias pouco promissoras, como rendimentos inesperadamente baixos. A queda do preço acontece porque há uma corrida para vendê-las, mas poucos compradores dispostos a adquiri-las. [N. do E.]

PRÓLOGO   21

As crises mais perigosas da atualidade, aquelas que ameaçam a própria sobrevivência do sistema financeiro, não são reencenações com roupagem moderna da bolha da "febre das tulipas" ocorrida na velha Amsterdã. São flashbacks extremamente rápidos da Segunda-Feira Negra.

CHAMAR OS EVENTOS QUE SE DESDOBRAM NESTE livro de "quebra do mercado de ações de 1987" é um eufemismo. A quebra não se limitou ao mercado de ações, e não se deu subitamente na segunda-feira, 19 de outubro. Para entender completamente as causas e consequências daquele dia devastador, precisamos começar a história quase oito anos antes, nos primeiros meses de 1980, quando Jimmy Carter ocupava a Casa Branca, as potentes estratégias de investimentos conduzidas por computadores eram um mistério para a maior parte de Wall Street, e políticos e burocratas tinham uma fé inabalável nas rígidas fronteiras regulatórias.

À medida que as cortinas se erguem neste conto, há uma sensação palpável de que crises de pânico descontroladas do mercado têm sido relegadas à lixeira da história. Houvera um profundo e persistente período de baixa no mercado em meados da década de 1970, mas a nação não via uma súbita quebra cataclísmica desde 1929, e a maioria das pessoas que passara por aquela quebra na idade adulta estava aposentada ou morta. A estrutura reguladora do mercado surgida a partir dos escombros de 1929, com a Securities Exchange Commission (SEC), o equivalente norte-americano à Comissão de Valores como sua pedra angular, permanecera sólida e inabalada por quase cinquenta anos. Conhecida e respeitada, parecia uma parte imutável do cenário político.

Em 1980, cada colônia separada das finanças – fosse ela voltada para commodities agrícolas, ou ações de empresas privadas, ou seguros de vida, ou depósitos bancários – esperava lidar com problemas no seu próprio território e nos seus próprios termos, sem considerar as vizinhas. As tempestades financeiras eram eventos isolados – se uma grande companhia falisse, o mercado de ações lidava com isso; se um banco tivesse problemas, a Federal Deposit Insurance Corporation, mais conhecida pela sigla FDIC (em tradução livre, Sociedade Federal de Seguro de Depósito), entrava em cena; se uma seguradora tropeçasse, algum regulador estatal tomava providências. Nenhum desses eventos parecia ameaçar o sistema financeiro como um todo; aliás, mal eram sentidos pelos bairros vizinhos do mercado.

Essa visão da realidade já era uma ilusão perigosa em 1980. Se considerarmos outubro de 1987 um trem descarrilhado, suas vítimas deveriam ter previsto a tragédia. Em um processo gradual de sucessivas crises diferentes de tudo já visto, uma maior que a outra, que teve início em 1980, o sistema financeiro enfrentou uma troca de tiros no mercado de commodities que ricocheteou em vários bancos e corretoras, provocando uma rápida hemorragia de dinheiro em um dos maiores bancos da nação, surtos de fraudes no mercado de títulos que desencadearam retiradas desesperadas em uma série de outros bancos, uma falha computacional que quase parou o mercado de títulos do Tesouro e uma epidemia agravante de quedas nos preços vertiginosas a ponto de fazer soar os sinos de fechamento nas bolsas de valores, traumatizando o mercado de ações.

Resumindo, a defeituosa máquina financeira da nação já vinha avançando aos solavancos desde o início da década. Para lhe fazer justiça, o desastre, quando finalmente veio, deveria ter sido chamado "a Quebra dos Anos 1980".

E a jornada com destino a essa quebra teve início com dois excêntricos exploradores de petróleo do Texas que haviam desenvolvido um apetite sem limites por prata.

PRIMEIRA PARTE

O DESAPARECIMENTO DAS FRONTEIRAS

———

1

QUINTA DA PRATA

Ele era um homem de impressionantes 2 metros de altura, sua cabeça redonda e calva sempre cercada por fumaça de cigarro. Paul A. Volcker, o presidente do Federal Reserve System (também conhecido como Fed) era intimidador mesmo quando alegre. Na tarde da quarta-feira, 26 de março de 1980, ele estava furioso.

Volcker, que ocupava o cargo havia apenas sete meses, acabara de sair de uma reunião convocada por uma mensagem desesperada de Harry Jacobs, presidente do conselho da Bache Halsey Stuart Shields, a segunda maior corretora de Wall Street. O Fed quase não tinha autoridade sobre corretoras,[1] mas Jacobs disse pensar ser "de interesse nacional" alertar Volcker sobre uma crise no mercado da prata – um mercado sobre o qual o Fed também não tinha praticamente nenhuma autoridade.[2]

A notícia de Jacobs era alarmante. Os preços da prata estavam despencando, e dois dos maiores clientes da firma, William Herbert e Nelson Bunker Hunt, irmãos bilionários provenientes do Texas,[3] haviam lhe dito na noite anterior que não poderiam cobrir uma dívida de US$

100 milhões nas suas contas na Bache, que haviam usado para reunir milhares de quilos físicos de prata e outros milhares em papéis. Se os preços da prata caíssem mais e os Hunt de fato não pagassem sua dívida com a firma, o valor da prata que deram como garantia não seria suficiente para cobrir suas obrigações. A Bache estava diante de uma perda catastrófica, talvez até de uma ameaça à sua sobrevivência financeira. Jacobs suspeitava que os irmãos Hunt também deviam dinheiro a outros grandes bancos e firmas em Wall Street, e que também haviam usado seu tesouro em prata como garantia.

Volcker imediatamente quis saber quais bancos haviam feito empréstimos aos Hunt. Ele não regulava nem as corretoras nem os especuladores de Wall Street, mas regulava enfaticamente grande parte do sistema bancário da nação. Pelo menos ali sua autoridade para agir era evidente.

A verdade é que Volcker vinha apagando incêndios no sistema bancário havia semanas, enquanto bancos, reservas financeiras e empréstimos enfrentavam juros cada vez maiores – estes mesmos consequência do ataque de Volcker à inflação alarmante que drenara a economia por quase uma década. A confiança nos bancos norte-americanos estava tão frágil quanto vidro, e a última coisa de que Volcker precisava era um "raio repentino" como aquele.[4] No entanto, ali estava o chefe da segunda maior firma de Wall Street alertando-o de que alguns bancos grandes estavam financiando o que parecia uma negociação extremamente especulativa de prata de dois ricaços do Texas.

Em minutos, Volcker contatara Harold Williams,[5] presidente do conselho da SEC, um homem refinado e experiente, bem como principal regulador norte-americano da Bache e de outras corretoras. Williams estava em uma conferência no Colonial Williamsburg; ele entrou em uma salinha reservada, conversou com Volcker sobre a Bache, e em seguida telefonou para o seu pessoal, pedindo-lhes que checassem imediatamente qual era o nível de exposição do resto de Wall Street aos especuladores da prata. Logo depois, Williams voltou correndo para Washington.[6] Um alto funcionário do Departamento do Tesouro e a autoridade controladora da moeda (outro regulador bancário) também foram alertados para a crise em potencial. Os dois rumaram para a sede do Fed na Constitution Avenue.[7] Juntos talvez pudessem cobrir todas as margens financeiras dessa crise desconhecida.

Para fazer isso, o grupo precisava de um regulador com certa autoridade sobre os mercados da prata. Volcker telefonou para o escritório de James M. Stone, que havia sido cotado menos de um ano antes pelo presidente Jimmy Carter para ser presidente do conselho da Comissão Reguladora de Operações a Futuro com Commodities (em inglês, Commodities Futures Trading Commission, ou CFTC), uma jovem agência federal que regulava o mercado onde a maior parte dessas especulações com a prata haviam ocorrido.

Aos 32 anos, Jim Stone – primo do notável cineasta Oliver Stone – já cursara a London School of Economics e obtivera um doutorado em Economia em Harvard. Sua tese fora publicada em um livro,[8] prevendo como os computadores revolucionariam as negociações em Wall Street, primeiro no trabalho de escritório, e, por fim, eliminando por completo a venda tradicional de ações. Stone era um jovem elegante, brilhante e determinado, mas seu ponto de vista de que a regulação tinha um papel positivo nos mercados o tornou extremamente impopular na indústria que regulava, colocando-o em conflito com seus colegas mais favoráveis ao laissez-faire da CFTC.[9] Um membro rabugento da diretoria de uma importante bolsa de commodities de Chicago, em particular, costumava referir-se a ele como "cretininho".[10] Quase todos dos círculos políticos (aparentemente, com exceção de Volcker) sabiam que o jovem doutor Stone tornara-se tão isolado na CFTC que mal podia conseguir apoio para aprovar as minutas da última reunião.[11]

Quando Volcker ouviu Stone do outro lado do telefone,[12] sua pergunta foi semelhante à que ele fizera a Harold Williams na SEC: qual era o tamanho do investimento que os irmãos Hunt tinham no seu mercado?

"Não posso lhe dar essa informação. É confidencial", respondeu Stone.[13]

A resposta educada deixou Volcker paralisado; por um momento, ele ficou sem voz. Logo em seguida, abriu o verbo.

Volcker admitiria mais tarde que "não reagiu muito bem" à recusa de Stone em compartilhar aquela informação crucial,[14] mesmo depois de o presidente do conselho da CFTC ter explicado que uma lei aprovada em 1978 proibia sua agência de revelar as posições nas negociações dos clientes, mesmo para outros reguladores. Stone simplesmente não tinha autoridade para atender ao pedido do presidente do conselho do Fed.[15]

Assim como Volcker, Stone logo percebeu que a crise da prata era um perigo para o sistema financeiro por causa da rede oculta de empréstimos que ligava os bancos e as corretoras aos Hunt e uns aos outros.[16] Ele imediatamente se dirigiu ao escritório de Volcker. Algum tempo depois, Harold Williams, da SEC, chegou. Assistentes entravam e saíam, fazendo telefonemas para checar os preços da prata e pressionando os bancários e os funcionários dos departamentos de finanças das corretoras por respostas diretas.[17]

Às 18 horas, enquanto o crepúsculo tomava as enormes janelas do escritório de Volcker, o grupo improvisado finalmente chegara à conclusão de que pelo menos meia dúzia de grandes corretoras de Wall Street,[18] incluindo a Merrill Lynch e a Paine Webber, haviam aberto contas de negociação para os Hunt, e que vários bancos importantes vinham emprestando dinheiro a essas firmas, ou diretamente aos Hunt, pelo menos desde o último verão – transações garantidas por uma pilha crescente de prata cujo preço estava caindo.

Oito meses antes, no dia 1º de agosto de 1979, a prata estava sendo vendida abaixo dos US$ 0,35 por grama. Os preços aumentaram ao longo do Dia do Trabalho, continuaram crescendo depois do Dia de Ação de Graças e até o Natal. A US$ 0,72 por grama,[19] a prata extrapolara sua relação com o ouro. A um dólar, o preço exorbitante levou recém-casados a vender sua prataria antes que ladrões pudessem roubá-la. Gráficas e fabricantes de filme, que usavam a prata como matéria-prima, começaram a demitir funcionários e a temer a falência. Ao longo de todo esse processo, os Hunt continuavam comprando,[20] em grande parte com dinheiro emprestado.

Então, em 17 de janeiro de 1980, os preços da prata se estabilizaram na marca de US$ 1,79 por grama, e começaram a cair. Àquela altura, o tesouro dos Hunt valia US$ 6,6 bilhões. Posteriormente, os preços tiveram uma grande queda súbita: caíram para US$ 0,39 na terça, 25 de março, um dia antes de Harry Jacobs, da Bache, ter telefonado para Volcker.[21] A esse preço, os Hunt deviam muito mais do que sua prata faturaria no mercado à vista, e seus credores os pressionavam por outro tipo de garantia.[22]

Foi na noite de terça-feira que os irmãos disseram a Jacobs que não poderiam pagar mais nada.[23] No dia seguinte, deram a mesma notícia desagradável às suas outras corretoras. A crise chegara, e o pânico logo iria se estabelecer se alguma corretora falisse como consequência do calote dos Hunt.

Foi então que Paul Volcker entrou em cena. Depois da sua conferência no centro de comando na quarta-feira, realizada mais em virtude de personalidade e respeito mútuo do que por linhas claras de autoridade, Volcker e os outros reguladores começaram a se preocupar com o pregão da quinta-feira. Stone, desafiando as restrições legislativas da CFTC, finalmente dera aos outros reguladores uma estimativa do valor devido pelos Hunt em seu mercado: 800 milhões. Esse montante, que no final das contas era menor do que o real, era tão chocante que os reguladores bancários imediatamente ordenaram visitas a vários cofres para se certificar de que os irmãos Hunt não haviam usado a mesma prata como garantia para mais de um credor.[24]

Na quinta, o resto de Wall Street havia tomado conhecimento da crise da prata, e o mercado de ações teve um dia agitado.[25] O Dow Jones Industrial Average chegou a cair 3,5% antes de se estabilizar, à medida que os negociantes reagiam aos rumores de que os Hunt e alguns de seus credores estavam vendendo ações para levantar um dinheiro desesperadamente necessário.

É claro que cada ação vendida também é comprada – por alguém, por algum preço. Quando o número de pessoas que querem vender é muito maior que o número dos que querem comprar, os preços precisam sofrer uma queda considerável antes de os compradores fazerem ofertas mesmo pelo menor número de ações.[26] O termo *mercado pesado*, portanto, significa que as ações só podem ser vendidas a preços cada vez menores –[27] e não que todos estão vendendo e ninguém está comprando.

Naquelas circunstâncias, "mercado pesado" foi o que aconteceu quando o mercado de ações reagiu ao medo de um calote dos irmãos Hunt. Um veterano de Wall Street disse que as negociações da quinta-feira lembraram a resposta desesperada ao assassinato do presidente John F. Kennedy em 1963.[28] Um funcionário do Tesouro telefonou várias vezes para a liderança da Bolsa de Valores de Nova York para saber como estavam lidando com a tempestade. O medo em Washington e em Wall Street era de que o não pagamento dos Hunt aos credores levasse-os, por sua vez, a não pagar as próprias dívidas, disseminando o contágio.

Injeções de dinheiro pelos proprietários das casas mais vulneráveis de negociação de prata evitaram um desastre imediato, mas a realidade era que ninguém sabia realmente onde estavam todas as falhas geológicas ou quanto tempo tinham antes do próximo abalo secundário.[29] A crise da prata ganhou manchetes por todo o país, e a "Quinta da Prata" entrou no diário de Wall Street de dias muito ruins.

Na sexta-feira, 28 de março, o preço da prata havia aumentado um pouco, e a crise parecia ter acalmado, mas os irmãos Hunt ainda deviam muito dinheiro a muita gente. Na tarde de domingo, 30 de março, ficou claro que não conseguiriam pagar a não ser que alguém lhes emprestasse o dinheiro para tanto. Era um dilema absurdo, mas com o qual a autoridade de Volcker ganhou destaque. O presidente do conselho do Fed examinou as rachaduras cada vez maiores na base financeira da nação.[30] Ele pensou na pressão que mais um ou dois anos de juros altos infligiriam sobre a indústria bancária, e como a falência de um banco prejudicaria o Fed na luta contra a inflação. Ergueu seu nariz e observou atentamente de longe enquanto um time de bancários, todos convenientemente presentes em uma convenção da indústria em Boca Raton, Flórida, negociava na noite de sábado adentro os termos para um novo empréstimo de US$ 1,1 bilhão para os irmãos Hunt,[31] que contaria em grande parte com a companhia de petróleo da família como garantia. O empréstimo permitiria que eles pagassem suas alarmantes dívidas em Wall Street.

Na manhã da segunda-feira, com os bancários ainda trabalhando nos pormenores, Jim Stone, da CFTC, ocupou um assento diante de uma imensa mesa de reuniões equipada com microfones em uma sala de audiência na Câmara dos Deputados, no Capitólio. Também foram convocados à audiência Harold Williams, da SEC, e um alto funcionário do Tesouro envolvido na crise.

O presidente do subcomitê era um democrata veterano de Nova York chamado Benjamin Rosenthal, e estava tão furioso quanto Volcker ficara cinco dias antes.[32] "Estamos profundamente preocupados pelo fato de que as atividades de um punhado de especuladores de commodities possam ter um efeito tão profundo nos mercados financeiros da nossa nação", disse ele em suas observações de abertura.

O que era especialmente novo e assustador era a crise envolver mercados de commodities, bancos, corretoras, o mercado de ações e até a indústria petrolífera, a fonte da riqueza dos irmãos Hunt. Rosenthal exigiu saber se houvera coordenação suficiente entre a CFTC, a SEC, o Tesouro, o gabinete da autoridade controladora da moeda e o Federal Reserve.

A resposta preocupante: talvez não.[33] Mas o esforço improvisado (e o rebote ocorrido por pura sorte nos preços da prata) evitara uma série de calotes em efeito dominó, e os reguladores prometeram trabalhar melhor se algum dia precisassem enfrentar outra vez algo semelhante àquela crise tão confusa.

No início da audiência, perguntaram a Stone sobre detalhes do montante em prata dos Hunt.

"Não posso compartilhar informações sobre o assunto", respondeu Stone em um eco frustrado da sua resposta a Volcker. "Isso é proibido pelo Congresso."

Mais informado sobre a proibição do que Volcker, Rosenthal retorquiu: "Você é proibido de fazer isso em público. Não é proibido de falar sobre elas no Congresso."

"*Não* é proibido fornecê-las ao Congresso", admitiu Stone, um pouco constrangido. "Nossa comissão votou – e eu fiquei com a minoria, devo acrescentar – e o resultado foi que só faremos isso sob intimação judicial."[34]

Rosenthal fez tensas consultas às pressas com assistentes. A CFTC não estava sob o controle do subcomitê de Rosenthal; a comissão era supervisionada pelos comitês de agricultura da Câmara dos Deputados e do Senado, em razão da sua importância para os produtores e usuários de commodities agrícolas como trigo, barriga de porco e soja. "Vamos lidar com isso como uma questão à parte",[35] disse Rosenthal. Ficou evidente que a cadeia de comando no Congresso era tão complexa quanto entre os reguladores.

Momentos mais tarde, Rosenthal observou que Stone votara contra muitas das decisões da CFTC na questão da prata. "A maioria na comissão parece estar seguindo uma rota enquanto você segue outra", disse o congressista.

"Sem dúvida, há diferenças filosóficas", respondeu Stone.[36] "Minha filosofia tende à ideia de que, nas áreas em que esses mercados afetam a estrutura financeira dos Estados Unidos, é necessária maior regulação. Isso se aplica mesmo quando esses mercados não apresentam riscos substanciais em si." Ele acrescentou: "Não acho que esse seja o ponto de vista da maioria dos membros da comissão."

De fato, a maioria da CFTC fizera muito pouco para evitar a crise da prata, exceto "fazer discurso" para as corretoras em que os irmãos Hunt negociavam, pedindo-lhes que usassem seu poder de "autorregulação" para tomar providências.

QUINTA DA PRATA 33

"O mercado, em um sentido muito real, autorregenerou-se", teste-munhou orgulhosamente um membro da CFTC. Ele e outro membro negaram terminantemente que a confusão em seus mercados oferecesse qualquer perigo à saúde financeira da nação.[37]

Então, foi a vez de Harold Williams testemunhar.

Perguntaram ao presidente do conselho da SEC sobre as preocu-pações que expressara em audiências anteriores sobre a "eficácia" da CFTC. "Eu diria que temos mais preocupações hoje do que tínhamos na terça-feira passada – muito mais", respondeu ele.

Daí em diante, enquanto Stone permanecia em silêncio à mesa, Williams e em seguida o vice-secretário do Tesouro – que trabalhou na crise da prata – repassaram a guerra jurisdicional que havia se instalado na CFTC desde o seu surgimento. Era uma discussão que se repetiria muitas vezes nos anos seguintes.

A criação da Comissão Reguladora de Operações a Futuro com Commodities, em 1974, primeiro sofreu resistência das bolsas que deve-ria regular, especialmente de dois dos maiores mercados a futuro, a Chi-cago Board of Trade (CBT) e a Chicago Mercantile Exchange (Merc). Es-sas bolsas, cujo lema informal era "Mercados livres para homens livres", tinham, cada uma, mais de cem anos e havia muito tempo ressentiam-se da intromissão dos órgãos reguladores nos seus pregões.[38] Eles só se cur-varam à CFTC porque estes últimos tiveram um importante papel na formulação do estatuto que dera origem à comissão, uma lei que confun-diria juízes e frustraria outras agências regulatórias por décadas.

Na época da crise da prata, a maioria dos norte-americanos não fazia ideia do que os "mercados futuros" centralizados em Chicago realmen-te faziam.

Eis o que faziam, e continuam fazendo: eles permitem que compra-dores e vendedores de todos os tipos de coisas se protejam de variações prejudiciais. Eis o que mais fazem: dão aos negociantes que ficam entre esses compradores e vendedores a chance de lucrar com as mesmas variações de preço. Os instrumentos financeiros que alteram os riscos de variação de preço (para aqueles que estão dispostos a suportá-los, daqueles que não estão) chamam-se "contratos a futuro". Em Chicago, são universalmente conhecidos como "futuros" – por exemplo: "eles compraram futuros da prata" ou "ele negocia futuros do trigo".

Em 1980, quando as notícias do mercado apresentadas pelos jornais e pela televisão concentravam-se quase exclusivamente em ações blue chip, os futuros pareciam assustadoramente complexos. Até certo ponto, os mercados de Chicago haviam encorajado a ideia de que os futuros eram complicados demais para o cérebro mediano regulatório e congressional compreender. Na realidade, ninguém precisa dominar como os contratos a futuro funcionam para entender o papel que eles têm nessa história, mas alguns detalhes básicos ajudarão a explicar por que os mercados futuros existem. Os futuros são simplesmente contratos padronizados para comprar ou vender uma quantidade fixa de alguma coisa, a um preço fixo por unidade, em uma data fixa no futuro. Tradicionalmente, essa "coisa" fora algo comestível, como trigo ou barriga de porco, ou algo ao menos tangível, como óleo ou prata. Os negócios que produzem essas coisas e que as usam como matéria-prima contam com os mercados a futuro para se proteger contra flutuações adversas de preço.

Por exemplo, vejamos como um plantador de trigo poderia usar os futuros para fixar o preço da safra que acabara de plantar: imagine que o fazendeiro esperasse colher 5 mil unidades de trigo e, para ficar no mercado, precisasse vender cada unidade a US$ 3,50 e assim acumular a renda total de US$ 17,5 mil.[39] Para garantir que conseguiria esse rendimento, ele poderia vender um contrato a futuro cobrindo 5 mil unidades de trigo a ser entregue em seis meses a um preço de US$ 3,50 por unidade. (O comprador do contrato poderia ser uma companhia de cereais que quisesse fixar o preço a ser pago pela próxima colheita de trigo.) Ao vender o contrato, o fazendeiro ganharia US$ 17,5 mil – a mesma quantia necessária para chegar à colheita. Se o preço do trigo caísse para US$ 3 por unidade, sua plantação só lucraria US$ 15 mil. Entretanto, o fazendeiro então poderia comprar os contratos a futuro de volta por apenas US$ 15 mil, fechando sua posição em um lucro de US$ 2.500.[40] Assim, seu lucro total seria de US$ 17,5 mil – ou seja, US$ 15 mil pela plantação e US$ 2.500 pela venda dos contratos. Na prática, ele teria conseguido US$ 3,50 por unidade, assim como esperava, apesar da queda dos preços. A mesma aritmética funciona ao contrário: se os preços de trigo tivessem aumentado para US$ 4 por unidade, o fazendeiro teria conseguido US$ 20 mil pela colheita e perdido US$ 2.500 na negociação dos futuros – o que ainda equivaleria a US$ 3,50 por unidade. (Sim, no último caso, ele teria lucrado mais se não tivesse feito o hedge, mas optou por fixar um lucro necessário em vez de apostar entre um lucro extra e uma perda ruinosa.)

A utilidade dos contratos a futuro para fazendeiros e companhias de cereais é óbvia. Todavia, o fato crucial a respeito desses contratos é que podem ser trocados como figurinhas de beisebol. Isso era a força vital das gigantescas bolsas de futuros de Chicago, e de cerca de uma dúzia de bolsas de futuros menores do país.

E a maioria dos contratos a futuro *é* negociada: são comprados e vendidos, em busca de lucros, por negociantes sem intenções de fornecer ou receber a commodity por trás deles. Os negociantes que vendem contratos a futuro para companhias de grãos ou os compram de fazendeiros são chamados de especuladores. Seu objetivo é lucrar com os mesmos preços em constante flutuação que os hedgers querem evitar.

Há uma antiga e ignorante tradição nos Estados Unidos, especialmente no Congresso, de abençoar os hedgers e denunciar especuladores,[41] que são culpados quando os consumidores enfrentam altas de preços do pão ou da gasolina, ou quando os fazendeiros não conseguem lucrar com suas colheitas. O fato é que você simplesmente não pode ter um mercado sem hedgers e especuladores. Os especuladores expandem a comunidade de negociantes dispostos a fazer acordos com os hedgers do mercado, e eles continuam dispostos a negociar mesmo quando as flutuações mais insanas dos preços podem espantar os hedgers mais tímidos.

Este é mais um fato essencial para se ter em mente a respeito dos mercados de commodities: para sorte dos hedgers, os especuladores dos mercados se dão bem com a flutuação dos preços. Eles adoram a volatilidade – quanto mais radical o passeio na montanha-russa, mais dinheiro podem ganhar. Os investidores do mercado de ações podem preferir mudanças pequenas e constantes de preço – de preferência positivas, mas nada dramático demais nem para um lado nem para o outro. No entanto, águas calmas não são desejadas entre os negociantes de futuros. Mercados agitados são sua razão de ser. Se os mercados fossem tranquilos e previsíveis, ninguém se incomodaria de fazer hedges, e ninguém poderia ganhar dinheiro com a especulação.

Essa tolerância para a volatilidade estava arraigada nos especuladores, que, em geral, eram os responsáveis pelos mercados de Chicago que a CFTC se esforçava para regular.

Os CONTRATOS A FUTURO QUE MAIS PREOCUPAVAM Harold Williams, da SEC, e os outros reguladores financeiros não tinham nenhuma relação com commodities tangíveis como o trigo, o milho ou mesmo a prata. Esses reguladores preocupavam-se com "futuros financeiros", contratos recentes baseados nas mudanças de preço de ativos intangíveis nos mercados financeiros mundiais.

O Tesouro e o Fed estavam arrancando os cabelos por causa dos futuros baseados nos títulos do governo; a SEC preocupava-se com os futuros baseados em títulos lastreados por hipotecas e com os futuros (ainda na mesa de desenho) baseados em barômetros importantes do mercado de ações, como o Índice Value Line e o Dow Jones Industrial Average. A base para todos esses temores era a possibilidade de que esses novos contratos a futuro de alguma forma pudessem prejudicar os mercados que havia muito tempo fixavam os preços das ações e dos títulos – os mercados à vista. Os reguladores desses mercados temiam que o mercado especulativo autônomo dos futuros gradualmente usurpasse o poder de fixar preços. Isso, por sua vez, poderia distorcer o modo como o capital fluía através do mercado de ações para financiar a economia norte-americana. A capacidade estadunidense de vender os títulos de longo prazo do Tesouro que cobriam seus déficits orçamentários poderia ser afetada. O poder do Fed de influenciar as taxas de juros, que impactavam a inflação, poderia ser enfraquecido.

Na luta pelos futuros financeiros, Jim Stone era obviamente o homem isolado da CFTC. Dias antes da crise da prata, ele foi repreendido em uma assembleia pública de outro membro do conselho simplesmente por ter questionado os futuros baseados no Índice Value Line, proposto pela Kansas City Board of Trade.

"Por que não um contrato a futuro para pessoas que compram bilhetes da loteria em New Hampshire?",[42] perguntou Stone durante a assembleia. Ele não conseguia enxergar que propósito um "contrato a futuro de um índice do mercado de ações" podia ter além de permitir apostas no mercado de ações sem precisar colocar tanto dinheiro quanto seria necessário para fazer a mesma aposta na Bolsa de Valores de Nova York (New York Stock Exchange, também conhecida como NYSE).[43]

Isso cabia ao mercado decidir, insistia o desafiante de Stone. Ele continuou censurando o "atraso inescusável" da agência em implementar a proposta do Value Line, atribuindo-o ao "medo do Fed, do Tesouro e da SEC".

Havia outras propostas de futuros de índices do mercado de ações sendo desenvolvidas, além de uma série de outros contratos a futuro inovadores baseados em tudo, de certificados bancários de depósito aos "eurodólares", o dinheiro norte-americano depositado em contas no exterior. Outros membros do conselho viam esses novos produtos como itens feitos sob medida para os mercados de Chicago, mas Stone discordava extremamente – e, ao contrário de seus colegas, estava disposto a ouvir as preocupações expressas por outros reguladores. Não obstante, ele era só um voto, e um voto democrata. Em 1980, a firmeza do seu mandato como presidente era equiparável ao controle que Jimmy Carter exercia na Casa Branca.

2
IDEIAS INTELIGENTES

Ainda faltava uma semana para a Quinta da Prata quando Ronald Reagan, começando a surgir nas primárias presidenciais republicanas, visitou a NYSE em 19 de março de 1980. Com a graça casual de um líder, Reagan entrou na bolsa,[1] localizada em Wall Street, nº 11, de sobretudo bege sobre os ombros, os cabelos pretos bem penteados e brilhosos. Seu glamour pessoal ofuscava o homem amarrotado e despretensioso que providenciou a visita da campanha: John S. R. Shad, vice-presidente da E.F. Hutton and Co.

Aos 57 anos, John Shad era um homem corpulento e de aparência gentil, orelhas com lóbulos muito grandes, papada e entradas no cabelo. Ele havia conhecido Reagan dois anos antes,[2] quando outro executivo da Hutton convidou Shad para o Bohemian Grove, um refúgio de verão reservado para homens ricos e poderosos, localizado em uma floresta de sequoias ao norte de São Francisco. Shad havia perdido fazia pouco tempo uma batalha acirrada pelo cargo de presidente na firma e entrara em um acordo desconfortável com a nova liderança.[3] Ele era um homem inteligente, cheio de curiosidade intelectual. Veterano da Marinha, conquistou um MBA em Harvard com uma tese sobre a GI Bill,* e, mais ou menos como exercício mental, ele e a esposa Pat haviam se formado juntos em Direito na Universidade de Nova York enquanto ele crescia na Hutton.[4]

Quando Reagan anunciou sua candidatura presidencial, Shad aceitou liderar a campanha em Nova York,[5] e essa visita de alto nível à NYSE era um dos resultados. Após uma excursão pelo pregão lotado e coberto de papéis, eles pegaram um elevador até o restaurante em que ocorriam os encontros do clube de almoço da bolsa, um refúgio com painéis de madeira que contava com garçons vestidos de branco que gostavam mais de dicas de investimentos do que de gorjetas.[6] Nunca confortável diante de um microfone, Shad murmurou a apresentação obrigatória: "Senhoras e senhores, apresento-lhes o próximo presidente dos Estados Unidos."[7]

Mais tarde, naquele verão, Shad providenciou um encontro privado entre Reagan e a elite de empresários de Nova York,[8] seguido de doações para a campanha. Como um dos primeiros apoiadores de Reagan em Wall Street, Shad podia esperar pelo mesmo papel em uma administração do candidato,[9] o que aliviaria um pouco o gosto amargo de ter perdido a presidência da Hutton. Sua ambição acompanhava certos custos: seu contracheque em Wall Street era o equivalente a dez vezes o que ele receberia em Washington, e ele precisaria se desfazer de seu complexo portfólio de investimentos. Ainda assim, continuava interessado em um cargo público.

Reagan tornou-se o candidato dos republicanos e concorreu com o presidente em exercício, Jimmy Carter, cujas esperanças de reeleição eram intimidadas pela inflação intratável que atormentara tanto a ele como a seus dois predecessores, e por seus próprios esforços fracassa-

---

* O Ato de Reajustamento dos Militares de 1944, conhecido como GI Bill, era uma lei norte-americana que oferecia uma série de benefícios para os veteranos da Segunda Guerra Mundial. [N. do E.]

dos de libertar os norte-americanos mantidos como reféns por meses no Irã. As negociações pela soltura dos prisioneiros arrastavam-se sem resultados. No front da inflação, porém, Carter já dera um passo crucial em direção à vitória ao nomear Paul Volcker como novo presidente do conselho do Fed, responsável pela política monetária da nação. Infelizmente, o progresso de Volcker contra a inflação viera à custa da economia,[10] o que levou Carter a concorrer pela reeleição durante uma recessão que servia de munição para seu adversário.

Quando Volcker enfim foi nomeado presidente do Conselho do Fed, em agosto de 1979, a maioria dos adultos crescera em uma era na qual a inflação geralmente ficava em torno de 3% ao ano. Tomando esse patamar como referência, a inflação não estava "normal" desde 1966. Um mês depois de Volcker ter assumido o cargo no Fed, ela alcançou uma taxa anual de 12,2%, apesar de uma atividade empresarial bastante anêmica. O remédio de eficácia comprovada pelo tempo para altas taxas de inflação era aumentar as taxas de juros, mas taxas de juros mais altas eram um veneno para uma economia estagnada. Volcker acreditava que o efeito corrosivo da inflação era uma ameaça maior em longo prazo para as famílias trabalhadoras do que as consequências da alta das taxas de juros,[11] e Carter concordava com ele. O Fed deixou as taxas de juros terem um drástico aumento,[12] o mercado de títulos agitou-se, o mercado de ações ficou alarmado e a economia estagnou – exatamente quando a campanha presidencial de 1980 teve início.

Wall Street estava profundamente preocupada, e Carter não dizia nada de muito reconfortante.

Reagan, por outro lado, sim. Seu otimismo adoçou seus ataques draconianos contra a burocracia do governo.[13] As restrições regulatórias aos negócios, que variavam de regras antipoluição na Agência de Proteção Ambiental a investigações sobre subornos corporativos conduzidas pela SEC, eram um alvo de destaque em seus discursos. O objetivo de Reagan de cortar impostos e a burocracia era muito popular na comunidade empresarial. Como Carter já reconhecera, o governo federal colocara em prática muitas regras desnecessárias nos anos do pós-guerra, quando as empresas e os bancos dos Estados Unidos enfrentavam competição externa – regras que agora eram um fardo em um ambiente empresarial global cada vez maior. Um partidário de Reagan sugeriu que sua campanha convidasse grandes grupos de lobby empresarial a apresentar uma lista de regulamentos mais equivocados do seu ponto de vista para inclusão "em uma 'lista dos maiores sucessos' parecida com a Lista dos 10 Mais Procurados do FBI".[14]

Se os líderes das bolsas de futuros de Chicago tivessem sido entrevistados, quase tudo que a CFTC fazia teria entrado na lista. Sua reclamação mais imediata era a teimosa oposição de Jim Stone aos novos futuros financeiros pendentes na comissão. Os futuros financeiros prometiam se tornar uma mina de ouro para as bolsas de futuros de Chicago, e os inovadores de lá, que acreditavam que esses produtos também seriam um verdadeiro benefício para os negócios, estavam impacientes para colocar suas novas ideias no mercado.

À FRENTE DO EXÉRCITO DE NEGOCIANTES FRUSTRADOS de Chicago estava uma força brilhante da natureza chamado Leo Melamed.

Nascido Leo Melamdovich na Polônia, em 1932, Melamed era um dínamo humano com cabelos grisalhos, olhos escuros, um rosto largo expressivo e um dom para o debate que lembrava o advogado que ele outrora planejara ser. Depois que os nazistas invadiram a Polônia, em 1939, Melamed e seus pais, ambos professores que lecionavam em ídiche, fugiram para o leste, pela Sibéria. Em 1941, quando tinha 9 anos, sua família chegou a Chicago vinda do Japão. Quando jovem, Melamed entrou em uma universidade local com seu charme, e depois na faculdade de Direito. Em algum momento por volta de 1953, enquanto procurava um emprego de meio expediente como estudante de Direito, ele entrou na Chicago Mercantile Exchange,[15] onde negociantes de paletós coloridos folgados fechavam acordos a plenos pulmões enquanto auxiliares corriam de um lado para o outro apanhando os papéis espalhados. Pouco depois de ter completado apenas 20 anos, Leo Melamed foi atraído pela energia vigorosa do pregão da Merc,[16] de onde nunca mais saiu.

Melamed gostava do trabalho barulhento do pregão e de carros esportivos mais barulhentos ainda, e raramente era visto sem um cigarro nos lábios ou entre os dedos. Ele se formou em Direito em 1955 e passou a dividir o tempo entre a lei e as negociações de futuros até 1966, quando começou a trabalhar no mercado de ações em tempo integral.[17] No ano seguinte, aos 35 anos, tornou-se o negociante mais novo já eleito para o conselho da Merc – o primeiro passo em uma carreira de liderança criativa e às vezes controversa que duraria meio século e reformularia a indústria de futuros.

Quando Melamed entrou para o conselho, a Merc era de longe a segunda bolsa de futuros de Chicago. Durante décadas, o primeiro lugar pertencera à Chicago Board of Trade (CBT), sediada em um arranha-céu art déco no coração do distrito financeiro de Chicago. Seus vizinhos eram o agressivo banco Continental Illinois e o poderoso Federal Reserve Bank de Chicago, localizado em templos gregos gêmeos em duas esquinas vizinhas.

Melamed estava determinado a melhorar seu fragmentário mercado de segundo lugar, cujo único grande contrato era baseado em barriga de porco. Trabalhando primeiro em um assento do comitê de novos produtos do conselho, e, a partir de 1969, em seu cargo de presidente, ele jogou uma série de novos contratos a futuro nos pregões para ver o que daria certo. Algumas ideias (futuros de camarão, peru e maçãs)[18] não vingaram. Outras (futuros de porcos para engorda, gado e madeira) tiveram sucesso, e o volume das negociações aumentou.

Em 1972, Melamed liderou a Merc na introdução dos primeiros futuros financeiros de grande sucesso,[19] com base nas interessantes e desconhecidas moedas estrangeiras que os norte-americanos adquiriam quando viajavam para o exterior. Segundo seu relato, ele teve a ideia pela primeira vez no final da década de 1960,[20] com outro negociante que "foi o primeiro a ter tentado se envolver com moedas. Ele achou isso quase impossível". Os grandes bancos não aceitavam seus pequenos pedidos. Pouco depois, a mesma queixa foi apresentada no *Wall Street Journal* pelo economista Milton Friedman, especialista em política monetária na Universidade de Chicago.[21]

De acordo com tratados assinados após a Segunda Guerra Mundial, moedas ocidentais importantes eram fixadas segundo o dólar norte-americano, que, por sua vez, era fixado segundo o ouro. No final dos anos 1960, esse sistema estava falindo. Friedman, o astro de uma faculdade de Economia já conhecida pela inclinação ao livre mercado por suas pesquisas, argumentara por anos que as taxas de câmbio deveriam ser estabelecidas pelos negociantes, não por tratados. Se isso acontecesse, contudo, o mundo precisaria de uma maneira de compensar os riscos da flutuação dessas taxas. Melamed colocou seus funcionários da Merc para trabalhar no desenvolvimento de contratos a futuro definidos por moedas estrangeiras.[22]

O conselho da Merc aprovou sua ideia no início de 1970. Alguns meses depois, para horror de Melamed, um artigo minúsculo publicado no *New York Times* informou que uma pequena bolsa de futuros em Manhattan, a International Commercial Exchange (ICE),[23] já desenvolvera futuros de moedas estrangeiras.[24] As negociações abriram em Nova York no dia 23 de abril de 1970.

"Fiquei desolado", relembrou Melamed. Ele e um colega pegaram um voo para dar uma olhada no que estava acontecendo em Nova York.[25] Quando chegaram à sede da bolsa, no nº 2 da Broadway, encontraram o pregão e entraram de fininho.

"Estava vazio. Ninguém estava vendendo", contou Melamed.[26] Para seu grande alívio, os novos contratos eram pequenos demais para atrair o interesse de hedgers e especuladores de grande escala,[27] os principais personagens dos mercados cambiais.

Em 15 de agosto de 1971, quando o presidente Richard Nixon anunciou o fim do regime da moeda, Melamed já estava pronto, com um contrato que hedgers e especuladores poderiam usar com facilidade.[28] Mas primeiro ele informou seu regulador em Washington a respeito do novo produto. Em 1971, esse regulador era a Commodity Exchange Authority (CEA), uma agência minúscula da era da Depressão localizada no porão do prédio do Departamento de Agricultura. A autoridade não era muito versada nos mercados de moedas estrangeiras, para dizer o mínimo, e, de qualquer forma, não tinha uma jurisdição clara sobre os novos contratos.[29] "Felizmente para nós", observaria Melamed mais tarde, "na época [...] havia uma porção de caras adeptos do livre mercado em altos cargos do governo."[30]

No dia 18 de dezembro de 1971, os líderes políticos ocidentais apresentaram o novo regime internacional de moedas.[31] Durante uma coletiva de imprensa realizada uma semana depois, Melamed introduziu o International Monetary Market (IMM), um afiliado da Merc que negociaria futuros de libras britânicas, dólares canadenses, marcos da Alemanha Ocidental, liras italianas, ienes japoneses, pesos mexicanos e francos suíços.

O novo mercado abriu em 16 de maio de 1972. Tanto a história quanto Leo Melamed ignoraram a minúscula bolsa de futuros de moedas em Manhattan. Para ambos, a era dos derivativos financeiros publicamente negociados havia chegado – em Chicago.

A CHICAGO BOARD OF TRADE, RIVAL LOCAL da Merc, juntou-se a ela no vagão dos futuros financeiros em 1975, graças a Richard L. Sandor, um jovem professor de Economia que cumpria uma licença sabática da Universidade da Califórnia, Berkeley. Uma pequena usina com um entusiasmo irrefreável pela inovação prática, ele fazia parte da primeira onda de brilhantes emigrantes da academia a ter se estabelecido no reino das finanças.

Sandor, nova-iorquino, chegara ao campus de Berkeley em 1966 de pois de obter um doutorado em Economia na Universidade de Minne sota.[32] Talvez nenhuma universidade norte-americana tivesse uma liga

IDEIAS INTELIGENTES 45

ção tão forte com os rebeldes dos anos 1960, seus letreiros e seus gritos de ordem quanto Berkeley. O campus da universidade dera origem ao Movimento da Liberdade de Expressão, um protesto influente contra as restrições da instituição ao ativismo político, e Berkeley tornou-se um ponto crucial de organização para as marchas nacionais contra a guerra e os confrontos pelos direitos civis.

Nos anos 1970, havia outra novidade no campus, e ela vinha da faculdade de Administração. O curso de Administração de Berkeley podia não ter os recursos financeiros e o prestígio do de Harvard, ou a ferocidade de livre mercado da Universidade de Chicago, mas ainda assim estava à frente de uma revolução nas engrenagens financeiras.

Menos de 80 km de distância ao sul de Berkeley, o que mais tarde seria chamado de Vale do Silício estava produzindo computadores capazes de analisar grandes coleções de números, como os preços diários dos mercados de ações dos Estados Unidos.[33] Os estudiosos de Berkeley e outras universidades que usavam esses dados para tirar conclusões sobre os movimentos do mercado de ações ficaram conhecidos como teóricos da análise quantitativa, ou "quants". Eles já usavam ideias matemáticas em estratégias de investimentos,[34] e alguns foram além disso, com ideias que reformulariam mercados inteiros. Um membro do corpo docente traçou o esboço teórico de um mercado de ações completamente computadorizado[35] – em 1962, uma década antes de os mercados automatizados mais primitivos ganharem forma no mundo real. Em 1970, Richard Sandor desenvolveu um mercado a futuro completamente automatizado que deixaria o mundo de Leo Melamed em Chicago obsoleto.[36] No início da década de 1970, uma celebridade do corpo docente chamada Barr Rosenberg[37] criou novas ferramentas de modelagem computacional para ajudar grandes investidores a escolher a melhor combinação de ações para seus portfólios – e, no processo, construiu uma reputação internacional e um negócio multimilionário de consultoria.

Essas ideias desafiavam os gestores de ativos tradicionais, que acreditavam piamente que um portfólio deveria ser construído a partir do estudo de ações individuais de companhias específicas. Nos anos 1950, estudiosos céticos desse conceito de "escolha de ações" haviam coletado minuciosamente preços de ações que remontavam a décadas atrás; nos anos 1960, analisaram esses preços em computadores primitivos e chegaram a uma conclusão chocante: coleções aleatórias de ações, escolhidas literalmente ao se jogar dardos nas tabelas de ações do *Wall Street Journal*, geralmente tinham resultados melhores do que portfólios escolhidos a dedo. Esse método do "passeio aleatório" no investimento era uma ideia que, em alguns anos, transformaria radicalmente o modo como instituições gigantescas aplicavam seu dinheiro no mercado.[38]

Outro grupo de estudiosos "quant", mais ou menos concentrados na Universidade de Chicago, analisou os mesmos dados históricos sobre os preços das ações e chegou a uma conclusão um pouco diferente, mas igualmente revolucionária, sobre Wall Street. Esses estudiosos viram o mercado de ações como um computador (muito mais rápido e eficiente do que qualquer um à sua disposição) capaz de absorver todas as informações relevantes sobre todas as ações e gerar o preço apropriado para cada ação a qualquer dado momento do dia.

Nessa conclusão, o mercado era visto como uma colmeia onde informações conhecidas por alguns eram instantaneamente comunicadas a todos. Nessa colmeia, os preços eram o produto de todas as decisões racionais e bem-informadas tomadas por todos os negociantes racionais e bem-informados do mercado naquele momento. Segundo o ponto de vista desses teóricos, *todos* eram mais espertos que qualquer um.

Essa noção de como o mercado de ações funcionava tornou-se conhecida como "hipótese do mercado eficiente (HME)", e seria difícil escolher uma teoria acadêmica que tenha tido um impacto maior nos mercados norte-americanos.[39] Os adeptos da HME acreditavam que os mercados deveriam ser livres para praticar seu brilhantismo de colmeia sem a interferência do governo. Afinal de contas, se *todos* eram mais inteligentes do que qualquer um, *todos* com certeza eram mais inteligentes que o Tio Sam. Essa noção também lançaria os alicerces do cenário financeiro por um longo tempo.

Na área da baía de São Francisco do início dos anos 1970, as lâmpadas da inovação financeira brilhavam intensamente por todos os lados, e não só em Berkeley. Uma equipe notável de gênios da informática e bancários dissidentes, trabalhando em uma pequena unidade do Wells Fargo Bank, em São Francisco, aderira ao conceito do "passeio aleatório" e estava tentando montar portfólios para seus clientes de fundos de pensão que iriam se comportar o máximo possível como o mercado geral. Essa empreitada, chamada "indexação", ultrajava os analistas tradicionais de seleção de ações do banco – e ajudou a alimentar os investidores das grandes instituições que ganhariam proeminência na década seguinte. Chamado Wells Fargo Investment Advisors, essa equipe inovadora começava a testar fundos de índice muito antes de a família Vanguard,[40] especializada em fundos mútuos, introduzir o conceito no varejo em 1975. Também foi pioneira nas ferramentas estatísticas de mensuração do desempenho dos fundos de pensão,[41] um conceito corriqueiro agora que estava indisponível para tesoureiros corporativos já havia cinquenta anos.

As sementes de um poder imenso e potencialmente transgressor foram plantadas nessas duas inovações. A indexação deu origem aos gigantescos fundos que agora tinham todos a grande probabilidade de mover seus ativos na mesma direção ao mesmo tempo, já que estavam reajustando seus portfólios para acompanhar o mesmo índice de mercado. A capacidade de seus clientes de avaliar o quão atentamente eles acompanhavam esse índice significava que os administradores de portfólio teriam receio de sair da manada – e podiam se inspirar para procurar resultados ainda melhores se pudessem, atraindo um número maior de grandes fundos de pensão como clientes. As ferramentas que desenvolveram para procurar esses lucros adicionais seriam tão transgressoras quanto os próprios fundos de índice.

Estudiosos mais cautelosos reconheciam que cada um de seus modelos teóricos era uma abstração simplificada da realidade, e não foram feitos para levar em conta a imprevisibilidade e os ruídos do mundo real. Infelizmente, o alcance de suas advertências não chegou sequer perto da popularidade de suas teorias.

Quando essas teorias começavam a se disseminar para Wall Street e Washington, já eram analisadas com ceticismo por alguns acadêmicos.

Muito antes de 1980, alguns pensadores geniais já identificavam falhas na hipótese do mercado eficiente. Uma das falhas era o paradoxo do conhecimento de mercado. Em tese, os preços de um mercado eficiente refletiriam instantaneamente qualquer novo conhecimento, de modo que ninguém tivesse algum tipo de "vantagem" ao identificar pérolas escondidas ou barganhas ignoradas. E a aquisição de conhecimentos sobre companhias individuais era cara – em uma era anterior à internet, costumava requerer viagens de avião e contas de ligações interurbanas, além de algum tempo de aluguel de computadores. Se o mercado era tão eficiente que os investidores não poderiam lucrar a partir de conhecimentos obtidos a duras penas, por que se importar em reunir esses conhecimentos?[42] Ainda assim, era o que eles faziam.

Outros céticos levantavam questões ainda mais fundamentais: os seres humanos eram realmente os investidores frios e racionais previstos pela hipótese do mercado eficiente?[43] Ou, na verdade, estavam sujeitos a reações impulsivas motivadas pelo pânico, comportamento de manada, erros teimosos de percepção e ao pensamento mágico? Qualquer um que observasse o comportamento dos investidores do mundo real durante uma crise provavelmente não o descreveria como frio ou racional. Aos poucos, esses céticos encontraram seguidores na academia, e o curso das pesquisas começou a mudar na direção do que seria chamado de economia comportamental.

Já no século XXI, entretanto, as advertências dos acadêmicos sobre as falhas na hipótese do mercado eficiente seriam em geral ignoradas por legisladores, políticos e pelas autoridades financeiras. A noção de que "os mercados se curam" sem a interferência do governo nos anos 1970 havia criado raízes fortes em Washington, e se espalharia como mato por décadas no cenário da elaboração de políticas financeiras.

Em Berkeley, a ideia visionária de Richard Sandor de um mercado eletrônico de futuros foi abandonada quando os negociantes que encomendaram a pesquisa optaram por um mercado mais tradicional.[44] Ele então desenvolveu o primeiro curso da faculdade de Administração de Berkeley sobre a negociação de futuros,[45] e convidou um bom número de importantes figuras da indústria para falar em suas aulas. Um dos palestrantes convidados foi Warren Lebeck, um executivo sênior da CBT. A relação dos dois se aprofundou, e em 1972 Sandor tirou um ano sabático de Berkeley para se tornar o economista-chefe da Board of Trade. Lebeck e Sandor logo formularam o segundo contrato importante de futuros do mundo –[46] baseado nas taxas de juros das notas garantidas por hipotecas que Wall Street chamava de "Ginnie Mae", um apelido inspirado pelas iniciais do emissor, a Government National Mortgage Association (em tradução livre, Associação Nacional de Hipotecas do Governo, também conhecida pela sigla GNMA).

Os bancos, as economias e os empréstimos das nações contavam com milhões em hipotecas de casas, e deviam estar procurando desesperadamente uma forma de se proteger contra a ameaça das taxas flutuantes de juros.[47] Mas não estavam – pois em 1972 não podiam imaginar uma era em que as taxas de juros flutuariam o bastante para requerer hedging. Sandor visitou as associações de empréstimo e poupança (em inglês, Savings And Loan Crisis, ou S&Ls) e os bancos comerciais de Manhattan, alertando que as taxas estáveis dos últimos anos haviam sido "uma anomalia histórica" que provavelmente desapareceria sob o peso de grandes déficits governamentais. Depois de ouvi-lo, um executivo simplesmente perguntou: "O que você anda fumando?"[48]

Todavia, no fim das contas, os financiadores de hipotecas da Califórnia demonstraram interesse pelo novo contrato, e a Chicago Board of Trade produziu-os. Em 1975, os contratos a futuro de Ginnie Maes de Sandor estavam prontos. Ao contrário dos contratos de moedas estrangeiras da Merc introduzidos três anos antes, a invenção de Sandor precisava ser aprovada pelo novo regulador de Chicago, a CFTC, que acabara de abrir as portas em Washington.[49]

3

CHICAGO *VERSUS* NOVA YORK

Por um momento em 1973, a administração Nixon considerou colocar os mercados a futuro sob a jurisdição da SEC, que durante quarenta anos fora o principal regulador do mercado da nação.

Caso isso tivesse sido feito, teria evitado décadas de guerra burocrática, mas o presidente do conselho da SEC na época recusou a possibilidade, selando o futuro.[1] Em vez disso, a CFTC foi criada e colocada sob a supervisão dos comitês de Agricultura do Congresso, que supervisionara sua pequena predecessora, a Commodity Exchange Authority.[2]

Parte da riqueza gerada pelo mercado a futuro fora investida no cultivo da poderosa delegação congressional do Cinturão de Fazendeiros, o que significava que as bolsas de Chicago tiveram um forte papel na formulação da lei de 1974 que criou seu novo regulador. A Chicago Board of Trade, com os novos futuros Ginnie Maes de Sandor em mente, disse a seu advogado, Philip Johnson, que se certificasse de que a lei definisse da forma mais vaga possível os "contratos a futuro" e desse à nova agência jurisdição exclusiva sobre eles.[3]

CHICAGO *VERSUS* NOVA YORK   51

Phil Johnson, um homem baixinho e elegante com pele de pêssego e olhar inteligente, iniciara sua carreira legal em Chicago na metade da década de 1960 como advogado antitruste do escritório Kirkland & Ellis. Ao longo do caminho, ele desenvolveu uma fluência razoável na linguagem do mercado a futuro. Assim, quando o sócio da firma responsável pela relação com a CBT se aposentou, Johnson o substituiu.

E, na controvérsia de 1974 em torno da criação da CFTC, Phil Johnson mais do que demonstrou ser merecedor do cargo.

A antiga lei que estabelecera a Commodity Exchange Authority limitava seu alcance aos contratos a futuro com base em uma lista de produtos tangíveis específicos. O trigo, por exemplo, estava na lista,[4] mas a prata e as moedas estrangeiras não. O primeiro impulso dos responsáveis pela criação da nova agência regulatória era previsível.

"Alguém sugeriu que nós simplesmente acrescentássemos 'securities' [valores mobiliários] à lista", recordou Johnson, mas ele achava que seria "um alerta vermelho" para a SEC e seus apoiadores no Congresso.[5] Em vez disso, propôs que a nova agência recebesse jurisdição sobre as próprias bolsas de futuros,[6] e não só sobre os contratos específicos negociados nelas.

Johnson também ajudou a formular uma cláusula que evitaria a interferência da SEC em inúmeras batalhas futuras: a nova CFTC, pela regulação das bolsas de futuros, teria jurisdição sobre *todos* os contratos a futuro negociados na bolsa, não importava no que fossem baseados, e esses contratos podiam ser baseados em todos "os produtos e artigos, exceto cebolas",[7] mas também em "todos os serviços, direitos e juros". (Devido a um escândalo na negociação de futuros de cebolas ocorrido ná Merc anos antes, uma lei federal proibia contratos a futuro baseados em cebolas, uma restrição bizarra aplicada até a atualidade.) Assim, a nova CFTC regularia todos os contratos a futuro, até os baseados em títulos lastreados por hipotecas e moedas estrangeiras, a não ser que o Congresso assumisse explicitamente essa jurisdição.[8]

O resultado foi que o Congresso criou a agência regulatória que queria, ou ao menos uma que conseguia tolerar: uma agência pequena que monitoraria um vasto mercado a pequenas porções, uma comissão ainda mais enfraquecida pelo fato de que precisava implorar ao Congresso, a intervalos de anos,[9] para renovar sua própria existência mediante um pedido de "reautorização".

Um dos primeiros atos da nova agência foi aprovar o pedido da CBT para começar a negociar futuros Ginnie Maes. Os certificados de Ginnie Maes eram claramente "valores mobiliários", e o novo contrato logo gerou reclamações da SEC, o primeiro desentendimento em uma longa e amarga disputa por jurisdição.

Em 1975, um advogado da CFTC e Phil Johnson, representando a Chicago Board of Trade, foram convocados a uma reunião com Harvey Pitt, o jovem e assertivo conselheiro-geral da SEC. Quando chegaram ao espaçoso escritório de Pitt, encontraram-no lotado de advogados da SEC empoleirados em armários de aquecedor e nos encostos de poltronas, junto às paredes, e até sentados no chão. A mensagem de Pitt foi firme e clara: se futuros Ginnie Maes começassem a ser negociados em Chicago, a SEC recorreria à Justiça.[10]

O contra-argumento da CFTC era simples: a lei que a criara lhe dava jurisdição exclusiva sobre contratos a futuro com base em *qualquer coisa* – exceto cebolas. E o novo produto da CBT era indiscutivelmente um contrato a futuro; o fato de se basear em um título lastreado por hipoteca regulado pela SEC não importava.

A SEC argumentou que a lei que a criara em 1934 *lhe* dava jurisdição sobre as negociações de valores mobiliários, e certificados lastreados por hipotecas Ginnie Mae eram claramente valores mobiliários! Como seria possível a CFTC encontrar uma lacuna aí?

A disputa permaneceu sem resolução até julho de 1975, quando a CBT começou a negociar futuros Ginnie Maes – o que deixou a SEC furiosa e ainda convicta da sua posição, mas sem opção a não ser entrar com um processo legal inconveniente contra outro regulador. No final das contas, a SEC decidiu não brigar na corte – e uma oportunidade antecipada de evitar uma supervisão fragmentada entre dois mercados intimamente relacionados se perdeu.

DIANTE DO GOLPE DA CHICAGO BOARD OF Trade de desenvolver os primeiros futuros de taxas de juros, Leo Melamed estava determinado a manter a Chicago Mercantile Exchange à frente do desfile de futuros financeiros. Em maio de 1976, ele recebeu aprovação da CFTC para futuros fixados pelas taxas de juros sobre títulos de curto prazo do Tesouro. A resposta da CBT foi emitir imediatamente um contrato a futuro baseado em títulos de dez anos do Tesouro. Acabaria sendo o mais popular.

Logo, os pregões de negociação de futuros financeiros de Chicago tornaram-se quase tão movimentados quanto os pregões que negociavam barriga de porco, trigo e soja. Quase qualquer um que quisesse compensar riscos de taxas de interesses – e cada vez mais pessoas queriam fazer esse hedge à medida que as taxas se tornavam mais voláteis – precisava negociar com Chicago.

Em 1978, a CFTC precisou buscar reautorização do Congresso para continuar em operação. Antes de um voto sequer, o Congresso pediu ao Escritório de Contabilidade Geral (em inglês, General Accounting Office, ou GAO)[11] que analisasse como a nova agência estava se saindo. O resultado foi um boletim que ninguém gostaria de levar para os pais em casa, identificando as fraquezas que ficariam evidentes durante a crise da prata em 1980 e que continuariam existindo na década seguinte.

As conclusões do GAO: a CFTC tinha uma administração fraca e alta rotatividade na equipe.[12] Ela não exigira o estabelecimento de regras sobre as bolsas de futuros que fossem justa e vigorosamente aplicadas, de forma que a autorregulação das bolsas "ainda não é uma realidade". E a regulação da CFTC não estava preenchendo a lacuna. O programa de supervisão do mercado da comissão, o único modo de poder identificar negócios manipulativos ou conspiratórios, era prejudicado pela ausência de dados precisos de preços dos mercados à vista das commodities.

Segundo o boletim, a agência era "carente de pessoal, sobrecarregada e não tinha capacidade de aplicar a conformidade com eficiência"[13] em alguns dos mercados que regulava.

A nova agência lidara de forma tão incompetente com seus vários fardos regulatórios, segundo a conclusão do GAO, que o Congresso devia transferir a autoridade sobre a maioria dos futuros financeiros (principalmente os baseados em ações e títulos) para os reguladores mais experientes da SEC.[14]

Os membros do Congresso que faziam parte do Cinturão de Fazendeiros, gratos pelo apoio de Chicago e céticos em relação ao domínio da SEC sobre os mercados a futuro, reagiram com ferocidade e evitaram qualquer mudança de jurisdição. Assim, mais uma oportunidade de otimizar a regulação do mercado foi perdida. Buscando apresentar um argumento mais forte na audiência seguinte para reautorização, marcada para 1982, o Fed juntou-se à SEC e ao Tesouro para conduzir um estudo conjunto de agências sobre o impacto econômico dos novos produtos, que estavam começando a ser chamados de "derivativos".

Com esse estudo em andamento, duas coisas aconteceram para acender a centelha de um confronto regulatório.

Primeiro, o atraso da venda dos novos títulos do Tesouro de curto prazo, em março de 1979, colocou uma pressão repentina e inesperada sobre os contratos a futuro de títulos do Tesouro de curto prazo da Merc. O Fed e o Tesouro estavam alarmados: alguém estaria tentando provocar uma alta dos preços dos futuros obtento o controle sobre uma participação substancial no suprimento do mercado de títulos de curto prazo do Tesouro, como os irmãos Hunt fariam mais tarde com a prata? Aqueles contratos do Tesouro haviam expirado sem uma crise, mas um incidente semelhante ocorreu no início de 1980, agora sob a vigilância de Paul Volcker. Ele sentira-se incomodado o suficiente para pedir à CFTC que lançasse uma moratória sobre novos futuros financeiros até a conclusão do estudo conjunto entre agências.[15]

Na época, a Chicago Merc tinha quatro contratos baseados em títulos do Tesouro de curto prazo que expirariam em março, junho, setembro e dezembro. A CBT tinha quatro contratos baseados em títulos de médio prazo do Tesouro, com vencimento mais longo que os dos títulos de curto prazo do Tesouro, e também expirariam naqueles meses. O Tesouro e o Fed queriam que a CFTC impusesse uma moratória sobre quaisquer contratos adicionais desse tipo.[16] Arquivos mostram que a Merc e a CBT estavam cientes da pressão que a CFTC enfrentava, especialmente de Volcker.[17]

Então, um segundo desdobramento convenceu Melamed de que Chicago não tinha outra escolha além de desafiar seus reguladores, não importavam quais fossem as consequências políticas.

Por anos, Chicago suportara o desprezo de Nova York pelos mercados de commodities, expresso em grande parte pelo simples fato de serem ignorados e tratados como irrelevantes para a Wall Street "de verdade". Então, no verão de 1980, a NYSE apresentou seu reconhecimento mais sincero a Chicago: limitando-a e abrindo seu próprio mercado a futuro. Em seguida, pediu à CFTC para deixar os novos futuros do Tesouro negociados na bolsa expirar em fevereiro, março, agosto e novembro – meses diferentes dos produtos de Chicago, mas ainda assim uma ameaça competitiva. Para desgosto de Chicago, a CFTC não rejeitou a aplicação de Nova York.

Era nesse pé que tais rivalidades gêmeas – Chicago *versus* Nova York e Chicago *versus* CFTC – estavam no início de julho de 1980.

Tanto a Merc quanto a Chicago Board of Trade instantaneamente anunciaram que acrescentariam esses quatro meses adicionais aos seus contratos preexistentes do Tesouro. A CFTC pediu, e depois reiterou, que voltassem atrás. A agência encontrava-se em uma posição um pouco delicada, dada a sua disposição de deixar a NYSE colocar a medida em prática. Não obstante, deu um ultimato: a Merc deveria anunciar até as 17h30 de 7 de julho que retiraria seus novos produtos de circulação.

No dia seguinte ao ultimato, a diretoria da Merc votou unanimemente para ignorar a ordem da CFTC.[18] A Chicago Board of Trade fez o mesmo. Os novos contratos foram abertos para negociação em 11 de julho.

Foi um ato notável de rebelião, e outro insulto à CFTC – que dava aos seus reguladores rivais novas razões para ceticismo em relação à sua capacidade de supervisionar o mercado a futuro financeiro.

Paul Volcker achou o episódio "perturbador",[19] e acreditava que o Fed e o Tesouro deveriam ter "poder de veto" sobre novos contratos a futuro de títulos do Tesouro, e talvez também de moedas estrangeiras. Além disso, ele achava que a SEC deveria poder vetar contratos a futuro baseados em ações e índices de ações.

Em resposta a isso, as bolsas de Chicago declararam que seus novos contratos eram "abençoados" pela aprovação original da CFTC dos seus contratos do Tesouro para os outros meses. Elas se recusaram a voltar atrás.

Ocorrido meses depois da crise da prata, o conflito atraiu a atenção da mídia, e a CFTC precisou reafirmar sua autoridade. Imediatamente adotou regras que requeriam, de forma ambígua, que as bolsas recebessem permissão sempre que novos contratos fossem acrescentados. Não obstante, quando a disputa chegou a um juiz federal meses depois, ele deu razão às bolsas. Só restaram as manchetes amargas e a impressão preocupante em Washington de que, mais uma vez, a bruta e rebelde Chicago levara a melhor sobre sua jovem reguladora.

É claro que, na verdade, a CFTC não era o principal alvo de Chicago. Sua verdadeira inimiga era a Bolsa de Valores de Nova York.

"O QUE QUER QUE CHICAGO POSSA FAZER, nós podemos fazer melhor", gabou-se o prefeito de Nova York, Ed Koch, seu sorriso irônico no lugar de sempre e a careca refletindo os holofotes. A multidão aplaudiu e assoviou enquanto trocadilhos e clichês se multiplicavam.

"Vimos os futuros, e eles são nossos", disse o governador do estado, Hugh Carey, um pouco mais sutil. O governador parou para ouvir a aprovação ruidosa da multidão,[20] e acrescentou: "Não subestimem Nova York!"

Era 7 de agosto de 1980, o primeiro dia de negociações da New York Futures Exchange – chamada de NYFE (pronuncia-se "knife", faca). O recém-

CHICAGO *VERSUS* NOVA YORK 57

-construído pregão era circundado por estações gigantescas de monitores eletrônicos que exibiam informações de negociações piscando. Impressoras e teletipos ocupavam nichos na lateral. Vendedores de paletó, cujos crachás de tamanho exagerado identificavam suas companhias, percorriam alegremente o local entre celebridades em ternos de alfaiataria.

O mais radiante na multidão presente para a abertura era o orgulhoso pai da nova bolsa de futuros, John J. Phelan Jr.

Phelan, de 49 anos, fora presidente e diretor de operações da NYSE por apenas um mês. Homem alto e forte, com cabelos pretos bem penteados e uma covinha no queixo, Phelan tinha um bom humor irlandês que suavizava a voz forte e autoritária que adotara quando serviu como marinheiro na Coreia – ele ainda usava o relógio no estilo militar, com o visor voltado para baixo no pulso.

Phelan tinha raízes profundas na cultura da Bolsa de Valores.[21] Seu pai tivera dois mandatos na diretoria da NYSE nos anos 1960 e passara a vida inteira no pregão, na maior parte como "especialista".

Os especialistas tinham o direito exclusivo de supervisionar as negociações em ações específicas, e, em troca, recebiam uma pequena fração de cada uma delas. Seu monopólio lucrativo era acompanhado pela obrigação de se certificar de que havia um mercado pronto para aquelas ações sempre que a bolsa era aberta para negociações. A bolsa de ações era, em suma, uma grande casa de leilões onde ações eram continuamente postas à venda; nesse sentido, os especialistas eram leiloeiros, os principais agentes da máquina de leilões. Ao contrário da Sotheby's ou da Christie's, esses leiloeiros podiam levantar suas próprias placas, e, aliás, esperava-se que levantassem, caso as ofertas públicas estivessem fracas ou hesitantes.

"O mercado é um ótimo equalizador", o Phelan júnior certa vez observou.[22] "Se você se acha mesmo esperto, deveria passar algum tempo negociando no mercado."

A história de família que servia de âncora para a carreira de John Phelan era semelhante às histórias de outros homens em papéis de liderança na bolsa, fosse sua ascendência judaica, irlandesa, polonesa, italiana ou anglo-saxônica. John J. Phelan sênior fora um católico irlandês orgulhoso e generoso;[23] ele gozava de um assento como membro da Friendly Sons of St. Patrick, uma das fraternidades mais antigas da comunidade irlandesa da cidade, e foi entronizado na Ordem de Malta. Começou a trabalhar na adolescência, passou pela quebra de 1929 e sobreviveu à Grande Depressão. Em 1931, ainda na casa dos 30 anos, comprou uma mansão em estilo colonial holandês no bairro residencial de Long Island de Garden City. Seu único filho e homônimo nasceu no mesmo ano e cresceu na casa que seus pais ocupariam por 35 anos.

Nos anos 1970, a empresa de Phelan cuidava das negociações de cerca de cinquenta ações,[24] entre as quais ações de companhias de prestígio como a Kaiser Aluminum – prova da sua boa reputação nos pregões.[25] A partir dos 16 anos, John Jr. passou vários verões trabalhando nos pregões com seu pai, queixando-se de que "o pagamento era pouco, a viagem [de casa] era terrível e o trabalho era insuportável". Ele disse ao pai: "Deve haver uma forma melhor de ganhar dinheiro."[26] Depois do Ensino Médio, passou dois anos na Adelphi University, mas saiu em 1951 e se alistou na Marinha norte-americana. Ele voltou da Coreia em 1954, inscreveu-se para aulas noturnas na Adelphi e começou a trabalhar na empresa da família.[27] Na década seguinte, ele e o pai trabalharam lado a lado no mundo que ambos conheciam melhor – os pregões, as sociedades irlandesas, as instituições católicas de caridade. Quando John Phelan sênior morreu, aos 61 anos, em 1966, seu velório foi um réquiem pontifical na St. Patrick's Cathedral, em Manhattan.

A tradição, ligando gerações de pais e filhos, era a força vital do pregão da NYSE. Suas raízes remontavam a dezenas de negociantes de ações que em 1792 criaram as regras para governar as negociações que conduziam regularmente, primeiro embaixo de um lendário sicômoro, depois em uma cafeteria na vizinhança. À medida que o jovem país crescia, a NYSE, carinhosamente conhecida como "Big Board", surgiu como seu principal mercado de ações, primeiro entre uma série de bolsas locais menores es-

CHICAGO *VERSUS* NOVA YORK   59

palhadas de Boston a São Francisco. Desde 1903, o expediente da NYSE começava com o clangor insistente de um sino pendurado em uma bela varanda de alvenaria a uma das extremidades do pregão. A bolsa atraía cerca de meio milhão de turistas por ano, e seu icônico prédio com colunas de mármore na esquina da Wall com a Broad, em Lower Manhattan, foi declarado marco nacional histórico em 1978.

Um ano depois, como vice-presidente em exercício, mas não pago, do conselho da NYSE e chefe de um novo comitê de tecnologia, John Phelan iniciou uma reforma.[28] O trabalho não alteraria a magnífica fachada grega, mas Phelan tinha grande esperança de mudar radicalmente o que acontecia dentro do prédio – pois sabia, em primeira mão, o quão perto a bolsa chegara de se desintegrar uma década antes.

Para os seus rivais em Chicago, a Big Board pode ter parecido inexpugnável e poderosa, mas essa imagem era o produto de um sigilo excepcional e hábeis relações públicas. Na verdade, a poderosa NYSE mal sobrevivera à crise financeira que alcançou seu clímax em 1970.

Essa crise nasceu nos "setores administrativos" de Wall Street, onde auxiliares executavam as funções enfadonhas mas cruciais de documentar negociações, e em seguida providenciar a entrega do dinheiro aos vendedores e os certificados de ações aos compradores. Para a maioria das firmas da época, o "setor administrativo" era uma operação movida a lápis e papel,[29] complementada por algumas máquinas de datilografia surradas e teletipos, com salários baixos e alta rotatividade.

O longo pavio para a crise foi aceso pelo rali do mercado que teve início em 1949,[30] durou mais de uma década, estagnou brevemente no início de 1962 e depois continuou quase ininterruptamente até o final dos anos 1960. As corretoras investiram pesado no marketing e contrataram mais vendedores em um número maior de filiais. Wall Street tornou-se elegante, rica e descuidada. Em 1968, o ritmo das negociações havia se tornado febril; novos recordes de volume de negociações eram quebrados em questão de semanas.

60 O PIOR DIA NA HISTÓRIA DE WALL STREET

Conforme o número de negociações aumentava,[31] pediam-se perdidos, certificados de ações e cheques. Um visitante dos bastidores contou que "pilhas e pilhas de certificados de ações com pedaços de papéis anexos ou colados neles ocupavam várias mesas".[32] Os setores administrativos de Wall Street estavam sendo enterrados pela papelada gerada por esse mercado em alta, e os erros resultantes estavam custando muito dinheiro às corretoras.

Depois de alcançar uma alta recorde em dezembro de 1968, o Dow Jones mergulhou vertiginosamente, atingindo uma queda de 36% em maio de 1970. O volume de pedidos seguiu a queda desse índice, aliviando o acúmulo do setor administrativo, mas minguando a receita de Wall Street e os lucros de seus parceiros. Essa maré baixa mostrou que muitas corretoras não tinham mais capital para continuar negociando. Centenas de corretoras afiliadas encaravam um risco de falência,[33] incluindo seis das dez maiores. Em 1970, aproximadamente 16.500 trabalhadores de Wall Street perderam seus empregos, e corretoras fecharam centenas de filiais no país inteiro.[34] Provavelmente, 1970 foi o ano mais tenebroso que a NYSE havia experimentado desde a Grande Depressão.

Geralmente, em mercados ruins, pequenas e instáveis sociedades fechavam as portas, ou faziam fusões para se tornar firmas mais fortes. Infelizmente, no verão de 1970, até grandes firmas com nomes icônicos estavam desesperadas.[35]

Os líderes de um comitê da NYSE encarregado da crise temiam que o colapso de uma grande firma, com as perdas resultantes de seus clientes,[36] desencadeasse uma "corrida" até as outras que quebraria a bolsa. Se os investidores entrassem em pânico e fechassem suas contas, membros mais fracos iriam à falência. Se isso acontecesse, os membros mais fortes provavelmente deixariam a NYSE em vez de pagar para cobrir as perdas das corretoras falidas. A Big Board teria de pagar a conta.

Um membro do comitê mais tarde relembrou: "Todo mundo parecia ter chegado à decisão de que nós simplesmente não poderíamos deixar uma grande firma falir [...] que se deixássemos uma só fechar as portas,

CHICAGO *VERSUS* NOVA YORK   **61**

haveria pânico."[37] Dezenas de milhões de dólares foram levantados para resgatar firmas ou indenizar parceiros preocupados com fusões – e o perigo aos poucos foi diminuindo.[38]

De alguma forma, a crise foi silenciada. Um veterano daqueles dias de tensão observaria mais tarde que o público em geral não fazia ideia do quão perto da destruição a NYSE chegara.[39]

Por outro lado, a crise não era um segredo para John Phelan. Ele fora oficial de pregão na bolsa desde 1967, e ajudou a reunir votos de membros em apoio ao comitê da crise. Em 1971, ele foi eleito para o seu primeiro mandato na diretoria da bolsa, o que o deixou ainda mais perto das intimidantes missões de resgate, e eleito vice-presidente em 1975. Nos anos seguintes, sua influência cresceu, e em 1979 seus colegas lhe imploraram que aceitasse um incomum segundo mandato como vice-presidente.[40]

Foi um período de tumulto quase constante para a NYSE. Exatamente enquanto essa crise financeira desesperadora se desdobrava, os reguladores de Washington tornavam-se cada vez mais determinados a mudar radicalmente como a NYSE operava.[41]

Desde o New Deal dos anos 1930 de Franklin Roosevelt, os políticos populistas viam a NYSE como um clube privilegiado e ganancioso que zombava da "massa", e não estavam muito longe da verdade. No final dos anos 1960, suas tradições de clube deram origem a negociações abusivas que ocorriam sem o controle nem a punição das autoridades da bolsa. A crise do acúmulo de papelada deixou a SEC ainda mais furiosa, embora a agência também fosse culpada, depois de ter permitido que as corretoras negligenciassem a infraestrutura de seus setores administrativos.

Os reguladores do mercado começaram a exigir que a NYSE eliminasse as taxas fixas de comissão aplicadas por 180 anos – "fixação de preços", murmuravam advogados do Departamento de Justiça.[42] Os reguladores também instavam a NYSE a anular uma regra que requeria que firmas afiliadas só negociassem ações da Big Board no pregão – "restrição das negociações", resmungavam os especialistas antitruste do governo. A regra deu origem a um mercado de balcão para ações da Big Board, conduzido por firmas que não eram membros da Big Board. Esse mercado informal servia em primeiro lugar a grandes investidores profissionais, que às vezes conseguiam preços melhores do que investidores pequenos podiam conseguir na Big Board. "A concorrência saudável", diziam os defensores de mercados livres. "Injusto com os pequenos investidores!", diziam legisladores populistas desconfiados de Wall Street.[43]

A Big Board encontrava poucos amigos em Washington dispostos a defender suas queridas tradições ou a argumentar que esse mercado profundamente centralizado,[44] onde 90% das negociações de ações diárias dos Estados Unidos eram conduzidas, era um bem nacional digno de preservação.

As consequências do problema da imagem da NYSE em Washington iam longe. Em 1975, um Congresso furioso ordenou que a SEC promovesse um "sistema nacional de mercado" eletronicamente interligado para reduzir o poder de monopólio da Big Board. No mesmo ano, a NYSE cedeu a anos de pressão e eliminou as comissões fixas, um passo que gerou uma nova onda de falências em Wall Street e aumentou muito o poder de barganha e a atividade de negociações dos investidores institucionais gigantes, especialmente os fundos de pensão e os fundos mútuos responsáveis por uma porção cada vez maior do volume de negociações da NYSE. Esses investidores queriam formas mais baratas e rápidas de negociar ações, e não aceitariam "tradição" como desculpa. O Congresso parecia estar do lado deles.

O massacre financeiro de 1970, uma baixa brutal no mercado em 1973-1974, o corte da receita das comissões em 1975 e as bocadas contínuas da concorrência dizimaram a liderança de Wall Street. Em 1980, os gabinetes executivos eram habitados por sobreviventes endurecidos e pragmáticos. Qualquer um que fosse incapaz de se adaptar rapidamente a mudanças radicais ou estivesse inclinado a se agarrar com muita força às tradições fora eliminado.

CHICAGO *VERSUS* NOVA YORK   63

Em junho de 1980, John Phelan, de fato um sobrevivente pragmático, tornou-se o primeiro presidente pago da bolsa, trabalhando de perto com William M. "Mil" Batten, o CEO aposentado de JCPenney, que ocupara o cargo de presidente desde 1976. Batten tornou-se o rosto amigável da bolsa na Main Street e em Washington, enquanto contava com Phelan para liderar a missão de modernização da bolsa. Estava claro para Batten que Phelan era o homem certo para cumprir a tarefa.

Os dois sabiam o que a Big Board precisava enfrentar. "Ninguém quer mudar nada até acontecer uma tragédia, e aí todos começam a entrar em desespero", dizia Phelan.[45] Ele não pretendia ficar sentado à espera da catástrofe.[46]

Um dos projetos de Phelan era inspirado no manual de Chicago. Em 1979, ele alugou um espaço em um prédio comercial na vizinhança para um novo mercado a futuro. Os advogados da NYSE discretamente garantiram à CFTC que a nova bolsa teria uma equipe de supervisão experiente e regras sólidas de negociação. A NYFE, então, pediu permissão à CFTC para negociar uma série de novos contratos, incluindo futuros do Tesouro – iniciando a batalha pela regulação em Chicago.

Quando Phelan tornou-se o presidente da bolsa, seu vasto pregão central parecia uma vila de postos de negociação: belas estruturas de madeira em U,[47] cada uma com várias divisórias, nichos e pequenos detalhes em bronze. Os quiosques foram organizados em pares para formar espaços ovais do tamanho de salas, perfeitamente estruturados para as negociações face a face do século passado.

Phelan substituiu esses postos tradicionais por quatorze versões laminadas elegantes.[48] Era o fim dos compartimentos de arquivos e das gavetas minúsculas; entram as telas eletrônicas e mais telefones. Arcos metálicos finos brotavam como teias de aranha das extremidades superiores das estruturas, servindo de suporte para monitores de computador no pregão. Para alguns veteranos, os novos postos de negociação pareciam espaçonaves alienígenas.

64 O PIOR DIA NA HISTÓRIA DE WALL STREET

Foi a renovação mais radical na história da bolsa, embora alguns em Wall Street ainda considerassem a NYSE antiquada se comparada às bolsas rivais mais jovens e automatizadas – principalmente o cada vez mais competitivo mercado do Nasdaq.[49]

O Nasdaq proclamou-se o "Mercado de Ações de Amanhã – Hoje".[50] Seus negociantes não ficavam presos a quiosques em um pregão do período eduardiano em Lower Manhattan. Eles ficavam em firmas do outro lado do país, acompanhando os movimentos dos preços das ações em monitores de computador do tamanho de televisores que piscavam sem parar, empilhados sobre suas mesas. Mainframes gigantescos e cabos de telefone imensos em complexos comerciais remotos ligavam esses monitores a outros negociantes e a alguns clientes institucionais. A nascente companhia Apple Computer era um dos seus registros de tecnologia de ponta; outras companhias jovens que chamavam atenção vinham em hordas para ser incluídas. Os negociantes do Nasdaq tinham certeza de que seu mercado logo suplantaria as bolsas mais antigas.[51]

Phelan discordava enfaticamente, quase como uma questão de fé. Ele acreditava que a negociação pessoal, o "mercado de leilões" liderado por especialistas da NYSE, era a melhor forma de se chegar a um preço justo e manter o mercado organizado. Dentro dessa visão, contudo, ele estava determinado a fazer a Big Board seguir a curva tecnológica o mais rápido possível a fim de preservar sua primazia no mercado de ações dos Estados Unidos.

O sonho de Phelan de modernizar a NYSE era limitado pela realidade com que ele se deparava, literalmente, todos os dias no pregão; ou seja, pelos homens (e algumas poucas mulheres) que negociavam ações lá, entre os fantasmas daqueles que haviam feito o mesmo trabalho um século atrás. A reforma de Phelan aceleraria o recebimento de pedidos e o processamento da papelada, mas todos aqueles afluentes automatizados, que cresciam e se tornavam mais rápidos a cada dia, ainda corriam para um único grande reservatório: um pregão inteiramente povoado por seres humanos.

CHICAGO *VERSUS* NOVA YORK   65

Até no mercado do Nasdaq os monitores novinhos em folha de computador só informavam os preços atuais. Para fazer uma negociação, os negociantes ainda precisavam pegar o telefone e ligar para outro ser humano. Apesar de todo o falatório sobre era espacial, aqueles ainda eram mercados humanos, movendo-se à velocidade da vida.

Enquanto Phelan assistia à cerimônia de inauguração da New York Futures Exchange em agosto de 1980, o prefeito Koch sem querer tocou numa questão delicada ao brincar: "Não sei como vocês todos ganham dinheiro nesse negócio, mas espero que ganhem muito."[52] A bolsa tampouco sabia se ganharia dinheiro com a nova empreitada. As bolsas rebeldes que lutavam pela sua franquia em Chicago tinham uma imensa vantagem sobre a jovem NYFE, apesar do prestígio de sua mãe famosa.

John Phelan limitou-se a sorrir diante da piada do prefeito, apertando mais algumas mãos em seguida. O futuro precisava começar de algum lugar, e aquele era tão bom quanto qualquer outro.

4
MUDANDO DE MARCHA

Em 4 de novembro de 1980, o clima no dia da eleição em Washington estava tão incerto quanto o humor nacional, com nuvens, ventos fortes, um pouco de chuva e até alguns trovões.[1]

Na sala do presidente do conselho da CFTC na K Street, Jim Stone trabalhava na sua papelada. Ele planejava acompanhar as prévias da eleição com um amigo naquela noite, mas, às 16 horas, já via em que direção os votos estavam indo.[2] Eles decidiram se encontrar em um bar ali perto. Enquanto os dois tomavam seus drinques, repórteres conversavam na televisão sobre o que parecia uma vitória esmagadora dos republicanos, apesar de poucas pessoas terem comparecido às urnas. Ronald Reagan recebeu 489 votos dos colégios eleitorais contra 49 de Jimmy Carter. Até mesmo o orgulhoso lar democrático de Stone, o estado de Massachusetts, tomara o lado republicano.[3]

Apesar de a data de expiração da nomeação de Jim Stone como membro do conselho da CFTC ser apenas no verão de 1983, a presidência da CFTC era uma posição política concedida pela Casa Branca, e a

MUDANDO DE MARCHA   67

tradição requeria que oferecesse sua resignação ao novo presidente. A comissão estava diante de questões pendentes muito importantes para Stone –[4] aquela meia dúzia de propostas para futuros baseados no mercado de ações, por exemplo –, e ele se perguntou se "divergências por princípios" seriam o próximo capítulo da sua carreira em Washington. Afinal de contas, ele era o único membro do conselho que poderia desafiar as experiências de Chicago com futuros financeiros.

Do outro lado da cidade, na SEC, Harold Williams estava igualmente incerto sobre o que a eleição significaria para ele. Sua SEC já aparara os fardos regulatórios sobre pequenos negócios,[5] como Reagan defendera, mas era improvável que o novo presidente deixasse uma nomeação de Carter em uma posição tão proeminente.[6]

Em Chicago, Leo Melamed e seus amigos da Merc e da Chicago Board of Trade não poderiam estar mais felizes com os resultados da eleição.[7] A popularidade de Reagan atraíra muitos votos para os membros do Partido Republicano, dando-lhe controle sobre o Senado, e, com isso, controle sobre as futuras assembleias de confirmação. Com certeza, haveria um presidente mais conciliatório na SEC que não tentaria tomar a jurisdição sobre os futuros financeiros. Melhor ainda, haveria um novo presidente na CFTC, alguém mais aceitável para Chicago do que o "cretininho" do Jim Stone. Durante uma sessão executiva pré-eleição no exclusivo Mid-America Club de Chicago, os diretores da Chicago Board of Trade já haviam esboçado uma lista de desejos de 21 possíveis candidatos. O último nome na lista era Philip Johnson, seu advogado de longa data, que ajudara a formular as frases mais potentes da lei de 1974 que criou a CFTC.

"Se a indústria apoiar um candidato, com Reagan teremos a chance de poder escolher",[8] argumentou um diretor, acrescentando que eles deveriam "atacar rápido". Poderiam duas bolsas concorrentes acirradas de Chicago se unir em prol de uma escolha consensual?

Em Manhattan, o executivo veterano da E.F. Hutton, John Shad, podia olhar com satisfação para a própria contribuição para a vitória de Reagan. O evento que ele organizara na NYSE em março, a fim de arrecadar fundos, foi um dos mais lucrativos que o candidato teve naquele mês.[9] As esperanças silenciosas de Shad por uma nomeação em Washington poderiam realmente se materializar – se ele tivesse estômago para o processo de confirmação. Ele ganhava quase 500 mil por mês como vice-presidente da E.F. Hutton, e era um dos maiores acionistas da firma –[10] vender suas ações na Hutton iria lhe custar cerca de US$ 2,5 milhões em impostos sobre ganho de capital. Não obstante, se a Casa Branca o chamasse, ele seria capaz de recusar seu serviço?

As ações da E.F. Hutton haviam alcançado uma nova alta na NYSE na segunda-feira, 3 de novembro, o último dia de pregão antes da eleição.[11] As negociações corriam devagar naquele dia, em apenas 36 milhões de ações, e John Phelan tinha pouco com que se preocupar enquanto o mercado cumpria seu tradicional feriado no dia da eleição – a última vez que isso aconteceria, por sinal.[12] Entretanto, o volume das negociações diárias vinha alcançando marcas de até 50% a mais em relação ao ano anterior. Poderiam os sistemas de processamento de pedidos da Big Board suportar a carga, ou Phelan logo enfrentaria o tipo de crise que debilitara a Street doze anos atrás?

Pelo menos essa questão teve resposta. No dia seguinte à eleição, houve um grande rali do mercado. Uma onda gigante de ordens de compra começou ao soar do sino de abertura. Às 11 horas da manhã, o ticker estava trinta minutos atrasado. Na hora do almoço, uma multidão reunira-se na entrada do pregão, contorcendo-se e esticando os pescoços para observar os monitores que exibiam o volume das negociações a cada hora, e aplaudindo a cada avanço. Quando o sino que encerrava as operações soou, um novo recorde fora estabelecido: 84,1 milhões de ações haviam trocado de mãos.[13]

Apesar do atraso do ticker, Phelan ficou aliviado. "A Street parece estar processando muito bem", disse ele a um repórter que fez uma visita. Talvez a crise do acúmulo de papelada dos setores administrativos das corretoras de Wall Street de fato pudesse então ser relegada à história. A bolsa também ia muito bem,[14] ele acrescentou: "É um dia movimentado, mas não caótico."

MUDANDO DE MARCHA 69

O "CAOS" CHEGARIA MUITO EM BREVE – em um dia gelado e com neve no início de janeiro de 1981, cortesia de um celebrado guru dos investimentos chamado Joseph E. Granville.

Como John Shad, Joe Granville construíra sua reputação na E.F. Hutton. Ele era um analista técnico que examinava estatísticas das negociações em busca de sinais que pudessem servir de pistas para futuros movimentos do mercado. A *Granville Market Letter* era despachada pelo correio todos os sábados para pelo menos 11 mil inscritos que a compartilhavam com mais alguns milhares.[15] Quando Granville falava, seus leitores não apenas ouviam, como também obedeciam.[16]

O primeiro boletim informativo do novo ano chegou às caixas de correio e escritórios das corretoras no dia 5 de janeiro, uma segunda-feira. Como todas as diretrizes de Granville desde a primavera de 1980, ela encorajava os investidores a comprar agressivamente.[17] No dia 6 de janeiro, o Dow Jones fechou acima dos 1.000 pontos pela segunda vez desde a eleição de Reagan, e as previsões em geral eram positivas. Em algum momento daquela noite, contudo, Granville mudou repentinamente de ideia. A pequena equipe do seu quartel-general, nos arredores de Daytona Beach, Flórida, trabalhou noite adentro fazendo telefonemas e mandando telexes para a lista muito menor ainda de clientes que pagavam uma gorda taxa extra por atualizações constantes ditadas por ele.[18] Sua mensagem para esse público de elite foi: "Vendam tudo."[19]

E AO SOAR DO SINO DE ABERTURA, em 7 de janeiro, eles venderam. Com um número muito maior de vendedores do que de compradores, levou algum tempo antes que algumas bolsas importantes ao menos conseguissem iniciar as negociações. O Dow Jones terminou com uma queda de quase 24 pontos,[20] consideráveis mais de 2,5%. O volume diário de negociações foi de quase 93 milhões de ações, ofuscando o recorde estabelecido no dia seguinte à eleição de Reagan.

Teria sido impossível para a Big Board lidar com essas vendas caóticas, maciças, sem a nova tecnologia recentemente implementada por Phelan.

O dia teria sido ainda mais caótico se o culto de Granville tivesse incluído grandes investidores institucionais vendendo ações aos milhões só porque uma teoria de investimento mandou.[21] Não obstante, o dia ofereceu um vislumbre do que uma manada moderna de vendas poderia ser.

No DIA 20 DE JANEIRO DE 1981, Ronald Reagan assumiu o posto de quadragésimo presidente dos Estados Unidos. No tradicional almoço acompanhado de champanhe com os líderes do Congresso, ele anunciou que os 52 reféns norte-americanos mantidos no Irã por mais de 14 meses estavam em um avião para casa.[22] A atmosfera de um novo começo manteve-se até os bailes inaugurais daquela noite – o presidente, à vontade com os trajes formais, e sua esposa, Nancy, elegante em um vestido branco de um ombro só com contas, dançaram um pouco nos salões de dez deles.[23]

As várias equipes de transição de Reagan haviam sondado economias de orçamento e reformas burocráticas em cada agência federal, e haviam submetido particularmente seus relatórios. As nomeações do gabinete haviam sido feitas – elas incluíam um secretário dos Transportes que planejava cortar auxílios para o transporte público,[24] um secretário do Interior a favor de uma maior exploração comercial de terras federais,[25] e um secretário da Energia que afirmara publicamente querer o trabalho para poder "fechar o Departamento de Energia".[26]

O novo secretário do Tesouro era alguém com experiência financeira: Donald T. Regan,[27] o presidente executivo de longa data e aparência durona da Merrill Lynch, que integrara a diretoria da NYSE com John Phelan. John Shad, que talvez esperasse o cargo, ainda era considerado para um posto no subgabinete, e Chicago ainda fazia um lobby discreto por influência sobre a escolha do CFTC.

EM CHICAGO, NO DIA DA POSSE DE Reagan, o reitor da Northwestern University School of Law, David S. Ruder, acomodou-se em seu assento em um voo com destino ao sul da Califórnia. Professor de Direito

MUDANDO DE MARCHA 71

muito respeitado, ele fora convidado para falar na conferência anual do Securities Law Institute, no Hotel del Coronado, o resort vitoriano de fachada branca com telhado vermelho na baía de San Diego.

Ruder era um homem extrovertido, alto e corpulento, com pouco cabelo, apaixonado pela história financeira e com uma capacidade sem limites para o trabalho em comitê. Ele também conhecia quase todos os advogados do Legislativo em Washington. Décadas de trabalho voluntário na profissão legal haviam lhe rendido uma agenda gorda de telefones e muitos amigos, alguns dos quais estariam na conferência.[28]

Logo depois de chegar, soube que muitos de seus colegas estavam preocupados com um artigo do *Wall Street Journal* sobre o plano confidencial que uma das equipes de transição que Reagan havia traçado para a SEC.[29] Ao ler a história, Ruder rapidamente passou a compartilhar dessa preocupação.

A equipe de transição da SEC instava a agência a encolher seu orçamento em mais de 35% nos três anos seguintes: um corte imediato de 17% e cortes menores imediatamente ao longo dos dois anos seguintes, o que requereria uma redução de 40% dos funcionários.[30] A poderosa divisão de aplicação seria em grande parte fechada, seu trabalho dividido entre sedes regionais. O relatório insistia que não se tratava de "uma proposta 'austera', e que a missão da agência ainda deveria ser completamente implementada".[31]

Seguindo o plano, contudo, essa missão seria diferente.[32] O relatório exigia "menos intervenção governamental nas atividades de livre mercado da indústria de títulos" e uma "desregulação significativa" de Wall Street. "No passado, não houve uma abordagem tão agressiva em relação à regulação de uma área que pode ser e é corrigida por forças do mercado", observava-se, ecoando a teoria de um mercado eficiente e racional que precisava de pouca supervisão.

O relatório reconhecia que a SEC "começou a eliminar alguns de seus requisitos regulatórios mais pesados nos últimos anos", mas, aparentemente, a agência não fora longe ou rápida o bastante.[33] A equipe de

Reagan queria que as regulamentações do governo fossem pesadas pelo seu impacto econômico sobre os negócios, e não apenas por qualquer bem que pudessem fazer pelo público em geral. Os autores do relatório da equipe de transição estavam cansados da cultura regulatória de Washington conduzida por advogados, e achavam que chegara a hora de colocar alguns empresários e economistas no poder da SEC.

Como não seria de surpreender, o relatório pedia que Harold Williams fosse, se possível, substituído na presidência até o final de fevereiro.[34] Também alertava que, "em praticamente todas as áreas, a liderança das diversas divisões é insatisfatória, seja em virtude de suas incompatibilidades filosóficas, seja por [uma falta de] competência". Assim sendo, o novo presidente do conselho deveria fazer "mudanças consideráveis na equipe sênior de imediato".[35]

Ruder mantivera contato de perto com a SEC por mais de uma década através de conferências de leis de títulos e do trabalho em colégios de advogados. Ele discordara ocasionalmente de algumas conclusões legais da agência, mas acreditava na regulação financeira – uma regulação justa e comedida, mas forte o bastante para conter os piores impulsos de um grupo ganancioso. Ele simplesmente não acreditava que os mercados fossem capazes de se autorregular. Temia o que o novo presidente do conselho da SEC poderia fazer à luz do relatório de transição.[36]

David Ruder não era o único que estava perplexo. No almoço, a consternação espalhara-se pelo Del Coronado como infecção intestinal.[37] Alguns advogados de Washington haviam telefonado para seus escritórios a fim de garantir suas próprias cópias do relatório, e os aparelhos de fax do hotel regurgitavam páginas claras do documento, que eram divididas durante o cafezinho sobre as mesas cobertas por toalhas de linho.

O presidente da conferência era A. A. "Al" Sommer Jr., um distinto advogado especializado em títulos e ex-comissário da SEC.[38] Com os corredores e salas de conferência movimentados, ele convocou uma reunião na sua suíte com cerca de mais de vinte advogados, um grupo que incluía outros ex-comissários da SEC e funcionários de alto escalão de todos os órgãos políticos.[39] Depois de muita discussão, foi decidido que aqueles que estivessem dispostos escreveriam para a Casa Branca expressando suas preocupações.

Quando Al Sommer retornou à sua firma de advocacia em Washington, na segunda, ele elaborou uma carta apaixonada, de quatro páginas, para o novo conselheiro da Casa Branca, Edwin Meese III, dizendo que falava por muitos dos advogados de San Diego. Ele escreveu que, embora fosse, sem dúvida, possível apertar um pouco o cinto, a decisão de fazer cortes na escala sugerida pelo relatório de transição encolheria a equipe da SEC para o tamanho que tinha em 1962 – quando a população da nação era 20% menor e a NYSE negociava menos de 4 milhões de ações por dia.

E a convocação de "praticamente uma mudança total" da equipe sênior seria "desastrosa", alertava Sommer. O "julgamento cego" do relatório em relação à ideologia e à competência dos diretores da divisão era um "erro patente". Despedir todo mundo "só poderá ter um efeito devastador sobre o moral",[40] acrescentou ele.

Na sede da SEC, na North Capitol Street, o relatório de transição fora um choque – as visitas de cortesia dos membros da equipe de transição em meados de novembro não haviam preparado a equipe para uma determinação tão dura. A maioria dos funcionários de alto escalão achava que as recomendações draconianas jamais seriam aplicadas. Não obstante, considerando o número de iconoclastas que já integravam o gabinete de Reagan, ninguém podia ter certeza de como a SEC atravessaria a nova administração.

Com um humor ácido, os funcionários seniores perguntavam uns aos outros: "Então, você é qual – filosoficamente incompatível ou incompetente?"[41]

TRÊS SEMANAS ANTES DA POSSE DE REAGAN, no dia 31 de dezembro de 1980, Harold Williams entregara sua carta de resignação ao presidente eleito, expressando a intenção de deixar o cargo em 1º de março.[42] Primeiro, contudo, havia algo inacabado: um pedido da Chicago Board

Options Exchange (CBOE), o principal mercado da nação para a negociação de opções,[43] para começar a negociar certificados lastreados por hipotecas Ginnie Mae.

A diferença principal entre futuros e opções é que futuros são obrigações bilaterais, e opções não. Como um contrato a futuro, um contrato de opção permite ao comprador comprar ou vender uma quantidade fixa de algo, em um momento fixo no futuro, por um preço específico.[44] Fazendo jus ao nome, e ao contrário de um contrato a futuro, uma opção não requer que o comprador faça nada. Entretanto, o investidor que vendeu a opção – ou a "lançou", no jargão do mercado – é obrigado por seus termos; se o comprador da opção decidir exercitar a opção de vender ou comprar, quem lançou a opção *deve* assumir o outro lado da negociação, mesmo que isso signifique uma grande perda. O que o lançador ganha por assumir esse risco é uma comissão do comprador da opção, chamada de "prêmio".[45]

Em 1980, as opções eram mais conhecidas pelos norte-americanos afluentes do que os contratos a futuro, pois as opções sobre ações haviam começado a ser incluídas em pacotes executivos de pagamento. Essas opções sobre ações eram muito simples. Se você recebesse a opção de comprar 1.000 ações da IBM a US$ 40 cada, e a ação da IBM subisse para US$ 60, você podia exercitar sua opção, comprar as ações a 40 dólares cada, e imediatamente vendê-las por um lucro de US$ 20 por ação. Se o preço da IBM caísse para US$ 20, você obviamente não exercitaria a opção. Os especuladores que não recebessem opções sobre ações gratuitas em seu pacote podiam comprar ou vender opções sobre ações negociadas publicamente que funcionavam praticamente da mesma forma.

Substitua os certificados de hipoteca Ginnie Mae por essas ações e você terá a proposta que a Chicago Board Options Exchange submetera para aprovação da SEC, que regulava o mercado de opções.[46]

Em 1975, como Williams sabia, a SEC fora ultrajada pela proposta da Chicago Board of Trade de negociar contratos a futuro Ginnie Mae, aprovados pela CFTC. A SEC desistiu daquela batalha judicial anterior, mas esta era diferente. A SEC fora o órgão regulador da Chicago Board Options Exchange desde que a bolsa abrira, em 1975.

Com o apoio entusiasmado da indústria bancária e de hipotecas, a CBOE propunha a negociação das opções sobre Ginnie Maes. Opções eram mais baratas para compra do que futuros, e davam aos especuladores mais segurança para suas apostas, então a proposta era claramente uma ameaça competitiva ao mercado a futuro.

A inovação agora estava do outro lado. A Chicago Board of Trade, determinada a proteger o monopólio sobre os derivativos Ginnie Mae, enviara uma longa carta à SEC levantando objeções legais à criativa proposta da CBOE. Não obstante, em 26 de fevereiro, dois dias antes da data marcada para a saída de Williams, a SEC aprovou por votação a negociação de opções sobre Ginnie Maes.

Os furiosos líderes da CBT rumaram para a corte federal a fim de argumentar que a ação da SEC era ilegal.[47] Para desgosto da SEC, a corte temporariamente proibiu a introdução de opções sobre Ginnie Maes até que a questão pudesse ser decidida.[48]

Dois dias antes da votação sobre as opções da SEC, a Casa Branca anunciara que John Shad fora escolhido pelo presidente para substituir Harold Williams.[49] Os advogados da SEC não faziam ideia se Shad concordaria que a SEC podia regular opções sobre Ginnie Maes. Se Shad decidisse brigar, a pequena tropa de advogados da CFTC não seria liderada na batalha por Jim Stone. Em 3 de março, a Casa Branca anunciou sua escolha para o posto de presidente do conselho da CFTC: Philip Johnson, o extremamente efetivo conselheiro externo da Chicago Board of Trade.[50]

Leo Melamed e seus colegas haviam alcançado seu desejo –[51] um colunista observou que Chicago "não tem conseguido conter o júbilo". Melamed mais tarde afirmaria que Johnson foi escolhido "principalmente em resultado dos meus fortes esforços de lobby", acrescentando: "Eu estava cansado de nomeados políticos que não sabiam nada sobre os nossos mercados."[52] Johnson insistiu que não era influenciado por ninguém, que não era um fantoche de Chicago. Ainda assim, seria difícil imaginar qualquer outra pessoa que Chicago preferisse para representá-la na batalha das opções sobre Ginnie Maes.

Mas, primeiro, Shad e Johnson precisavam ser confirmados em seus novos postos pelo Senado, controlado pelos republicanos. Em reuniões privadas com senadores, Shad aparentemente dera a entender que, como chefe da SEC, ignoraria o controverso relatório de transição de Reagan.[53] O tópico mal fora abordado em sua audiência de confirmação, que durou um total de 75 minutos.[54] Em vez disso, perguntaram-lhe sobre seu portfólio de ações, elogiaram-no pela sua decisão de fazer o sacrifício financeiro que o posto na SEC representava e, por fim, fizeram perguntas leves sobre os conflitos com Chicago.

"Qual é o seu ponto de vista em relação à jurisdição sobre a negociação de futuros e opções no que diz respeito às agências regulatórias?", perguntou o senador Paul Sarbanes, um democrata de Maryland.

"Entre a SEC e a Comissão Reguladora de Operações a Futuro com Commodities?", inquiriu Shad.

"Esse é um que me vem à mente, é claro", disse o senador. A sala foi tomada por gargalhadas.

Shad respondeu que precisava fazer uma pesquisa a respeito da questão. "Mas me parece que, se você é encarregado de regular o mercado à vista, deve ter certa responsabilidade sobre o mercado de derivativos", acrescentou. "Um é função do outro." Sua resposta sem dúvida tranquilizou a equipe legal da SEC.[55]

As coisas não correram muito bem para Phil Johnson. Sua falta de lealdade visível ao partido anteriormente à sua nomeação ofendeu alguns poderosos senadores republicanos, que adiaram o voto para a sua confirmação no posto da CFTC.[56]

Enquanto isso, Reagan anunciara que cortaria US$ 47 bilhões do orçamento federal fixado por Jimmy Carter. O orçamento da SEC foi reduzido, não tão severamente como outros programas federais,[57] mas o suficiente para tornar suas magras rações ainda mais escassas.

Para a SEC e a CFTC, a austeridade chegara, e sua visita duraria anos. Aliás, a austeridade seria um "desregulador" muito mais eficaz do que John Shad ou Phil Johnson.

5

UM ACORDO EM WASHINGTON

John Shad tomou posse em 6 de maio de 1981, tornando-se o 22º presidente da SEC. Phil Johnson só foi confirmado para o cargo de novo presidente do conselho da CFTC em 8 de junho, mas quando finalmente tomou posse, um de seus primeiros atos oficiais foi marcar um almoço com sua contraparte da SEC.[1]

O restaurante Monocle de Washington tinha a atmosfera de um pub de bairro, só que o bairro em questão era Capitol Hill. De vez em quando, o telefone ao lado da porta da taverna tocava para convocar, no meio do almoço, legisladores para uma votação importante. Em uma tarde, no início do verão de 1981,[2] Phil Johnson e John Shad sentaram-se em uma cabine nos fundos do restaurante.

Os dois eram novos no serviço público. Os dois concordavam com o presidente Reagan que os negócios norte-americanos eram mais inteligentes e contribuíam mais para o bem comum do que o governo.[3] E ambos sabiam que precisavam forjar um tratado de paz na guerra por território dentro dos derivativos financeiros antes de as cortes ou o

Congresso imporem um resultado que nenhuma das agências pudesse suportar.[4]

Então lá estavam eles, estudando os menus longos e rígidos do Monocle e despachando o garçom com seus pedidos.

Não seria melhor, propôs Shad, se os dois resolvessem a disputa jurisdicional sem "fazer disso uma grande questão"? Ele acrescentou: "Eu realmente acho que seria desejável se pudéssemos fazer isto sem alarde."[5]

Johnson concordou. O que seria necessário, por exemplo, para resolver a disputa sobre as opções de Ginnie Maes? E o que convenceria Shad a aceitar outros derivativos aprovados pela CFTC – especialmente os futuros dos índices de ações que Chicago tanto queria?[6]

Bem, os futuros de índices de ações preocupavam Shad. Ele não podia ignorar o que acontecera no ano anterior, quando a crise gerada pelos contratos a futuro dos irmãos Hunt desestabilizara o mercado à vista da prata. E se isso acontecesse com o mercado de ações? Por que os contratos não podiam simplesmente ser estabelecidos com uma troca de dinheiro – sugeriu Shad –, eliminando a necessidade de os negociantes comprarem e venderem todas as ações?

Johnson deve ter sorrido por dentro. O que Shad queria era algo chamado "liquidação em numerário"[7] – e era precisamente o que ele esperava convencer Shad a aceitar quando eles se sentaram para almoçar.

Os mercados de commodities havia muito tempo temiam firmar contratos a futuro em numerário; eles viam a entrega física como a força que mantinha os mercados a futuro presos à realidade. O preço dos *futuros de trigo* necessariamente acabaria convergindo com o preço do *trigo*, pois às vezes – era raro, mas acontecia – um negociante precisava fazer ou receber uma entrega de trigo de verdade ao preço de cotação em algum elevador de grãos.

Entretanto, havia uma diferença importante entre os futuros tradicionais de commodities e os futuros financeiros: o preço dos futuros de trigo efetivamente se tornava o preço do trigo, pois esta commodity não era negociada em nenhum outro lugar – já as ações eram. Todos os dias, os preços publicamente aceitos das ações no Dow Jones Industrial Average eram determinados não em um pregão de Chicago, mas no pregão da Bolsa de Valores de Nova York.

E se o mercado de ações produzisse um valor para o Dow e os pregões de futuros anunciassem outro? Sem entregas físicas, o preço de um contrato a futuro do Dow podia cair abaixo ou ficar acima do preço do mundo real das ações do Dow na NYSE. O que aconteceria então? No verão de 1981, a resposta a essa pergunta fatídica não estava clara – aliás, não era sequer considerada.

No fim das contas, os engenheiros financeiros dos mercados a futuro já haviam chegado à conclusão de que a liquidação em numerário era a única maneira de os futuros de índices de ações funcionarem para os negociantes nos pregões, e Johnson e seus colegas comissários da CFTC estavam inclinados a concordar.

A cena poderia ter sido engraçada se as consequências não tivessem sido tão profundas. Ali, almoçando, John Shad rogava a Phil Johnson que fizesse exatamente o que Johnson já queria fazer. E, para conseguir que ele fizesse isso, Shad estava preparado para grandes (e possivelmente desnecessárias) concessões – cedendo a jurisdição sobre os contratos a futuro de índices de ações para a CFTC e abrindo mão de qualquer controle relevante sobre a elaboração e a aprovação desses contratos.

"Os dois achavam que a briga por território entre suas equipes era inconveniente", declarou uma fonte bem informada. Para Shad, pareciam "dois garotos dividindo bolas de gude. Você fica com as vermelhas e eu fico com as verdes".[8]

Johnson e Shad voltaram a seus escritórios e deram novas ordens urgentes aos seus surpresos funcionários, orgulhoso de a tonelada de aplicações pendentes para os novos derivativos financeiros finalmente poderem ser passadas.

Um dia durante aquele mesmo verão de 1981, o executivo que administrava o gigantesco fundo de pensão dos funcionários da AT&T

entrou no imenso saguão de mármore branco do prédio da General Motors na Quinta Avenida, em Manhattan, e pegou um elevador para o 25º andar, um ambiente com painéis de madeira, carpetes grossos nos corredores e maçanetas de metal. O visitante, David P. Feldman, encontrou a sala certa e disse ao recepcionista que estava lá para almoçar com Gordon Binns, o novo diretor do fundo de pensão de US$ 12 bilhões dos funcionários da General Motors.

Binns recebeu seu visitante com um leve sotaque da Virgínia. Ele era simpático, exibindo tanto a cortesia sulista quanto uma cordialidade despretensiosa. Enquanto Binns providenciava a entrega de sanduíches, Feldman acomodava-se em uma cadeira na pequena mesa de reuniões próxima à janela com vista para o Central Park.[9] Binns pegou uma caneta e um bloco de anotações novinho em folha, sentou-se diante de Feldman e começou a fazer perguntas.

Como Feldman avaliava o desempenho dos gerentes de recursos que usavam estratégias de investimento muito diferentes? Ele confiava nos departamentos de fundos dos bancos? Já dera uma olhada nas estratégias "quantitativas" de investimento provenientes dos estudos acadêmicos? O que ele achava dos fundos de índice?

Duas horas depois, Binns tinha quatro páginas de anotações – e Feldman ganhara um novo amigo na comunidade cada vez mais poderosa de gerentes de fundos de pensão.

Walter Gordon Binns Jr. nasceu poucos meses antes da quebra de 1929 e cresceu em Richmond, Virgínia. Estudante aplicado, ele se formou em Economia e ganhara uma chave da Phi Beta Kappa na College of William and Mary,[10] mas não ficou muito tempo no sul.[11] Em agosto de 1949, um mês depois de seu aniversário de 20 anos, ele se formou e imediatamente foi para o norte, para Harvard, onde fez um mestrado em Governança. Mais tarde, acrescentou ao pacote um MBA da Universidade de Nova York. Depois de servir no Exército norte-americano, Binns entrou na General Motors em 1954 e começou a escalar os postos no departamento de finanças. Em algum momento ao longo do caminho, ele começou a beber muito – e em algum outro momento um pouco mais adiante, parou. Abstêmio contente pelo resto da vida,[12] quando viajava ele procurava as reuniões dos Alcoólicos Anônimos em cidades de todo o mundo.

Em 1980, ele era tesoureiro-assistente da montadora gigante, familiarizado com todos os aspectos das operações do fundo de pensão da GM. Sabia que a General Motors acrescentara algumas ações ordinárias ao seu portfólio de pensão anos antes. Esse portfólio era administrado por sete grandes bancos; seu desempenho vinha sendo anêmico, para ser gentil.[13] O fundo de pensão ocupava o último lugar entre dezenove corporações do mesmo porte,[14] isso com base em avaliações recentes, e o novo presidente da GM, Roger B. Smith, não estava feliz com isso.

Para resolver o problema, Smith procurou Binns, que de repente precisava aprender tudo que pudesse sobre a seleção e o monitoramento dos gerentes de recursos capazes de produzir os grãos exigidos por Smith. Dave Feldman, da AT&T, não seria o último administrador de fundo de pensão que Binns convidaria para almoçar enquanto pensava em maneiras de ampliar a atuação do seu fundo de pensão no mercado de ações.

No verão de 1981, isso parecia uma estratégia melhor do que permanecer no "porto seguro" do mercado de títulos, o ancoradouro tradicional para muitos fundos de pensão conservadores. As taxas de juros estavam altas e continuavam subindo, e o Fed combatia a inflação. Altas taxas de juros reduziam o valor dos títulos mais antigos, que pagavam uma taxa de juros muito inferior, e alguns portfólios de fundos de pensão tradicionais estavam cheios desses títulos velhos, desvalorizando-se cada vez que essas taxas subiam.

Outros gerentes de fundos de pensão haviam levantado âncoras e navegado para fora do mercado de títulos anos antes. Um deles era Roland M. Machold, o diretor da New Jersey Division of Investment e, na prática, gerente do fundo de pensão dos funcionários de Nova Jersey.[15]

Quando Machold chegou como vice-diretor da divisão de investimentos em 1975, o fundo de pensão do estado tinha cerca de US$ 5 bilhões, mas apenas cinquenta ações – a maioria ações públicas semelhantes a títulos que pagavam dividendos elevados, mas raramente se valorizavam. Isso precisava mudar – e, com Machold, mudou.

Roland Morris Machold era um produto da sociedade da Filadélfia e da velha Wall Street.[16] Seu pai era sócio da prestigiosa casa bancária da Filadélfia Drexel and Company; Machold foi aluno de Yale, assim como seu pai, e depois da Harvard Business School. Logo após ter se formado em 1963, conseguiu emprego na Morgan Stanley, que tinha cerca de cem funcionários e só atendia clientes corporativos bem cotados.

Ao longo da década seguinte, Wall Street mudou. Clientes importantes começaram a procurar negócios melhores; para choque de todos, acordos entre cavalheiros foram quebrados. Trabalhava-se muito, e o trabalho havia se tornado menos agradável.

Machold estava cansado de pegar o último trem para casa em Princeton, Nova Jersey, onde ele e a mulher tinham uma jovem família. Então, em 1975, pediu demissão da Morgan Stanley sem saber o que faria em seguida.[17]

A resposta veio em uma manhã muito fria de domingo na histórica casa de reuniões dos quacres, uma minúscula construção térrea um pouco ao sul de Princeton que era usada desde antes da Guerra de Independência. Machold era o líder designado do mês para a cerimônia contemplativa dos quacres, o que significava que era responsável pela lareira, a única fonte de calor da construção, e pelo encerramento da adoração em um momento apropriado, o que era feito com um movimento em seu assento e o cumprimento de quem estivesse ao seu lado. Naquela manhã, a lareira não estava cooperando. Enquanto Machold tentava silenciosamente encontrar uma forma de alimentá-la com carvão sem encerrar a cerimônia cedo demais, um simpático senhor perto da porta chamou sua atenção, e em seguida esse homem saiu discretamente para ir até o carro, retornando com páginas amassadas do *New York Times* de domingo para alimentar a lareira.

Ao final da cerimônia, Machold foi agradecer ao homem que o salvara, o qual se apresentou como Richard Stoddard, diretor de longa data da New Jersey Division of Investment. A pedido de Stoddard, Machold compartilhou um pouco da história da sua própria carreira e admitiu que estava em uma encruzilhada.

Stoddard se encontrava na mesma situação. Muito em breve chegaria à idade da aposentadoria compulsória do estado, mas ainda não encontrara um sucessor pelo salário oferecido. Machold consideraria se candidatar ao emprego?

Ele se candidatou, e foi imediatamente contratado. No primeiro dia de trabalho, deparou-se com uma mansão um pouco dilapidada, uma memória do passado próspero de Trenton. As janelas tinham cortinas de chita no interior e hera no exterior. Havia um antigo quarto com um minúsculo registrador de atualizações do mercado e cinco ou seis mesas pequenas reunidas para formar a "mesa de operações financeiras" da divisão. A pasta de funcionários lembrava a agenda telefônica das Nações Unidas; muitos funcionários haviam crescido em famílias de imigrantes e encontrado trabalho no governo do estado, talvez depois de ter conseguido se formar em uma universidade local. Definitivamente, não era nada como a Morgan Stanley, mas Machold adorou.

Em dezembro de 1976, Stoddard aposentou-se após doze anos de serviço; ao longo desses doze anos, o fundo de pensão crescera de US$ 1,4 bilhão para US$ 5 bilhões. Enquanto ainda era vice-diretor, Machold encorajara Stoddard a aumentar a porcentagem dos ativos do fundo investidos em ações ordinárias para aproximadamente 20% – de apenas 10% quando ele chegara. Como diretor, ele conseguiu um aumento ainda maior desse número. Contratou um executivo aposentado da Prudential para se concentrar exclusivamente na administração do portfólio de títulos. O desempenho do fundo melhorou, e Machold começou a chamar a atenção da comunidade de fundos de pensão. Em 1981, apesar de o mercado de ações não estar no auge e de o mercado de títulos estar passando por um momento turbulento, o fundo havia alcançado a marca de US$ 8,3 bilhões.

84 O PIOR DIA NA HISTÓRIA DE WALL STREET

Machold e Binns eram membros de um exército cada vez maior que mudaria o cenário financeiro na década de 1980. Desde 1974, os fundos de pensão da nação haviam aumentado seus portfólios de ações em quase 20% ao ano; em 1980, seus portfólios combinados passavam da casa de um quarto de trilhão de dólares e continuavam crescendo.[18] Eles estavam rapidamente se tornando os clientes pesos-pesados que Wall Street não podia ignorar – titãs cujo poder financeiro concentrado era inédito no mercado norte-americano.

APESAR DO SEU COMPROMISSO DE MODERNIZAR AS operações da NYSE, a visão de John Phelan da bolsa era deliberadamente tradicional: ele acreditava que o mercado de ações existia primordialmente para atender às necessidades de investidores individuais, em total contraste com os mercados de ações dominados por bancos da Europa e do Japão. Do ponto de vista de Phelan, os investidores individuais em geral eram investidores de longo prazo, formando um lastro para quando a tempestade chegava. Sua equipe monitorava com regularidade a proporção das negociações da Big Board feitas por indivíduos e não por investidores institucionais.[19] Ele não poupava esforços para enfatizar em público que, no seu pregão, os pequenos investidores estavam em pé de igualdade com esses gigantes emergentes.

As grandes corretoras de Wall Street com assentos na bolsa não pensavam como Phelan. Elas estavam cada vez menos interessadas em investidores individuais, cobiçando clientes como Roland Machold, que administrava diretamente bilhões de dólares e sempre tinha dinheiro novo para investir, e Gordon Binns, que contratou uma série de gerentes para movimentar milhões de dólares no mercado. Esses investidores institucionais estavam famintos por novas ideias, serviços de pesquisa adicionais, respostas mais rápidas. Para servi-los, Wall Street estava trocando suas mesas de operações por novos computadores instalados nos departamentos administrativos para coletar as ordens institucionais e aplicá-las no mercado de ações em uma escala e a um ritmo que

UM ACORDO EM WASHINGTON   85

os humanos jamais haviam visto e com os quais não tinham a mínima chance de concorrer.

Para as corretoras, essa transformação era essencial, se quisessem competir por esses clientes institucionais – não só fundos de pensão, mas fundos mútuos gigantescos, imensos fundos de universidades ou para a caridade e grandes fundações, todos agora interessados em acrescentar ações aos outrora conservadores portfólios de títulos ou hipotecas.

O surgimento desses titãs como investidores do mercado de ações não parecia incomodar os reguladores do mercado,[20] que, aparentemente, garantiam-se em estudos desatualizados que mostravam que os investidores institucionais não alteravam o mercado, pois tendiam a adotar uma grande variedade de estratégias de investimento. Os reguladores não se concentravam no que aconteceria se eles algum dia mudassem de ideia e os maiores clientes de Wall Street começassem a andar lado a lado.

Em 1981, essa mudança já começara. Investidores institucionais estavam colocando cada vez mais dinheiro nas mãos de gerentes de fundos de índice. Com base em teorias acadêmicas sobre o funcionamento dos mercados racionais, esses portfólios gigantes, um oceano em dinheiro com dezenas de milhões de dólares de profundidade, reproduziam, em uma escala menor, o mercado de primeira linha inteiro representado por métricas vagas de valor de mercado, como o Índice Standard & Poor's 500. Até mesmo alguns investidores individuais estavam começando a buscar fundos mútuos usando essa abordagem.

Esses fundos de índice, embora ainda um fator relativamente pequeno no mercado em geral de ações ordinárias, tendiam a comprar e vender as mesmas ações ao mesmo tempo. O melhor exemplo desse comportamento de manada se dava quando uma companhia era retirada de um índice e outra era adicionada. Grandes lotes da primeira eram vendidos; grandes lotes da última eram comprados. Uma vez que uma ação estivesse em um índice popular, os grandes fundos de índice não tinham outra escolha a não ser comprá-la.

Poderia essa tendência transformar-se no dia do "Vendam tudo" à décima potência de Joe Granville? John Phelan queria se precaver contra essa possibilidade, então trabalhou no aumento da capacidade da NYSE de lidar com grandes aumentos no volume das negociações. Sua meta era instalar sistemas computacionais capazes de lidar com 150 milhões de ações por dia.[21]

Educado em uma era dominada pela "massa", Phelan enxergava que a maioria dos novos personagens do mercado provavelmente seriam gigantes – fundos com dezenas de bilhões de dólares compartilhados por pessoas inteligentes e focadas no lucro como Gordon Binns e Roland Machold, que precisavam fazer dinheiro para poder manter as promessas para a aposentadoria feitas a milhões de trabalhadores norte-americanos.

Nas sombras mais além, novos acúmulos particulares de dinheiro, conhecidos como "fundos hedged", estavam atraindo dinheiro dos especuladores mais afluentes do mundo e colocando-o no mercado norte--americano de ações.[22] Como investidor institucional, Gordon Binns ouvira falar deles e estava intrigado, considerando que alguns produziam retornos espetaculares. Roland Machold de vez em quando recebia abordagens insistentes desses fundos – como diretor de um fundo de pensão trabalhando sob um conselho de investimentos muito conservador, ele não estava interessado.

Nenhum desses homens, e particularmente muito menos John Phelan, da NYSE, podia saber ao certo o que esses fundos particulares estavam fazendo, ou como eram grandes, ou quais poderiam ser suas estratégias de investimento, ou em quais mercados atuavam – opções, futuros, ações, títulos de longo prazo do Tesouro, CDs bancários, hipotecas? Esses fundos não precisavam ser registrados em nenhum órgão regulador, muito menos informar o valor de seus portfólios. Nas guerras por território de Washington, eram províncias esquecidas. Ninguém estava lutando pelo direito de regulá-los.

A TRÉGUA NA GUERRA ENTRE A CFTC e a SEC foi anunciada no dia 7 de dezembro de 1981. Em uma sala de conferências do Capitólio, John Shad e Phil Johnson sentaram-se a uma mesa em frente à cortina de veludo escuro enquanto um porta-voz da SEC explicava o acordo. A CFTC não iria mais se opor ao pedido da Chicago Board Options Exchange de negociar opções sobre Ginnie Maes (embora a Chicago Board of Trade fosse continuar brigando), e a SEC não desafiaria mais os planos da CFTC de aprovar contratos a futuro baseados no mercado de ações.

Fora isso, a confusão permaneceria. A CFTC continuaria regulando todos os contratos a futuro, fossem baseados em barriga de porco ou índices do mercado de ações.[23] A SEC continuaria regulando ações e opções de ação única, e regularia opções sobre títulos públicos e índices de ações, se viessem a ser uma realidade.[24] Shad insistia que qualquer contrato a futuro de índices de ações aprovado pela CFTC deveria ser baseado em um índice amplo e bem estabelecido. Johnson concordava que a SEC deveria ser consultada antes que a CFTC aprovasse novos produtos a futuro de ações, mas insistia que sua agência tivesse liberdade para ignorar quaisquer objeções da SEC.[25]

Sob o "Acordo Shad-Johnson", um esquema regulatório já complexo, elaborado no estilo de uma máquina de Rube Goldberg,* perturbaria a nação por décadas. A simples pergunta "Quem regula as opções?" só poderia ser respondida com um "Depende". Por outro lado, a resposta para a pergunta "Quem regula os contratos a futuro de índices de ações?" era clara: CFTC.

Shad e Johnson haviam fechado seu acordo e tirado o governo do caminho da inovação financeira que varria o mercado – inovação essa

---

* Máquina que executa tarefas simples de uma maneira bastante complicada, geralmente por meio de reações em cadeia. Rube Goldberg (1883-1970) foi um escritor, cartunista e engenheiro norte-americano. [N. do E.]

88 O PIOR DIA NA HISTÓRIA DE WALL STREET

que ligaria o mercado a futuro e o mercado de ações com vínculos mais fortes do que nenhum dos dois poderia ter imaginado.

Infelizmente, Shad e Johnson não eram negociantes, e seu acordo ignorava os fatos da vida diária que os negociantes enfrentavam no mercado de ações: as ações não eram negociadas constantemente ao longo do dia, sem interrupções ou limitações. Às vezes, por diversas razões, as negociações de uma ação em particular precisavam ser pausadas. Havia regras que proibiam terminantemente a compra ou a venda de uma ação caso suas negociações fossem baseadas em informações internas confidenciais ou se você estivesse apostando que uma ação em queda fosse continuar caindo.[26] Nenhuma dessas regras se aplicava aos mercados onde os contratos a futuro de índices de ações seriam negociados – mercados que esperavam contar com preços constantemente atualizados em Nova York para as ações como a base das suas próprias negociações.

Como se não bastasse, os dois mercados eram administrados de acordo com calendários de liquidação completamente diferentes. Quem lucrasse com a sua negociação de índices de ações a futuro receberia o dinheiro no dia seguinte; quem lucrasse negociando ações receberia o dinheiro em cinco dias. Se você precisasse de lucros das suas vendas de ações para cobrir sua posição nos futuros, era melhor ter um amigo banqueiro ou uma conta gorda para se garantir.

Fazia décadas que essas regras e práticas estavam em vigência, e o Acordo Shad-Johnson não exigia que elas fossem harmonizadas ou mudassem. Afinal de contas, Chicago queria ir na onda do mercado de John Phelan, não o contrário. Chicago exigir uma mudança nas regras do mercado de ações que atendesse às necessidades dos negociantes de futuros seria o mesmo que um pedestre entrar em um carro para uma carona e mudar, na mesma hora, a estação do rádio – ou, pior ainda, assumir a direção. A NYSE era o mercado à vista consagrado para ações; Shad e Johnson aparentemente esperavam que os futuros de índices de ações simplesmente acompanhassem o mercado à vista sem afetá-lo. Assim, não pensaram em garantir que esses novos contratos a futuro baseados em ações estivessem de acordo com as regras e os hábitos do mercado de ações. Essa omissão voltaria para assombrar os dois mercados.

Para Chicago, porém, o novo pacto era uma bênção. A batalha legal sobre os futuros de índices de ações chegara ao fim e Chicago saíra vencedor – bem, oficialmente, a CFTC era a vencedora, mas na prática era a mesma coisa.

Agora, a Merc e a Chicago Board of Trade, bem como seus parentes menos importantes, estavam livres para começar a negociar contratos a futuro que acreditavam que todos os investidores institucionais, os investidores colossais dos mercados da década, iriam querer negociar.

PHELAN NÃO ERA O ÚNICO PREOCUPADO COM essa ascensão de investidores titânicos e com a mudança do cenário de Wall Street. Alguns reguladores bancários prevenidos também estavam apreensivos. Um deles era um nova-iorquino corpulento de bochechas vermelhas chamado Jerry Corrigan, um jovem pupilo de Paul Volcker no Federal Reserve Bank de Nova York que permanecera um grande aliado quando Volcker se mudou para Washington, em 1979.

Como Phelan, Jerry Corrigan era irlandês. Os dois gostavam de boas bebidas, de uma boa festa e de boas histórias. Além disso, como Phelan, Corrigan tinha uma mente incrível, capaz de dominar problemas complexos e resolvê-los, geralmente sem incomodar ninguém ao seu redor.

E. Gerald Corrigan nasceu na cidade operária de Waterbury, Connecticut. Em 1967, depois de uma educação jesuíta e um doutorado em Economia na Fordham, ele recebeu uma oferta de emprego para atuar como pesquisador no Fed de Nova York,[27] cuja sede ficava em um palácio imponente no estilo florentino a três quarteirões da Bolsa de Valores de Nova York. O departamento de pesquisa, como ele lembraria, era habitado por "tipos economistas, todos de faculdades da Ivy League, ou de Stanford ou Berkeley. E então havia eu".[28] Em 18 meses, ele era chefe de pesquisa interna.

Em algum momento por volta de 1972, o segundo em comando no banco convocou-o ao departamento executivo no décimo andar. Corrigan ficou preocupado. "A não ser que fosse um parente próximo de Deus, você nunca via o décimo andar", contou ele. Além disso, era verão, e ele escolhera um blazer de algodão espalhafatoso para o dia. *Isso não vai ser bom*, pensou. Sua reputação, no entanto, superava seu guarda-roupa, e ao final da entrevista ele se tornou o novo secretário corporativo do Federal Reserve Bank de Nova York, trabalhando diretamente com a diretoria. Foi lá que Paul Volcker o encontrou dois anos depois, quando se tornou presidente do Fed de Nova York.[29]

"Não sei o que aconteceu", diria Corrigan, "mas, por razões desconhecidas, ele e eu nos entrosamos perfeitamente."

Como Phelan na NYSE, Corrigan precisou encarar logo cedo o desafio de modernizar um sistema baseado na tradição – neste caso, o departamento de contabilidade do Fed de Nova York, que funcionava 24 horas sob o comando de um homem que trabalhara lá por trinta anos. Depois de estudar o que precisava ser feito, Corrigan disse ao veterano diretor de contabilidade que providenciaria a automação do livro geral do departamento.

"Não vai providenciar, não", disse o homem mais velho, calmamente. "Você pode fazer isso depois que eu me aposentar, mas, por enquanto, vamos deixar meus mecanismos de controle como estão."

Corrigan ficou chocado, com medo de ter deixado algo passar em sua pesquisa. "Perdoe a minha ignorância, mas quais são esses sistemas de controle?"

O cavalheiro mais velho explicou que o cálculo final do fluxo de caixa de cada dia era "registrado no livro com caneta-tinteiro, de forma a não poder ser alterado".[30] A cultura do banco era tão forte que Corrigan precisou adiar a automação por um ano e meio, até o defensor da caneta-tinteiro se aposentar.

O projeto desacreditado – Corrigan mais tarde lembraria que Volcker "riu por meia hora" quando ouviu a história – foi o que deu início à sua carreira como solucionador de problemas de Volcker. Em agosto de 1979, quando Volcker foi procurado pelo presidente Carter para ser o presidente do conselho do Fed, ele convocou Corrigan ao seu escritório e disse: "Faça as malas. Você será meu assistente especial em Washington."[31]

Corrigan estivera ao lado de Volcker quando Harry Jacobs, da Bache, telefonou na primavera de 1980 para alertá-lo sobre a crise da prata. Dias depois, ele fora os olhos e ouvidos de Volcker, e operador do telefone em Boca Raton enquanto banqueiros ansiosos negociavam um novo empréstimo para os irmãos Hunt.

Mas naquela época Corrigan já estava começando a se preocupar em relação ao ritmo acelerado com que Wall Street estava mudando. Os bancos eram regulados pelo Fed, pelo gabinete da autoridade controladora da moeda e pela FDIC; companhias de seguro eram reguladas por autoridades dos cinquenta estados; e os fundos mútuos e corretoras eram regulados pela SEC – e estavam se tornando cada vez mais entrelaçados.[32] As negociações dos futuros financeiros, sob os olhos dos mesmos reguladores vencidos que presidiram a crise da prata, forjariam novas e preocupantes ligações entre todos esses mercados.

6
FUTUROS DE AÇÕES, FRACASSOS DE TÍTULOS

No dia 26 de fevereiro de 1982, um dia frio e cinzento em Washington, Phil Johnson chegou cedo ao Russell Senate Office Building, um trapezoide de pedra maciço em frente ao Capitólio. O prédio ficava a alguns quarteirões do Monocle, o restaurante onde John Shad dera abertura às negociações de paz no verão anterior. Em alguns minutos, Johnson estaria explicando aquele acordo a um subcomitê de agricultura do Senado, ponderando se deveriam renovar ou não a licença para viver da CFTC.

Ele seria o primeiro a testemunhar, então logo se acomodou no banco das testemunhas. Atrás dele, na segunda fileira de assentos reservados para expectadores, estava Jim Stone, que ainda era um membro da comissão.

Quando o senador Richard Lugar, de Indiana, e presidente do subcomitê, abriu a audiência, Johnson gentilmente notou a presença de Stone,[1] chamando-o de "um bem valioso para a comissão".

Três dias antes, Stone enviara uma carta notável para todo o Comitê de Agricultura do Senado detalhando suas preocupações em relação a como as fronteiras entre os títulos e as commodities ha-

FUTUROS DE AÇÕES, FRACASSOS DE TÍTULOS   93

viam "rapidamente erodido".[2] Ele observou que três das maiores firmas de commodities reguladas pela CFTC haviam recentemente se fundido com firmas de Wall Street reguladas pela SEC. A NYSE, sob a égide da SEC, tinha uma nova bolsa de futuros regulada pela CFTC.[3] E dez dias antes, em 16 de fevereiro, a CFTC aprovara o primeiro contrato a futuro baseado em um índice de mercado de ações: o novo contrato a futuro Value Line da Kansas City Board of Trade.

Stone fora o único a votar contra o novo contrato, cuja introdução viu como "prova final de que os limites haviam se confundido".

A aprovação da Value Line foi um tributo à hábil diplomacia de Johnson em Washington. Paul Volcker tinha sérias preocupações em relação aos futuros de índices de ações, particularmente no tocante à questão das margens. Essas preocupações resumiam-se à vantagem que um especulador poderia ter. Usando futuros de índices de ações, um investidor podia controlar um bloco de ações com uma quantia muito menor do que a necessária para controlar a mesma participação na NYSE. Esse tipo de vantagem não parecia certo para Volcker, especialmente logo após a crise da prata. Johnson tivera vários encontros com o presidente do conselho do Fed, tentando convencê-lo de que as margens no mercado a futuro eram adequadas para evitar a especulação excessiva. Volcker por fim aceitou não se opor abertamente ao novo contrato, mas continuou com suas reservas.[4]

Agora, aplicações de pelo menos dezesseis novos contratos a futuro baseados em ações esperavam a aprovação da CFTC, entre os quais um pedido da New York Futures Exchange de John Phelan para negociar futuros baseados no índice composto da NYSE. "Se essa tendência continuar, os argumentos para a manutenção de duas agências reguladoras separadas e duas filosofias distintas serão dissolvidos", observou Stone em sua carta. "Se as indústrias se tornarem uma, a CFTC e a SEC também devem se consolidar."

Na audiência de reautorização, Phil Johnson só queria que os legisladores consagrassem e rapidamente compilassem o acordo que ele fechara com Shad. Se o Congresso não agisse, as cortes sem dúvida agiriam; a CFTC e a SEC estavam esperando um veredito do processo da Chicago Board of Trade para bloquear a aprovação da negociação de opções sobre Ginnie Maes pela SEC.

Pouco tempo após o início da audiência esparsamente povoada, o senador Lugar foi interrompido educadamente pelo senador S. I. "Sam" Hayakawa da Califórnia, cujo comportamento modesto escondia uma mente brilhante. Com um aceno de cabeça de Lugar, Hayakawa voltou o olhar para Johnson: "Eu compreendo que a CFTC aprovou a negociação de futuros de índices de ações. Isso parece ser um instrumento com o qual os especuladores do mercado de ações poderão reduzir o risco de suas apostas no mercado a futuro."[5]

Johnson balançou a cabeça positivamente. "Correto", respondeu ele.

Hayakawa parecia perplexo. "Não entendo o propósito econômico desse contrato", disse ele. Aliás, como continuou, os futuros de índices de ações pareciam estar "a milhares de quilômetros da agricultura. Devo dizer, senhor presidente, que isso me preocupa muito".

Não muito tempo depois, o senador Robert Dole, do Kansas, também falou sobre os futuros de índices de ações. "O que estamos autorizando, na prática, é a aposta legalizada", disse ele com desagrado.[6]

FELIZMENTE, PARA PHIL JOHNSON, NEM DOLE NEM Hayakawa estiveram na Kansas City Board of Trade duas décadas antes, quando os futuros do Índice Value Line começaram a ser negociados. Na multidão, estava Joe Granville, o exuberante guru do mercado que desencadeara uma pequena debandada na Big Board em janeiro de 1981. "É como um novo jogo em Las Vegas", disse ele com um prazer evidente. "Agora, em vez de apostar em uma ação, você pode apostar [no] mercado inteiro. Isso irá me dizer como as pessoas se sentem em relação ao futuro do mercado."[7] Esse não era um ponto de vista que poderia tranquilizar o senador Dole.

FUTUROS DE AÇÕES, FRACASSOS DE TÍTULOS   95

Cerca de 2 mil contratos foram negociados naquele dia, e a corrida pelo ouro havia começado. Mal passada uma semana, um economista da CFTC disse em uma reunião da indústria de futuros que a comissão estava revisando 57 aplicações para novos futuros de índices de ações e produtos de opções relacionadas a futuros.[8]

No mercado a futuro, a primeira bolsa a desenvolver um novo contrato tendia a abocanhar a maior parte das negociações do contrato dali em diante. Assim, Chicago ressentia-se um pouco por Kansas City ter sido a primeira nos livros de história com um contrato de futuros de índices de ações.

Não foi por falta de tentativa, e ninguém tentou mais do que Richard Sandor,[9] o ex-professor de Berkeley que agora era presidente do Comitê de Novos Produtos da Chicago Board of Trade. Ele trabalhava em um contrato a futuro de índices de ações desde 1978.[10]

Após alguns reveses iniciais, Sandor e sua equipe decidiram se dedicar a um contrato a futuro baseado no Dow Jones Industrial Average, supostamente o barômetro mais publicado do mercado de ações do mundo.[11] Sandor pegou um avião para Nova York a fim de tentar convencer os executivos do Dow Jones, oferecendo à companhia algo entre 1 e 2 milhões por ano pelo uso do seu nome.[12] O Dow Jones, que publicava o *Wall Street Journal* e a revista *Barron's*, não estava interessado.

Sandor não se deixou abalar. De volta a Chicago, ele fez outra oferta a executivos da Board of Trade – introduzida, estranhamente, com uma breve história da aspirina. A aspirina já fora uma marca detida pela Bayer, uma versão do ácido acetilsalicílico, mas a companhia não defendera a marca registrada, e *aspirina* foi gradualmente se tornando um termo genérico. Sandor argumentou que *Dow*, como *aspirina*, tornara-se um termo genérico, livre para todos usarem.[13]

A bolsa resolveu experimentar sua teoria. Dois dias depois da introdução do Índice Value Line, a Chicago Board of Trade pediu aprovação à CFTC do Índice CBT, um clone do Dow. O Dow Jones abriu um processo, que se arrastou por meses, e a Board of Trade acabou perdendo.

Enquanto isso, Leo Melamed, da Chicago Merc, tomara uma direção diferente, de olho no Índice Standard & Poor's 500. Ele não era nem de longe tão conhecido entre os investidores de varejo quanto o Dow, mas a pesquisa da Merc mostrava que gerentes de grandes portfólios de participação acionária – o tipo de pessoa que Gordon Binns estava contratando para administrar as ações do fundo de pensão da GM – quase sempre usavam esse índice como referência para o seu desempenho. Melamed achava que eles eram os personagens mais óbvios para um contrato a futuro de índices de ações, então apostou as fichas da Merc no S&P 500.

E, embora o Dow Jones houvesse recusado a proposta da Chicago Board of Trade, a Standard and Poor's, uma divisão da editora McGraw-Hill, estava ao menos disposta a conversar com a Merc. Durante um jantar com executivos da S&P, Melamed explicou que queria um acordo exclusivo e disse que estava disposto a pagar à S&P US$ 0,10 por cada contrato negociado, até um máximo de 10 mil contratos por dia. Até onde Melamed sabia, isso excedia, e muito, o volume máximo de negociações diárias de qualquer contrato a futuro da história. Um acordo foi fechado, e a Merc entrou no páreo do índice de ações dois meses depois de Kansas City.

No dia 21 de abril, Melamed observou orgulhosamente uma fila de negociantes entrar em um pregão na Merc para começar a negociar o novo contrato a futuro da S&P, logo apelidado de "spooz" (que rima com "booze", gíria utilizada para se referir a bebidas alcóolicas em geral).[14] O volume do primeiro dia superou facilmente a marca de 10 mil contratos.[15] A negociação do spooz cairia um pouco nos quatro meses seguintes, enquanto o mercado de ações se recuperava dos últimos ferimentos da última baixa, mas Melamed tinha certeza de que, quando a próxima alta viesse, o novo produto se tornaria o contrato a futuro de mais sucesso de todos os tempos.

NO DIA 24 DE MARÇO DE 1982, enquanto a Merc se preparava para a introdução do spooz, uma bomba da corte federal de apelações de Chicago atingiu Washington.

O Sétimo Circuito de Cortes de Apelações ouvira argumentos orais em novembro sobre o desafio da Chicago Board of Trade para a aprovação das opções sobre Ginnie Maes pela SEC. Desde então, o gabinete do conselho--geral da SEC observava e aguardava. Os advogados em Chicago receberam o telefonema da corte e rapidamente obtiveram a decisão. Quando ela foi lida para os advogados da SEC em Washington, eles ficaram chocados.

A teoria legal da Board of Trade fora notável: ela afirmava que os certificados de Ginnie Maes haviam sido convertidos, como num passe de mágica, em commodities no minuto em que os contratos a futuro baseados neles começaram a ser negociados em Chicago.[16] Graças a essa alquimia, uma opção sobre um certificado de Ginnie Mae era uma opção sobre uma commodity, e não uma opção sobre um valor mobiliário – e opções sobre commodities, assim como futuros sobre commodities, estavam exclusivamente sob a jurisdição da CFTC. O argumento levantara uma série de questões alarmantes para outros reguladores: os títulos de curto prazo do Tesouro também haviam se tornado commodities no minuto em que a Merc passara a negociar futuros desses tipos de título? Se alguém começasse a negociar um contrato a futuro de ações da IBM, elas também iriam repentinamente se transformar em uma commodity? A jurisdição da CFTC era limitada apenas pela imaginação de Chicago?

Fazendo uma interpretação literal do flexível estatuto da CFTC, e ignorando os termos do Acordo Shad-Johnson, os juízes decidiram que a SEC não tinha autoridade para aprovar contratos de opções sobre Ginnie Maes. Do ponto de vista da corte, a linguagem da lei significava que "literalmente tudo, com exceção de cebolas, podia se tornar uma 'commodity', e, portanto, estar sujeito à regulação da CFTC simplesmente pelo fato de ter seus futuros negociados em alguma bolsa".[17]

Aliás, a corte de apelação achava que a lei custosa que criara a CFTC poderia até mesmo ser interpretada como uma negação de qualquer autoridade da SEC sobre o mercado de opções sobre ações. Desafiando os legisladores, a corte escreveu: "Dada a possível expansão de 'commodity' para incluir até títulos corporativos sobre os quais as opções têm sido tradicionalmente reguladas pela SEC, a cláusula de jurisdição exclusiva da CFTC deve ter alguns limites." Aparentemente, os juízes achavam que definir esses limites era tarefa do Congresso, não das cortes.[18]

O veredito desencadeou um frenesi de protestos alarmados. Até Phil Johnson, da CFTC, ficou surpreso com seus desdobramentos. Ele ainda estava aguardando a reautorização formal para a sua agência, e esse era exatamente o tipo de coisa que poderia inflamar os aliados da SEC no Congresso e anular toda a sua cuidadosa diplomacia.[19]

O congressista John Dingell, um democrata de Michigan com forte simpatia pelo New Deal, rapidamente convocou audiências sobre emendas que afirmariam a autoridade da SEC sobre o mercado de opções sobre ações. Dingell também questionou toda a esfera dos futuros financeiros, especialmente futuros de índices de ações. As emendas seriam facilmente aprovadas. O mesmo não pode ser dito da preocupação de Dingell em relação aos futuros de índices de ações.

EMBORA HOUVESSE DISPUTAS ÓBVIAS NO TOCANTE à jurisdição da SEC sobre os futuros de índices de ações e opções sobre Ginnie Maes, era absolutamente certo que a SEC não tinha jurisdição sobre o mercado de títulos de longo prazo do Tesouro norte-americano.[20] Ninguém tinha, em qualquer sentido prático. Ele era um dos cânions ocultos no cenário financeiro em que um incêndio podia ter início e se espalhar sem aviso para outros mercados.

Quando a SEC foi criada, nos anos 1930, o mercado relativamente pequeno de títulos públicos fora explicitamente estabelecido fora das suas fronteiras regulatórias. Isso não havia mudado, embora o governo agora dependesse de um mercado do Tesouro cada vez maior que lhe possibilitasse empréstimos para cobrir um déficit federal cada vez maior.

FUTUROS DE AÇÕES, FRACASSOS DE TÍTULOS 99

Nesse mercado, dezenas de bilhões de dólares em títulos do Tesouro mudavam de mãos diariamente entre tesoureiros corporativos, negociantes de grandes bancos, vice-presidentes seniores de comunidades locais de empréstimo e poupança e autoridades de finanças do governo em agências de cidades, condados e estados no país inteiro. Embora os titãs tivessem chegado, o mercado de títulos do Tesouro ainda era governado por acordos tácitos e noções básicas de contabilidade.

O Federal Reserve tinha um pequeno poder sobre esse mercado – embora "influência" seja um termo mais preciso do que "poder". O Fed de Nova York, outrora presidido por Paul Volcker, designava várias das grandes instituições de Wall Street como "dealers primários", o que lhes dava o cobiçado direito de fazer ofertas quando o Tesouro leiloava novos títulos. Em troca, esses dealers primários voluntariavam-se para fornecer atualizações regulares ao Fed de Nova York sobre sua saúde financeira.

É claro que todos os dealers primários também estavam sob algum regime regulatório formal. Os grandes bancos nacionais eram monitorados pelo gabinete da autoridade controladora da moeda e pela FDIC, e suas holdings eram supervisionadas pelo Fed. As grandes corretoras de Wall Street eram reguladas pela SEC.

Porém, se uma firma financeira colocasse sua mesa de operações de títulos do Tesouro em uma unidade diferente, essa unidade não era regulada por ninguém. E foi isso que a Drysdale Securities fez.[21]

Drysdale era uma pequena corretora de Nova York cujas raízes remontavam a uma firma que entrou na NYSE em 1980.[22] No início de 1982, a Drysdale abriu a Drysdale Government Securities, uma unidade separada controlada pela estrela de negociações de títulos da firma, David Heuwetter.[23] Havia pouco tempo, Heuwetter usara algumas características peculiares da contabilidade do mercado do Tesouro[24] e uma quantidade muito pequena de dinheiro para construir posições arriscadas nas negociações de pelo menos US$ 5 bilhões,[25] um montante espantoso para uma firma do tamanho da Drysdale. A suposição,

100   O PIOR DIA NA HISTÓRIA DE WALL STREET

é claro, era que a estratégia de tomar dinheiro emprestado e negociar seria lucrativa – e, enquanto as taxas de juros continuassem subindo, provocando a queda dos preços, essa era uma aposta muito boa.[26] Dentro da firma, rumores diziam que o negociante estava "usando uma estratégia secreta e sofisticada baseada em computadores".[27]

A Drysdale Securities era membro da NYSE, e o arriscado negócio dos títulos não escapou à atenção da equipe de John Phelan. A Big Board insistiu que a Drysdale ou se isolasse das aventuras de Heuwetter, ou encerrasse a operação.[28] O resultado veio em 1982.

O desdobramento em si já teria sido o bastante para preocupar alguns negociantes parceiros da Drysdale.[29] Contudo, muitas das negociações da firma eram conduzidas através do Chase Manhattan Bank, o banco da família Rockefeller e o terceiro maior do país; uma quantidade mais modesta era administrada por duas instituições menores, mas ainda assim substanciais.[30]

As práticas de negócios no imenso mercado em que os títulos do Tesouro eram negociados eram tão casuais que não estava claro – pelo menos, para o mercado – se o Chase e os outros bancos estavam agindo simplesmente como agentes de Drysdale nas negociações ou atuando como câmaras de compensação, garantindo, de alguma forma, as negociações. Muitas pessoas que emprestavam seus títulos à Drysdale aparentemente acreditavam estar negociando com o Chase; alguns credores de títulos na comunidade de crédito e poupança ou das firmas de financiamento do interior do condado poderiam jamais ter ouvido falar da Drysdale.

Nenhuma dessas tradições preguiçosas – que um alto funcionário bancário mais tarde admitiu ser "irracionais" – parecia ser motivo de preocupação nesse imenso mercado não regulado, pelo menos até uma segunda-feira, 17 de maio de 1982.[31] Esse era o dia em que Heuwetter deveria mandar um pagamento de US$ 160 milhões para o Chase Manhattan, que cobriria os juros devidos sobre alguns dos títulos tomados em empréstimo pela Drysdale. O Chase em seguida repassaria o dinheiro para os inúmeros proprietários dos títulos. Infelizmente, na noite anterior, Heuwetter telefonara para a casa do seu gerente bancário a fim de perguntar se o Chase poderia lhe emprestar o dinheiro para fazer o pagamento dos juros do dia seguinte. De outra forma, ele não poderia pagar.

Telefonemas frenéticos foram feitos; a notícia rapidamente chegou a Willard C. Butcher, CEO do Chase. Advogados do banco asseguraram a Butcher que o Chase fora apenas um agente para a Drysdale, e não era legalmente obrigado a cobrir a dívida, então o Chase recusou-se a liberar o empréstimo para o encrencado negociante de títulos.[32]

É claro que as firmas às quais os US$ 160 milhões eram devidos não deixariam de sentir falta deles;[33] esse calote poderia até mesmo colocar algumas das menores em perigo. Assim, na manhã seguinte, Butcher teve a responsabilidade de contatar a única agência governamental que tinha ao menos alguma autoridade sobre a situação: o Fed de Nova York. Um grupo de altos funcionários de lá se encontrou com ele às 14h30 e o ouviu explicar a situação.[34] Ele propôs convocar uma reunião com todas as grandes firmas envolvidas, na qual o Chase sugeriria que todos cobrissem conjuntamente o calote da Drysdale para proteger as firmas menores em risco.

As autoridades do Fed de Nova York imediatamente notificaram Paul Volcker, que prontamente convocou sua equipe da SWAT de um homem só, Jerry Corrigan. Os dois sabiam que o mercado do Tesouro não tardaria a tomar conhecimento do problema da Drysdale – firmas demais haviam sido afetadas para ser caladas, e os preços do Tesouro já haviam começado a cair significativamente. E se outros negociantes começassem a temer a possibilidade de não ser pagos por seus acordos porque suas contrapartes não haviam sido pagas pela Drysdale? Isso poderia paralisar o mercado, uma fonte diária de dinheiro para inúmeras entidades em atividade e para o governo. Se a Drysdale falisse, milhões de dólares em títulos poderiam ficar retidos por meses, ou até anos.

Embora o Federal Reserve não tivesse autoridade clara sobre a crise, Volcker concordou que o Fed de Nova York deveria participar da reunião solicitada pelo Chase, só para saber mais sobre o que estava acontecendo. Em seguida, ele tentou se concentrar na preparação para a reunião da manhã seguinte com o principal painel de política monetária da nação, a Comissão Federal do Mercado Aberto (FOMC), que presidia. Corrigan fez planos para viajar a Nova York.[35]

Por volta das 18 horas da segunda-feira, altos executivos de sete grandes corretoras de Wall Street entraram no quartel-general, ou fortaleza, do Fed de Nova York, em Lower Manhattan. Com os executivos do Chase ao seu lado, um membro do Fed explicou cuidadosamente que a instituição estava preocupada com as "possíveis consequências do problema para o mercado", mas que não apoiaria nenhum plano que o Chase pudesse apresentar.[36]

A sugestão do Chase de que os bancos cobrissem conjuntamente o calote da Drysdale ficou abandonada sobre a mesa como uma fruta passada. Para esses grandes negociantes, tratava-se de um problema do Chase, pois era o banco que lidava com as negociações da Drysdale. Certo da sua posição legal, Butcher rogou aos negociantes que pensassem até o dia seguinte e voltassem a se reunir às 7 da manhã, na sede do seu banco, a alguns quarteirões.

No Fed, em Washington, alertas chegavam para funcionários do Tesouro, para a autoridade controladora da moeda e para os funcionários da SEC, avisando sobre o possível efeito dominó do calote da Drysdale. A SEC tinha certa autoridade sobre a Drysdale Securities, porém logo ficou claro que a corretora não era a entidade envolvida na bagunça. A autoridade controladora da moeda supervisionava o Chase Manhattan Bank, mas a principal preocupação da agência era com o destino do Chase, sua "saúde e segurança", não suas obrigações morais para com o mercado. Os funcionários do Tesouro podiam fazer pouco além de se preocuparem com o próximo leilão das notas de dois anos, que ocorreria em menos de dois dias. Se o calote da Drysdale ainda pairava sobre o mercado, poderia provocar o aumento da taxa de juros que os contribuintes precisariam pagar sobre as notas.

FUTUROS DE AÇÕES, FRACASSOS DE TÍTULOS 103

Mais uma vez, como acontecera na crise da prata, dois anos antes, Corrigan encontrava-se em um mundo sem fronteiras regulatórias claras – um mundo onde todos pareciam estar tateando no escuro, desesperados, em busca de uma alavanca que impedisse a explosão.

A REUNIÃO REALIZADA NA SEDE DO CHASE Manhattan na manhã de terça-feira não correu bem. Para começar, trinta corretores e banqueiros furiosos invadiram a sala de reuniões depois de terem ouvido pelos mexeriqueiros extremamente eficientes de Wall Street que o Chase não cobriria o calote.[37]

O mercado do Tesouro continuava oscilando à medida que se espalhava a notícia de que a Drysdale também deixara de pagar os juros devidos a dois outros bancos. Notavelmente, mais de 36 horas depois de a Drysdale ter anunciado seu calote, Jerry Corrigan não sabia dizer ao certo qual era o tamanho do problema ou quantos outros bancos e negociantes de títulos poderiam ser afetados.

Corrigan e outros funcionários do Fed passaram o resto do dia discutindo com funcionários do Chase e dos dois outros bancos que haviam ficado com a dívida da Drysdale. A decisão era inteiramente deles, disse-lhes Corrigan, mas ele achava que "a decisão de pagar juros teria um efeito calmante".[38]

Em Washington, o chefe de Corrigan queixava-se em voz alta do desastre da Drysdale. Ele convocara a reunião da Comissão Federal do Mercado Aberto para as 9h15, mas explicou que teria de sair e voltar várias vezes ao longo do dia para atender telefonemas urgentes de Nova York.

"Temos um desdobramento bastante anormal no mercado, para dizer o mínimo", disse ele aos chocados membros da comissão, explicando que uma corretora de títulos públicos "não pode pagar suas contas".[39]

"É um dealer?", perguntou um dos diretores do Fed, referindo-se aos grandes dealers primários designados pelo Fed de Nova York.

"Não é um dealer reconhecido", respondeu Volcker. "É um operador marginal que, aparentemente, operava em uma escala muito grande" usando dinheiro levantado "com algum tipo de esquema amador".

Sua preocupação era evidente. "O Chase Manhattan está no meio disso, como intermediário." As pessoas do outro lado das negociações da firma "alegam que o Chase é responsável, e o Chase alega que não é, então temos uma bagunça lá. As perdas superarão os US$ 100 milhões só nesse lote de transações, e não sabemos o que mais está envolvido. Estamos tentando descobrir".

Ele descreveu as medidas estabilizantes que o Fed poderia tomar no mercado se seus piores temores se materializassem e um juiz de falência congelasse os ativos de outros dealers que tivessem deixado títulos nas mãos da Drysdale.

A maioria dos credores da Drysdale era composta por "grandes corretoras de valores de Nova York – há um grupo de sete ou oito delas, todas bem conhecidas", disse Volcker. "Elas devem conseguir suportar a perda se houver um acordo, se a perda for a que sabemos", acrescentou. "O que não significa que isso não vai produzir ondas de grande preocupação por todo o mercado."

Ele parou por um momento e olhou ao redor da sala, para um círculo de rostos ansiosos.

"Algum comentário ou pergunta que eu não possa responder?"

Havia uma, de Lawrence K. Roos, presidente do Federal Reserve Bank de St. Louis: "Paul, como Federal Reserve, qual é a nossa responsabilidade em uma situação como essa? Apenas manter a ordem?"

"A nossa responsabilidade geral é para com a economia de forma mais ampla, Larry", respondeu Volcker. "O problema nesse caso, assim como em todos os casos, é que o cara responsável é apenas a menor parte do problema. Se todos os acordos de financiamento no mercado de títulos públicos forem rompidos, aí sim teremos um grande problema."[40]

Então, foi a vez de o presidente do Federal Reserve Bank de São Francisco, John J. Balles, falar: "Só olhando por outro lado: existe algum risco de sermos acusados de um resgate de dealers particulares, ou alguma outra coisa?"

"Sim", respondeu Volcker abruptamente. "Não podemos evitar isso." Após um momento, ele acrescentou: "Essa é a natureza de ser um credor de emergência."

NA MANHÃ SEGUINTE, OS DOIS OUTROS BANCOS envolvidos no calote da Drysdale anunciaram que cobririam os juros devidos sobre os títulos.[41] Quinze minutos antes do meio-dia da quarta, o Chase anunciou que também pagaria os juros devidos sobre os títulos da Drysdale. O telefonema foi feito para Volcker: Sucesso. A persuasão – e talvez um pouco de pressão moral do Fed – havia resolvido uma crise com a qual ninguém tinha uma autoridade regulatória clara para lidar; uma crise que ninguém previra, e que ninguém jamais fora capaz de apreciar com precisão no tempo disponível.

Com a crise da prata, Corrigan vira as falhas geológicas financeiras se estenderem em outra direção, para os mercados de commodities de Chicago. Agora, uma cisão em um território secreto do mercado do Tesouro, que não era regulado por ninguém, abalara vários grandes bancos, regulados pelo Fed e pela autoridade controladora da moeda, assim como algumas corretoras de Wall Street reguladas pela SEC.

A América em 1982 tornara-se um lugar onde um especulador aventureiro de títulos do Tesouro – ou, aliás, dois especuladores de prata do Texas – podia criar um terremoto capaz de abalar qualquer canto, ou os quatro cantos, do cenário financeiro da nação.

SEGUNDA PARTE

TITÃS E MAGOS

7
UMA PRAGA DE OKLAHOMA

Pouco antes do fim de semana do Quatro de Julho, em 1982, um banqueiro sentou-se em uma sala de reuniões no Continental Illinois National Bank, em Chicago, e olhou, descrente, para o auditor federal sentado à sua frente.[1]

O auditor estava mexendo em uma pilha de documentos, a papelada de um empréstimo que o Continental Illinois havia comprado do Penn Square Bank, um credor agressivo da indústria do petróleo em Oklahoma City. O auditor estava dizendo que o empréstimo era ruim – não havia garantia suficiente, e o Continental Illinois precisaria dar baixa.

Não, o banqueiro protestou. O empréstimo tinha a garantia ilimitada de um rico afiliado individual, por trás da perfuração que estava sendo financiada.

"Não, tudo que você tem são pequenas garantias limitadas", respondeu o auditor; as garantias não cobriam completamente o empréstimo.

O banqueiro estava abalado. Em parte sob a sua supervisão, o Continental pagara quase um bilhão de dólares na compra de empréstimos do

Penn Square Bank. Ele fora pessoalmente assegurado sobre os termos do empréstimo em questão pelo principal gerente de petróleo e gás do Penn Square, um jovem exuberante que considerara um amigo íntimo.

O auditor já passara para a próxima pilha de documentos, levantando novas questões sobre os empréstimos.

Assim que pôde, o banqueiro correu para seu escritório. Ele sabia que também havia auditores no banco de Oklahoma; os noticiários sugeriam que havia alguns problemas por lá. Seu amigo e principal contato no Penn Square insistira que o banco estava apenas passando por incômodos naturais do crescimento após uma onda de sucessos. Os reguladores federais só queriam que o Penn Square apresentasse mais US$ 30 milhões em capital – e seu amigo garantira-lhe que novos investidores estavam sendo recrutados.

Cada vez mais ansioso, o banqueiro de Chicago telefonou para a casa de seu amigo em Oklahoma City. "Vá até o seu escritório ou mande alguém até lá, agora, e faça os auditores abrirem seus arquivos", disse-lhe o banqueiro de Chicago com urgência. "Você precisa me mandar a garantia ilimitada que recebeu pelo empréstimo."

"Sinto muito", respondeu seu amigo. "Eu nunca a recebi."[2]

Sem essa garantia ilimitada, o empréstimo não valia o que o Continental Illinois pagara por ele – se é que valia alguma coisa. Estaria o auditor certo em relação a todos os outros empréstimos que o Penn Square colocara na mesa da sala de reuniões do Continental Illinois?

O auditor estava certo em relação à maioria – o bastante para destruir a carreira do banqueiro e para abalar profundamente a confiança do mercado no próprio Continental Illinois.

E isso também seria o suficiente para abalar as fundações financeiras de Chicago.

Seria difícil exagerar o quanto a esperteza explosiva dos mercados a futuro de Chicago fora financiada pelos maiores bancos da cidade: First National Bank of Chicago, Harris Bank and Trust, e especialmente o Continental Illinois.

Em 1971, quando Leo Melamed reunia apoio para seu novo mercado de moedas estrangeiras, ele temia que os bancos nacionais gigantes vissem a Merc como concorrente no seu próprio negócio de moedas estrangeiras e descartasse o novo produto. E foi o que muitos fizeram: um banqueiro de Nova York avisou a Melamed que futuros sobre moedas estrangeiras não teriam nenhum propósito "além de atender a pessoas um pouco mais sofisticadas do que aquelas que vão às corridas".[3]

Mas os banqueiros de Chicago tinham a mesma natureza inovadora que seus negociantes.[4] Eles rapidamente reuniram o apoio da nova casa de câmbio. Ao recomendar futuros sobre moedas a seus clientes institucionais e acrescentar os nomes de seus executivos à lista de consultores da Merc, eles deram ao negócio credibilidade mundial.[5]

As ambições globais do Continental Illinois contavam até mesmo com a torcida daqueles da Merc. No verão de 1982, o banco crescera para tornar-se o sexto maior do país, ocupando o primeiro lugar em empréstimos comerciais e industriais. Em 1978, a respeitada *Dun's Review* publicara um perfil radiante do presidente executivo do Continental Illinois, Roger E. Anderson, e chamara o banco de "uma das cinco companhias mais bem administradas" dos Estados Unidos.[6]

É claro que havia problemas – problemas enormes que toda a indústria bancária enfrentava. As taxas de juros sobre novos empréstimos estavam nas alturas, o que significava que as companhias de alta qualidade não queriam tomar empréstimos. Enquanto isso, as regulamentações do Federal Reserve limitavam quanto bancos,[7] crédito e poupança podiam pagar em juros a seus depositantes de pequena escala, levando muitos a tirar seu dinheiro dos bancos para aproveitar as taxas mais altas oferecidas pelos fundos mútuos do mercado à vista. O Fed estava relutante em suspender a limitação para as taxas de juros por medo de que isso condenasse a indústria de empréstimos e poupança, que já andava abalada – uma indústria em que instituições faliam aproximadamente a cada cinco semanas.

Banqueiros como Roger Anderson, do Continental Illinois, acreditavam que a melhor maneira de sobreviver a essa tempestade era crescer em tamanho e alcance – entrar em todo e qualquer novo mercado que os reguladores lhes abrissem, enquanto expandiam as operações tradicionais de empréstimos o máximo que o mercado tolerasse. Alguns mercados, principalmente as empresas de subscrição de corretagem e títulos, permaneciam predominantemente fechados para eles, mas eles estavam batendo às portas.

Claramente, era necessária uma alteração legislativa, e o Congresso ruminava com ineficiência sobre o que deveria fazer quando o verão de 1982 azedou tremendamente.[8]

Os problemas no Penn Square logo vieram a público, graças a um repórter alerta da *American Banker*, a bíblia da indústria bancária.[9] A crise no banco foi um choque para seus depositantes, mas eles provavelmente foram os únicos surpresos. Banqueiros rivais na indústria petrolífera haviam apenas observado ceticamente enquanto o Penn Square inflava de "um modorrento banco de varejo suburbano com US$ 30 milhões em ativos" na metade dos anos 1970 para um banco de US$ 500 milhões cujo portfólio estava cheio de empréstimos arriscados na indústria do petróleo e do gás.[10]

Os problemas do banco também haviam sido detectados por pelo menos um de seus reguladores. Por mais de dois anos, auditores do posto avançado de Dallas do gabinete da autoridade controladora da moeda haviam discretamente espicaçado o banco para restringir seus critérios para empréstimo e conter seu crescimento prodigioso. Os principais gerentes do banco haviam feito promessas honestas e melhorias temporárias. Enquanto isso, continuavam vendendo empréstimos para alguns bancos maiores, entre os quais o Continental Illinois.

Os auditores haviam chegado para checar o Penn Square em abril de 1982. Depois de ter passado uma ou duas semanas debruçados sobre gavetas com documentos de empréstimos incompletos ou pouco confiáveis, eles souberam que estavam diante de um desastre consumado.

A baixa dos empréstimos problemáticos que eles já haviam examinado limparia o capital do banco, e ainda havia muito mais arquivos a ser abertos. No dia 11 de maio, enviaram um aviso para Washington.[11]

O aviso acabou chegando ao seu chefe, C. Todd Conover, um consultor da indústria bancária da Califórnia chamado pelo presidente Reagan para administrar o gabinete da autoridade controladora da moeda, uma agência independente dentro do Departamento do Tesouro que era a reguladora oficial de mais ou menos 12 mil bancos constituídos nacionalmente, entre os quais o Penn Square.[12]

No dia 23 de junho, Conover emitiu a ordem que exigiu que o Penn Square apresentasse em uma semana US$ 30 milhões em capital novo. Ele alertou um de seus dois colegas reguladores bancários, William M. Isaac, presidente do conselho da FDIC, que já garantira depósitos do Penn Square. No dia seguinte, Conover telefonou para o terceiro regulador envolvido, Paul Volcker, do Fed, a fim de lhe dizer que o Penn Square provavelmente precisaria de algum tipo de empréstimo de emergência nos próximos dias. E, em 30 de junho, após uma semana de crise, uma equipe da FDIC chegou para tomar o controle em Oklahoma City, e o Fed liberou um empréstimo de US$ 20 milhões para proteger o banco da ruína que os reguladores haviam temido e que quase não pudera ser impedida.

Em 1982, o seguro federal de depósito estava limitado em US$ 100 mil. Tentados pelas elevadas taxas dos CDs do Penn Square, muitos clientes, incluindo 170 bancos e outras instituições financeiras, haviam colocado muito mais dinheiro nas suas contas no Penn Square do que o seguro da FDIC cobriria. O total em depósitos sem garantia aproximava-se dos US$ 250 milhões, o que constituiria a maior perda sofrida por depositantes bancários desde a Grande Depressão.[13]

Foi um teste amargo para Bill Isaac, indicado para a diretoria da FDIC por Jimmy Carter e elevado à presidência por Ronald Reagan. Do ponto de vista de Isaac, a não ser que o banco encrencado de alguma forma conseguisse encontrar um novo proprietário ou uma fusão com outro banco, a FDIC teria que fazer um "pagamento integral".[14] Em um pagamento integral, os depositantes são pagos até o limite de garantia da FDIC, e o banco é aos poucos aliviado. Os depositantes cujas contas excedem o limite da FDIC recebem promessas de pagamento pelo resto do seu dinheiro.[15] Essas notas são pagas com o que quer que possa ser salvo do portfólio de empréstimos depois da falência do banco. Os credores – que, nesse caso, incluem o Continental Illinois e os outros bancos maiores – ficam com qualquer migalha que sobrar.

Para Paul Volcker, os rumores de que quase duzentas instituições financeiras poderiam ser prejudicadas pelo colapso do banco de Oklahoma eram uma notícia terrível que chegava no pior momento possível.

A equipe de Volcker já estava em alerta total; o governo do México estava diante de um substancial pagamento de empréstimo em agosto, e outras nações devedoras da América Latina pareciam cada vez mais hesitantes a cada dia.[16] Outra pequena corretora de títulos públicos de Los Angeles deixara de cumprir seu compromisso de pagamento no início de junho, logo após a crise da Drysdale, e as preocupações relativas ao crédito ainda perturbavam os mercados do Tesouro.[17] Agora, eles precisavam se contentar com a falência de um banco, que podia lançar novas dúvidas sobre a solvência de todos os grandes bancos.

O frágil sistema bancário já preocupava o Fed havia muitos anos, mas no décimo mês de uma recessão profunda essas preocupações haviam se multiplicado. O tamanho colossal dos bancos, que poderia deixá-los mais seguros, também tornaria seus problemas uma ameaça maior para o sistema financeiro em geral. Antes, apenas alguns bancos grandes impunham esses riscos, mas o Penn Square mostrou que um banco pequeno e obscuro podia ser igualmente perigoso para a estabilidade financeira. Novas falhas geológicas haviam sido formadas em razão do hábito crescente dos bancos de venderem seus empréstimos locais para bancos remotos. Só um mapa dessas transações, um documento impossível de ser criado, poderia revelar quais bancos poderiam ser prejudicados quando empréstimos ruins explodissem.

Assim, quando Paul Volcker tomou conhecimento do caso do Penn Square, ele opôs-se firmemente ao plano da FDIC de saldar a dívida e argumentou em favor de um teste de força que evitasse quaisquer perdas para depositantes ou credores maiores.

A princípio, Conover concordava com Volcker – afinal de contas, era assim que um banco com problemas costumava ser salvo; mas nenhum deles conseguiu convencer Isaac, que argumentava, convincentemente, que nenhum banco em pleno juízo aceitaria uma fusão com o Penn Square quando ninguém sabia ainda qual era a escala do seu passivo, exceto que ela alcançava a casa dos bilhões. Pela mesma razão, a FDIC não podia simplesmente assumir o banco e operá-lo.[18] Assim, embora a FDIC nunca tivesse feito um pagamento integral por "qualquer banco que chegasse sequer perto do seu tamanho", para Isaac, essa parecia a única opção.[19]

CONSIDERANDO TUDO ISSO, NÃO SURPREENDE QUE VOLCKER estivesse irritado na quarta-feira à tarde, dia 30 de junho de 1982, quando batia o martelo exigindo ordem dos doze membros da Comissão Federal do Mercado Aberto.

O principal item na agenda era o México, que estava à beira da sua própria crise financeira por dever 20 bilhões aos seus banqueiros e estar tendo dificuldades para pagar as dívidas.[20]

Se o México não conseguisse pagar os empréstimos tomados de seus bancos, isso seria um golpe para a indústria bancária americana. Os cinco maiores bancos do país perderiam entre um terço e três quartos do seu capital para um calote do México.[21] Os cinco maiores bancos seguintes, entre os quais o Continental Illinois, perderiam entre um quarto e metade do seu capital. E isso só com o *México*. Havia muitas nações devedoras em dificuldade logo atrás dele. Volcker conseguiu a aprovação da comissão para o pacote financeiro confidencial de emergência que o Fed, o Tesouro e o Fundo Monetário Internacional estavam preparando para o México, colocando a reunião em recesso até o dia seguinte.

Quando a comissão se reuniu de manhã, Volcker contou a saga do Penn Square. "Em termos gerais, temos um problema bancário potencialmente sério", ele começou, "partindo de um banco em Oklahoma que está balançando, ou mais do que isso".

O banco em si não era "tão importante", disse ele. Ninguém poderia vê-lo como uma ameaça ao sistema financeiro como um todo. Não obstante, seus empréstimos imprudentes para a indústria petrolífera refletiam "uma noção, eu suponho, de que qualquer um que cave um buraco no chão agora, ou sequer prometa cavar um buraco no chão, tenha uma mina de ouro – pois o preço do petróleo deveria continuar aumentando para sempre. E o preço do petróleo de repente *não* aumenta para sempre, e os empréstimos tornam-se péssimos".

Quantos outros empréstimos nos livros dos bancos da América tinham uma solidez que dependia da continuidade do aumento dos preços a um ritmo febril? Quantos haviam sido feitos só porque ninguém imaginava que Volcker de fato poderia derrotar a inflação que afligira a nação por uma década?

No fim de semana do Quatro de Julho,[22] Volcker reuniu seus funcionários da FDIC e do gabinete da autoridade controladora da moeda para discutir a situação do Penn Square, e o grupo decidiu que o secretário do Tesouro, Donald Regan, deveria ser consultado. Quando Regan chegou, vestido casualmente, ocupou um assento no sofá e ouviu os argumentos contrários.[23]

Volcker e Conover achavam que havia um grande risco de caos nos mercados financeiros caso o banco de Oklahoma fechasse nos termos da FDIC. Bill Isaac defendeu a disciplina do mercado, defendeu manter a posição em relação ao Penn Square para mostrar que a rede de segurança para bancos imprudentes não era ilimitada. Não está claro se Regan ficou do lado de Isaac,[24] como sugeriu um relato, ou se Conover achou que ele havia deixado Volcker em minoria.[25] Seja como for, na noite de segunda-feira, 15 de julho, foi dada a ordem para que a FDIC iniciasse a operação de pagamento integral no Penn Square.[26]

Uma crise feroz de confiança, mandada como entrega especial de Oklahoma City, fora deixada na entrada do Continental Illinois. E não pararia por aí.

Quando a NYSE abriu em 6 de julho, o preço das ações do Continental caiu quase 10% após a notícia de Oklahoma. As perdas resultantes dos empréstimos do Penn Square colocaram o Continental quase US$ 61 milhões no vermelho quando ele fechou os livros no segundo trimestre de 1982.[27]

Em semanas, altos executivos do banco admitiram que tinham ciência dos problemas com alguns dos empréstimos do Penn Square desde o outono, mas insistiram que não haviam tido razão para duvidar da saúde em geral do banco de Oklahoma.[28] Como se não bastasse, uma importante agência de classificação de risco rebaixou o banco.

O vírus estava se disseminando para além de Chicago. Na Costa Oeste, o Seattle First National Bank, conhecido como Seafirst, comprara mais de US$ 400 milhões em empréstimos na indústria petrolífera com poucos documentos do Penn Square.[29] Uma semana depois da ação da FDIC, o Seafirst demitiu quatrocentos funcionários e avisou aos investidores que sofreria perdas substanciais.[30] Na Costa Leste, o Chase Manhattan, ainda sofrendo depois da bagunça causada pela Drysdale no mês anterior, logo informou suas próprias perdas desconcertantes em empréstimos do Penn Square.[31] No Meio-Oeste, o Michigan National Bank tinha 190 milhões em empréstimos comprados do banco de Oklahoma.[32] As perdas do Penn Square haviam levado uma associação de empréstimo e poupança a ser declarada insolvente, enquanto outra sofreu danos severos, e inúmeras mais haviam sido gravemente prejudicadas.[33] Mais de 130 cooperativas de crédito federalmente constituídas tinham depósitos sem garantia com o banco falido, e precisariam esperar a FDIC encontrar ativos adicionais antes de poderem recuperar completamente seu dinheiro.[34]

No dia 15 de julho, durante uma audioconferência, Volcker disse a membros da FOMC que havia um "nervosismo no mercado em relação às instituições financeiras em geral" em resultado da crise do Penn Square. "Um número imenso de rumores está sendo gerado, todos passados para mim regularmente", ele acrescentou.

Preston Martin, um ex-regulador das associações de empréstimo e poupança que fora nomeado para a diretoria do Fed havia pouco tempo, concordava. Ele ouvira pessoas do mercado "falando sobre qual banco será o próximo a falir". Ele concluiu, como Volcker, que aumentar o controle sobre a inflação naquele momento passaria para todos uma indicação "de que não estamos levando a sério o risco negativo inerente a um mercado instável sem liquidez".

Os "falcões da inflação" do comitê não gostaram de ser contrariados, mas todos acabaram concordando que a situação era delicada demais para fazerem qualquer outra coisa.

NA MANHÃ SEGUINTE, UM POUCO DEPOIS DAS 10 horas, o congressista Benjamin Rosenthal, o democrata de Nova York que liderara as intensas audiências da crise da prata dois anos antes, bateu o martelo para realizar as primeiras audiências da Câmara sobre a crise do Penn Square.

"A falência do Penn Square Bank é um lembrete dramático da necessidade de um sistema de regulação bancária eficaz", disse Rosenthal. "Muitos milhões de dólares serão perdidos pelos depositantes e outras instituições financeiras por causa dessa falência, apesar da supervisão federal e apesar da cobertura da garantia federal para depósitos."[35]

Rosenthal fez pressão para saber como um conjunto de reguladores bancários, do gabinete da autoridade controladora da moeda, tendo ciência dos problemas do Penn Square por mais de dois anos, não havia alertado outros reguladores financeiros. A resposta, é claro, era que o compartilhamento de detalhes com outros reguladores financeiros na prática garantiria as corridas aos bancos que eles estavam tentando evitar.

Em seguida, Rosenthal chamou a autoridade controladora da moeda, Todd Conover, e o presidente da FDIC, Bill Isaac, para testemunharem.

A honestidade de Isaac pareceu acalmar Rosenthal. O resultado do Penn Square não havia sido o melhor, admitiu francamente o chefe da FDIC. O ideal é que um banco com problemas seja vendido para um mais saudável, com alguma assistência da FDIC, e todos os depósitos de clientes são, assim, protegidos. Infelizmente, nesse caso, as práticas de empréstimos do Penn Square eram tão duvidosas que foi impossível conseguir uma fusão.[36]

Isaac demonstrou um verdadeiro dom para prever os ataques de Rosenthal: "Muitos estão perguntando: 'Como isso pode ter acontecido? Por que esse banco faliu como tantas outras instituições financeiras envolvidas? Essa falência evidencia outros problemas no sistema financeiro?" Suas questões eram, na verdade, o que o próprio Rosenthal estava perguntando.

"A resposta curta é que, na melhor das hipóteses, esse banco usou práticas bancárias especulativas baratas", Isaac respondeu. "Seus problemas foram o resultado de empréstimos que nunca deveriam ter sido feitos."

Ele tinha certeza, como disse, de que, embora pudesse haver alguns outros ralos como o Penn Square no cenário financeiro, eles "serão poucos e esparsos".[37]

Quanto ao Continental Illinois e outros bancos gigantes prejudicados pelo colapso do Penn Square, de acordo com Isaac, eles poderiam suportar suas prováveis perdas. "Se pudermos identificar a luz no fim do túnel por trás da nuvem negra do caso do Penn Square", disse Isaac, com muito mais otimismo do que poderia garantir, "devemos esperar mais prudência de todas as instituições financeiras no futuro."

E se alguém podia identificar uma lição, um alvo para reforma, por trás das mesmas nuvens negras, ele continuou, era a que algo precisava ser feito em relação à abordagem fragmentada da nação quanto à regulação dos bancos. Que propósito havia no fato de cinco agências regulatórias supervisionarem as instituições de depósitos da América? Por que havia três fundos separados de segurança de depósitos – um para os bancos nacionais, outro para crédito e poupança e um terceiro

120   O PIOR DIA NA HISTÓRIA DE WALL STREET

para cooperativas de crédito? E era possível oferecer mais informações ao público sobre a condição e as práticas de negócios das instituições asseguradas?

"Acredito firmemente que são necessárias reformas significativas no nosso aparato regulatório", Isaac concluiu. "É minha esperança sincera que as experiências das duas últimas semanas nos forneçam o ímpeto para avançarmos nessas questões."[38]

CADA NOVA CONTRAÇÃO DE ANSIEDADE NO SISTEMA bancário durante aquele longo e instável verão de 1982 também era sentida no pregão da NYSE.

O Dow Jones Industrial Average, que havia superado a linha histórica de 1.000 pontos no mês imediatamente seguinte à eleição de Reagan, passara o verão oscilando em torno da marca dos 800 pontos.

Provavelmente, a única boa notícia durante o período difícil de 1981 e 1982 era que o remédio amargo de Paul Volcker contra a inflação parecia estar funcionando. Ela caíra de mais de 12% para 6%, e parecia que continuaria caindo ainda mais, o que deixava os investidores de títulos menos preocupados e as ações um pouco mais atraentes.

Ainda assim, na quinta-feira, 12 de agosto de 1982, o mercado de ações caiu pelo oitavo dia seguido. O Dow fechou em 776,92 pontos, mais de 5% abaixo do seu nível no início do mês. Cerca de 50 milhões de ações foram negociadas, um pouco mais do que no dia anterior, mas nada para gerar excitação. A baixa do mercado já durava mais de um ano e meio. O que se podia esperar?[39]

8
ALTAS E BANCOS

Pouco antes das nove da manhã da quarta-feira, 25 de agosto de 1982, a notícia se espalhou na NYSE, o informativo do Dow Jones, e no mundo corporativo em geral: a Bendix, uma corporação de manufatura localizada perto de Detroit, estava fazendo uma oferta espontânea de tomada da Martin Marietta Corporation, uma gigante da indústria de defesa em Bethesda, Maryland.[1] Começara uma das batalhas corporativas mais selvagens da história moderna do mercado, um primeiro ataque nas guerras por tomadas que definiriam a década de 1980 – e distrairia os legisladores e reguladores das mudanças estruturais muito mais importantes que estavam acontecendo no mercado financeiro.[2]

O mercado de ações fora frequentemente um campo de batalha pelo controle das corporações americanas – durante as grandes guerras das ferrovias do século XIX,[3] os ataques corporativos menores do pós-guerra no final dos anos 1950[4] e os surtos de compras dos chamados reis dos conglomerados uma década depois.[5] Em todas aquelas batalhas, a NYSE ativera-se aos seus padrões tradicionais: cada ação de uma corporação servia de voto por procuração para definir o futuro de uma companhia. Essa fora por muito tempo a regra na Big Board – uma ação, um voto; mas fazia anos desde que os votos dos acionistas haviam sido usados das formas selvagens e ousadas que a Bendix e a Martin Marietta haviam feito.

O presidente da SEC John Shad construíra sua carreira na E.F. Hutton cuidando de fusões e aquisições corporativas, acordos corteses que eram "prudentemente financiados e faziam um sentido empresarial salutar".[6] Ele acreditava que não cabia à SEC dizer aos acionistas como votar ou às corporações o que podiam fazer com seu dinheiro – ou seu poder de adquirir empréstimo. Enquanto os membros do Congresso ficavam cada vez mais agitados com tomadas hostis que ameaçavam grandes corporações em casa, Shad se preparava para a tensão política.

Mas a batalha da Bendix sussurrava outra coisa para quem estava atento: o dinheiro grande de verdade de Wall Street estava borbulhando, alongando os músculos, testando seu poder. O tamanho importava: quanto maior você fosse, mais riscos poderia correr, e mais dinheiro poderia ter.[7] Com Washington recuando na aplicação das leis antitruste da nação, as instituições que não podiam crescer internamente tinham a possibilidade de conseguir as riquezas e o poder que desejavam usando o jogo da tomada para passar a mão em seus rivais.

Os gerentes de fundos de pensão como Roland Machold, de Nova Jersey, e Gordon Binns, da GM, eram acionistas gigantes, com participações em centenas de corporações americanas, qualquer uma das quais poderia se tornar um alvo de tomada no dia seguinte. De repente, as ações não eram mais apenas investimentos que podiam ultrapassar a inflação: eram cédulas de votos que ajudariam a determinar o futuro de uma grande corporação e de dezenas de milhares de trabalhadores norte-americanos. Até a batalha da Bendix, a distribuição dessas cédulas não parecia uma tarefa muito importante – Binns delegava periodicamente decisões intermediárias aos administradores financeiros que contratava, e Machold encarregava um comitê interno da tarefa.

ALTAS E BANCOS 123

Agora estava claro para todos que os investidores institucionais gigantes, que vinham acumulando ações desde o final da década de 1970, podiam ser uma força decisiva nas guerras por tomadas. E os dois lados, os altos executivos corporativos e os "agressores", estavam ávidos por convocá-los para formar um bloco e votar a favor de um lado ou de outro.

COM O CIRCO DA BENDIX AJUDANDO A alimentá-lo, o mercado de ações disparou como um foguete no início de outubro. O avanço contínuo do mercado, que empurrou o Dow para 965,97 pontos na quinta, 7 de outubro, foi a história principal da capa do *New York Times* da manhã seguinte – é claro que o rali era notícia precisamente porque ninguém podia saber ao certo por quanto tempo duraria.

O dilúvio de ordens que invadiu a NYSE quando o sino de abertura soou naquele dia quebrou um recorde – 43,6 milhões de ações na primeira hora – e atrasou o ticker público da bolsa em quase 40 minutos. A cada hora, o volume de negociações aumentava e a intensidade da celebração o acompanhava. À última hora, os negociantes acenavam para fotógrafos da mídia na galeria para visitantes, arremessando folhas de papel para cima e soprando apitos de polícia como crianças alegres. O sino de fechamento trouxe consigo uma explosão que preencheu o espaço cavernoso sobre o pregão.[8]

Era um novo recorde: 147,1 milhões de ações, quase três vezes mais do que o volume diário de negociações durante o ponto mais baixo do Dow em agosto. Naquela noite, de acordo com o *Times*, as filas diante das telas do Merrill Lynch que exibiam os preços das ações no Grand Central Terminal "eram mais longas do que dos guichês para quem queria uma passagem".[9]

A abertura fora um pouco intensa demais para o novo sistema de processamento de ordens de John Phelan, mas o ticker acertara o passo antes do sino de encerramento. Se Phelan sentira alguma ansiedade durante o movimento da manhã, ela já havia evaporado quando ele conversou com os repórteres naquela noite.

"Construímos modelos que foram testados com até cerca de 300 milhões de ações e 250 mil transações", disse ele, exultante. "Isso equivale ao dobro do volume de hoje, e ao quíntuplo do número de transações."[10]

O orgulho de Phelan era evidente: se eles haviam chegado a uma nova alta, a Big Board estava pronta.

O RALI AINDA CONTINUAVA DOZE DIAS DEPOIS, em 19 de outubro, quando Jerry Corrigan subiu ao púlpito para falar na conferência anual da American Bankers Association em Atlanta. Corrigan agora ocupava a posição de presidente do Federal Reserve Bank de Minneapolis, mas ainda tinha os ouvidos de Volcker, e, assim, suas palavras receberam atenção especial. Ele estava em Atlanta para falar sobre desregulação financeira – e não estava de acordo com o que a indústria bancária americana queria ouvir.[11]

Nos últimos anos, os bancos haviam convencido o Congresso e seus próprios reguladores a aprovarem novos produtos que tinham uma semelhança notável com os fundos mútuos do mercado à vista que eram regulados pela SEC.[12] As corretoras estavam recebendo permissão regulatória para comprar bancos diretamente, afirmando que só queriam oferecer alguns serviços úteis a seus investidores. Havia pouco tempo, a Sears, uma loja de departamentos que vendia roupas e eletrodomésticos, abrira seu primeiro "supermercado financeiro", oferecendo serviços de garantia da sua subsidiária Allstate, serviços imobiliários da subsidiária Coldwell Banker e serviços de corretagem da subsidiária Dean Witter Reynolds. A Prudential Insurance, que era regulada por comissários de seguros em cada estado, já era proprietária da Prudential-Bache Securities, regulada pela SEC, e estava em negociações para comprar um grande banco na Geórgia.

A nova realidade, como um estudioso do Direito colocou, era tão caótica que qualquer banco "pode escolher a qual sistema de regulação irá se submeter".[13]

ALTAS E BANCOS 125

Os grandes bancos podiam crescer ainda mais, banqueteando-se de novas linhas de negócios antes fechadas para eles. As operações financeiras estavam se tornando mais entremeadas, com combinações estranhas que os reguladores nunca haviam visto. Diante dessas mudanças, Corrigan queria que os banqueiros de Atlanta fizessem as "difíceis perguntas sobre o que são os bancos e o que eles querem ser".[14]

Bancos recebiam dinheiro de depositantes, faziam empréstimos e ganhavam dinheiro cobrando de quem pegava emprestado mais do que pagavam aos depositantes. Aceitar depósitos, do ponto de vista de Corrigan, tinha um aspecto quase sagrado; colocar dinheiro em um banco era um ato de confiança. Isso tornava os bancos inerentemente diferentes, digamos, da Sears ou de uma companhia de caminhões. "A confiança do público em organizações bancárias individuais – a certo ponto – só é tão forte quanto a confiança do público no sistema bancário como um todo", ele acrescentou.

Uma sapataria podia abrir, alugar espaços em qualquer centro comercial a quilômetros de distância um do outro, acumular um grande estoque à medida que os estilos mudavam, oferecer serviços ruins – e falir. Mas os compradores continuariam adquirindo sapatos com confiança em outra loja na mesma rua.

Corrigan tinha certeza de que aquilo que se aplicava às sapatarias dos Estados Unidos enfaticamente não se aplicava aos bancos do país.

Os LÍDERES FINANCEIROS DE CHICAGO NUNCA HAVIAM gostado dos reguladores de Washington, especialmente quando suas políticas restringiam o crescimento, continham a inovação e refreavam os lucros.

Não obstante, em julho de 1982, logo após o colapso do Penn Square, o Continental Illinois fora forçado a procurar o Fed em busca de empréstimos de emergência. À medida que o verão avançava de uma crise a outra, Volcker ficava cada vez mais temeroso em relação ao banco de Chicago – e ficou chocado pelo fato de o CEO Roger Anderson não parecer preocupado como ele. Na metade de agosto, enquanto lidava com os problemas cada vez maiores do México, Volcker convocou Anderson e toda a sua diretoria para uma reunião em Washington. Era hora de um bom discurso moral, enquanto a lembrança do Penn Square continuava fresca e dolorosa.

As anotações feitas da reunião pela equipe dão uma ideia das observações de Volcker. Ele disse que "era importante lidar com esse problema de credibilidade o quanto antes", pois o episódio do Penn Square levantava "questões importantes sobre a administração do banco".[15] Do seu ponto de vista, o banco deveria mostrar que estava realmente disposto a uma reforma mudando sua administração e suas políticas de empréstimo, fazendo todas as baixas contábeis necessárias, conservando seu dinheiro e construindo uma base de capital mais sólida.

As respostas de Anderson não foram registradas para a história, mas algumas semanas depois ele anunciou com segurança que "o banco havia resolvido suas dificuldades e agora avançava com confiança, seguindo com o trabalho normal".[16] Algumas aposentadorias em cargos mais elevados, algumas partidas em cargos medianos (o bancário muito amigo do Penn Square entre elas) – e foi isso.

Volcker não se deixou enganar por essas maquiagens. Ele continuou tentando persuadir o banco a tomar medidas mais decisivas. Visitou Anderson e sua diretoria em Chicago, percorrendo como um gigante visigodo o saguão romano do banco. Apresentou os mesmos argumentos a Anderson; e teve as mesmas respostas. Volcker discutiu a substituição de Anderson com os diretores; e não conseguiu nada.[17]

Em tese, o Fed era um regulador poderoso. Eles poderiam ter tentado forçar o banco a mudar seu curso ameaçando negar-lhe empréstimos ou pedindo uma ordem legal para impedir o pagamento de dividendos.[18] Porém, como um advogado do Fed mais tarde admitiu, é possível que essas medidas tivessem provocado exatamente a crise que eles estavam tentando evitar.

Esse era o conflito fundamental que Volcker enfrentava. Para ele, a principal obrigação do Fed era preservar a estabilidade do sistema financeiro. Seu trabalho como auditor com frequência vinha depois de coisas mais importantes, como a crise da dívida mundial, o ritmo da inflação ou a liquidez dos mercados financeiros. Além disso, havia outros reguladores, muitos outros reguladores, supervisionando os bancos da nação; presumivelmente, eles lidariam com hábitos arriscados de empréstimo ou administrações imprudentes caso vissem um problema surgindo.

Ainda assim, nenhuma dessas agências parecia saber o que fazer em relação aos executivos precipitados e irrepreensíveis do Continental Illinois, o maior banco de Chicago e um dos bancos mais instáveis do país.

ENTRE AS MANCHETES PUBLICADAS DURANTE O AGITADO verão de 1982, uma deixou dois jovens professores de Economia da Faculdade de Administração da Universidade da Califórnia, Berkeley, extasiados. Seu título: "Uma estratégia para limitar perdas de portfólio". O que se seguia era um longuíssimo artigo da edição de 14 de junho da revista *Fortune*.[19]

Na parte inferior da página de abertura do artigo encontrava-se uma foto encantadora dos dois professores: Mark Rubinstein, um homem baixinho e de olhar irônico com um bigode preto e sobrancelhas cheias; e Hayne Leland, alto e esbelto, com cabelos loiros encaracolados. Vestidos informalmente, eles estavam sentados com as pernas cruzadas em um gramado sobre um terreno inclinado.

As primeiras palavras do artigo da *Fortune* foram calculadas para chamar a atenção do leitor: "Parece bom demais para ser verdade." A história era uma visão em geral positiva de um conceito que os professores haviam desenvolvido, uma maneira de proteger um portfólio de ações de grandes perdas sem abrir mão de muitos futuros ganhos do mercado. O artigo também observava que os professores haviam colocado suas ideias em prática, tendo fundado uma pequena empresa que administrava cerca de US$ 150 milhões para meia dúzia de fundos de pensão.

Apenas dois anos antes, nada disso parecera possível.

Nos primeiros meses de 1980, Hayne Leland conseguira tempo entre as aulas que dava e os artigos de pesquisa para fazer visitas para promo-

128 O PIOR DIA NA HISTÓRIA DE WALL STREET

ver essa nova estratégia de hedging para bancos e corretores de Nova York e Chicago. A cada visita, ele voltara para casa cheio de otimismo; a cada visita, ele esperava telefonemas de retorno que nunca vinham.[20]

Às vezes, havia alguns caras nas reuniões que conheciam estatística ou matemática o suficiente para entender suas fórmulas. Com mais frequência, contudo, essa ideia só encontrava olhares vazios. Era tão diferente das discussões inteligentes que ele saboreara em Berkeley, onde a atmosfera fervilhava com ideias sobre investimentos que fundiam matemática e mercado, computadores e dinheiro, física e finanças.

Talvez Hayne Ellis Leland não tivesse esperado passar sua carreira acadêmica vendendo ideias de pesquisas para Wall Street.[21] Sua aparência descontraída de surfista da Califórnia escondia origens de pedigree.[22] A família de seu pai tinha raízes profundas na área de Boston; sua mãe lhe dera o nome de seu avô materno, o almirante Hayne Ellis, assistente do secretário da Marinha do presidente Wilson e mais tarde chefe da inteligência naval de Franklin Roosevelt. Na década de 1920, a família Ellis fora proprietária da histórica mansão Woodley, em Washington D.C., uma elegante construção de alvenaria no estilo de Geórgia usada como Casa Branca de verão por quatro presidentes dos Estados Unidos. A mãe e os avós paternos de Leland transitavam tranquilamente nos melhores círculos da sociedade de Washington.

Leland nasceu em Boston em 1941, mas cresceu em Seattle.[23] Ele voltou ao leste dos Estados Unidos para cursar quatro anos de escola preparatória na Phillips Exeter Academy, e depois seguiu a tradição da família entrando em Harvard, onde se formou em Economia e foi cortejado por vários clubes de elite.[24] Depois de ter se formado com louvor em 1964, casou-se com a filha debutante de uma família francesa com títulos em uma cerimônia na American Cathedral in Paris.[25] Leland passou um ano estimulante cursando um mestrado na London School of Economics, e depois voltou para Harvard, de onde saiu doutor em Economia em 1968.[26]

Leland entrou para a faculdade de Economia de Stanford, mas não se encaixou no departamento; a pesquisa que ele achou mais interes-

ALTAS E BANCOS **129**

sante estava sendo conduzida na faculdade de Administração. Ele não foi efetivado em Economia em Stanford, e a política acadêmica proibia que fosse efetivado na faculdade de Administração.[27] Assim, em 1974, foi para a Universidade da Califórnia, em Berkeley.

A faculdade de Administração de Berkeley estava fervilhando com inovações teóricas que tinham um toque distintivamente prático. Cada artigo tinha uma advertência mimeografada na capa: "Artigos são preliminares por natureza; seu propósito é estimular discussões e comentários." E eles estimulavam – em conferências anuais e jantares do corpo docente, reuniões profissionais e conversas informais, de dois em dois anos. Essa atmosfera era o paraíso para Leland depois das restrições que ele experimentara em Stanford.

Numa manhã de setembro de 1976, ele estava convencido de que encontrara uma ideia potencialmente valiosa para as pessoas que administravam os investimentos no mundo real – uma noção que lhe veio quando, durante algumas horas de insônia, começou a pensar em algo que seu irmão havia dito.[28]

Seu irmão, um consultor de investimentos, lastimara o fato de que não havia uma forma de assegurar um portfólio de ações contra perdas do mercado como se fazia com seguros contra incêndio. Não podia funcionar exatamente como um seguro, é claro. Que companhia de seguros de posse da sua sanidade escreveria políticas que pudessem produzir reclamações na mesma hora?[29] Um declínio do mercado de ações não era como o incêndio isolado de uma casa. Se um segurado tivesse grandes perdas no mercado, todos os outros segurados provavelmente também teriam as mesmas perdas.[30]

Talvez houvesse outra saída. Em seu quarto escuro em Berkeley, Hayne Leland teve uma ideia. Ele se levantou na mesma hora, foi até seu escritório e começou a trabalhar para ver se ela fazia sentido no papel.

Já existiam produtos financeiros que, se usados corretamente, podiam funcionar quase como políticas de seguro: opções sobre ações, que permitiam aos seus proprietários comprarem ("resgatarem") ou venderem ("lançarem") uma ação em um ponto fixo no futuro por um preço específico.[31] Já fazia anos que as opções sobre ações existiam, e a maioria dos executivos corporativos compreendia como elas trabalhavam. Era óbvio para Leland que, se você tivesse apenas uma ação em seu portfólio, era possível usar opções sobre ações para proteger-se contra futuras perdas. Se o preço da sua ação tivesse subido recentemente de US$ 20 para US$ 40, você podia comprar uma opção de venda que permitiria (mas não exigiria) que você vendesse as ações para outra pessoa por US$ 40 em algum momento no futuro. Se a ação caísse de volta para os US$ 20, ou menos do que isso, a opção ainda permitiria que você vendesse cada ação por US$ 40, evitando perdas e conservando seus ganhos anteriores. Sem abandonar a chance de aproveitar o investimento até, digamos, US$ 60 por ação, você ainda protegeria seu lucro de US$ 20 – com efeito, "assegurando-se" contra um declínio no preço da ação.

Opções de compra sobre ações individuais, que lhe permitiam *comprar* ações em determinado ponto no futuro a um preço fixo, vinham sendo ativamente negociadas desde 1973 em um mercado formal, a Chicago Board Options Exchange. Entretanto, em 1976, opções de venda para ações individuais, que permitiam *vender* ações a um preço específico em algum momento do futuro, estavam disponíveis apenas em uma base limitada e em geral precisavam ser negociadas gradualmente em um mercado informal "de balcão".

Leland via que precisava de um modo de aplicar a lógica de uma opção de venda a um portfólio inteiro de ações.[32] Esse tipo de opção ampla não existia, mas a súbita inspiração que o tirou da cama naquela noite foi a ideia de que ele podia criar uma "opção de venda sintética" usando uma combinação variante de ações e dinheiro.[33] Ele tentou esboçar os cálculos matemáticos antes de dormir algumas horas.

Na manhã seguinte, percebeu que precisava de alguém que conhecesse mais os mecanismos e a teoria das opções do que ele. Especificamente, precisava de Mark Rubinstein, seu amigo de confiança na faculdade de Administração.[34]

ALTAS E BANCOS 131

Rubinstein era um homem enrugado cujo intelecto formidável era acompanhado por uma curiosidade quase infantil. Ele estudou na Lakeside School, em Seattle, o "paraíso para os obcecados por matemática", onde também estudaria Bill Gates, cofundador da Microsoft.[35] Rubinstein passara pelo departamento da faculdade de Economia de Harvard dois anos antes de Leland, e fizera mestrado em Stanford e doutorado na Universidade da Califórnia, Los Angeles. Desenvolveu muito cedo uma paixão por linguagens de programação de computador, que atraíam seu senso inato de ordem matemática.[36]

Rubinstein não só estava mais familiarizado com a teoria das opções do que Leland, como também fizera algumas negociações de opções na Pacific Stock Exchange, em São Francisco. Ele perdeu dinheiro, mas ganhou uma experiência inestimável.[37]

Rubinstein ficou intelectualmente deliciado com o conceito de Leland, rindo e expressando surpresa por nunca ter pensado ele mesmo nisso.[38] Os dois jovens professores decidiram imediatamente abrir uma firma de consultoria para oferecer sua estratégia a investidores profissionais, assim que a tivessem aperfeiçoado.

Leland não sabia ao certo se Rubinstein, que parecia animado com a empreitada, realmente havia considerado no que eles estavam se metendo – o quão grande poderia ficar. Certo dia, enquanto passavam pelas lojas de acessórios na Telegraph Avenue no caminho de volta para o campus, ele se virou para Rubinstein e disse: "Você percebe que pode haver um mercado imenso para isso, certo?"

Rubinstein pareceu um pouco surpreso, e deu de ombros.

"Fundos de pensão!", disse Leland.

Em um instante, a ficha caiu.[39] "Fundos de pensão", Rubinstein repetiu. Ele entendeu.

Com a pressão da família e do trabalho, os dois jovens professores passaram muitos anos aparando as arestas e testando seu conceito em uma pequena escala no mercado.[40] Foi um grande sucesso.[41] Em 1979, eles estavam prontos para apresentar sua ideia de "seguro de portfólio" ao mundo.[42]

Nem Hayne Leland nem Mark Rubinstein tinham experiência com o marketing em Wall Street, embora tivessem o apoio de Barr Rosenberg,[43] o astro de Berkeley cuja firma de consultoria era uma das gigantes emergentes na nova área das estratégias "quantitativas" de investimento. A bênção de Rosenberg abriu portas em uma série de grandes bancos e departamentos fiduciários, mas isso não deu em nada.

Então, na primavera de 1980, Leland enfim recebeu um telefonema sobre sua ideia para assegurar portfólios – mas não foi de um cliente em potencial. Foi de um sócio em potencial.

Quem telefonou foi um homem de voz suave do Meio-Oeste chamado John W. O'Brien, que trabalhava para uma das principais firmas de consultoria do país, a A. G. Becker, em Chicago. Leland conhecera O'Brien alguns meses antes, na pequena conferência de Berkeley onde a ideia do seguro para portfólio foi introduzida, e ele ficara impressionado com as questões sagazes de O'Brien.

O'Brien, um homem encantador de pouco mais de 40 anos, cabelos castanhos encaracolados e um sorriso jovial realçado por uma barba bem cuidada, já tinha uma carreira notável nas finanças.[44] Formado pelo MIT e pela Harvard Business School, ex-oficial da força aérea, começara em Wall Street em 1969, quando entrou em uma obscura mas venerável firma: a Jas. H. Oliphant and Company.[45] O'Brien ajudou a Oliphant a desenvolver e a vender os chamados livros de beta, que mostravam o quanto ações específicas eram sensíveis às flutuações gerais do mercado.[46]

Em 1972, ele e alguns colegas deixaram a companhia para fundar a O'Brien Associates, uma firma pioneira de análise financeira sediada no Wilshire Boulevard, em Los Angeles. Entre suas inovações estavam novas ferramentas para avaliar o desempenho de portfólios, programas para ajudar um fundo de pensão a criar um modelo de seus ativos e passivos, e um novo índice de mercado, muito mais amplo do que o S&P 500, chamado O'Brien 5000. Em 1975, temendo que o modelo de negócio da firma não sobrevivesse ao fim do regime de comissão fixa de Wall

ALTAS E BANCOS   133

Street, O'Brien cometeu o erro de vender o negócio para um sócio, que mudou o nome para Wilshire Associates e acabou ficando bilionário.[47]

John O'Brien entrou na A. G. Becker, expandindo consideravelmente as ferramentas quantitativas que ela oferecia aos clientes de fundos de pensão, e estava sempre explorando novas ideias em conferências acadêmicas pelo país inteiro.[48] Inevitavelmente, ele acabou em Berkeley – no exato momento em que Leland e Rubinstein apresentaram sua ideia de seguro de portfólio.

Com sua experiência em estratégias quantitativas, O'Brien entendeu os cálculos matemáticos com facilidade. Depois de alguns anos em Wall Street, ele sabia que o conceito atrairia gerentes de grandes fundos de pensão que estavam ampliando seus portfólios de ações, mas temiam os riscos. E, o melhor, ele era talentoso com as palavras e poderia facilmente traduzir a ideia do professor para uma linguagem que os executivos dos fundos de pensão podiam entender.[49]

Um ano depois do primeiro telefonema, os três haviam formado uma sociedade chamada Leland O'Brien Rubinstein Associates, ou LOR. Segundo seu plano de negócio, Leland e Rubinstein continuariam lecionando em tempo integral na faculdade de Administração, enquanto John O'Brien, o CEO da nova firma, trabalhava de Los Angeles, mais perto de sua casa na cidade praiana de Pacific Palisades.

Munido com uma agenda telefônica cheia de contatos de alto nível em fundos de pensão e departamentos fiduciários, O'Brien encontrou um escritório disponível em uma firma de advocacia de um só advogado em Century City, na região oeste de Los Angeles. O endereço da nova firma impressionava: nº 1.900 da Avenue of the Stars [Avenida das Estrelas].[50] Na verdade, a pequena sala no décimo andar abrigava O'Brien,[51] o obsequioso advogado, um computador, alguns telefones e duas secretárias que trabalhavam meio expediente, uma delas esposa de O'Brien.

Pouco tempo depois de ter se estabelecido, O'Brien conquistou o primeiro cliente da firma, um gerente de investimentos com quem havia tra-

134 O PIOR DIA NA HISTÓRIA DE WALL STREET

balhado na A. G. Becker. Era uma conta minúscula pelos padrões de Wall Street, de apenas 500 mil dólares, mas era um começo. Então, em uma sexta-feira marcante, o telefone do pequeno escritório de John O'Brien tocou três vezes com três novos clientes para "assegurar" um total de 50 milhões de dólares: os fundos de pensão da Honeywell Corporation, a Gates Corporation e a Automobile Club of Southern California.[52]

O fundo de pensão da Honeywell, como o da General Motors, supervisionado por Gordon Binns, tinha mais de meia dúzia de gerentes de recursos, e eles não estavam muito animados para deixar a LOR brincar com seus portfólios. Um gerente aceitou experimentar o conceito de seguro de portfólio da LOR, e apresentou um relatório positivo sobre a experiência.[53] Logo, a Honeywell estava confiando US$ 200 milhões à estratégia da LOR.

Em março de 1982, a LOR ganhou um marketing crucial na *Pensions & Investment Age*, uma influente publicação da indústria. O anúncio explicava que a estratégia da firma "tem o efeito de assegurar o portfólio de participação acionária contra perdas – *um investimento garantido em participação acionária*".[54] A LOR começara a se referir ao seu produto como "alocação dinâmica de ativos", e o anúncio afirmava que um dólar investido de acordo com a estratégia em 1971 teria se transformado em US$ 2,61 dólares dez anos depois, isso em comparação ao US$ 1,89 de um investimento na S&P 500 e aos US$ 2,18 dos títulos de curto prazo do Tesouro.

Michael Clowes, um editor fundador da publicação da indústria de fundos de pensão, ofereceu uma explicação providencialmente simples da nova estratégia: "Leland e Rubinstein desenvolveram um programa para computador capaz de dizer a um fundo de pensão, ou ao gerente de recursos do fundo, para vender ações e aumentar o caixa de uma forma cuidadosamente medida conforme os preços das ações caiam. Quando os preços das ações tivessem caído o máximo que o fundo de pensão pudesse tolerar, o fundo seria só caixa. Por exemplo, se o fundo estivesse disposto a aceitar uma perda de capital de 5% sobre seu portfólio de participação acionária, o programa começaria a vender ações à medida que os preços começassem a cair, e o portfólio seria completamente composto por dinheiro quando o valor tivesse caído 5%. À medida que os preços das ações começassem a se recuperar, o programa controlaria a compra de ações até o portfólio estar mais uma vez completamente investido."[55]

Parecia um argumento convincente. Entretanto, muitos gerentes de recursos ainda resistiam a deixar os perspicazes professores de Berkeley assumir o controle de seus portfólios. O'Brien, um dos vendedores mais sedutores a já ter pegado um telefone, continuava fazendo telefonemas, publicando anúncios e conduzindo seminários.

Um desses seminários foi realizado em Manhattan no final de 1982, no esplêndido Hotel Pierre, na Quinta Avenida com a Rua 61.[56] Na plateia, encontrava-se um jovem de bigode chamado Bruce I. Jacobs, que fizera doutorado na Wharton School e recentemente deixara um cargo de professor lá para se juntar ao grupo de gestão de ativos na Prudential Insurance.[57]

Quando Jacobs ouviu falar da estratégia da LOR, ele logo identificou uma falha. A estratégia presumia que, quando chegasse a hora de vender ações e transformá-las em dinheiro, essas ações poderiam ser facilmente vendidas. Isso era realista? "De uma perspectiva macro", ele escreveu em um memorando presciente para os clientes em janeiro de 1983, "se um grande número de investidores utilizasse a técnica de isolamento de portfólio, as flutuações dos preços teriam a tendência de formar uma bola de neve". O aumento dos preços levaria a mais compras, o que provocaria um aumento ainda maior; a queda dos preços provocaria mais vendas, com o efeito oposto.[58]

Jacobs tocara no aspecto do seguro de portfólio que preocupava os líderes tradicionais das negociações no mercado, pessoas que tinham a mesma intuição de John Phelan e a história da NYSE. Eles acreditavam na antiga regra "compre na baixa, venda na alta". Com um seguro de portfólio, você deveria deliberadamente fazer o oposto – comprar quando os preços estivessem subindo e vender quando estivessem caindo. Parecia errado.

De fato, o sucesso do seguro de portfólio dependia muito da possibilidade de outras pessoas acreditarem que a estratégia estava errada. O conceito da LOR presumia que sempre haveria uma boa parte da população de caçadores ricos e imperturbáveis de ações que persistiria em comprar na baixa e vender na alta, investidores que entrariam em um mercado em queda para comprar todas as ações que as seguradoras do portfólio estivessem vendendo.

Esses oportunistas caçadores de barganhas certamente não viriam da comunidade cada vez maior de fundos de índice, que comprava apenas ações que ajudassem seu portfólio a acompanhar índices como o S&P 500. Acreditando firmemente que os mercados eram racionais e eficientes, os investidores de fundos de índice não procurariam barganhas quando os clientes da LOR precisassem vender. Aliás, com a queda das ações, os fundos de índice poderiam estar vendendo também para cobrir o resgate de investidores nervosos de varejo.

E se a "Escola de Chicago" estivesse certa – se os mercados fossem racionais e eficientes, e os preços atuais refletissem todas as informações conhecidas por todos os investidores racionais –, como esses caçadores de barganhas sobreviveriam? Em um mercado verdadeiramente eficiente, eles logo quebrariam.[59] E se isso acontecesse, não se sabia ao certo quem compraria ações dos clientes da LOR em um mercado em queda.

Felizmente para a LOR, ainda havia alguns gerentes de fundos de pensão, como Roland Machold, do fundo de aposentadoria do Estado de Nova York, que acreditavam em fazer barganha quando o preço fosse adequado. Por quanto tempo isso duraria?

Depois de saborear o excelente café do Hotel Pierre e ouvir a apresentação da LOR, Bruce Jacobs não se ocupou com o problema da "bola de neve". Havia tão pouco dinheiro nas contas que estavam usando o seguro para portfólio que essa parecia mais uma preocupação acadêmica do que um problema de verdade. De acordo com o artigo da *Fortune* de 14 de junho sobre Rubinstein e Leland, a LOR estava orientando um total de US$ 150 milhões em investimentos – quase um erro de arredondamento para investidores multibilionários como a Prudential e a General Motors.

Podia ser só uma preocupação acadêmica, mas o cenário da "bola de neve" era uma charada – e um alerta.

9
A ASCENSÃO DE CHICAGO

Quinta-feira, 16 de junho de 1983, marcava o 50º aniversário da Lei Glass-Steagall, a legislação marco da era da Depressão cujo objetivo fora separar a indústria bancária da nação do mundo arriscado de Wall Street. Para marcar a ocasião, o congressista Timothy E. Wirth, do Colorado, abriu uma audiência naquela tarde para examinar o quão porosa a parede Glass-Steagall se tornara e o que deveria ser feito a respeito.[1]

Wirth estava especificamente furioso com a abordagem que a FDIC dirigira à questão. Em um punhado de casos desde 1969, os advogados da FDIC haviam discretamente determinado que a Lei Glass-Steagall aplicava-se apenas a bancos do Federal Reserve. Em 1983, muitos bancos constituídos na esfera estadual não eram membros do sistema do Fed, mas, não obstante, compravam o seguro federal de depósito da FDIC. Esses bancos estavam ansiosos para explorar essa aparente brecha da Lei Glass-Steagall. A FDIC acreditava que estava simplesmente estabelecendo regras razoáveis para qualquer banco estadual assegura-

138 O PIOR DIA NA HISTÓRIA DE WALL STREET

do por ela que quisesse expandir-se para novos negócios, uma expansão que a FDIC enxergava como legal e provavelmente inevitável.

Wirth discordava enfaticamente. "Isso, parece-nos, é uma questão legislativa, que não deve ser relegada a uma obscura instituição reguladora", disse ele ao abrir a audiência. "Acho absolutamente chocante o fato de essa proposta ter sido feita sem que a opinião do Congresso fosse consultada."

Entre as suas testemunhas naquele dia estavam o presidente da SEC, John Shad, e outro representante do órgão, Bevis Longstreth.

Longstreth, elegante e viçoso apesar do clima úmido e quente, era quase o oposto do corpulento presidente da SEC. Ele era um democrata de Nova York e fora nomeado para a SEC em 1981 pelo presidente Reagan, que, pela lei, não podia colocar mais do que três republicanos na comissão de cinco membros.

Mais cedo em 1983, Longstreth envolvera-se em um conflito constrangedor na SEC concernindo o orçamento proposto por Shad para o ano fiscal seguinte. Shad registrara orçamentos em 1981 e 1982 que não exigiam um aumento da equipe, apesar de aqueles anos terem testemunhado um aumento dramático da carga de trabalho da SEC.[2] Agora, o pedido de orçamento de Shad para 1983 requeria um corte de 6% na equipe.[3] O congressista Wirth, que se opunha aos cortes, pedira a opinião dos colegas de Shad na comissão. Longstreth e seus três colegas, em uma resposta particular para o congressista, disseram que achavam que, na verdade, a equipe deveria ser aumentada em 4%. Wirth havia prontamente disponibilizado a troca de cartas para a mídia.[4]

Entretanto, no que dizia respeito ao tópico da lei Glass-Steagall, John Shad e Timothy Wirth eram quase aliados. Shad argumentara muitas vezes durante depoimentos no Congresso e em discursos públicos que as investidas da indústria bancária nas atividades tradicionais de Wall Street deveriam ser contidas até que as fronteiras regulatórias fossem traçadas com mais clareza e que guias com orientações pudessem ser escritos.

O cenário descrito por Shad estava, sem dúvida, imerso no caos. Embora os bancos da nação fossem supervisionados por uma verdadeira

A ASCENSÃO DE CHICAGO   139

comunidade de reguladores estaduais e federais, nenhum desses reguladores tinha jurisdição sobre os mercados de títulos.[5] As grandes corretoras competiam com bancos gigantes nos mercados de commodities, regulados pela CFTC, e os mercados do Tesouro, que praticamente nem eram regulados. Cada vez mais, eles também competiam com bancos no mercado de balcão cada vez maior de "swaps", um novo tipo de contrato de derivativos que as bolsas a futuro queriam que a CFTC regulasse diante da resistência tanto dos bancos quanto das corretoras.

Na época, a maioria dos membros dos painéis de supervisão, como o subcomitê de Wirth, parecia não fazer ideia do que eram ou de como funcionavam swaps. Swaps eram simplesmente contratos pelos quais duas partes concordavam em trocar dois futuros fluxos de dinheiro que cada uma fosse receber. No caso dos swaps de taxas de juros, a categoria que estava crescendo mais rápido em meados da década de 1980, os fluxos de dinheiro sendo "swapped" eram os pagamentos de juros sobre empréstimos. Digamos que o Banco A fosse receber pagamentos de taxa fixa sobre um empréstimo de 100 milhões nos três anos seguintes. Em um empréstimo idêntico, o Banco B receberia pagamentos de taxa variável, que flutuariam de acordo com o mercado. Suponhamos que o Banco A estivesse preocupado com a possibilidade de as taxas de juros aumentarem, o que iria deixá-lo relegado a pagamentos de taxa fixa, inferiores ao que poderiam receber. O Banco B, por outro lado, está convencido de que as taxas de juros cairão, e quer garantir uma taxa mais alta antes de isso acontecer. Uma transação de swap permite que cada lado consiga o que quer. Eles simplesmente trocam o fluxo futuro de pagamentos de juros sobre os dois empréstimos. (É claro que os dois não podem estar certos em relação às taxas de juros, então é possível que um dos bancos sofra uma grande perda na sua estratégia de swap.)[6]

À medida que o mercado de swaps amadurecia, grandes bancos e corretoras começaram a assumir lados desses swaps, atuando quase como câmaras de compensação, recebendo pagamentos de um e fazendo pagamentos para outro, e embolsando bons lucros no processo. É claro que, como câmaras de compensação, eles também estavam assumindo passivos futuros – precisariam continuar fazendo pagamentos mesmo que uma parte do swap não cumprisse seus pagamentos. Os banqueiros e corretores mais sábios tentavam limitar os riscos do swap com futuros de taxas de juros negociados na bolsa, o que gerou uma nova falha geológica nos mercados a futuro. Mas os mercados a futuro supostamente seriam muito mais líquidos se esses swaps fossem negociados em seus pregões, e não em um mercado institucional privado.

Embora esses derivativos secretos não tivessem surgido da noite para o dia, ainda não havia uma estrutura regulatória coerente para eles, e John Shad acreditava que o tempo que o Congresso tinha para agir estava acabando.

"Desde agosto, temos testemunhado a alta de mercado mais forte da história, um aumento do volume de negociações em novos futuros financeiros e opções, e um movimento de capital sem precedentes", Shad testemunhou. "Em suma, o mercado está trovejando sobre, sob e ao redor da Glass-Steagall."

O resultado era um campo de ação cada vez mais irregular. Shad observou que a proposta da FDIC permitiria que os 8.800 bancos assegurados pela FDIC fora do Federal Reserve subscrevessem títulos, enquanto os 5.600 bancos dentro do sistema do Fed não podiam fazer o mesmo. Os bancos dentro do sistema inevitavelmente ficariam tentados a mudar para o âmbito estadual. Claramente, a política da FDIC era uma brecha grande o bastante para acomodar a indústria bancária inteira.[7]

Shad sugeriu uma solução parcial: que o Congresso adotasse uma proposta para o Departamento do Tesouro que permitisse que os bancos entrassem em negócios mais arriscados de Wall Street, mas apenas por meio de holdings. As holdings podiam ser unidades separadas para seus negócios com títulos, controlados pelos reguladores tradicionais de Wall Street. Da mesma forma, os corretores de Wall Street poderiam participar dos negócios bancários, mas apenas através de entidades separadas similares supervisionadas pelos reguladores bancários.[8]

Com a oferta de cinco minutos para compartilhar seus pontos de vista com o subcomitê, Bevis Longstreth concordou com Shad a respeito de que mudanças radicais no cenário financeiro "reduziram a Glass-Steagall a lixo".[9] Entretanto, ele duvidava muito que alguns ajustes financeiros pudessem ajudar.[10]

"A disciplina de mercado, que está muito mais em voga atualmente, só pode assegurar estabilidade em um ambiente onde as instituições têm permissão para falir", disse ele. Mas a verdade era que instituições financeiras não podiam mais se dar ao luxo de falir – os vínculos entre elas eram "simplesmente extensos demais para evitar que uma falência provocasse outra". Portanto, só a "disciplina de mercado" era uma ferramenta regulatória completamente inadequada em um ambiente financeiro em que a falência de uma empresa podia colocar o sistema inteiro em risco.

De acordo com Longstreth, era necessária "uma nova rede de segurança", ampla o suficiente para cobrir todo o sistema financeiro, mas "flexível o suficiente para permitir que as forças da transparência total e da disciplina do mercado fizessem sua parte – o que, admito, não é o bastante".

Longstreth apontou que o tempo disponível para os reguladores responderem a uma ameaça estava encolhendo, dada "a velocidade com que o dinheiro viaja" e as ligações inesperadas entre as instituições.[11] "É como um acidente em uma via expressa em que todos estão a 100 km/h, com os para-choques quase encostados", disse ele. "Os resultados serão diferentes do que seriam a 8 km/h."

Simplesmente não havia um sistema coerente estabelecido para lidar com uma crise financeira em alta velocidade e de grande impacto. Sempre que havia uma crise, o sistema financeiro sobrevivia "porque tinha alguém como Paul Volcker, que já havia passado por isso antes", Longstreth concluiu. "Mas está tudo na cabeça dele – não está em nenhum estatuto."

CONTINUAVA INCERTO POR QUANTO TEMPO PAUL VOLCKER continuaria sendo a principal ferramenta do kit de resposta da nação a uma crise financeira.

Seu mandato como presidente do Federal Reserve acabaria em agosto de 1983; era a metade de junho, e o presidente Reagan ainda não dera nenhuma indicação de que Volcker seria renomeado. Artigos de jornais diziam que havia dois candidatos republicanos sendo considerados para o cargo – Preston Martin, que já integrava a diretoria do Federal Reserve, e Alan Greenspan, que administrava uma firma de consultoria econômica em Nova York e fora presidente do Conselho de Consultores Econômicos durante a administração Ford. Wall Street estava nervosa, e não escondia; o Dow Jones oscilava a cada rumor, e até o secretário do Tesouro, Don Regan, admitia que o mercado preferia Volcker "por uma maioria esmagadora".[12]

No início de junho, Volcker encontrara-se com Reagan em uma sala particular da Casa Branca e lhe disse que, caso fosse renomeado, esperava deixar o cargo mais ou menos após um ano e meio. Reagan não respondeu na hora,[13] mas às onze da manhã do sábado, 18 de junho, Volcker respondeu a um telefonema do presidente, que lhe disse que ele seria renomeado para um segundo mandato de quatro anos. Uma hora depois, Reagan abriu seu discurso semanal por rádio com o que chamava de brincadeira de um "novo flash".

"Não estou de chapéu nem com um telefone na mão", como um repórter com um chapéu fedora e um furo, disse o presidente, "mas antes de entrarmos na transmissão de hoje, eu gostaria de fazer um anúncio importante." Com uma informalidade que quebrava completamente a tradição, ele disse a Wall Street e ao mundo que renomearia Paul Volcker para a presidência do Federal Reserve.[14]

O sistema principal de resposta da nação a uma crise financeira, o cérebro de Paul Volcker, continuaria seguramente no lugar por mais algum tempo. Ele seria necessário mais cedo do que qualquer um poderia esperar.

"A CASA QUE LEO CONSTRUIU."

Provavelmente, era assim que a maior parte da comunidade financeira de Chicago pensava no novo Chicago Mercantile Exchange Center, inaugurado na segunda-feira logo após o Dia de Ação de Graças de

A ASCENSÃO DE CHICAGO 143

1983. O líder incansável e criativo da Merc, Leo Melamed, tivera um papel crucial na transformação do mercado decadente de commodities de carne de porco na próspera e movimentada inovação financeira que assegurou a nova estrutura.

O prédio de US$ 57 milhões tinha 93.000 m² de espaço para escritórios e um pregão de 3.700 m²,[15] o maior pregão sem colunas do mundo, conectado por cerca 22.500 km de cabos telefônicos. Uma torre de escritórios que era um verdadeiro arranha-céu com quarenta andares erguia-se no lado sul de um retângulo gigantesco do complexo de negociações;[16] ela logo ganharia uma gêmea no lado norte.

Seria quase equivalente chamar o novo centro do CME de "a casa que o pregão do spooz construiu".

Desde a sua inauguração, em 21 de abril de 1982, o contrato a futuro do Standard & Poor's 500 atendera a todas as expectativas de Leo Melamed. O spooz teve o lançamento mais quente na história do mercado a futuro, com mais de 27 mil contratos negociados antes do final de abril. Somente dois dos demais meses de 1982 não quebraram recordes.[17]

Estava se tornando uma luta desigual. Falhas no plano do contrato a futuro Value Line em Kansas City começavam a surgir, e seu volume de negociações continuava magro. Na New York Futures Exchange, o contrato a futuro baseado no índice composto da NYSE estava gerando mais interesse do que outros produtos da NYFE, mas também tinha dificuldades para encontrar seu mercado. Enquanto isso, o volume de negociações do spooz era regularmente quatro ou cinco vezes maior do que o de outros contratos ativos baseados em índices de ações.

No outono de 1983, os pregões da S&P estavam lotados e ruidosos. "A maioria das commodities tem momentos de calmaria – mas não na S&P", dissera Melamed a um repórter em agosto.[18] "Nós literalmente precisamos fechar nossa posição se quisermos tomar uma xícara de café ou fumar um cigarro."

O volume crescente de negociações do spooz acompanhava a alta de mercado em Nova York. Em junho de 1983, o Dow Jones estava 50%

144 O PIOR DIA NA HISTÓRIA DE WALL STREET

mais alto do que estivera um ano antes, um aumento recorde.[19] Depois de mal ter conseguido manter a cabeça fora d'água no início do verão, ele teve um crescimento contínuo de agosto até outubro, quando começou a exibir sinais de fraqueza. Qualquer um que quisesse especular com base no seu futuro poderia fazer isso com pouco capital comprando ou vendendo futuros baseados no índice S&P 500 na Merc, e foi exatamente o que uma horda cada vez maior de investidores fez. "Os futuros e opções baseados em índices do mundo permitem que os investidores negociem no mercado de ações sem nenhuma participação acionária", um relato observou.[20]

Na metade de 1983, quase doze fundos de pensão e quase metade dos trezentos maiores bancos que negociavam nos Estados Unidos estavam usando o mercado a futuro para reduzir os riscos inerentes às taxas de juros e às posições das ações no mercado.[21] Seguradoras gigantes também haviam encontrado o caminho para os pregões de futuros. Pelo menos dez estados, inclusive Nova York, haviam modificado suas leis de seguros para permitir o uso de derivativos. A confiança nos futuros baseados em taxas de juros negociados em Chicago havia se tornado quase lugar-comum para gerentes de portfólios de títulos na indústria dos seguros. Bancos e corretoras de Wall Street estavam rapidamente reforçando seu mercado privado de swaps, e um número maior deles limitava seus riscos compensando posições nos mercados a futuro. Não surpreendia, portanto, que os futuros financeiros constituíssem mais de um terço de *todas* as negociações no mercado a futuro em 1983, e que o pregão do spooz gerasse mais de 20% do volume total de negociações na Merc.[22]

Esse sucesso só serviu para aumentar o apetite de Chicago por novos futuros financeiros. Em junho de 1983, os reguladores haviam aprovado 25 novos futuros de índices de ações, opções sobre futuros baseados em índices de ações e opções diretamente sobre índices do mercado de ações, além das primeiras opções sobre taxas de juros, que competiam com os populares contratos a futuro baseados nos títulos do Tesouro.

A ASCENSÃO DE CHICAGO   145

Três meses antes, em março, a Chicago Board Options Exchange criara uma novidade para atrair compradores com sua própria opção sobre o mercado de ações, que inicialmente chamou de "opção CBOE 100". Em julho, ela foi rebatizada como opção Standard & Poor's 100, com o símbolo OEX. Como o spooz, o OEX teve uma estreia retumbante e a partir daí não esfriou, tornando-se rapidamente a opção mais negociada no mercado. No encalço desse sucesso, a CBOE introduziu uma opção diretamente sobre o índice S&P 500, uma concorrente ostensiva da opção da Merc baseada no futuro spooz.

A enchente de novos derivativos financeiros complicados foi tão rápida e intensa que o principal grupo de lobby de Wall Street, a Securities Industry Association, em junho apelara sem sucesso aos reguladores por uma moratória sobre novos produtos, só para dar às firmas de Wall Street tempo para treinar suas equipes de vendas e ajustar seus procedimentos burocráticos. Mesmo que os reguladores entendessem todas as complexidades e riscos desses novos derivativos – uma suposição questionável em 1983, e por mais alguns anos –, os legisladores do Congresso estavam rapidamente ficando para trás na curva da inovação financeira.[23]

10

ARBITRAGEM E ACOMODAÇÃO

Entre os VIPs que compareceram às cerimônias de abertura do CME Center em Chicago estava uma morena inteligente de quase 40 anos chamada Susan M. Phillips. Uma mulher formidável, mas vestida com roupas delicadas e com um sorriso que desarmava, Phillips era uma ex-professora universitária com doutorado em Economia. Ela trabalhava na CFTC desde 1981. Apenas dez dias antes, o presidente Reagan a consultara sobre a possibilidade de ela se tornar a primeira mulher a chefiar a agência – ou qualquer agência federal reguladora das finanças –, um cargo que Phillips já ocupava na prática havia seis meses.

Phil Johnson saíra em maio, atraído pela prática particular do direito pelas oportunidades lucrativas que sua experiência no governo gerara. Menos de um ano depois, ele entrou na firma de Nova York Skadden, Arps, Slate, Meagher and Flom, onde se especializou nas questões legais em torno dos derivativos que ajudara a criar.

A elevação formal de Susan Phillips à presidência da CFTC fora um evento de gala na Casa Branca, com todos os alardes e floreios. O presidente Reagan estava em uma forma rara, chamando a nova nomeada pelo primeiro nome e detalhando seu sucesso acadêmico com admiração.

Sua análise da CFTC fora igualmente radiante.[1] "Essa comissão é uma das minhas favoritas", disse ele, "porque prova que o governo pode fazer um bom trabalho sem sugar o dinheiro do contribuinte ou pesar a mão na interferência no mercado", e porque "cumpre sua tarefa sem atrapalhar o crescimento e a inovação da indústria".

Enquanto o presidente falava, sua agência reguladora "favorita" não poupava esforços na preparação para uma nova batalha com sua velha adversária, a SEC. Como de costume, a disputa surgiu por causa de inovações em Chicago. Desta vez, o pomo da discórdia era o pedido da Merc de Chicago para que a CFTC aprovasse futuros sobre índices de ações baseados em indústrias específicas. A Merc queria negociar contratos a futuro fixados segundo o índice de energia do S&P, o índice high-tech, o índice dos serviços públicos e o índice da indústria financeira. A SEC opunha-se aos novos produtos. Sob a lei de 1982, que formalizava o Acordo Shad-Johnson, a SEC tinha o direito de ir à corte caso a CFTC ignorasse suas preocupações.

Susan Phillips estava tentando negociar com John Shad sobre o novo conflito. Conforme requerido pelo Acordo Shad-Johnson, ela havia enviado informações detalhadas para a equipe da SEC sobre os quatro contratos propostos. Funcionários de alto escalão das duas agências haviam passado os meses inteiros de outubro e novembro brigando. Quando ela voltou a Washington após a luxuosa celebração da Merc, a resposta de John Shad a aguardava.[2]

Como não seria de surpreender, Shad fez as mesmas objeções que sua equipe vinha apresentando havia semanas para funcionários da CFTC.[3] Primeiro, ele queixou-se do fato de os índices das indústrias específicas serem limitados demais. Sob o acordo fechado por Shad com Phil Johnson, os futuros sobre índices de ações podiam ser vinculados apenas a índices de mercado de base ampla. Segundo, como não havia nenhuma proibição em relação a negociações com base em informações internas no mercado a futuro, Shad temia que alguém pudesse usar qualquer índice de base limitada para "lucrar injustamente a partir de informações internas" sobre as ações do índice – se, por exemplo, duas gigantes do petróleo estivessem considerando uma fusão em segredo. Além disso, Shad disse que não conseguia encontrar nenhum apoio estatutário para um contrato a futuro baseado em um índice de uma única indústria, não importava quantas ações houvesse nele.[4]

Ainda assim, em 11 de janeiro de 1984, a CFTC aprovou o contrato a futuro proposto pela Merc sobre o S&P Energy Index.

Pela lei, o único recurso da SEC era desafiar a ação da CFTC na corte, mas John Shad não estava mais entusiasmado para processar outro regulador do que estivera dois anos antes, quando aceitou o convite para um almoço com Phil Johnson. Ele ainda queria negociar um resultado pacífico. Mas depois que Shad deixou claro que não estava disposto a entrar com uma ação, ele teve pouca vantagem nas negociações subsequentes.

Cedeu em cada ponto disputado e se submeteu à filosofia da CFTC: deixar os novos produtos começarem a ser negociados e só depois lidar com quaisquer problemas que pudessem surgir.[5] As novas "regras" que estabeleciam os requisitos para futuros baseados em índices de ações da indústria, fixados em negociações particulares entre as duas agências, foram anunciadas para o mercado a futuro e para o Congresso.

Nem os mercados nem o Congresso ficaram felizes com o acordo.

NINGUÉM EM BERKELEY QUE TIVESSE SE DEPARADO com Steve Wunsch na juventude teria reconhecido o elegante jovem que foi apresentado a John O'Brien em algum momento na metade de 1983. Na época, Wunsch era um especialista em derivativos contratado da Kidder Peabody, cuja equipe de vendas da Costa Oeste estava procurando negociações de ações da LOR. Uma década ou mais antes, quando seu cabelo castanho comprido e cheio era segurado por uma faixa e seu sorriso era quase escondido por uma barba desgrenhada, Wunsch passara algum tempo percorrendo o país com amigos de espírito livre, escalando rochas com uma facilidade que surpreendia os outros alpinistas. Um deles era um executivo sênior da Kidder Peabody, que acabou contratando-o.

Wunsch era um tipo de lenda entre os alpinistas.[6] Havia até um trecho rochoso vertical no leste com seu nome, uma homenagem a uma subida feita anos antes que desafiara a gravidade. Ele ria das piadas que as pessoas faziam com seu nome – "No Free Wunsch" (um trocadilho com a expressão popular *no free lunch*, "não existe almoço grátis") era a sua favorita. Em 1983, o que fascinava o ex-selvagem da Kidder era o que John O'Brien e seus sócios em Berkeley estavam fazendo no mercado.

Ou, mais precisamente, o que eles *não* estavam fazendo.

"Por que vocês não estão usando futuros do S&P 500 para as transações do seu portfólio?", ele perguntou durante uma das primeiras reuniões com O'Brien.[7]

Ninguém teria condenado O'Brien se ele tivesse ignorado Wunsch. A Kidder Peabody estava promovendo seu próprio produto concorrente de seguro para portfólio, embora sem muito sucesso. Mas era muito difícil não gostar de Steve Wunsch, então O'Brien ouviu.

O'Brien não estava mais trabalhando em um escritório minúsculo em Century City. A LOR havia crescido e se mudado para um novo escritório no Wilshire Boulevard. A firma tinha um pequeno complexo próprio – meia dúzia de compartimentos espaçosos, uma pequena sala de reuniões, um escritório particular para O'Brien e computadores pessoais de primeira linha em algumas das mesas. O espaço ficava no 13º andar do prédio do First Interstate Bank, um dos prédios mais altos da Califórnia e um centro corporativo impressionante para os que não fossem supersticiosos. O First Interstate adquirira uma participação na LOR, o que levara à nova localização. O Biltmore Hotel, com seu interior dourado, ficava a apenas três quarteirões, oferecendo a Hayne Leland e Mark Rubinstein uma estada confortável durante suas visitas frequentes ao escritório.[8]

O'Brien estava aprendendo que a imitação não apenas era uma forma de elogio, mas também era algo lucrativo. No final de 1983, a LOR licenciou seu conceito de seguro para portfólio como base para a estratégia "Guaranteed Equity Management", ou GEM, da Aetna. Uma das coisas que tornavam a estratégia da GEM "tão notável", como um anúncio do produto observava, eram as credenciais "impecáveis" da Leland O'Brien Rubinstein Associates: "Eles oferecem serviços de alocação dinâmica de ativos, e nada além disso. Atualmente, eles estão atendendo a outros vinte portfólios, totalizando mais de US$ 600 milhões."[9]

Notável, mas verdade: no curto período desde o lisonjeiro artigo da revista *Fortune* na primavera de 1982, o total de ativos protegidos pelo seguro de portfólio – diretamente pela LOR ou pelos seus licenciados – havia crescido de US$ 150 milhões de dólares para US$ 600 milhões. As taxas diretas e os direitos de licenciamento estavam gerando receita para a LOR – o que permitiu a nova sede no Wilshire Boulevard.

A mecânica da implementação do seguro do portfólio continuava inadequada, dependendo da venda de ações quando o mercado caísse e da sua compra quando os preços voltassem a subir. Os gerentes de portfólio que trabalhavam para os grandes clientes de fundo de pensão da firma ainda não estavam animados com esse número de negociações, e os conservadores ainda resistiam à estratégia. O'Brien relembrou uma discussão acalorada com um consultor acadêmico no First National Bank of Chicago. "São negociações demais!",[10] disse ele a O'Brien. "Isso é loucura."

Fosse ou não loucura negociar tantas ações, certamente era desnecessário, conforme Steve Wunsch agora dizia a O'Brien. Ele disse que a estratégia semelhante da Kidder Peabody para "garantir" portfólios era diferente. "Não negociamos as ações, usamos futuros", explicou.[11]

É claro que O'Brien sabia da introdução dos futuros sobre os índices de ações S&P 500 na Chicago Mercantile Exchange na primavera de 1982, mas o contrato não havia de fato ganhado grande profundidade de mercado até ter se iniciado naquele outono uma alta no mercado.

Agora, com mais de um ano de experiência, os ruidosos negociantes nos pregões do spooz da Merc estavam lidando com um volume considerável de ordens todos os dias.

Um hedge de portfólio baseado no S&P 500 atenderia adequadamente aos clientes de fundos de pensão cujos portfólios não estivessem precisamente de acordo com aquelas quinhentas ações específicas? O'Brien ligou para Berkeley.

Mark Rubinstein ficou intrigado o suficiente para estudar a ideia. O que funcionaria melhor, ele sabia, seria uma opção de venda em um índice amplo do mercado de ações.[12] Essa opção daria à LOR o direito de vender, se quisesse, um portfólio inteiro de ações a um preço específico no futuro. Assim, a LOR poderia estabelecer um limite para quaisquer perdas em que o portfólio incorresse no caso de um declínio do mercado de ações.

No final de 1983, havia duas opções que se encaixavam sendo negociadas na Chicago Board Options Exchange: uma baseada no S&P 500, que não era negociada ativamente o bastante para ser útil, e uma muito mais popular, a OEX, baseada no S&P 100. Infelizmente, havia limites da CBOE para o número de opções que um investidor poderia deter concomitantemente, e a LOR já estava "assegurando" contas grandes demais para se encaixar com facilidade nesses limites.

De acordo com Wunsch, a Chicago Merc era mais flexível em relação à ideia de investidores assumirem grandes posições nos pregões do spooz, contanto que eles estivessem fazendo hedge, e não só especulando.

Hayne Leland viu imediatamente que o uso de contratos a futuro reduziria consideravelmente os custos das negociações de sua estratégia de hedging. O problema, é claro, era que "não estamos assegurando cada portfólio, cada portfólio personalizado", como ele alertava. "Mas, contanto que nossos clientes estejam satisfeitos com a proteção em geral para o mercado, nós *poderíamos* usá-los."[13]

Portanto, a resposta, no final das contas, seria baseada não na matemática, mas no marketing. O que os clientes do LOR diriam? A princípio, eles ficaram aliviados; a nova abordagem era mais barata e menos radical para seus diversos gerentes de recursos. Logo, muitos clientes de fundos de pensão começaram a acreditar que poderiam realmente ter uma participação maior do que costumavam no mercado de ações, que estava passando por um boom, graças à proteção dessa versão simplificada do seguro de portfólio.[14]

Assim, O'Brien sem dúvida ficou grato ao jovem Steve Wunsch. E, como a mesa de operações financeiras da Kidder estava prosperando com a negociação das comissões geradas pela LOR e seus grandes licenciados, os chefes de Wunsch em Nova York não se opunham aos seus vínculos próximos com a firma da Califórnia. Seu diálogo com O'Brien estava inspirando-o a todos os tipos de ideias sobre como a LOR poderia aperfeiçoar seu produto, e como ele poderia se encaixar mais facilmente no mercado.[15]

UMA NOVA ESTRATÉGIA QUE ESTAVA CRESCENDO RÁPIDO, e que também se baseava no contrato a futuro do S&P 500 na Merc, podia ser importante para a expansão do seguro de portfólio – aliás, como Steve Wunsch se deu conta, ela poderia fornecer um lastro para o mercado quando os clientes da LOR precisassem fazer as compras e vendas requeridas. Ela se chamava "arbitragem de índice".

Eis como funcionava:

O preço de todas as ações do índice S&P 500 passou cada segundo do dia de pregão flutuando no mercado. O valor do índice, portanto, mudava constantemente. Como o contrato a futuro do S&P 500 na Merc deveria acompanhar fielmente esse índice, o *seu* valor também oscilava bastante.

Em um mercado organizado, racional e altamente eficiente, os dois valores deveriam andar o tempo todo de mãos dadas. No caótico mundo real, por outro lado, isso nem sempre acontecia. Às vezes – por causa de interrupções temporárias nas negociações na NYSE, erupções da demanda especulativa na Merc, crises emocionais passageiras etc. – o valor das ações do índice S&P 500 e o preço dos futuros spooz divergiam, às vezes por um montante substancial. Se o preço dos futuros caísse abaixo dos preços do mercado de ações, os negociantes diziam que o spooz estava sendo negociado "com desconto". Se o preço dos futuros estivesse mais alto do que o preço à vista, diziam que o spooz estava sendo negociado "com a oferta maior do que a procura".

Quando John Shad e Phil Johnson negociaram seu pacto de paz quanto aos futuros sobre índices de ações dois anos antes, eles não poderiam imaginar que o preço do contrato a futuro em Chicago algum dia divergiria tanto do valor do índice de mercado em Nova York. Mas, na vida real, isso acontecia com frequência e sempre representava uma clássica oportunidade de arbitragem.

A arbitragem é simplesmente o ato de comprar algo em um marketing e ao mesmo tempo vender a mesma coisa a um preço mais alto em outro mercado. Se você puder comprar ouro em Londres e ao mesmo tempo vender ouro a um preço muito mais alto em Nova York, terá tido uma oportunidade lucrativa de arbitragem.[16] É claro que, presumindo que eles tenham os mesmos padrões de pureza, o ouro em Londres é idêntico ao ouro em Nova York.

O que deu origem à arbitragem de índice foi a sagaz observação de que, embora os futuros do S&P 500 não fossem exatamente idênticos às suas ações, eles eram parecidos o bastante. Se você conseguisse comprar os futuros do S&P 500 na Merc em Chicago por um preço, e ao mesmo tempo vender todas as ações S&P 500 individuais em Nova York a um preço maior, poderia ter um lucro rápido, pequeno mas isento de riscos a partir dessa arbitragem. Em outra ocasião, poderia haver a chance de lucrar com o negócio oposto – vender futuros do S&P 500 em Chicago e ao mesmo tempo comprar as ações do índice S&P 500 em Nova York.[17] De uma forma ou de outra, você preservava uma participação no índice – o que tornava a estratégia imensamente atraente para fundos de índice.

Esse jogo não era para peixes miúdos. Para colher esses lucros da arbitragem, você precisava de três coisas: computadores capazes de monitorar constantemente os preços nos dois mercados e alertá-lo quando eles estivessem diferentes; uma mesa de operações financeiras capaz de fornecer instantaneamente as ordens necessárias e executá-las por centavos por ação; e dinheiro para comprar muitas ações e contratos a futuro de uma vez só.

Fazer negócios como esse, dia sim dia não, chamava-se arbitragem de índice, e era uma maneira de baixo risco para gerentes de recursos ganharem alguns centavos a mais de lucro para um fundo de índice que, de outro modo, só acompanharia o mercado.

A razão por que os árbitros de índice eram importantes para a LOR era que seus negócios podiam refletir as negociações requeridas para o seguro de portfólio. Se os preços das ações caíssem ao ponto em que elas passassem a ser mais baratas do que os futuros, os árbitros de índice comprariam ações – exatamente quando o LOR estivesse vendendo-as. Além disso, os negociantes árbitros eram uma fonte de demanda nos pregões de futuros, nos quais podiam absorver vendas das seguradoras de portfólio que dependiam dos futuros do S&P 500 para sua estratégia de hedging.

A arbitragem de índice era importante para o mercado de ações e o mercado a futuro – aliás, para todo o sistema financeiro –, principalmente porque era o que ajudava a sincronizar os preços nos dois mercados quando eles se desencontravam.

Toda arbitragem, não importa o que esteja sendo comprado e vendido, serve a esse propósito. Comprar um produto em mercados mais baratos aumenta o seu preço, e vendê-los em mercados mais caros reduz o preço dos últimos – assim garantindo que os preços do produto uma hora alcancem o mesmo patamar nos dois mercados. Da mesma forma, ao comprar futuros quando eles estavam baratos e vender ações quando encareciam, os negociantes árbitros ajudavam a restabelecer o equilíbrio entre o mercado a futuro e o mercado de ações, com os preços dos futuros refletindo precisamente os preços das ações.

ARBITRAGEM E ACOMODAÇÃO   155

A arbitragem de índice continuaria sendo uma força misteriosa de mercado por anos, gerando suspeita no mercado de ações e confusão na mídia.[18] Muitos reguladores e investidores tradicionais ainda achavam que o preço do mercado de ações era o preço "real" para o índice S&P 500, e não se importavam muito se os futuros do S&P 500 estavam sendo vendidos no modo oferta maior do que procura ou com desconto em relação a esse preço "real". Eles estavam profundamente errados ao ignorarem esse novo fenômeno; a arbitragem de índice e o seguro de portfólio eram como elos na cadeia que, pela primeira vez na história, estava puxando o mercado de ações e os mercados de derivativos inexoravelmente para o mesmo lugar.

Não obstante, uma questão incômoda permanecia: a arbitragem de índice podia crescer rápido o bastante para acompanhar o seguro de portfólio? Haveria sempre investidores que iriam para um lado quando a LOR fosse para outro?

SE NÃO ESTIVESSE TÃO LOTADA, A SALA 1300 do Longworth House Office Building, no Capitólio, teria sido extremamente agradável. Uma bela lareira de mármore estava acesa em uma parede cinza-claro, e lustres de cristal lançavam uma luz quente. A sala abrigava o Comitê de Agricultura da Câmara, então não era uma parada frequente para o presidente da SEC John Shad; seus supervisores do Congresso faziam parte do Comitê de Energia e Comércio da Câmara.

Ainda assim, pouco antes das dez horas da manhã da quarta-feira muito fria de 8 de fevereiro de 1984, Shad acomodou seu corpanzil em uma cadeira diante da bancada das testemunhas e olhou para a sala lotada. Doze dos quinze membros desse subcomitê de agricultura estavam presentes, além do presidente e três outros membros do comitê geral, e também cinco funcionários.

Uma reprimenda verbal completa estava nos planos, e as cortesias nos cumprimentos não conseguiram disfarçar a tensão na sala.[19]

Sentada ao lado de Shad à bancada das testemunhas encontrava-se Susan Phillips, que estava muito familiarizada com a sala e seus ocupantes, visto que o Comitê de Agricultura da Câmara era um dos supervisores da CFTC no Congresso. Durante seus mais de três anos como comissária da CFTC, a atmosfera da sala geralmente era amigável em relação à agência.

Mas não naquele dia. Os congressistas estavam lá para censurar Phillips e Shad a respeito de como eles haviam resolvido seu último episódio de queda de braço jurisdicional – a disputa sobre os futuros de índice para uma única indústria propostos pela Chicago Mercantile Exchange.

Um membro sênior do subcomitê, e o primeiro a fazer uma declaração de abertura, era o congressista Glenn English, um democrata conservador do oeste de Oklahoma. English, que apoiava a CFTC na jurisdição sobre os futuros de índices de ações, ainda assim preocupara-se com o Acordo Shad-Johnson original, que ele acreditava ter deixado muitos aspectos abertos a disputas. Assim, ele não se surpreendeu com o fato de a CFTC e a SEC terem acabado num embate frontal, mas ficou furioso com o modo como o conflito fora resolvido, e tinha certeza absoluta de que a CFTC saíra na pior com o acordo.

"Certamente, foi o meu entendimento – e, acredito, o dos membros do comitê – que sempre que houvesse uma divergência quanto a áreas de jurisdição entre a CFTC e a SEC, essas disputas seriam resolvidas na corte ou no Congresso, e não nos bastidores", disse English. "Fiquei muito decepcionado [pelo fato de que] ao primeiro sinal de divergência tenhamos descoberto que as duas comissões estavam se encontrando nos bastidores e chegando a algum tipo de acordo que acredito ter prejudicado a CFTC."[20]

O congressista Dan Glickman, democrata do Kansas, explicou o problema fundamental: "Suspeito que exista uma briga nacional por território desenvolvendo-se em ambos os salões do Congresso, bem como nos salões financeiros de todo este país, no que diz respeito a qual agência deve ter jurisdição sobre quais tipos de instrumentos." Entretanto, quando o Congresso reautorizou a CFTC em 1982, ele acrescentou: "Foi o Congresso que manteve a jurisdição sobre essas questões, e mais ninguém."[21]

O congressista Ed Jones, do Tennessee, era uma presença moderada na cadeira presidencial. Depois dos discursos de abertura de seus colegas, ele cumprimentou Shad e Phillips, agradecendo aos dois pela presença.

Susan Phillips falou primeiro. "Embora o acordo jurisdicional [Shad-Johnson] hoje seja uma lei, também é um processo", disse ela. "Quando novos produtos são desenvolvidos, a comissão reconhece que ele deve estar preparado para responder com flexibilidade."[22]

Então, foi a vez de John Shad. Ele disse que o Acordo Shad-Johnson, embora fosse "uma grande concessão da SEC", estabelecera, ainda assim, padrões para novos produtos aprovados pela CFTC. Os contratos a futuro para indústrias únicas de Chicago não estavam de acordo com esses padrões, ele continuou, e um conflito legal com a CFTC parecia inevitável. Porém, "as agências acharam que seria preferível usar seus conhecimentos conjuntos para interpretar o estatuto,[23] em vez de sujeitar a indústria de futuros às demoradas incertezas de um litígio."[24]

O congressista English dirigiu sua primeira pergunta a Susan Phillips, e foi direto. "Senhorita Phillips, eu gostaria que explicasse para o subcomitê exatamente o que a senhorita cedeu na reunião nos bastidores com o senhor Shad."

Depois de tergiversar um pouco em sua resposta, Phillips disse: "Não acreditamos que tenhamos cedido nada. Na verdade, acreditamos que ganhamos muito."[25]

English não desistiu. "Senhorita Phillips", respondeu ele, "a senhorita está dizendo ao subcomitê que não cedeu, em nome da CFTC, nenhuma jurisdição, nenhuma autoridade de qualquer tipo, nesse acordo a que chegou com a SEC?"

Ela respondeu prontamente: "Sim, senhor."

English voltou-se para o homem corpulento e enrugado sentado ao lado dela. "Bem, sr. Shad, o que o senhor cedeu?"

"Concordo com a presidente Phillips", respondeu Shad.[26]

English parecia chocado. "Bem, então o senhor deve ter cedido tudo, e foi ela quem ficou com a parte boa do acordo, enquanto o senhor ficou com a parte ruim. Foi isso que aconteceu?" English pressionou mais ainda: "Então, a SEC se submeteu completamente à vontade da CFTC no acordo dos bastidores, certo?"

Shad contornou a pergunta e disse: "Acho que as indústrias de futuros e commodities ganharam muito com ele, pois a incerteza e a perspectiva de uma incerteza adiada sob litígio foram eliminadas." Apesar de ter insistido, ele não conseguiu explicar por que o acordo resultante saíra quase completamente conforme a vontade da CFTC.

Por trás de seu silêncio, estava a confissão tácita de que o papel da SEC na evolução dos derivativos financeiros já era menor do que ele esperara, e estava diminuindo cada vez mais. A CFTC agora estava no assento do carona, e Shad, nada disposto a travar uma guerra pública por essas questões jurisdicionais, só podia relaxar e aproveitar o passeio – um passeio que estava levando o mercado a um futuro que o deixava cada vez mais preocupado.

11

BANCOS À BEIRA DO COLAPSO

Nunca é um bom dia quando o presidente de um banco recebe um telefonema de um repórter perguntando se o rumor de que o banco está se preparando para abrir falência procede. Quando um segundo repórter telefona com a mesma pergunta, isso significa que o presidente do banco terá um péssimo dia.

O dia era terça-feira, 8 de maio de 1984,[1] e o presidente do banco que recebeu as duas ligações – e negou os rumores com veemência – era Edward S. Bottum, do Continental Illinois National Bank, em Chicago. Seu chefe, infelizmente, estava muito longe de Chicago. David G. Taylor, o presidente do conselho do banco e seu CEO, estava de férias em um barco nas Bahamas.

Taylor, um "funcionário de carreira" do Continental cujo pai trabalhara no banco por décadas antes dele, mudara-se para a sala do CEO alguns meses antes, depois de os diretores da instituição terem finalmente substituído Roger Anderson, que presidira o desastre que havia sido o colapso do Penn Square Bank em 1982.

O colapso do Penn Square revelara sérios pontos fracos nos controles internos e nas avaliações de crédito do banco, e ele estava se esforçando para atrair os depósitos de que precisava para manter as portas abertas. Fundos do mercado à vista preocupados com riscos fugiram quase imediatamente, embora a Chicago Board of Trade Clearing Corporation e a Chicago Mercantile Exchange tenham permanecido clientes leais.

Como principal executivo de financiamento durante a crise do Penn Square, David Taylor precisara fazer um grande esforço para substituir os depósitos locais perdidos por depósitos estrangeiros e empréstimos de curtíssimo prazo de outros bancos, dinheiro que entrava às vezes por até apenas 24 horas.[2] O Continental precisava de cerca de US$ 8 bilhões em dinheiro vivo diariamente só para continuar operando,[3] e Taylor conseguia garantir esse dinheiro, embora o Continental tivesse caído da sexta para a oitava posição na classificação dos bancos norte-americanos.

Seis dias antes, em 2 de maio, Taylor encontrara-se com seu principal regulador, Todd Conover, a autoridade controladora da moeda, e a reunião fora tensa. Em março, o Continental vendera suas rentáveis operações com cartões de crédito para poder pagar os dividendos do primeiro trimestre aos acionistas. Alguns reguladores ficaram perplexos ao verem o banco vender um fluxo contínuo de lucros para poder fazer um único pagamento de dividendos. Conover queria que Taylor acelerasse a venda dos empréstimos ruins do banco antes de sequer considerar aprovar os dividendos para os acionistas no segundo trimestre.[4]

Assim, quando um Taylor cansado de lutas e sua esposa partiram para férias programadas no domingo seguinte, 6 de maio, ele tomou o cuidado de se planejar para telefonar diariamente. Quando ligou do navio na terça, Ed Bottum instou-o a pegar um voo de volta para Chicago.[5]

Na mesma noite, em casa, Bottum recebeu bem tarde um telefonema de um de seus executivos seniores com notícias alarmantes de Tóquio, onde já era meio-dia de quarta-feira. Pouco depois do meio-dia, as mesas de operações financeiras dos grandes bancos japoneses, instituições

BANCOS À BEIRA DO COLAPSO 161

que regularmente faziam empréstimos de curto prazo para o Continental, de repente haviam batido a porta na cara do banco. Não haveria mais empréstimos overnight do Japão naquele dia.

O grupo coeso de negociantes, ligados a seus informativos e terminais telefônicos, fechou negócios multimilionários baseados exclusivamente em confiança e reputação.[6] Talvez os negociantes japoneses tenham calculado que não seriam demitidos por terem negociado com o Continental Illinois, mas esse não seria o caso se emprestassem dinheiro ao banco e não fossem pagos. Esse cálculo colocou-os no primeiro plano do que iria se tornar a clássica corrida aos bancos propagada através de fusos horários de Tóquio a Chicago.

Uma equipe de repórteres do *Chicago Tribune* mais tarde ligou os pontos do que acontecera, uma tragicomédia de erros com um amargo ato final.[7]

Na terça-feira, um repórter trabalhando em Nova York para o Commodity News Service liberou uma história curta e especulativa citando "fontes dos bancos", que supostamente haviam dito que "autoridades monetárias federais" planejavam uma "reunião especial para discutir o desempenho financeiro do Continental Illinois". Quando a história chegou a Tóquio, foi para o Jiji, um serviço informativo japonês que tinha um acordo com a CNS para traduzir, editar e transmitir suas histórias no Japão. Mas houve um erro na tradução, que transformou um "rumor" de uma tomada em uma "divulgação". A tradução mudou "autoridades monetárias federais" para autoridades "da moeda", o que pode ter evocado temores de que isso se referia à autoridade controladora da moeda, cujo envolvimento sugeriria problemas sérios.

Três minutos antes das 11 horas da manhã de quarta-feira, horário de Tóquio, essa história equivocada chegou às mãos dos clientes do Jiji, entre os quais diversas importantes instituições financeiras japonesas. Uma hora depois, a agência de notícias liberou uma tradução da história anterior sobre a negação de Ed Bottum em relação aos rumores de falência.

"De acordo com fontes tanto americanas quanto japonesas, a corrida ao Continental começou de fato quando negociantes dos bancos japoneses leram as histórias do Jiji", concluiu o *Tribune*. "O pânico seguiu o sol." A notícia espalhou-se rapidamente para os centros bancários europeus, e, simplesmente, "o dinheiro europeu de que o Continental precisava para manter suas operações sumiu".

Quando a quarta-feira, 9 de maio, despontou em Chicago, chegaram também os rumores.[8] Eles foram captados por ouvidos alertas de uma afiliada da Chicago Board of Trade, que prontamente tirou 50 milhões de dólares de uma de suas contas no Continental.[9]

Era o início do pânico.

DOIS DIAS DEPOIS, POUCO ANTES DO MEIO-DIA da sexta-feira, 11 de maio, o presidente da FDIC, Bill Isaac, recebeu um telefonema urgente de Todd Conover.

"Você pode parar o que quer que esteja fazendo e vir ao escritório de Volcker?", Conover perguntou.[10]

Na verdade, não era um pedido. Isaac cancelou um discurso de almoço e entrou imediatamente em um carro com destino ao complexo branco reluzente do Fed na Constitution Avenue. Quando ele chegou ao escritório de Volcker, ouviu o relato dado por Conover a dois outros reguladores e alguns funcionários de alto escalão sobre a situação periclitante em Chicago.

Na quinta-feira, houve um pequeno alívio nas retiradas eletrônicas do banco. Os empréstimos overnight não estavam tendo rollover; os certificados de depósito vencidos não estavam sendo renovados. David Taylor, agora de volta das Bahamas, havia mandado telexes para duzentos bancos estrangeiros negando os rumores que vinham a galope do Japão, mas isso só provocara mais desconfiança.[11] Na quarta, Conover tomara a iniciativa extremamente incomum de lançar um comunicado à imprensa dizendo que não sabia de quaisquer "alterações significativas nas operações do banco" que pudessem servir de base para os rumores. Isso não teve efeito no pânico crescente.

BANCOS À BEIRA DO COLAPSO 163

O banco estava ficando sem dinheiro.

Qualquer um sabia o quão importante era interromper esse processo. Havia vários milhares de bancos menores regionais e locais com depósitos sem garantia confiados ao Continental Illinois, e alguns poderiam passar calotes ou falir se perdessem esses fundos – o que disseminaria o pânico. Depositantes de outros bancos gigantes provavelmente veriam o calote do Continental como um sinal para transferirem seus próprios fundos para a segurança do mercado público, colocando outros bancos em risco. Isso também só serviria para espalhar o pânico.

Talvez esses homens ainda não soubessem, mas a reação podia chegar mais longe ainda do que temiam. David Taylor atraíra de volta depósitos de uma série de fundos do mercado à vista no último ano, e se o Continental não cobrisse suas obrigações, alguns talvez precisassem "break the buck"* – ou seja, poderiam não conseguir manter a promessa implícita de sempre resgatar suas ações por um dólar. Isso transmitiria o pânico para a indústria de fundos mútuos, um mercado que esses homens não regulavam. Um súbito êxodo de dinheiro dos fundos do mercado à vista, regulado pela SEC, teria exacerbado a paralisia geral do mercado financeiro, pois os fundos do mercado à vista estavam ganhando importância como fonte de crédito de curto prazo para outros bancos, instituições financeiras, e até grandes corporações.[12]

Volcker, Isaac e Conover viam algo que muitos de seus supervisores no Congresso não percebiam: a confiança no sistema financeiro da nação é frágil, tão delicada que poderia ser quebrada até mesmo por um leve abalo provocado por um rumor infundado de Tóquio. O calote de um banco gigante de Chicago seria como uma marretada. Podia-se

---

* "Break the buck" é um termo utilizado para se referir ao que ocorre quando o valor patrimonial líquido de um fundo do mercado monetário cai abaixo de um dólar. A quebra pode acontecer quando a receita de investimento do fundo do mercado monetário não cobre despesas operacionais ou perdas de investimento. Isso normalmente ocorre quando as taxas de juros caem para níveis muito baixos, ou o fundo usa alavancagem para criar risco de capital em instrumentos que, de outra forma, seriam isentos de risco. [N. do E.]

duvidar que os depositantes realmente entrariam em pânico e passariam a enxergar todos os bancos com a mesma preocupação, mas se isso acontecesse provocaria um caos capaz de desestabilizar a atividade econômica por meses, desencadeando quebras por todo o país e deixando uma geração inteira com medo de qualquer tipo de risco financeiro, como acontecera na década de 1930.

Assim, mesmo que o resgate do Continental Illinois quase certamente fosse gerar acusações devastadoras de que os reguladores estavam "abandonando os gigantes" enquanto deixavam os bancos pequenos passar calote semanalmente, não havia nenhuma questão quanto à necessidade de se fazer isso. Se uma série de açudes menores estão vazando e há uma rachadura cada vez maior na represa Hoover, reforça-se a represa. A questão era: como?

A FDIC tinha a autoridade de colocar US$ 2 bilhões no banco, mas a magnitude da hemorragia do Continental era tamanha que os três temiam que esse gesto não fosse o suficiente para acalmar o pânico. Eles decidiram aguardar até que Conover tivesse voltado a falar com os executivos do Continental. A fim de lhe dar tempo para isso, Volcker tratou de garantir que o Federal Reserve Bank de Chicago expedisse o pedido de um empréstimo de emergência de US$ 3,6 milhões. O dinheiro supriria o banco até o final de semana – e daria algum tempo a todos.

EM CHICAGO, DAVID TAYLOR TELEFONOU PARA LEWIS T. Preston, presidente do conselho do Morgan Guaranty Bank de Nova York, em busca de ajuda para a organização de uma linha de crédito de emergência da comunidade de bancos gigantes "de centro financeiro". Todos tinham motivo para assegurar a sobrevivência saudável do Continental, pois qualquer um poderia ser o próximo. Vários já haviam precisado aumentar as taxas que pagavam sobre os certificados de depósito como preço para atrair fundos.[13]

Taylor e Preston passaram o fim de semana localizando suas contrapartes em quinze dos principais bancos da nação. Na noite do domingo, parecia que a ajuda de Washington não seria necessária. Taylor enviou telexes para seus maiores depositantes internacionais, informando que dezesseis dos maiores bancos da nação, liderados pelo Morgan Guaranty, haviam constituído uma "rede de proteção" na forma de uma linha de crédito de US$ 4,5 bilhões para o Continental Illinois.

Foi uma reação impressionante para o setor privado, e o Continental anunciou o acordo com grande alarde na manhã de segunda, 14 de maio. Embora não estivesse explícito, todos pareciam cientes de que o poderoso Federal Reserve também estava pronta para conceder um empréstimo ao Continental, caso necessário.[14]

Para horror dos banqueiros e reguladores, o impacto desse gesto histórico foi de exatamente zero. O pânico global continuou ao longo da segunda. Em apenas nove dias, o banco havia perdido 30% de seu financiamento anterior – uma hemorragia três vezes maior do que as piores corridas aos bancos que a crise financeira de 2008 legou como efeito colateral.[15]

Só restava a David Taylor recorrer a Washington.

Às 10 HORAS DA MANHÃ DA TERÇA-FEIRA, 15 de maio, Todd Conover e Bill Isaac retornaram ao escritório de Paul Volcker.[16] Abalados pelo fracasso do consórcio formado em benefício do banco, eles concordaram que a FDIC deveria injetar imediatamente US$ 2 bilhões no Continental e começaram a trabalhar nos detalhes. Uma hora e meia depois, os três reguladores partiram com destino ao edifício que serve de sede do Tesouro a fim de atenderem a uma convocação do secretário Regan, que queria ser atualizado a respeito da situação antes de viajar para a Europa no dia seguinte.[17] Regan não se opôs ao plano, mas, posteriormente, sugeriu que os bancos do consórcio fossem solicitados a contribuir com a injeção de dinheiro.[18]

Depois da reunião, Volcker voltou ao Fed e preparou-se para uma viagem a Nova York, onde tinha o compromisso de receber um diploma honorário da Universidade de Columbia no dia seguinte.

166 O PIOR DIA NA HISTÓRIA DE WALL STREET

Lewis Preston discretamente convocou os outros banqueiros do consórcio que formava a "rede de proteção" para uma reunião às 9 horas da manhã da quarta-feira na sede do Morgan Guaranty, em Midtown Manhattan. Temendo gerar mais rumores devastadores, o facilmente reconhecível Volcker entrou no edifício do Morgan pela garagem de descarga usada para as entregas dos carros-fortes. Ele se encontrou com Isaac, Conover e o presidente do Fed de Nova York, Anthony Solomon, um esquadrão de elite de importantes banqueiros ocupando a sala de reuniões com seus assistentes. Havia cerca de quarenta pessoas na reunião secreta, todas profundamente preocupadas.[19]

Volcker, que astutamente evitara sentar-se à cabeceira da mesa, fez algumas observações de seu lugar na lateral, instando os banqueiros a "agirem rápida e resolutamente para demonstrar ao mundo inteiro que nós [temos] a capacidade de lidar com grandes problemas".[20] Bill Isaac falou sobre o plano da FDIC e propôs que os banqueiros contribuíssem com US$ 500 milhões para a operação de resgate, conforme Don Regan sugerira. De acordo com um relato, houve alguns "discursos patrióticos" de vários dos banqueiros sobre a união pelo bem maior – embora Volcker mais tarde tenha lembrado que Tom Theobald, vice-presidente do conselho do Citicorp, memoravelmente perguntara: "Por que eu iria querer ajudar um concorrente?"[21] As negociações estenderam-se até à tarde, e Volcker saiu para receber seu diploma honorário – se ele não tivesse comparecido, certamente teria alimentado novas preocupações no mercado.

Banqueiros e reguladores trabalharam noite adentro até chegarem a um acordo. Às 10 horas da manhã de quinta-feira, 17 de maio, David Taylor foi informado por Nova York que poderia convocar uma coletiva de imprensa para anunciar o histórico pacote de resgate: uma injeção de US$ 1,5 bilhão da FDIC e de US$ 500 milhões de sete bancos importantes, além de uma nova linha de crédito da "rede de segurança" originalmente composta pelo consórcio – incluindo, no final das contas, mais de vinte bancos. O Fed, é claro, continuaria pronto para contribuir em último caso, se houvesse necessidade.

BANCOS À BEIRA DO COLAPSO   167

A parte mais crítica do pacote foi a garantia da FDIC de que a abordagem que usaria para estabilizar o Continental protegeria completamente "todos os depositantes e outros credores em geral". Em outras palavras, ao contrário do Penn Square, o Continental não seria fechado por meio de um pagamento integral, o que faria credores e depositantes sem garantia perderem dinheiro. Aliás, a FDIC lidara com a maioria das falências anteriores de bancos sem recorrer a pagamentos integrais – o Penn Square fora a exceção. Bill Isaac, que resistira ao tipo comum de acordo de resgate para o Penn Square, agora estava dentro. Depois de ter acabado de experimentar uma corrida ao banco perigosamente contagiosa que colocava em perigo o que ainda era uma instituição solvente, sua principal prioridade era a estabilidade financeira.

Era essencial que esse pacote de resgate desferisse um golpe definitivo no pânico que havia se apossado do Continental Illinois, e para isso bastava uma garantia de que a FDIC encontraria um caminho que evitasse perdas para depositantes e credores. Sem dúvida, era o que Isaac esperava.

E, para imenso alívio de Washington e Chicago, deu certo.

UMA SEMANA DEPOIS DO RESGATE DO CONTINENTAL Illinois, quando emergiram detalhes da novela que foram as negociações, os mercados cambiais mergulharam no caos absoluto, com investidores nervosos vendendo dólares "em reação aos temores em torno da estabilidade do sistema bancário norte-americano".[22] Talvez os banqueiros estrangeiros realmente não entendessem como funcionava o sistema de regulação de Rube Goldberg dos Estados Unidos, assim não conseguindo confiar completamente em suas promessas em relação ao Continental Illinois. Sob a direção de Volcker, e pela primeira vez em três anos, o Fed secretamente colocou US$ 135 milhões no mercado em um dia só para estabilizar o dólar.

Claramente, a crise do Continental Illinois estava longe de acabar.

Com o apoio da FDIC e do Federal Reserve, a lógica era que o Continental se tornasse um ímã para depositantes, isso considerando as taxas

168 O PIOR DIA NA HISTÓRIA DE WALL STREET

de juros acima do mercado que o banco estava oferecendo. No entanto, os investidores estrangeiros que haviam fugido da manada não retornaram. Os fundos do mercado à vista continuavam mantendo distância. Grandes investidores institucionais observavam de longe. O único caminho em direção à estabilidade permanente parecia ser uma fusão com outro banco grande, e, na metade de junho, David Taylor concentrou todos os seus esforços em encontrar o aliado ideal.[23]

O banco estava com os dias contados.[24] Junho passou e julho chegou, e o mercado de ações aguardava a próxima demonstração financeira trimestral do Continental. Enquanto continuava vendendo pequenas subsidiárias, o banco anunciou que adiaria o relatório do segundo trimestre até que as negociações com candidatos à fusão fossem concluídas. Mas logo ficou claro que simplesmente não havia um comprador com credibilidade para o que recentemente fora considerado o banco mais poderoso de Chicago, um financiador dos maiores mercados a futuro e um dos dez bancos mais importantes do país.

No início de julho, Bill Isaac, da FDIC, e suas contrapartes do Fed e do departamento da autoridade controladora da moeda haviam perdido as esperanças de uma fusão e traçado um plano inovador para estabilizar permanentemente o Continental Illinois: a própria FDIC investiria vários bilhões de dólares no banco e compraria o lote de seus empréstimos inadimplentes em troca de ações preferenciais que iriam torná-la a maior acionista do banco. O anúncio do acordo sem precedentes era aguardado com grande expectativa para quinta-feira, 26 de julho.

Então, no último minuto, o acordo foi quase desfeito por outra batalha jurisdicional:[25] o secretário do Tesouro Regan, tardia e publicamente, deu para trás, alegando achar que determinados detalhes do plano eram "inapropriados" e uma "política pública prejudicial".[26]

O que estava acontecendo? Por que Regan, que apoiara o resgate do Continental em maio, de repente havia se tornado hostil? Era uma questão que perturbava Irvine H. Sprague, um funcionário público veterano de Washington que era o terceiro membro da diretoria da FDIC, ao lado de Todd Conover e Bill Isaac.

BANCOS À BEIRA DO COLAPSO   169

Após uma reunião particularmente difícil, Sprague perguntou o que o Tesouro estava tentando fazer. "Um funcionário de alto escalão do Tesouro me disse: 'Estamos em 1984; talvez em outro ano mudemos de ideia' – um indício de que a administração estava querendo se distanciar da maior operação de resgate de um banco da história durante um ano de eleição presidencial."[27]

Porém, havia mais um problema para o secretário do Tesouro. Regan, como John Shad e Todd Conover, apoiava uma proposta de lei pendente que permitiria aos bancos se expandirem em novos negócios, contanto que o fizessem por meio de subsidiárias independentes de suas holdings. A ideia era que a estrutura de uma holding protegeria os bancos dos riscos impostos pelos novos empreendimentos. Contudo, em razão dos compromissos restritivos dos títulos, a única maneira prática de injetar dinheiro rapidamente no Continental era por meio da holding. Sprague mais tarde especularia que Regan poderia estar "preocupado, temendo que o precedente comprometesse a validade" do argumento de que holdings isolariam os bancos do perigo.[28]

Quando Regan atacou publicamente o plano de resgate, Bill Isaac não se manifestou oficialmente, mas, de acordo com Sprague, ele "ficou furioso". Não foi diferente com Sprague.

"Problemas diferentes requeriam soluções diferentes", Sprague diria mais tarde.[29] Do seu ponto de vista, a FDIC e o Tesouro podiam "estimular preconceitos ao permitir que a holding falisse.[30] Ou poderíamos salvar o banco". E, salvando o banco, eles poderiam reduzir o risco de que um pânico extremamente contagioso se espalhasse pelo sistema financeiro.

Por fim, a situação chegou ao cúmulo na noite de quarta-feira, 25 de julho. As cabeças mais frias aparentemente haviam prevalecido no Tesouro, ou talvez na Casa Branca. O Departamento do Tesouro seguiu firmemente o caminho contrário ao das exigências de Regan. "Eles são os reguladores bancários", disse um funcionário do Tesouro não identificado ao *New York Times* com um dar de ombros quase audível.[31]

Naquela noite, na FDIC, Bill Isaac descreveu o pacote de resgate durante uma teleconferência com Volcker, Conover e os líderes dos comitês de serviços financeiros da Câmara e do Senado.[32] Isaac também os lembrou de que nenhum "dinheiro do contribuinte" seria usado no plano de resgate, pois a FDIC era financiada por prêmios pagos pela indústria bancária. Enquanto isso, sua equipe trabalhava noite adentro na papelada para que o trato pudesse ser anunciado em Chicago na manhã de quinta.

Foi uma "intervenção extraordinária no setor bancário", de acordo com o *New York Times*.[33] Uma nova equipe gerencial foi formada, com David Taylor retornando à sua posição nas finanças, sua crítica missão cumprida. Ao final de setembro, os acionistas do Continental Illinois aprovaram a compra pela FDIC de uma participação de 80% do banco, o preço de se evitar um colapso que teria representado seu completo extermínio.

Na época, o mundo tomara um pouco mais de conhecimento do quão precário fora o episódio – da necessidade do Fed de interferir nos mercados cambiais em maio, os imensos empréstimos de que o Continental precisara pouco antes do resgate em julho, da hemorragia de exorbitantes US$ 12 bilhões em depósitos do banco desde o primeiro dia do ano.

Esse tipo de coisa não deveria acontecer, mas quase aconteceu. E aqueles que lutaram para evitá-lo sabiam com que facilidade poderia se repetir.

TERCEIRA PARTE

CONTÁGIO

———

12
FUSÕES E MUTAÇÕES

O resgate frenético e frágil do Continental Illinois no início do verão de 1984 mostrara aos reguladores bancários o quão rápido uma crise podia irromper e como era difícil interrompê-la quando ela começava. Entretanto, os reguladores que lidaram com a crise pelo menos reconheciam com que estavam lidando: uma corrida aos bancos desencadeada pelo pânico, ainda que excepcionalmente rápida e persistente. As corridas aos bancos motivadas pelo pânico era uma espécie familiar de problema tão antiga quanto os próprios bancos.

Mas quando Jerry Corrigan observou o restante do cenário financeiro de seu posto como presidente do Federal Reserve Bank de Minneapolis, viu novos riscos com que os reguladores jamais haviam lidado, coisas que poderiam explodir sem aviso praticamente em qualquer lugar do sistema financeiro. No mundo inteiro, bancos e corretoras gigantes criavam novos derivativos híbridos que eram negociados a portas fechadas, adaptados particularmente, e quase nunca, se é que em algum momento, vendidos. Era quase impossível avaliar esses derivativos, ou sequer contá-los, pois não eram claramente exibidos nos balanços bancários ou relatórios de corretoras. Como contratos privados, eles criavam obrigações invisíveis entre todos os tipos de instituições financeiras, dívidas que acabavam não sendo pagas e deixavam uma parte do contrato exposta a perdas imensas.

Corrigan compartilhara suas preocupações durante uma reunião da Comissão Federal do Mercado Aberto em maio de 1984, exatamente quando a crise de Chicago se desenrolava. Esses artifícios, "swaps de taxas de juros e outras coisas", acumulavam-se nas sombras do sistema bancário – Corrigan disse a Paul Volcker e seus colegas do comitê.[1] E eles envolviam riscos que "talvez não sejam inteiramente compreendidos, mesmo por quem está atuando nos mercados".

Ele acrescentou: "E, pior do que isso, podem não ser sequer inteiramente compreendidos por *nós*. Não preciso dizer que não podemos ser pegos de surpresa neste momento."

Corrigan repetiu publicamente esse alerta em junho, em um discurso para os banqueiros que compareceram à Conferência Monetária Internacional na Filadélfia.[2] Acrescentou que não se opunha a um futuro no qual bancos, corretores praticantes de preços baixos e seguradoras poderiam se envolver nos negócios uns dos outros. Mas esse era um cenário que continha uma série assustadora de riscos, inclusive o risco sistêmico, que ele chamou de "constante efeito de bola de neve".[3] Com vínculos profundos, mas invisíveis, entre bancos grandes e outras firmas financeiras, e suas contrapartes estrangeiras, o risco sistêmico era uma preocupação cada vez maior.

"Penso em coisas como futuros, opções, opções sobre futuros, swaps de taxas de juros", e uma série de passivos contingentes, disse ainda.[4] Esses derivativos eram, com frequência, estruturados por meio de corretoras de Wall Street, e estavam sendo usados sem pudor por seguradoras gigantes. E, como a maioria era invisível para auditores e reguladores, era impossível avaliar quantas firmas e seguradoras de Wall Street correriam perigo caso uma grande firma de um lado de um acordo de derivativos falisse.

FUSÕES E MUTAÇÕES 175

Um dos novos derivativos financeiros que preocupavam Corrigan, o swap, já era um dos produtos mais quentes do cenário financeiro.[5] Um escritor da revista *Euromoney* observara no final de 1983 que "o mercado de swap transformou os mercados de capitais do mundo inteiro em uma Olimpíada global. Todos os dias, limites são quebrados e recordes, estabelecidos".[6]

Ninguém podia saber ao certo qual era o tamanho do mercado de swaps.[7] Dizia-se que US$ 7 bilhões em swaps haviam passado pelo Citicorp em 1983. Havia outras estimativas de que, ao final de 1984, os swaps equivaliam a um total de cerca de 70 bilhões em dívidas, três vezes o montante de um ano antes.[8] As seguradoras, muitas das quais eram regidas por leis estaduais que limitavam seu uso de futuros e opções, haviam se tornado um mercado particularmente faminto por swaps; de acordo com uma estimativa, só as seguradoras haviam obtido cerca de US$ 100 bilhões em swaps no ano de 1984.[9]

Apenas uma semana antes do discurso de Corrigan na Filadélfia, o vice-presidente de um grande banco de Nova York dissera ao *New York Times*: "Ninguém nunca entra no meu escritório e diz 'Ei, acabei de fazer um empréstimo para financiar uma empilhadeira'.[10] Hoje, eles só falam nesses financiamentos sofisticados que não entendo." Um executivo de Wall Street, analisando o apetite da indústria de seguros por swaps, recomendara cuidado: "As seguradoras devem considerar os riscos inerentes envolvidos nesse mercado não regulado."[11]

Não regulado? De fato, um dos problemas complexos em torno dos swaps era que não se sabia se eles estavam submetidos a qualquer regulação – e, se estavam, quem era seu regulador? O executivo de Wall Street que alertou as seguradoras a respeito de um mercado "não regulado" simplesmente repetiu o que era senso comum sobre os swaps, mas ninguém podia ter certeza de que ele estava certo.

Em 1977, o conselho geral da CFTC afirmara em informes que alguns dos novos derivativos pareciam lembrar contratos a futuro o bastante para cair sobre a abrangente jurisdição da CFTC.[12] Os advogados

176   O PIOR DIA NA HISTÓRIA DE WALL STREET

da agência primeiro elaboraram um teste de quatro quesitos para esses híbridos. Contudo, nos dois anos seguintes, eles disseram que o novo teste na realidade não era o exame final, e que cada produto seria examinado "de acordo com o contexto".

É claro que as bolsas de futuros havia muito suplicavam à CFTC que declarasse a ilegalidade desses derivativos de balcão. A indústria de swaps, em rápido crescimento, uma coleção poderosa de bancos, corretoras e seguradoras, todos gigantes, insistia pelo contrário. O conflito estava longe de uma resolução.[13] Como observou um especialista em Direito, a CFTC não parecia ter a seriedade necessária para consolidar sua posição: "É uma agência relativamente nova, minúscula pelos padrões federais, algo como um brinquedo legislativo, e consideravelmente obrigada àqueles que regula por suas apropriações e seu mandato jurisdicional."[14]

Parece notável que uma agência abençoada por um estatuto tão maleável quanto o concedido pelo Congresso à CFTC, com o apoio dos poderosos diálogos políticos que regulava, não poderia gozar de mais empatia ao apresentar seu caso para a regulação dos swaps e outros derivativos de balcão. Os bancos e corretoras gigantes eram simplesmente poderosos demais? As autoridades da CFTC decidiram que ela já tinha obrigações demais? Ou a agência simplesmente temia regular um mercado que parecia estar se saindo muito bem sem regulação?

Fosse qual fosse a razão, a CFTC fracassava em assumir e reforçar um argumento crível de jurisdição, mesmo quando o mercado crescia de forma exponencial. O resultado disso foi que os mercados a futuro financeiros acabaram privados de um reservatório substancial de liquidez, um suporte de que precisariam desesperadamente nas crises que teriam pela frente, e a rede potencialmente arriscada de obrigações sobre swaps que ligavam instituições financeiras gigantes permaneceu invisível para os reguladores por décadas.

Isso não parecia preocupar as agências regulatórias de Washington ou seus supervisores do Congresso como preocupava Jerry Corrigan.

FUSÕES E MUTAÇÕES   177

O FINAL DO VERÃO DE 1984 CHEGOU com John Phelan estabelecido no escritório do presidente do conselho da NYSE. Após quatro anos no segundo lugar, ele fora promovido na primavera a presidente do conselho e presidente executivo, um posto que combinava os cargos que ele e o presidente do conselho aposentado, Mil Batten, haviam ocupado desde 1980. Seu primeiro dia na nova sala, em 24 de maio, fora agitado. Em algum momento do dia, rumores varreram os pregões: o Manufacturers Hanover, um dos bancos mais fracos da cidade de Nova York, ao que parecia estava tentando levantar dinheiro em Londres, pois investidores nervosos haviam-no tirado do mercado norte-americano. Tanto o banco quanto seus reguladores negavam os rumores, mas o mercado de ações começou a afundar rapidamente, e a preocupação logo se espalhou para outros mercados financeiros.[15]

Fazia só uma semana desde que o Continental Illinois fora resgatado pela FDIC, e bancários e investidores estavam completamente cientes de que o banco continuara sofrendo retiradas mesmo apesar das garantias públicas da FDIC. O *New York Times* diagnosticou a situação do Manufacturers Hanover como "um caso sério de pânico", mas nem isso transmitia o nervosismo com que John Phelan se deparara em seu primeiro dia como presidente executivo da Big Board.

Em seus quatro anos como executivo da bolsa, Phelan aos poucos expandira a capacidade do sistema Designated Order Turnaround (DOT), uma rede eletrônica destinada a agilizar o processamento de pequenos pedidos de investidores individuais. Então, em 1984, Phelan curvou-se às exigências das firmas que atendiam a investidores institucionais gigantes – investidores cujas negociações estavam se tornando mais importantes para a NYSE a cada dia –, uma decisão que transformou o sistema "SuperDOT" na ferramenta favorita de Wall Street para o despacho de negociações grandes e complicadas, entre as quais as geradas por seguros de portfólio e arbitragens de índice.

Essas transações grandes, com a compra ou a venda de uma longa lista de ações ao mesmo tempo, eram conhecidas no pregão da NYSE como "programa de negociação por computador". O programa de negociação por computador não era algo novo. Por mais de uma década, quando um gerente de fundos mútuos ou fundos de pensão queria adquirir ou se desfazer de uma variedade de ações em pouco tempo, as mesas de operações financeiras haviam usado um meio quase completamente analógico de acomodá-las. Eles simplesmente mandavam pedidos de múltiplas ações para o pregão e recorriam a esquadrões de auxiliares de escritório para distribuí-las entre os postos de negociação certos o mais rápido possível. Algumas firmas tinham tiras de ordens pré-impressas com as listas das ações mais envolvidas nas negociações de seus clientes, a fim de que os auxiliares de escritório pudessem distribuí-las mais rápido ainda.

Os especialistas nos pregões haviam aprendido a prestar atenção nesses "programas de compra" ou "programas de venda" – a súbita invasão de um bando de auxiliares de escritório com pedidos pré-impressos era um alerta de que estava ocorrendo uma onda de compras ou vendas.

O mesmo acontecia agora – em um volume maior, a velocidades maiores e com muito mais frequência –, mas não era mais visível, pois um número cada vez maior dessas negociações por programa de computador chegava ao pregão eletronicamente, através do sistema SuperDOT expandido. Esses pedidos que o radar não acusava preocupavam os especialistas e outros negociantes, pois não transmitiam nenhuma ideia de escala. Era impossível saber quantos pedidos gigantes entravam, e o nível de nervosismo no pregão aumentava visivelmente.

Um executivo muito astuto da Paine Webber no pregão da NYSE escreveu uma cartilha clara sobre essa nova forma de programa de negociação por computador e sofreu uma inundação de solicitações de cópias por outros profissionais do mercado.[16] Seu guia estabeleceu as diversas maneiras como fundos de pensão e outros investidores institucionais estavam usando o programa de negociação por computador. Alguns só queriam encurtar o tempo entre uma decisão de investimento e a sua implementação. Outros se concentravam em estratégias de arbitragem de índice, vendendo ou comprando as ações em certo índice e ao mesmo tempo fazendo as negociações opostas nos mercados a futuro ou opções. Alguns, como Roland Machold, do fundo de pensão do Estado de Nova York, usavam-no como parte de sua empreitada de "desinvestimento no apartheid", vendendo grandes blocos de ações em companhias com uma presença comercial na África do Sul. E alguns, como Gordon Binns, do fundo de pensão da GM, precisavam do programa de negociação por computador para implementar as estratégias de seguro de portfólio que o fundo estivesse usando para fazer o hedge de seu portfólios cada vez maior de ações.

Para os profissionais, eram usos separados e distintos do programa de negociação por computador, com propósitos e consequências diferentes. Entretanto, para a maioria dos observadores externos, entre os quais muitos jornalistas, todos eram a mesma coisa, reunidos sob um único rótulo. Isso criaria muita confusão e erros de comunicação à medida que a prática se tornasse mais comum – e mais controversa.

No final de 1984, era mais fácil definir as outras forças que perturbavam o mercado de ações. Um dilúvio de acordos questionáveis de aquisição tivera início, e fortunas eram erguidas e perdidas com base nos últimos rumores a respeito do próximo alvo de aquisição ou sobre o possível colapso de um acordo pendente.

Tornara-se claro já durante a épica batalha pela Bendix que John Phelan não podia ficar de fora desses conflitos. Ele acreditava que a bolsa tinha o dever de proteger acionistas corporativos e algumas das manobras que os executivos estavam usando para proteger suas companhias de aspirantes a especuladores posicionados no coração da democracia dos acionistas.[17]

Os acordos de aquisição, contudo, estavam cerceando Phelan cada vez mais entre dois de seus importantes eleitorados. As companhias listadas na bolsa queriam que a NYSE liberasse a emissão de uma classe de ações que podia superar suas ações comuns. Com essa ação preferencial nas mãos certas, as firmas estariam seguras contra especuladores corporativos. Mas muitos grandes fundos de pensão e outras instituições gigantes, a fonte de negociações que crescia mais rápido na NYSE, opunham-se terminantemente a ações preferenciais, que diminuíam seus direitos como acionistas comuns.

Essa oposição refletia mudanças estruturais na comunidade de investimentos. Tradicionalmente, investidores institucionais decepcionados se abstinham dos votos, vendendo suas ações em vez de desafiarem os comandos do alto. Mas os gerentes dos fundos de índice nunca tiveram essa opção: se seus fundos baseavam-se nas ações de uma companhia, vendê-las não era uma alternativa. Fundos de pensão gigantes como os administrados por Machold e Binns precisavam ser o mais diversificados possível, e reduzir suas carteiras para evitar batalhas por aquisição aumentaria os riscos que estivessem assumindo com os ativos de seus pensionistas.

Apesar da crença de que batalhas por aquisição em geral não eram um problema para os reguladores, o presidente do conselho da SEC John Shad expressara certa preocupação em relação a uma prática chamada "pagamento antiaquisição", em que uma companhia comprava de volta as ações de especuladores em potencial a preço-prêmio para neutralizá-los.[18] Esse preço superior das ações não estava disponível para outros acionistas do mercado – inclusive os investidores institucionais gigantes, que se sentiam injustiçados.

Embora não fizesse parte de sua natureza sofrer em silêncio, Roland Machold poderia ter se controlado um pouco mais no debate acerca das aquisições, mas ele perdeu a cabeça depois de dois acordos sucessivos de pagamento antiaquisição envolvendo a Disney Corporation e a Texaco. Acontece que os acordos também inflamaram um político californiano veterano com uma grande influência como fiduciário de um de seus gigantes fundos públicos de pensão.

O californiano era o tesoureiro estadual Jesse Unruh. Unruh telefonou para Machold com o intuito de desabafar sobre seus pontos de vista, acrescentando que entraria em contato com gerentes de fundos públicos de pensão de outros estados. "Deve haver algo melhor a fazer do que ficar sentados enquanto somos roubados", queixou-se Unruh.[19] Os fundos de pensão, conforme prosseguiu, "têm ficado passivamente à margem por muito tempo, enquanto os juros de seus acionistas aumentaram".

Alguns gerentes de fundos recuaram, preocupados com o ativismo político declarado de Unruh ou por vulnerabilidade a pressões políticas, mas não Roland Machold. No final do verão de 1984, ele fazia planos para comparecer a uma assembleia organizacional que Unruh pretendia realizar em Chicago no outono.[20] A ideia era formar um grupo que pudesse reunir poder financeiro o suficiente para insistir que os gerentes corporativos e especuladores em potencial se explicassem para seus acionistas de peso. Os organizadores estavam pensando em chamá-la de Council of Institutional Investors.

O conselho também seria aberto a planos de previdência do setor privado, e alguns fundos de pensão sindicais também entraram. Mas, aparentemente, a ideia de Unruh não agradou Gordon Binns.[21] Os principais executivos da General Motors já haviam decidido criar ações preferenciais para deter os especuladores. Como Binns podia unir forças com outros fundos de pensão que tentavam proibir essas estratégias de defesa?

Roland Machold não se deixou coagir pela política corporativa, e apoiou Unruh com entusiasmo. Juntos, eles ajudaram a construir uma organização que logo demonstraria o tamanho e o poder conquistado por esses investidores titânicos.

No nível prático, a batalha das aquisições teve outro efeito colateral desagradável. Com uma frequência cada vez maior em dias de pregão, a equipe de supervisão de John Phelan na NYSE identificara negociações incomumente previdentes às vésperas de manchetes sobre um acordo novo ou em progresso. Os funcionários responsáveis pela regulação estavam percebendo a mesma coisa, particularmente nas bolsas de opções. John Shad mostrava-se especialmente hostil às negociações com informações privilegiadas, e aplicara seus escassos recursos na divisão de fiscalização para combatê-las.

Nos dois anos que se seguiram, as aquisições e as conspirações de negociações com informações privilegiadas que elas alimentavam inflamariam o ultraje público.[22] As aquisições reformularam profundamente a vida civil de inúmeras comunidades de todo o país, com frequência de formas negativas, e as negociações com informações privilegiadas só serviram para aumentar as suspeitas do público e do Congresso em relação a Wall Street.

Apesar da tempestade e do drama visíveis dessas batalhas e investigações, suas consequências invisíveis provavelmente tiveram um impacto mais duradouro, pois eram uma distração quase devastadora dos problemas estruturais que se desenrolavam no mercado norte-americano. A estabilidade financeira da nação não era diretamente ameaçada por aquisições hostis, mas sem dúvida era ameaçada pelas correntes invisíveis que agora restringiam uma série de mercados distintos, cegamente competitivos e cada vez mais automatizados. Advogados gananciosos e banqueiros antiéticos não chegavam a elevar os riscos desse novo mercado, mas o mesmo não podia ser dito de investidores gigantes e com pontos de vista cada vez mais parecidos. Esses novos riscos não surgiram por causa de uma falha do sistema de regulação em policiar as práticas de aquisição ou as atividades criminosas do mercado de ações; eles surgiam em uma comunidade reguladora mal equipada, absurdamente fragmentada, tecnologicamente infantil e fatalmente mais focada em marcar território do que em salvaguardar o mecanismo interno do mercado.

Não obstante, aqueles que se dedicavam às aquisições hostis e às negociações baseadas em informações privilegiadas tornaram-se a principal preocupação dos reguladores e legisladores. Diante de pressões contínuas sobre seu orçamento, a SEC encontrou os recursos para atacar as negociações baseadas em informações privilegiadas, entre outras coisas,

FUSÕES E MUTAÇÕES 183

investindo menos na regulação do mercado. Os reguladores bancários temiam os bancos que financiavam acordos arriscados de aquisições, crédito e poupança com a compra de títulos de alto risco, mas não conseguiam desafiar de perto as fusões entre bancos que produziam uma nova geração de gigantes financeiros. Reguladores de todos os âmbitos negligenciavam os swaps sem supervisão que invadiam os mercados e conectavam personagens gigantes de novas e invisíveis maneiras. O Congresso transferiu seu foco para os casos criminosos que ganhavam manchetes contra os plutocratas de Wall Street, abandonando quase que por completo qualquer esforço sério de tratar essas mudanças profundas no mercado.

Para resumir, em meio às distrações e demandas das batalhas por aquisições e das investigações criminais, Washington ignorava quase inteiramente os verdadeiros riscos que ganhavam vulto no cenário financeiro. Investidores titânicos cresciam a toda velocidade, suas estratégias de investimento tornando-se mais perigosas, e seus efeitos sobre o mercado mais pronunciados. A capacidade tecnológica dos investidores de Wall Street crescia a um ritmo maior do que a dos reguladores e negociantes tradicionais. As ligações entre ações, títulos, opções, futuros e derivativos não regulados como os swaps se fortaleciam, ao mesmo tempo se tornando menos visíveis e mais perigosas.

O certo é que um grupo cada vez maior via os novos derivativos como ferramentas para a redução do risco – e, examinados acordo por acordo, é o que podem ter sido. Agregados no cenário financeiro, não era o que pareciam. Como Jerry Corrigan colocara para os banqueiros na Filadélfia, o mundo inteiro não podia ser coberto contra o mesmo risco no mesmo momento. O risco não podia ser transmitido, mas não podia ser eliminado.

BANCÁRIOS VETERANOS DE TODO O PAÍS FORAM os primeiros a tomar consciência da má notícia,[23] graças aos telefonemas ao amanhecer da quarta-feira, 3 de outubro, do presidente do conselho e do presidente

184 O PIOR DIA NA HISTÓRIA DE WALL STREET

do banco. Os telefonemas avisavam que eles deveriam se preparar para um dia agitado.

Mas os bancários ficaram surpresos – na verdade, chocados. Os telefonemas vinham do formidável First National Bank of Chicago, o oitavo maior banco do país e o principal da cidade desde o súbito eclipse do Continental Illinois no verão.[24] O banco anunciou que daria baixa em centenas de milhões de dólares em empréstimos inadimplentes e reportaria a primeira perda trimestral de sua longa história. Os analistas de Wall Street ficaram imediatamente preocupados com a possibilidade de essa ser apenas a primeira em uma série de imensas perdas no terceiro trimestre da indústria bancária. As ações de quase todos os grandes bancos do país caíram vertiginosamente naquele dia.[25]

A ansiedade no mercado não intimidou o congressista Fernand "Fred" St. Germain, um democrata grisalho de Rhode Island que foi presidente do comitê de serviços financeiros. Em setembro, St. Germain realizara duas audiências amargas questionando o resgate do Continental Illinois. A primeira sessão foi aberta por ele, lendo uma denúncia de sete páginas de reguladores sem dentes e banqueiros imprudentes que haviam permitido a crise.[26] Depois, ele passou o dia interrogando um quarteto de ex e atuais auditores. No dia seguinte, encurralou Todd Conover, a autoridade controladora da moeda, e não deu trégua por cinco horas.[27]

Na quinta-feira, 4 de outubro, com a perda do First Chicago saindo como a primeira notícia do dia, o painel de St. Germain reuniu-se novamente, com o presidente do conselho da FDIC Bill Isaac aguardando para ser interrogado. Antes da audiência, ele garantiu enfaticamente aos repórteres que o First Chicago não corria o risco de se tornar o próximo alvo de resgate entre os bancos.[28]

St. Germain dirigiu-se com a voz áspera à sala lotada, pedindo ordem, e dedicou a maior parte da primeira hora a um relatório questionando o testemunho que Todd Conover dera em setembro sobre quantos bancos poderiam ter quebrado se tivessem permitido a falência do Continental. A equipe do subcomitê apresentara um número muito menor do que o de Conover.

Com base nisso, St. Germain afirmou que os reguladores "sabiam muito bem que a teoria do dominó fora forjada. No máximo – e isso era exagerar consideravelmente um cenário pessimista –, talvez meia dúzia de instituições teria chegado à beira da falência."[29]

Era um argumento bizarro e ingênuo, dados os riscos assustadores que vinham se acumulando no sistema financeiro desde 1980 e o pânico que engolira o mundo bancário durante a crise do Continental em maio. Se o Continental tivesse falido, e se sua falência houvesse sido sucedida pelo colapso de uma dúzia de outros bancos, qual teria sido a reação? Ela teria sido muito menor se apenas meia dúzia de bancos tivesse falido naquele momento? Quem poderia dizer? Ninguém poderia garantir com confiança que o First Chicago não estaria em maus lençóis ao final da sessão daquele dia.

Conflitos inesperados de horário forçaram St. Germain a adiar o testemunho de Bill Isaac até à tarde. Quando o chefe da FDIC voltou à bancada das testemunhas, ele estava irritado.

"Francamente, eu gostaria de desabafar uma coisa", disse Isaac. "Senti-me pessoalmente muito ofendido pelo que presenciei aqui esta manhã." De acordo com ele, o ataque à estimativa dos reguladores de quantos bancos haviam sido ameaçados pela crise do Continental colocara em dúvida sua "inteligência e integridade", e também a de sua equipe. "Os membros do comitê sabem que isso é mentira", ele prosseguiu. "Eles estiveram com a nossa equipe. Sabem o que fizemos. Sabem por que fizemos. E o que ouvimos esta manhã, francamente, foi lastimável."[30]

Em maio, conforme explicou, com um banco gigante decaindo rapidamente, ele não tivera de identificar as consequências para cada um dos vários milhares de bancos com dinheiro depositado neles. Além disso, o número exato de bancos em risco não tivera relevância para a sua decisão de resgatar o Continental. Os reguladores haviam agido para salvar o banco gigante de Chicago, ele continuou, porque as diversas consequências de seu colapso provavelmente teriam sido "catastróficas".

Isaac pintou um quadro vívido do que acreditava que teria acontecido caso a FDIC tivesse adotado com o Continental Illinois a mesma medida que adotara com o Penn Square –[31] se ela tivesse pagado aos 850 mil depositantes com garantias dentro do limite da FDIC, perdido o banco e dado a todos promessas de pagamento que poderiam valer alguma coisa ao final do longo processo de falência.

Ele apontou que os depositantes assegurados, os depositantes de sorte, precisariam esperar vários meses para receber seu dinheiro. "Sem dinheiro para o supermercado, para os boletos, nem para pagar sua hipoteca. As contas de 850 mil depositantes teriam ficado congeladas por um ou dois meses", disse ele. "Agora, passemos para os sem garantia – as pessoas com mais de US$ 30 bilhões expostos. Esse dinheiro teria ficado congelado por anos e anos durante um processo de falência."

Cerca de 2.300 outros bancos com garantia da FDIC teriam tido 5,8 bilhões congelados caso o Continental Illinois tivesse sido fechado por meio de um pagamento integral. Eles também teriam recebido promessas de pagamento que, no final das contas, poderiam chegar a 80 centavos de dólar, "mas teria levado um bom tempo, e tudo que teriam seria uma folha de papel até isso acontecer".

Então, viriam as casualidades corporativas, ele continuou, sombriamente. O Continental Illinois fora o banco nacional que mais emprestara dinheiro aos empresários norte-americanos. Se a FDIC o tivesse fechado, "estaríamos todos em modo de cobrança em todos os seus empréstimos. Cada um dos devedores teria tido suas linhas de crédito cortadas. Teríamos tido falências corporativas no país inteiro".

Além disso, prosseguiu: "Vocês teriam abalado a confiança em outras instituições importantes [...] se tivéssemos fechado um banco *solvente* e entrado em acordo [apenas com] depositantes assegurados, que mensagem teríamos passado para o resto do mundo interessado em negociar com os bancos norte-americanos?" No meio da crise de maio, ele e os outros reguladores bancários também precisaram lidar com outros bancos em dificuldade, bem como crédito e poupança no país inteiro.

Ele perguntou: Algum teria durado sequer 24 horas se o Continental tivesse falido?

O congressista Frank Annunzio, um democrata e o único legislador de Chicago do subcomitê, sugeriu com tristeza uma luz no fim do túnel para o desastre descrito por Isaac. Depois das catástrofes, brincou o legislador, "os democratas poderiam ter ganhado as [próximas] eleições".

"Não entrarei nesse assunto", disse Isaac, um republicano convicto. "O que estou dizendo é que os desdobramentos poderiam ter sido *catastróficos* [...] Acho que provavelmente sou tão rígido em relação à necessidade de disciplina no sistema bancário quanto qualquer um do país, e eu, sinceramente, não tive coragem de aplicá-la."[32]

Annunzio parecia um pouco constrangido pela censura de que Isaac estava sendo alvo pelo pecado de ter resgatado o maior banco de Chicago. "Eu só me pergunto", disse ele, "se você estaria sentado aqui hoje, diante deste comitê, sendo *elogiado,* se o Continental tivesse falido."

Se a FDIC tivesse deixado isso acontecer, conforme respondeu Isaac, "acho que esse comitê provavelmente teria motivo para considerar a possibilidade de me linchar".

A interrogação continuou por várias horas, mas Isaac não titubeou em nenhum momento na insistência de que, nas mesmas circunstâncias, teria tomado exatamente a mesma decisão – salvar o Continental Illinois.

Nem ele nem seus perseguidores no Congresso poderiam ter sabido então, mas, se ele não tivesse tomado essa decisão, os eventos ocorridos três anos depois poderiam ter sido muito mais destrutivos do que foram.

13

A ASCENSÃO DE BERKELEY E A QUEDA DOS BANCOS

Durante muitos anos, John O'Brien falara sobre seguros de portfólio com os executivos da Johns-Manville Corporation,[1] uma empresa de Denver, e suas visitas diligentes enfim compensaram em 1984 – com resultados que colocaram o seguro de portfólio e a LOR sob os holofotes, acelerando consideravelmente as mudanças que transformaram os mercados financeiros dos Estados Unidos.

A Johns-Manville enfrentara um futuro de ações judiciais de pessoas enojadas do seu principal produto, o isolamento de amianto; esses passivos em potencial levaram a companhia a pedir proteção contra falência em 1982. Enquanto seus credores esbravejavam, a alta do mercado que começara em agosto provocava uma valorização cada vez maior de seu fundo de pensão. Em 1984, os ativos do fundo de pensão totalizavam US$ 350 milhões, um valor consideravelmente maior do que o necessário para a cobertura de suas obrigações previdenciárias.[2] Esse excedente poderia ser usado para pagar trabalhadores em dificuldades – a não ser que os lucros fossem de repente levados por uma retração do mercado.

Muitos dos advogados que representavam os credores queriam que o fundo pegasse seus lucros e abandonasse o mercado de ações. Contudo, os gerentes do fundo de pensão alegavam que isso o privaria de quaisquer ganhos futuros no mercado, os quais poderiam gerar ainda mais dinheiro para os credores.[3]

Para O'Brien, parecia um estudo de caso para um discurso de venda da LOR, mas ele não conseguira vender o argumento para a companhia.

Então, em algum momento no início de 1984, O'Brien recebeu um telefonema do segundo tesoureiro da Johns-Manville. Como exatamente a LOR traçaria uma estratégia de hedging para proteger os ganhos do fundo de pensão, sem deixar de capturar alguns lucros futuros acima do custo do seguro de portfólio? Esse telefonema levou a um encontro em Denver com o tesoureiro da Johns-Manville, que perguntou se O'Brien poderia explicar a estratégia ao comitê dos credores, que iria se reunir duas semanas depois.

Quando chegou à sede da companhia no dia da reunião, O'Brien foi conduzido até uma sala de reuniões ocupada por membros do comitê de credores e representantes do J.P. Morgan que lhes serviam de conselheiros. "Você tem 15 minutos", disseram-lhe. Havia previsão de uma tempestade de neve; várias pessoas em torno da mesa tinham voos para pegar e queriam fugir do mau tempo.[4]

Pego de surpresa, O'Brien fez o melhor que pôde no tempo ao seu dispor – mas seu discurso de venda foi um pouco diferente dos que vinha fazendo desde 1981. Graças às orientações de Steve Wunsch, da Kidder Peabody, a LOR agora colocava sua estratégia de hedging em prática pela compra e venda dos contratos a futuro baseados no índice S&P 500 na Chicago Mercantile Exchange, e não pela compra e venda de ações na NYSE.

O uso de futuros baseados no S&P 500 ganhara cada vez mais popularidade com os fundos de pensão, doações e bancos. Em janeiro de 1984, menos de dois anos depois de os novos derivativos terem sido introduzidos, a SEC aceitara deixar os fundos mútuos usarem-nos "como hedges contra os efeitos das alterações nas condições do mercado".[5] Ninguém em torno da mesa de reuniões podia opor-se em sã consciência à proposta da LOR só pelo uso de contratos a futuro no lugar de transações com ações.

Ao final da apresentação de O'Brien, alguém à mesa disse: "Isso me parece plausível."[6]

O'Brien suspeitava que o consultor do J.P. Morgan estava "dando as cartas". Após uma breve ausência que O'Brien presumiu ter sido usada para uma conversa com a sede, o bancário do Morgan retornou e disse ao comitê que a abordagem da LOR era "em teoria possível", mas nunca fora aplicada nessa escala. Ainda na sala, O'Brien recebeu o primeiro agradecimento, e em seguida voltou ao aeroporto a fim de pegar seu próprio voo, com destino a Los Angeles.

Na segunda-feira, o tesoureiro da Johns-Manville telefonou para O'Brien, informando o que a princípio soou uma piadinha do tipo "uma boa notícia seguida de uma má notícia". A LOR estava sendo contratada para colocar sua estratégia de assinatura em prática, mas precisaria dividir o posto com o J.P. Morgan. Segundo o executivo, o banco havia tentado convencer a Manville a deixá-lo administrar metade do portfólio de US$ 350 milhões. "Eu disse ao Morgan que isso não era justo", ele continuou, "mas que eles poderiam ficar com 20% do portfólio".

O'Brien ficou feliz pelo fato de que a LOR administraria 80% dos ativos da Johns-Manville, mas ainda ficou "um pouco ofendido" com a ideia de um grande banco de Nova York ter entrado à força no acordo. Entretanto, algumas semanas depois, uma importante publicação da indústria de pensões informou que a Johns-Manville usaria o seguro de portfólio sob a orientação do J.P. Morgan e da Leland O'Brien Rubinstein. De repente, LOR estava na mesma frase, no mesmo acordo, que uma das firmas de mais prestígio de Wall Street. Instantaneamente, novos negócios entraram, e os ativos administrados pela LOR cresceram para alcançar a marca de US$ 700 milhões. "O que pareceu uma derrota transformou-se em uma grande vantagem", O'Brien admitiu. Isso deu à firma e à sua estratégia uma tremenda credibilidade na comunidade de investidores institucionais.

É claro que também significou que o formidável J.P. Morgan estava entrando para o grupo daqueles que vendiam seguros de portfólio para o gigante mercado de fundos de pensão.

ENQUANTO CHICAGO SE PREPARAVA PARA RECEBER O novo ano de 1985, Leo Melamed, da Chicago Mercantile Exchange, recebeu um presente de Natal muito bem-vindo.

Por dois anos, ele preparara-se para as conclusões de um estudo sobre os novos futuros financeiros e mercados de opções que estava sendo conduzido pelo Federal Reserve, pela CFTC e pela SEC com a assistência do Departamento do Tesouro.

Quando Melamed contou as cabeças, teve receio de que a CFTC seria derrotada por 3 a 1 nas conclusões finais do estudo, isso a não ser que o Tesouro se aliasse à CFTC. A SEC provavelmente hostilizaria os futuros financeiros com base no longo conflito pela sua regulação. E Paul Volcker mostrara-se muito temeroso em relação aos futuros financeiros e à maioria das outras inovações de Chicago.

Quando o relatório, com cerca de 4 cm de espessura e pesando por volta de 2 kg, foi, enfim, entregue ao Congresso em dezembro, Melamed ficou exultante.[7] Aliás, as primeiras conclusões poderiam ter sido escritas pelo próprio Melamed: os mercados a futuro e opções serviam a um "propósito econômico útil" ao permitir que riscos econômicos fossem transferidos de "firmas e indivíduos menos dispostos a encará-los para quem estivesse determinado a fazê-lo".[8] Os novos mercados "pareciam não ter nenhuma implicação negativa relevante para a geração de capital", e poderia, de fato, melhorar a liquidez do mercado – concluíam os pesquisadores.

O novo estudo – cheio de avaliações de investidores, definições complexas e teorias econômicas "racionais" – não oferecia nenhuma munição para a guerra por território entre a CFTC e a SEC. O estudo obser-

192 O PIOR DIA NA HISTÓRIA DE WALL STREET

vava as semelhanças entre os futuros financeiros (regulados pela CFTC) e as opções (reguladas pela SEC) – elas serviam a funções parecidas, eram negociadas por muitas das mesmas partes e "têm um potencial similar para produzir efeitos negativos caso funcionem inapropriadamente".[9] Portanto, continuava, "faz-se necessário harmonizar a regulação federal desses mercados".

Os autores do estudo estavam confiantes – apesar de quase uma década de evidências contrárias – na possibilidade de as duas agências manterem essa harmonia por meio da comunicação e da cooperação, então não era necessária nenhuma nova legislação para "estabelecer uma estrutura de regulação apropriada".[10]

Notavelmente, não dedicaram muita atenção às mudanças fundamentais na arquitetura dos mercados que estavam sendo causadas pelo crescimento generalizado e acelerado de futuros e opções pelos maiores e mais ativos investidores do país. O estudo reconhecia apenas brevemente que estratégias complexas como o seguro de portfólio e a arbitragem de índice haviam causado algumas aberrações no mercado, mas sugeria que "o potencial para esse tipo de negociações subversivas" deveria ser simplesmente monitorado.

FLOCOS DE NEVE MISTURAVAM-SE AO QUE RESTARA do lixo do réveillon nova-iorquino em Manhattan na quarta-feira de 2 de janeiro de 1985, o primeiro dia de Jerry Corrigan como presidente do Federal Reserve Bank de Nova York. Foi uma espécie de boas-vindas, um retorno aguardado desde o anúncio da nomeação de Corrigan para o posto em setembro. Ele agora estava sentado à mesa que fora de Paul Volcker.

Sua primeira tarefa era tratar dos acordos de aquisição e das tomadas de controle administrativo alimentadas por dívidas que ultrajavam os membros do Congresso. As holdings bancárias gigantes de Manhattan, tais como o Citigroup, eram as únicas concorrentes no jogo que o Federal Reserve regulava diretamente. Corrigan sabia que muitos dos acordos baseados em grandes dívidas que causavam indignação esta-

A ASCENSÃO DE BERKELEY E A QUEDA DOS BANCOS   193

vam sendo financiados por bancos de Nova York, os quais, francamente, deveriam saber o que estavam fazendo.

Enquanto isso, em Washington, seu mentor Paul Volcker assistia a uma mudança de posto que poderia ser arriscada para o seu próprio mandato. O secretário do Tesouro Donald Regan e James A. Baker III, chefe de gabinete do presidente, trocariam cargos. Volcker sabia que Baker conhecia a política e tinha um grande charme e eficácia, mas o novo secretário do Tesouro quase certamente estaria de olho em uma possível campanha presidencial em 1988 do seu grande amigo, o vice-presidente Bush. Era bem provável que ele fosse querer garantir que a economia não apresentasse nenhuma surpresa desagradável no ano da eleição em virtude de taxas de juros elevadas.

Baker era um conservador na prática, e sua principal tarefa era reformular uma proposta de reforma fiscal traçada sob a orientação de Regan e fazê-la passar pelo Congresso. A troca de cargos significava que, nos anos seguintes, o cargo mais importante do Tesouro seria ocupado por alguém cujo foco era deliberadamente político e concentrado nos planos presidenciais, e não nas falhas do sistema de regulação que vinham cada vez mais à tona a cada nova crise financeira.

No Dia dos Namorados de 1985, Roland Machold saiu de sua casa, em Princeton, com destino a Lower Manhattan e ao prédio comercial ocupado pelo controlador da cidade de Nova York, Harrison J. Goldin.[11] Goldin também esperava Jesse Unruh, mediador de peso dos fundos de pensão da Califórnia, para se encontrar com eles. Homem alto e robusto, Unruh detestava viajar, preferindo fazer o trabalho de organização por telefone, de Sacramento.[12] Menos de um mês antes, contudo, o Council of Institutional Investors tivera sua primeira reunião formal em Washington, e naquele dia o grupo estrearia sua ação.

Machold, Unruh e Goldin presidiriam um dia com as principais partes em um drama da aquisição que se desenrolava na Phillips Petroleum.[13] Em dezembro, a companhia fizera um pagamento antiaquisição para impedir o especulador da companhia, T. Boone Pickens, que saíra com um lucro de US$ 90 milhões. A companhia agora planejava se "recapitalizar" dando um terço de suas ações aos funcionários e oferecendo a outros acionários (entre os quais os fundos de pensão administrados por Machold, Goldin e Unruh) um pacote de novas ações e títulos cujo valor estava sendo disputado em Wall Street.

O esquema de recapitalização levou outro especulador corporativo, Carl Icahn, a fazer sua própria oferta de aquisição à Phillips, reunindo os serviços do banco de investimento Drexel Burnham Lambert a vários clientes da Drexel para ajudá-lo a financiar uma proposta de US$ 8,1 bilhões. Ele também tinha o apoio do especulador de aquisições Ivan F. Boesky, que não estava satisfeito com o pacote de títulos oferecido pela Phillips. O pagamento antiaquisição da companhia a Pickens fora alvo de profunda impopularidade entre investidores institucionais, e as ações da Phillips estavam em uma montanha-russa desde então.

Icahn e Boesky esperavam que os grandes investidores institucionais se aliassem a eles, e os executivos da Phillips esperavam o contrário. A reunião do Dia dos Namorados seria uma chance para todos os lados apresentarem seus argumentos ao recém-formado Council of Institutional Investors – e foi o que eles fizeram, um a um.

Era melhor do que qualquer show da Broadway, pensou Machold, mas na verdade era mais do que teatro.[14] Era a estreia de uma nova força na guerra das aquisições que estava por vir – chefes dos fundos públicos de pensão com carteiras valendo dezenas de bilhões de dólares queriam seu lugar na corrida por aquisições.

A melhor maneira de ver a nova realidade ganhando forma no mercado é pular duas semanas adiante, até uma audiência do Congresso concernindo uma série de questões relacionadas às aquisições, a princípio concentrada na batalha pela Phillips.[15] Com Carl Icahn, Boone Pickens e vários outros executivos da Phillips sentados, furiosos, ao seu lado, Jay Goldin explicou detalhadamente as origens e os planos do novo conselho institucional. Informou que quase doze diretores de

A ASCENSÃO DE BERKELEY E A QUEDA DOS BANCOS   195

fundos públicos de pensão, com autoridade sobre mais de US$ 100 bilhões, agora faziam parte do novo conselho. Como prioridade inicial, eles estavam determinados a se manifestar contra "os perigos oferecidos aos nossos beneficiários" pela prática "muitas vezes caricaturada como pagamento antiaquisição".

Goldin explicou que, quando a administração usava dinheiro da companhia para fazer esse tipo de pagamento, usavam-se os ativos detidos por todos os acionistas, mas isso só beneficiava os poucos hostis. Alguém precisava se manifestar em nome de todos os acionistas, e era o que esse novo conselho de investidores de peso pretendia fazer. No caso da Phillips, uma hora sua oposição contribuiria para a derrota do plano de recapitalização da companhia.[16]

"Claramente, o papel que representamos tem grande chance de crescer, já que os ativos detidos por fundos de pensão vêm crescendo exponencialmente na economia americana", disse Goldin, indo direto aos fatos. "O leviatã que esses fundos representam está começando a ser sentido como um fator distinto e forte da economia."

O impacto desse "leviatã" não ficaria limitado à guerra das aquisições. O Congresso não podia dizer que não fora alertado.

A CADA ANO QUE SE PASSAVA, PARECIA que explosões financeiras potencialmente desastrosas podiam ocorrer em qualquer lugar – e ninguém sabia quão longe as ondas de choque poderiam avançar.

Isso ficou claro a partir da reunião extraordinária realizada em 13 de março de 1985, quarta-feira, na suntuosa sala de reuniões de Paul Volcker.[17] As cadeiras de couro em torno da imensa mesa central estavam ocupadas por membros da delegação congressional de Ohio, que haviam levado consigo alguns executivos das áreas de crédito e poupança – onde depositantes assustados de repente faziam fila para retirar seu dinheiro.

A improvável centelha que desencadeou essa crise foi acesa nove dias antes e a mais de mil quilômetros de distância, com o fracasso da ESM Government Securities, uma pequena firma de venda de títulos de Fort

Lauderdale, Flórida.[18] Um dos maiores sócios da ESM era o Home State Savings Bank, de Cincinnati, uma grande instituição de poupança que estimava que cerca de US$ 150 milhões em títulos do governo estavam nas mãos da ESM quando a firma da Flórida fechou na segunda, 4 de março.

Como quase setenta outras instituições de poupança de Ohio, o Home State não tinha seguro federal de depósito. Em vez disso, seus depósitos eram assegurados pelo Ohio Deposit Guarantee Fund. Embora o fundo soasse oficial – seu lema era "Todas as poupanças completamente garantidas" –, tratava-se basicamente de uma companhia particular de seguros a preço de barganha, sem vínculos com o governo do estado. Com cerca de US$ 130 milhões em ativos, ela supostamente segurava US$ 5 bilhões em depósitos no estado que não eram cobertos pela Sociedade Federal de Seguro de Crédito e Poupança (FSLIC), agência irmã da FDIC que atendia a indústria de instituições de poupança.

Em dias, o risco oferecido pelo colapso da ESM ao Home State ganhou manchetes da primeira página em Cincinnati. Os depositantes correram para retirar seu dinheiro, e o Home State viu-se diante de uma onda de pânico. O Fed de Cleveland e os principais funcionários do gabinete de Volcker em Washington fizeram empréstimos de emergência à instituição.[19] No dia 6 de março, o estado de Ohio anunciou que "salvaguardaria" todos os depósitos cobertos pelo fundo de seguros privados. Falando racionalmente, esse deveria ter sido o fim do pânico.

No entanto, como ocorreu durante a crise do Continental um ano antes, os depositantes desesperados não deram nenhuma atenção às garantias do governo. A corrida ao Home State continuou até o fim da semana; estima-se que, no momento em que a instituição de poupança fechou as portas na noite de sexta, 8 de março, US$ 154 milhões em dinheiro haviam sido retirados.

No domingo, 10 de março, autoridades de Ohio colocaram o Home State em concordata, incapaz de encontrar um comprador para ele. Na quarta seguinte, longas filas se formavam em frente a outras instituições de poupança asseguradas pelo fundo de seguros privados, mesmo não havendo exposição à firma falida da Flórida. A cobertura jornalística da onda de pânico que levou a corridas ao banco começava a atrair atenção de lugares muito distantes de Ohio.

Era por isso que os executivos da instituição de poupança haviam tomado um voo com destino a Washington naquela manhã e se reunido no escritório de Volcker.

O funcionário de peso do banco central fizera tudo que estava ao alcance para demonstrar sua preocupação, mas as ferramentas que estavam à disposição de Volcker eram limitadas. Ele podia oferecer empréstimos de emergência para ajudar em outras corridas a bancos, mas essas instituições de poupança precisavam mesmo de seguro federal de depósito, e o Fed não vendia isso – as instituições precisavam recorrer à FSLIC. Com a pressão congressional, e talvez um pouco de barulho do Fed, o presidente do conselho da FSLIC aceitou se encontrar com os visitantes de Ohio no dia seguinte.

O encontro não correu bem. Fazia anos que o Conselho Bancário Federal de Empréstimo Habitacional, a empresa-mãe da FSLIC, oferecia fianças freneticamente contra uma maré cada vez mais alta de alertas vermelhos na indústria de crédito e poupança. O presidente do conselho não tinha interesse em assegurar essas instituições de poupança de Ohio, muito menos às pressas no meio do pânico. Segundo ele, levaria meses para examiná-las, e não havia um período obrigatório de dez dias de espera. Ademais, como ele supostamente teria dito aos executivos das instituições de poupança durante a tensa sessão, esse era um problema do estado.[20]

Na sexta-feira, 15 de março, o governador de Ohio declarou "feriado bancário" para todas as instituições de poupança asseguradas do estado, pedindo aos comerciantes que fossem pacientes com os clientes que haviam perdido subitamente acesso ao seu dinheiro. A região metropolitana de Cincinnati foi a mais atingida, com mais de quarenta instituições fechadas sem nenhuma certeza de que reabririam.

Feriado bancário era um termo que conjurava memórias sombrias da era da Depressão para depositantes mais velhos, em especial nos quatro outros estados em que algumas instituições eram cobertas por seguros privados: Maryland, Pensilvânia, Massachusetts e Carolina do Norte. As autoridades desses estados, em particular, começaram a se preocupar, mesmo enquanto expressavam confiança em público. Os noticiários estavam cheios de depositantes em pânico em Ohio que haviam acampado para passar a noite nas calçadas frias com o objetivo de fazer retiradas.

Da manhã de sábado até a noite de domingo, funcionários de alto escalão do Federal Reserve, funcionários da FDIC e autoridades estaduais reuniram-se no Federal Reserve Bank de Cleveland, tentando lidar com uma crise que começou no mercado de títulos do Tesouro e agora havia ultrapassado mais limites regulatórios do que o rio Ohio.

O Fed e a FDIC haviam trazido duzentos auditores de avião para ajudar a ressentida e subfinanciada FSLIC a lidar com as aplicações das instituições de poupança saudáveis de Ohio que buscavam seguro federal de depósito. Esforços para encontrar bancos nacionais dispostos a comprar o Home State, e talvez também outras instituições de poupança, estavam sendo feitos, o que iria torná-lo imediatamente elegível para a cobertura da FDIC, mas as barreiras regulatórias em nível estadual e federal atrapalhavam a busca.[21]

Na segunda-feira, o mercado cambial deu seu veredito sobre a bagunça. O dólar despencou em relação à libra esterlina e ao marco alemão; o preço do ouro disparou e alcançou seu ponto mais alto em semanas. Muitos investidores do mercado cambial apontavam diretamente para a crise das instituições de poupança de Ohio, citando temores de que o grande aumento da fragilidade deixasse as mãos do Fed atadas na política monetária.[22] Em Wall Street, a preocupação era mais ampla – investidores temiam que a crise continuasse sendo contagiosa. "Se isso se arrastar por muito mais tempo, existe um risco sistêmico nos estados onde há seguro privado de depósito", disse um analista.[23] "É por isso que todos querem que acabe."

Paul Volcker também queria que acabasse. Na terça, 19 de março, ele convidou o governador de Ohio para pegar um voo com destino a uma reunião com o presidente do conselho da FSLIC. Com a presença de Volcker, uma figura de autoridade sem nenhuma autoridade real, o presidente do conselho da FSLIC assegurou ao governador que as aplicações das instituições de poupança de Ohio estavam sendo tratadas com urgência.

Isso pareceu tranquilizar os depositantes de Ohio, mas como Volcker podia tranquilizar o mercado? Ele não podia simplesmente ficar diante de um microfone e fazer afirmações reconfortantes – para o funcionário do banco central mais importante do mundo, até mesmo anunciar uma coletiva de imprensa em períodos tão turbulentos seria arriscar uma reação do mercado. Por sorte, na quarta-feira, ele já tinha um discurso marcado na Associação Nacional de Pecuaristas. Falando mais para os mercados do que para fazendeiros confusos, Volcker disse que o Fed estava "trabalhando com as autoridades de Ohio" e "estará preparado para fazer empréstimos a elas, assim que fossem consideradas em condições de reabrir".

Mas a possibilidade de a estabilidade do sistema financeiro ser influenciada pelas promessas do Fed era cada vez mais incerta.

14
A HORA DA FEITIÇARIA

Na quinta-feira, 28 de março de 1985, quase exatamente cinco anos depois de Ronald Reagan ter visitado a NYSE como candidato, ele voltou – o primeiro presidente em exercício a visitar a Big Board.

Acompanhava-o seu novo chefe de gabinete, Donald Regan, que cumprimentou John Phelan como se fossem velhos amigos. Percorrendo o pregão, o presidente trocava apertos de mão e acenava. Regan e Phelan conduziam-no com determinação até a varanda, onde Reagan faria observações preparadas e tocaria o sino de abertura do pregão.[1]

"Daqui temos uma vista e tanto", o presidente brincou ao chegar à varanda. "É como estar em uma competição de luta livre em equipe numa noite de sábado no Garden."

Ele detalhou como sua administração ajudara a recuperar a saúde do mercado de ações durante seu primeiro mandato, e prometeu fazer mais no segundo. "Esse é o nosso programa econômico para os próximos quatro anos", concluiu ele. "Vamos soltar o búfalo para uma alta de mercado!" O sino de abertura soou bem a tempo, em meio a gritos de "Ronnie! Ronnie! Ronnie!".

Phelan acompanhou Reagan e seu chefe de gabinete até a sala eduardiana dourada da diretoria no sexto andar, onde o presidente recebeu perguntas educadas dos convidados reunidos e lhes contou algumas histórias familiares. Em seguida, ele partiu.[2]

Embora a visita tivesse sido mérito de uma equipe reunida por Phelan, ele ainda precisava de um braço direito, alguém para assumir tarefas administrativas a fim de que pudesse cultivar as relações políticas que haviam compensado tanto naquela manhã. Para resumir, ele precisava de alguém que pudesse ser para ele o que ele fora para Mil Batten.

Durante semanas, Phelan cortejara discretamente Robert J. Birnbaum, o capaz presidente e diretor de operações da Bolsa de Valores Americana (Amex), para assumir o segundo posto na NYSE. Birnbaum havia entrado para a Amex em 1967, e fazia oito anos que trabalhava lá. Ele era direto em seus negócios;[3] seu estilo frio fazia alguns se lembrarem da concisão de um cirurgião ao lado de um leito de morte.

Quando Phelan discutiu o emprego na NYSE com Birnbaum durante um almoço em sua sala de jantar particular, mencionou que estava conversando com quatro candidatos. "Todos são ótimos, mas também estamos considerando você", disse Phelan, radiante e cheio de expectativa.

"Ora, isso não surpreende", respondeu Birnbaum. "A não ser que fossem todos retardados, é claro que iriam considerar quem quer que ocupasse o meu posto."[4]

Talvez seu estilo sem rodeios tenha agradado o marinheiro que Phelan tinha dentro de si. Seja como for, pouco tempo depois, Bob Birnbaum passou a trabalhar como primeiro-tenente de Phelan. A mudança provocou rumores de uma fusão entre a NYSE e a Amex prontamente neutralizados pelo presidente do conselho da Amex, Arthur Levitt.[5] Os boatos sobre uma fusão refletiam as pressões empresariais que a NYSE estava enfrentando à medida que investidores institucionais gigantes exigiam serviços mais rápidos e baratos, além de um alinhamento mais íntimo com os últimos derivativos para servir de base para suas estratégias financeiras.

A Amex e alguns outros mercados de ações regionais haviam desenvolvido mercados saudáveis de opções para competir com a Chicago Board Options Exchange, mas a NYSE não fora bem-sucedida nessas empreitadas. Seu rebento, a New York Futures Exchange, enfrentara dificuldades desde que sua faixa de inauguração fora cortada, em 1980.

E era mais difícil ver um futuro construído em torno do simples negócio de trocar ações blue chip, cara a cara, no pregão da NYSE em Lower Manhattan. Alguns investidores gigantescos haviam começado a operar por 24 horas, no mundo inteiro; outros logo iriam acompanhá-los. E as empresas de Wall Street já tinham as conexões computacionais necessárias para atender aos pedidos de seus clientes de peso "lá em cima", em suas próprias mesas de operações financeiras, sem arrastá-los até o pregão. A defesa da NYSE contra essa "negociação lá de cima" foi estipular regras limitando negociações fora do pregão, esforçando-se para manter o mercado mais profundo e transparente para suas ações com registro em bolsa, com preços informados para que todos vissem, e especialistas dispostos a usar seu próprio capital para manter o mercado organizado.

Se chegasse o dia em que grandes clientes institucionais se importassem mais com sigilo e velocidade do que com transparência e preço, ou em que os especialistas da NYSE não pudessem mais manter a ordem no meio de um verdadeiro rebanho – o que aconteceria?

John Phelan estava automatizando o que quer conseguisse, e onde conseguisse, mas esses investidores seriam desperdiçados se a Big Board não mantivesse seus registros de ações blue chip.

A mania de aquisições criara uma ameaça existencial a esses registros da NYSE. Em julho de 1984, as companhias proeminentes da Big Board – General Motors, Dow Jones and Co. e Coastal Corporation – haviam criado classes de "ação preferencial" para repelir especuladores corporativos, violando o estatuto da NYSE. Essa atitude deveria ter desqualificado essas companhias para registro na bolsa.

Se a NYSE mantivesse sua posição, companhias preocupadas com especuladores poderiam transferir seus registros para um mercado mais seguro. Tanto a Amex quanto o Nasdaq permitiam que as companhias registradas tivessem classes diversas de ações.

Assim, Phelan não chutou as três ações blue chip da Big Board. Em vez disso, ele nomeou um comitê consultivo para estudar várias opções. Em janeiro, o comitê recomendou que a NYSE permitisse que companhias registradas tivessem mais de uma classe de ação, contanto que os acionistas comuns aprovassem.

As forças opostas à mudança dos padrões de registro pela NYSE eram formidáveis. Acionistas institucionais, especuladores corporativos, reguladores e membros de peso do Congresso argumentavam que "uma ação, um voto" era a essência da democracia dos acionistas, e jamais deveria ser abandonada. Audiências congressionais foram planejadas, e esperava-se que Phelan testemunhasse.

Em seu coração, ele acreditava que a regra estabelecida contra as ações preferenciais era a certa.[6] A questão era se a preservação da "democracia dos acionistas" para gigantescos investidores institucionais acabaria destruindo a NYSE.

Enquanto isso, a bolsa era pressionada diariamente para acompanhar o crescimento no volume de negociações. Recordes estavam sendo estabelecidos e quebrados rápido demais para sequer ser mencionados. O sistema DOT automatizado, originalmente montado para agilizar pequenos pedidos do varejo, já estava processando pedidos maiores, muitos provenientes de estratégias complexas de arbitragem de índice de investidores institucionais. Essa negociação de arbitragem estava rapidamente criando um vínculo mais forte entre a NYSE e os mercados a futuro e de opções de Chicago.

Esses novos vínculos exigiam atenção de Wall Street. No início do ano, na terceira sexta-feira de março, o Dow Jones conseguira um pequeno ganho durante o dia, e então, de repente, caíra um ponto percentual inteiro na última hora, sob negociações intensas. De acordo com os negociantes no pregão, a queda dramática ao fim do dia ocorrera porque várias corretoras precisavam identificar posições que explora-

204   O PIOR DIA NA HISTÓRIA DE WALL STREET

vam diferenças de preços entre as ações e as opções sobre essas ações que expirariam na terceira sexta-feira do mês. Para fazer isso, elas haviam instituído programas automatizados de venda para descarregar ações na última hora do pregão.[7] Quedas semelhantes de última hora vinham ocorrendo ocasionalmente nessas "terceiras sextas-feiras" fazia pelo menos um ano.

Com a aproximação da terceira sexta de abril, o *New York Times* soou um alerta.[8] "Supersticiosos ou não, muitos investidores do mercado de ações passaram a considerar as negociações de última hora da terceira sexta-feira de cada mês a 'witching hour',* um período em que o mercado parece desabar sem razão aparente", observou o colunista dos mercados de commodities do jornal. Esse era o dia do vencimento da opção Major Market Index, da Amex, conhecida como MMI, um contrato de opção que acompanhava de perto o índice Dow Jones.

Também havia um contrato a futuro MMI que era negociado na Chicago Board of Trade. Os dias em que tanto futuros de índices de ações quanto opções sobre índices de ações expiravam eram conhecidos como "double witching hours". Entretanto, quatro vezes por ano (na terceira sexta de março, junho, setembro e dezembro), as opções sobre ações da companhia incluíam vários índices também vencidos junto com as opções sobre índice e futuros de índices, criando uma "triple witching hour". Era isso que junho traria.

"O que quer que aconteça no dia 19 de abril", disse um negociante, "achamos que a witching hour de junho será mais interessante".[9]

■ ■ ■

A WITCHING HOUR DO MERCADO DE AÇÕES em abril foi surpreendentemente inofensiva; o pregão foi encerrado apenas com uma pequena on-

---

* Em tradução livre, "Hora da feitiçaria", daí o título do capítulo. A expressão é usada para se referir à última hora de negociação, quando vencem ao mesmo tempo os contratos de opção e de futuros sobre índices de ações. [*N. da T.*]

dulação, deixando o Dow essencialmente estável. O pregão também foi relativamente calmo em maio, embora tenha havido alguns momentos de vendas intensas pouco antes do sino de encerramento.

Mas todos os olhares estavam concentrados na terceira sexta de junho, uma "triple witching hour". Nos últimos minutos do pregão, os preços das ações tiveram uma alta, o que quase levou o Dow a um novo recorde e o volume de negociações a mais de 125 milhões de ações, um salto de 50% em relação ao dia anterior.[10]

Para a maioria dos investidores, um rali abrupto é sempre mais agradável do que uma queda repentina. Aqui, o que preocupava os profissionais era o frenesi das negociações de última hora. "Geralmente, a sexta de vencimento é um dia psicótico no mercado", observou um analista.[11] Mas a explosão desse dia, que sobrecarregou a capacidade computacional da NYSE, foi louco o bastante para preocupar.

Ficou claro que o metabolismo do mercado estava mudando. Era difícil ver como esses espasmos regulares para baixo e para cima podiam ser explicados por mudanças "racionais" no sentimento dos investidores ocorridas em um mercado "eficiente".

NA PRIMAVERA DE 1985, LEO MELAMED VIU uma oportunidade de ampliar a influência da Chicago Merc em Washington.[12] O representante de Comércio do presidente Reagan, William Brock, fora nomeado secretário do Trabalho na metade de março, deixando a vaga aberta para um novo representante de Comércio. Melamed soube da notícia pelo rádio do carro enquanto fazia o trajeto com destino à sua casa de campo, no Arizona. "A ideia me ocorreu como um relâmpago: Clayton Yeutter", relembraria.[13] O presidente da Merc, Clayton Yeutter, ocupara o mesmo posto durante a administração de Ford, e seu retorno a Washington abrilhantaria a reputação da Merc.

Em uma demonstração de poder político, Melamed passou o final de semana dando telefonemas, ligando para mais de trinta presidentes executivos com o pedido de que fizessem campanha por Yeutter.[14] O esforço compensou, e Yeutter logo foi nomeado o novo representante de Comércio norte-americano.

A chegada de Yeutter a Washington abriu as portas para William J. Brodsky assumir a presidência da Chicago Mercantile Exchange. Bill Brodsky havia se juntado à Merc vindo da Amex, deixando raízes que chegavam às bases dos mercados de Manhattan.[15] Seu pai trabalhara em Wall Street durante quase sessenta anos, e Brodsky conseguira facilmente empregos temporários de verão no pregão da NYSE quando ainda estava no Ensino Médio. Na Universidade de Syracuse, ele foi presidente da sua fraternidade, e, depois de ter concluído a faculdade de Direito na instituição, foi trabalhar para a corretora em que seu pai era sócio.

Com a baixa no mercado de 1973 pesando sobre a firma, a esposa de Brodsky, Joan, encorajou-o a se dedicar a alguma pesquisa que pudesse se tornar um artigo em alguma revista de Direito, um meio de realçar suas credenciais. Ele optou por explorar a Chicago Board Options Exchange, que acabara de abrir as portas, e ganhou uma sólida base legal no mundo das opções. Enquanto isso, conseguiu um emprego no departamento legal da Amex, onde logo estava supervisionando as ambiciosas operações de negociação de opções. Alguns anos depois, foi nomeado para a diretoria da Options Clearing Corporation, que atuava como uma câmara de compensação para processar todas as negociações de opções. Viajava regularmente para Chicago a fim de comparecer a reuniões da diretoria.

As viagens haviam se tornado um tipo de romance para o nova-iorquino. "Fiquei impressionado com a habilidade, a criatividade e a disposição para correr riscos que encontrei em Chicago", recordou-se. "Havia uma abertura, um frescor, uma despretensão em Chicago. A pergunta aqui era 'Você é inteligente?', não 'Qual é o seu pedigree?'."[16]

Assim, quando um recrutador telefonou no verão de 1982 para falar da vice-presidência da Chicago Merc, Brodsky ficou tentado. Ele pegou um avião para se encontrar com Melamed e o comitê executivo da bolsa.

Viu a nova sede da Merc em construção e ficou impressionado com o fato de a bolsa estar tendo prosperidade suficiente para financiar o prédio em grande parte com a venda recente de novas filiações. Ele logo concordou, e no ano seguinte organizou a equipe da administração para uma bem-sucedida transferência para as novas instalações, no outono de 1983.

Apesar de ter abraçado Chicago, Brodsky nunca cortou o vínculo com Nova York. Ele mantinha facilmente relações cordiais com pessoas que alguns de seus colegas na Merc consideravam adversários – funcionários da Bolsa de Nova York, reguladores de Washington e executivos da arrivista Chicago Board Options Exchange. Um de seus amigos próximos era Bob Birnbaum, o novo presidente da NYSE.

* * *

EM NOVA YORK, AS WITCHING HOURS CONTINUAVAM criando incerteza e preocupação. Depois da turbulência de junho, a data de vencimento de julho transcorreu com mais tranquilidade. Um operador financeiro tinha uma explicação para esse fato.[17] Ele disse que os enormes investidores institucionais "pareciam interessados na redução da volatilidade, e, portanto, espaçaram as compras ao longo de várias horas", em vez de dar um golpe só no sino de encerramento.

Não há como saber se gerentes de recursos a serviço de Gordon Binns no fundo de pensão da General Motors estavam entre os negociantes que tiveram parcimônia. Binns autorizara negociações nos contratos a futuro do S&P 500 depois de um funcionário de alto escalão ter convidado Leo Melamed e Bill Brodsky para visitar a sede da GM.[18]

Melamed ficara animadíssimo para fazer a viagem, e Brodsky logo se tornou um admirador do simpático e intelectualmente curioso gerente de fundos de pensão. Eles convidaram Binns para falar em várias conferências sobre o uso que fazia de contratos a futuro. Sabiam que o prestígio do fundo de pensão, o maior do mundo corporativo, só teria a acrescentar à reputação da Merc.

208 O PIOR DIA NA HISTÓRIA DE WALL STREET

Os derivativos não eram a única experiência que Gordon Binns adotara. Por quase um ano, ele observara as atividades do Council of Institutional Investors e confirmou, em sua opinião, que os fundos de pensão corporativos sempre ficariam deslocados ali. Assim, no outono de 1985, ele e vários outros executivos de fundos de pensão corporativos formaram sua própria organização, o Committee on Investment of Employee Benefit Assets, ou Cieba.[19]

A nova organização era, para Binns, um meio de ele e suas contrapartes corporativas ocuparem um assento à mesa quando o Congresso investigasse fenômenos importantes no mercado para os investidores institucionais. O programa de negociação por computador era um desses fenômenos; Binns acreditava que era crucial preservá-lo – e o Cieba foi um meio para outro exército de investidores institucionais gigantescos defender o mesmo ponto de vista diante do Congresso.

EM NOVEMBRO DE 1985, JERRY CORRIGAN SOUBE em primeira mão que o pânico humano não era o único meio de disseminação de uma crise de um mercado para outro. Em um mercado cada vez mais automatizado operando em ritmo acelerado, qualquer erro no funcionamento do sistema computacional teria a mesma eficácia, porém sem muito aviso.

Às 8 horas da manhã da quinta-feira de 21 de novembro, um vice-presidente do Bank of New York telefonou para um funcionário do Fed de Nova York para informar um atraso no cálculo final computadorizado das negociações do dia anterior de títulos do Tesouro.[20] O funcionário do Fed não ficou preocupado; pequenos problemas como esse ocorriam com frequência, e o Bank of New York era um dos centros de processamento mais movimentados do mercado de títulos do governo.

O Fed de Nova York e o Bank of New York faziam ambos parte de uma gigantesca rede eletrônica que podia, muito apropriadamente, ser chamada de sistema circulatório financeiro da nação. Quem fazia parte dele chamava-o de "o sistema de pagamento". Era o equivalente moderno da indústria bancária aos "departamentos administrativos", dos quais Wall Street outrora dependera para enviar certificados de ações para o comprador certo e dinheiro para o vendedor certo. Os chamados "bancos de compensação", como o Bank of New York, serviam de departamentos administrativos para legiões de outras firmas e instituições financeiras que negociavam títulos do Tesouro e se dedicavam a outras atividades complexas em alta velocidade.

Ao contrário dos antigos e ornados certificados de ações, entretanto, os títulos do Tesouro existiam apenas como entradas distintas de contadoria em um imenso livro contábil eletrônico. Cada um tinha um número único de identificação para poder ser encontrado no sistema. Bancos de compensação, como o Bank of New York, certificavam-se de que um título do Tesouro, uma vez vendido, fosse removido do livro contábil eletrônico de seu vendedor e inserido no livro contábil eletrônico do comprador, e que o dinheiro pago por esse comprador fosse eletronicamente subtraído de sua conta bancária e acrescido à do vendedor.

Como no caso do "acúmulo de papelada" nos departamentos administrativos do final dos anos 1960, não se tratava de um trabalho glamouroso, mas que podia paralisar os mercados caso não fosse feito. Geralmente, era realizado a uma velocidade estonteante e a um espantoso volume, à medida que os computadores recebiam informações de outros computadores e automaticamente enviavam instruções para paralisar um terceiro grupo de máquinas, sendo o Fedwire (o serviço eletrônico de transferência financeira do Fed de Nova York) a principal artéria do sistema.

Jerry Corrigan de vez em quando comparava o sistema de pagamento financeiro ao sistema de rodovias interestaduais.[21] Em vez de carros e caminhões, havia pulsos eletrônicos, transferindo títulos virtuais e dinheiro intangível entre compradores e vendedores. Em um dia comum, cerca de US$ 200 bilhões em transações viajavam suavemente de um banco a outro, pelo país e para o mundo inteiro.

O dia 21 de novembro de 1985 não seria um dia comum.

Por volta das 10h15 da manhã, o Bank of New York avisou ao Fed de Nova York que os arquivos de dados dos clientes do banco, atualizados com muito atraso com as transações de quarta-feira, de alguma forma haviam sido corrompidos. Durante horas, programadores do banco e seus consultores externos de software tentaram encontrar a falha.

O resto do mercado operava normalmente, o início de uma quinta--feira agitada. Títulos chegavam eletronicamente ao Bank of New York para ser processados; os vendedores aguardavam o recebimento de dinheiro, enquanto os compradores aguardavam o crédito de seus novos títulos e dos juros sobre os títulos. Com seu sistema computacional desativado, o banco era o equivalente a uma ponte levadiça travada na posição vertical. Títulos do governo se acumulavam em seus livros e precisavam ser pagos com o dinheiro do banco. O banco não conseguia nem transferir os títulos nem receber o dinheiro dos compradores do outro lado da ponte com defeito.

Contudo, havia uma pequena brecha. Através do Fedwire, o Fed de Nova York podia retirar dinheiro da conta do Bank of New York no próprio Fed e transferi-lo para os vendedores dos títulos – contudo, sem dinheiro entrando na conta do banco, logo estaria no vermelho. E não era uma dívida qualquer: às 11h30 da manhã, a conta do Bank of New York no Fed de Nova York estava US$ 12 bilhões no vermelho.

No centro de processamento de dados do banco, enquanto uma equipe trabalhava para encontrar e solucionar o erro na base de dados, outra trabalhava em uma solução temporária para permitir que a instituição voltasse a processar transações antes do encerramento do Fedwire, que ocorria diariamente às 14h30. Por volta das 14 horas, o primeiro patch foi testado. E falhou. Começaram a trabalhar em um segundo, e, depois, em um terceiro; nenhum teve sucesso. Um executivo sênior do banco telefonou para o Fed de Nova York a fim de pedir que o Fedwire continuasse operando depois de seu horário normal de encerramento.

Às 16 horas, tanto Corrigan quanto J. Carter Bacot – o presidente do conselho e o presidente executivo do Bank of New York – haviam sido alertados sobre o problema.

Corrigan aceitou manter o Fedwire em operação até o mais tarde possível na noite de quinta-feira, dando ao banco tempo extra para consertar seu sistema e processar a quantidade colossal de negócios pendentes. Em uma feliz decisão, ele também disse à equipe do departamento legal que preparasse imediatamente a papelada para um empréstimo overnight ao banco, só por precaução.

Com a chegada da noite, a dívida do Bank of New York no Fed continuava crescendo. Às oito horas da noite, o banco estava quase US$ 32 bilhões no vermelho. Àquela altura, Corrigan mandou um mensageiro entregar os documentos referentes ao empréstimo especial na sede do banco; o diretor financeiro assinou os documentos, só para garantir. Eles exigiam que o banco se comprometesse a pagar cada centavo de seus ativos nacionais em juros pelo empréstimo, um total de cerca de US$ 36 bilhões.

Por fim, um patch funcionou e o banco conseguiu processar negócios suficientes até as dez horas da noite para reduzir sua dívida em mais ou menos US$ 8 bilhões. Mas essas transações eram operadas lentamente no sistema computacional, e as pessoas estavam ficando cansadas.

Logo depois da meia-noite, Corrigan telefonou para Carter Bacot em seu quartel-general no banco – eles haviam se falado inúmeras vezes desde as 10 horas – e disse que 1 hora da manhã era, categoricamente, o prazo final do Fedwire. Quase no segundo em que Bacot desligou, disseram-lhe que o último patch falhara, e que o sistema havia parado outra vez.

Às 2h15 da manhã de sexta-feira, 22 de novembro, o Fed de Nova York fez oficialmente um empréstimo histórico de US$ 23,6 bilhões ao Bank of New York, o maior empréstimo overnight já realizado por ele, muitas vezes maior do que o crédito que concedera ao Continental Illinois durante sua crise.

E ainda havia o resto do mercado do Tesouro com que se preocupar.

Quando o dia útil começou na sexta-feira, o sistema do Bank of New York ainda não estava operando completamente, e sua conta mais uma vez entrou no vermelho. Às 11h30 da manhã, com mais US$ 2 bilhões no vermelho na conta do banco, Corrigan tomou mais uma decisão crucial – e quase desastrosa.

Ele ordenou que o Fed parasse de aceitar os títulos transferidos por outros bancos para a conta do Bank of New York, já que o banco não podia pagar por eles. Corrigan explicou que estava tentando "descobrir se era prático evitar um rombo maior na conta do banco sem causar um distúrbio excessivo no mercado".[22]

Na hora do almoço, ele tinha a resposta, e era "absolutamente não". Uma hora depois da sua decisão, o imenso mercado do Tesouro começara a congelar. Negociantes preocupados de repente não queriam concluir negociações entre si. Alguns estavam tentando voltar atrás em negócios já feitos com firmas que dependiam do Bank of New York para o processamento das transações. E os bancos que não conseguiam mais concluir suas próprias transações através do Bank of New York de repente começaram a também ficar no vermelho no Fedwire, já que não podiam ser pagos.

Qualquer um no lugar de Jerry Corrigan poderia muito bem ter pesadelos recorrentes com o que teria acontecido nessa sexta-feira tensa se o Bank of New York não tivesse conseguido reparar seu sistema computacional tão rápido quanto conseguiu. Por sorte, às 13h30, o sistema de processamento do banco já estava relativamente operacional, e Corrigan conseguiu suspender o congelamento temporário e quase trágico da conta do banco no Fed.

Semanas depois, ele tentou compartilhar o alerta ominoso representado pelo episódio com os comitês congressionais que o interrogavam sobre o resgate financeiro sem precedentes de um banco.[23] Diante da situação, Corrigan advertiu seus críticos de que não havia opção. "É absurdo pensar em 'desconectar' um participante de peso, exceto em circunstâncias que, no final das contas, podem requerer a suspensão do mercado inteiro." E fechar qualquer grande mercado "por inteiro" podia produzir problemas que fariam aqueles a que o sistema acabara de sobreviver parecer nada.

É óbvio que algo não podia ser chamado de "pequeno problema no sistema computacional" se consertá-lo exigisse mais do que uma paralisação muito breve de qualquer parte do sistema circulatório do mercado financeiro. Se uma paralisação durasse mais tempo, ou tivesse de ser feita no meio de alguma outra crise – bem, como disse Jerry Corrigan, "a coisa vai ficar feia".

15
MERCADOS RACIONAIS?

Na terça-feira, 7 de janeiro de 1986, o mercado de ações fechou com o Dow Jones pouco abaixo dos 1.566 pontos. Quando o sino de encerramento soou na quarta ele havia perdido 40 pontos – uma quantidade maior do que nunca, humilhando o recorde quebrado no pior dia da quebra de outubro de 1929.

"Foi um pandemônio", disse um executivo de uma corretora.[1]

Na verdade, a perda de 2,5% daquele dia não chegava nem perto do declínio sofrido em 1929, que levou quase 13% do valor do Dow na época.[2] Não obstante, esse declínio histórico de 40 pontos ganhou manchetes nas primeiras páginas dos jornais de todo o país.

Logo depois, os negociantes produziram, às pressas, várias teorias sobre o que acontecera. Alguns citavam temores de que o Fed restringisse os empréstimos para aquisições ou aumentasse as taxas de juros. Mas esses temores haviam sido injetados nos jornais daquele dia antes de o sino de abertura soar, e mais da metade da queda histórica do Dow acontecera na última hora do pregão. Esse padrão era conhecido nas sextas da "witching hour", mas 8 de janeiro não foi uma dessas sextas. O que diabos acontecera?

Eis o que aconteceu: o preço dos futuros de índices de ações de Chicago, por alguma razão indiscernível, caiu de repente, gerando uma discrepância com os preços da NYSE para as ações do índice.[3] Gigantescos investidores institucionais haviam entrado em cena, comprando futuros de índices de ações e ao mesmo tempo vendendo as ações que compunham os índices, usando o sistema automatizado de pedidos da NYSE. Foi um caso clássico de comprar um eletrônico barato e vender o caro para a obtenção de um lucro instantâneo. É claro que já acontecera antes – a arbitragem de índice ocorria desde meados de 1982 –, mas não nessa escala, e jamais com esse impacto sobre o mercado.

"Era simplesmente inacreditável", disse um negociante institucional da Kidder Peabody. O principal negociante da E.F. Hutton afirmou: "Pânico pode ser exagero, mas claramente havia uma sensação de urgência da parte da comunidade profissional de negociações."[4]

Mais uma evidência do papel da arbitragem na queda da última hora era o fato de que as ações em um índice relacionado a uma opção ou a um contrato a futuro, especificamente o índice composto da NYSE, o Standard & Poor's 500, e o Dow, sofriam muito mais com a confusão do que outras ações.

O ecossistema inteiro dos investimentos estava mudando; eventos estavam se tornando padrões; pequenos tremores alcançavam maiores magnitudes; uma estratégia secundária vinha se tornando uma força de mercado; um espasmo em um mercado era instantaneamente sentido em outro. Ainda assim, ninguém em Washington parecia entender o que estava acontecendo ou como reagir.[5]

Alguns reguladores previam que as witching hours iriam se tornar menos perturbadoras à medida que um número maior de investidores entrasse no jogo da arbitragem, o que, em condições normais, reduziria os lucros disponíveis a partir da estratégia. Segundo eles, mercados racionais e eficientes eventualmente apagariam essas oportunidades bizarras de arbitragem.

John Shad, da SEC, via o uso mais intenso de estratégias de arbitragem baseadas em sistemas computacionais como agentes geradores de um mercado mais líquido que permitiria que "investidores institucionais movimentassem grandes blocos de ações em um curto período".[6] Ele não questionava se isso seria bom – ou se perguntava como os mercados lidariam quando esses enormes investidores movimentassem grandes blocos de ações ou contratos a futuro na mesma direção e ao mesmo tempo.

Já fazendo malabarismo com as batatas quentes que eram as questões relacionadas às aquisições e negociações com informações privilegiadas, a SEC estava dividida entre a ideologia do último consultor-chefe em economia de Shad, um purista do mercado livre chamado Gregg Jarrell, e as preocupações práticas da equipe de regulação de mercado da agência.

De acordo com um relato, "Jarrell estava convencido de que as novas regulações sobre as negociações só beneficiariam a velha guarda, os negociantes de cabelos grisalhos de Wall Street que não estavam acompanhando as mudanças".[7] Ele suspeitava fortemente que "a equipe da SEC não entendia realmente o que estava acontecendo à medida que os mercados de Nova York e Chicago eram interligados nas telas dos computadores de negociantes de alto nível".

É óbvio que não estava claro se mesmo Jarrell ou os negociantes de alto nível que ele admirava entendiam o que estava acontecendo. Algumas de suas estratégias supostamente racionais baseavam-se na noção absurda de que sempre haveria investidores dispostos a assumir o outro lado das suas negociações, o tempo todo, em qualquer mercado, sob quaisquer circunstâncias. Dias como 8 de janeiro mostravam o quão completamente absurda se tornara essa pressuposição.

Mesmo que reguladores e legisladores tivessem entendido os novos riscos dessas ligações entre vários mercados, eles ainda teriam enfrentado uma batalha para fazer qualquer coisa em relação a eles. Shad temia regular o que via como uma consequência saudável e provavelmente inevitável da tecnologia computacional.[8] E, sem o apoio da SEC, era improvável que qualquer outra pessoa pudesse convencer o Congresso a aceitar restrições.[9]

Fosse como fosse, a SEC anunciara no final de 1985 que novas regras para as witching hours não pareciam necessárias. Talvez tenha sido coincidência, mas o dia do vencimento que caiu nove dias depois do caos de 8 de janeiro foi calmo. Muitos negociantes notaram, contudo, que pequenos investidores haviam passado grande parte do dia só observando.[10]

John Phelan temia cada vez mais que eles permanecessem nesse estado.[11] Em uma conferência da indústria de valores mobiliários realizada em dezembro em Boca Raton, Flórida, ele apresentara o último levantamento com os investidores da NYSE. Quase 60% do volume de negociações em um dia típico, e muito menos em um dia de witching hour, vinham de instituições gigantescas e de firmas de Wall Street negociando por conta própria.

A presença de fundos de pensão no mercado de ações estava crescendo exponencialmente. Em 1975, eles detinham, combinados, US$ 113 bilhões em ações. Cinco anos depois, em 1980, esse número havia quase dobrado para US$ 220 bilhões. Ao final de 1985, dobrara outra vez, para quase US$ 500 bilhões.[12] Parte dessa grande soma em dinheiro estava nas mãos de gerentes de recursos que se dedicavam ativamente a uma variedade de estratégias em nome da diversificação, enquanto outra parte passara a fundos de índice passivos.[13] O problema era que esses dois estilos de investimento tinham efeitos completamente diferentes no mercado.

Em um dado momento qualquer, os gerentes ativos corriam em direções diferentes, como coelhos – alguns compravam ações menores, outros procuravam ações internacionais, alguns se especializavam em uma indústria ou outra, alguns faziam previsões de mercado usando várias teorias complexas, enquanto outros se baseavam em especulações de aquisições. Enquanto isso, os gerentes dos fundos de pensão atuavam como um rebanho gigante, todos se movimentando em uma direção. Em dias bons, eles chegavam ao destino calmamente; em dias turbulentos, galopavam. Uma manada era sempre uma possibilidade.

As "análises quantitativas" acadêmicas e de Wall Street supostamente racionais não pareciam temer a manada. Ao que parecia, elas presumiam que os movimentos em massa dos rebanhos gigantescos seriam compensados pelas negociações dos coelhos, os tranquilos opositores que não seguiam o rebanho. Mas o poder dos opositores ricos estava diminuindo enquanto o rebanho de enormes investidores institucionais crescia. Os mercados, tanto de Nova York quanto de Chicago, ofereciam mais evidências a cada mês de que simplesmente não havia coelhos opositores o bastante para abrandar os efeitos de uma manada institucional.

Estranhamente, os pequenos participantes do mercado podiam ver com muita nitidez o que estava acontecendo. "É quase desespero", disse um vice-presidente sênior de uma grande corretora de varejo. "Os indivíduos não querem ser serrados* em um mercado cada vez mais dominado por instituições."[14]

EM 24 DE FEVEREIRO DE 1986, a diretoria do Federal Reserve tinha dois novos membros, nomeados recentemente por Ronald Reagan para substituir antigos aliados de Volcker. Os dias em que Paul Volcker obtinha facilmente votações unânimes, ou ao menos majoritárias, haviam acabado.

Quando a Comissão Federal do Mercado Aberto se reuniu naquela manhã, os nomeados mais recentes planejaram uma votação para reduzir as taxas de juros sob a objeção de Volcker. O resultado da votação foi de 4 a 3, para espanto do presidente do conselho.[15]

---

* Em inglês, a expressão *whipsawed* (em tradução literal, "serrado") significa ser pego por movimentos voláteis e realizar operações que resultam em prejuízo à medida que os preços aumentam ou diminuem. Um negociador se encontrará em tal situação se comprar imediatamente antes da queda dos preços ou vender imediatamente antes do aumento. [*N. do E.*]

218 O PIOR DIA NA HISTÓRIA DE WALL STREET

Ele se levantou da sua cadeira e olhou através da mesa comprida para os rebeldes novos membros da comissão. "Façam o que quiserem de hoje em diante", disse a eles, "mas façam sem mim." De acordo com uma biografia não autorizada, "ele deixou a sala da diretoria e bateu a porta de seu escritório, só para o caso de alguém achar que ele poderia mudar de ideia".[16]

Volcker e o secretário do Tesouro Jim Baker tinham um almoço marcado no escritório de Baker, junto com o ministro da Fazenda do México. Depois que o ministro saiu, Volcker entregou a Baker "uma carta de resignação escrita à mão em seu bloco amarelo", subsequentemente à sua saída furiosa da reunião da FOMC.[17]

As memórias de Baker não dizem nada sobre o incidente, mas, de acordo com um biógrafo de Volcker, Baker suplicou que ele não deixasse a votação daquela manhã lhe subir à cabeça, e que permanecesse no cargo. Volcker disse que pensaria e retornou à sede do Fed. Pouco depois, naquela tarde, um dos rebeldes da manhã visitou o escritório de Volcker e sugeriu o adiamento da pequena redução da taxa de juros para lhe preservar o prestígio.[18]

A notícia do desafio à liderança de Volcker chegou a Washington, gerando burburinho, e espalhou-se para o norte, onde a reação de Wall Street foi estrondosamente negativa. A Casa Branca e o Departamento do Tesouro imediatamente publicaram declarações de apoio ao presidente do conselho do Fed. A não ser que ele quisesse causar um abalo ainda maior aos mercados sugerindo que a Casa Branca o demitira, Volcker ainda não podia renunciar.

Mas estava claro que chegava o crepúsculo de seu tempo no cargo: um socorrista que sabia como uma crise gerada pelo pânico podia se espalhar pelo país através dos sistemas de segurança regulatórios logo sairia de cena.

APESAR DE TODA A CONVERSA EM CHICAGO sobre inovação e adaptação às novas condições do mercado, os mercados a futuro estavam

MERCADOS RACIONAIS? 219

imersos na mesma negação romântica da realidade que afligia as "análises quantitativas" que orientavam os investidores institucionais de Wall Street e os negociantes da NYSE contrários ao aumento da automatização. Eles não acreditavam realmente que seu mundo precisava mudar de alguma forma drástica e se ressentiam de qualquer um que sugerisse o oposto.

Isso sem dúvida se aplicava aos executivos que se reuniram para uma conferência da indústria em Boca Raton na primeira semana de março de 1986. Por vários dias, eles trocaram fofocas, saborearam pratos esplêndidos e se queixaram amargamente de seus reguladores.

As reclamações não precisaram viajar muito longe para chegar aos ouvidos do Congresso: havia quatro senadores e doze congressistas no evento, todos fazendo discursos padronizados por quantias gordas e aproveitando a comida, a hospedagem e a viagem, tudo grátis.[19]

A indústria dos futuros tinha três grandes reclamações.

Uma delas era que a CFTC queria que as corretoras de ações tivessem um colchão financeiro maior para refletir o crescimento gigantesco da negociação de derivativos por investidores institucionais gigantes. A Chicago Board of Trade formara um "fundo de defesa" em novembro para combater essas novas regras capitais da CFTC, no Congresso ou na corte, caso necessário.[20] Leo Melamed, do Merc, queixara-se de que os novos padrões capitais eram "o resultado da inexperiência e de motivações que estão além da nossa compreensão".[21]

Na verdade, era muito fácil entender a motivação da CFTC. Um ano antes, em março de 1985, a Volume Investors, uma importante firma de compensação por trás das negociações na New York Commodity Exchange, conhecida como Comex[22] havia sido forçada a fechar as portas de uma hora para outra depois que três de seus clientes perderam US$ 28 milhões quase da noite para o dia. O grande crescimento das negociações institucionais em um mercado cada vez mais volátil "aumenta o potencial para um calote de consequências de longo alcance", alertou a CFTC em um relatório subsequente.[23]

As imensas instituições que eram recebidas nos mercados a futuro estavam negociando em uma escala que ofuscava o capital detido por muitos negociantes. Mas uma série de firmas menores teriam sido retiradas do mercado pelas novas regras capitais. Chicago estava determinada a evitar isso.

A segunda questão difícil para a indústria era a tentativa mais recente da CFTC para conseguir que as maiores bolsas de Chicago atribuíssem marcadores temporais às suas negociações de acordo com o minuto mais próximo. No Merc e na Chicago Board of Trade, as negociações eram temporizadas em relação à meia hora mais próxima. Durante anos, a CFTC soube que isso era inadequado – descobrira que até 40% do tempo nos marcadores associados à meia hora mais próxima estava errado.[24] Leo Melamed queixava-se de que a última regra do "registro detalhado" era o "principal exemplo da interferência regulatória em áreas que a comissão compreende inadequadamente".[25]

A terceira questão que inflamava Chicago não era o que a CFTC estava fazendo, mas o que ela não estava. Ela ainda não estava tomando medidas eficazes contra os swaps, os derivativos negociados particularmente que estavam ganhando uma popularidade imensa entre os investidores institucionais gigantes. As bolsas de Chicago haviam argumentado por anos que esses novos derivativos eram contratos a futuro disfarçados, e, portanto, ilegais, a não ser que fossem negociados em uma bolsa. Para Chicago, era simples assim.

Na verdade, não era. Havia três espécies de produtos negociados fora da bolsa que confrontavam a CFTC. Dois deles, as opções sobre commodities físicas e os planos de compra à prestação, chamados de "contratos de alavancagem", eram as pequenas pragas que a comissão vinha combatendo desde o dia em que abrira suas portas.[26] O terceiro, o swap, era uma criatura gigante que vivia em um mundo rarefeito de banqueiros de elite, corretores gigantescos e tesouros corporativos, e a CFTC claramente não fazia ideia do que fazer sobre ele. Esses eram os derivativos arriscados sobre os quais Jerry Corrigan alertava a comunidade – todos os exóticos contratos de swap entre bancos ou acordos de swap entre bancos e corretoras que funcionavam quase como contratos a futuro, mas não apareciam no extrato de ninguém e não eram protegidos por nenhuma câmara de compensação.

Quase todos de fora da comunidade bancária concordavam que esses novos produtos provavelmente estavam de acordo com a vaga e flexível definição legal da CFTC de um contrato a futuro. Como um juiz federal observara certa vez em Chicago, o que não estava? Assim, a Merc e a Board of Trade acreditavam que os swaps deveriam ser negociados em bolsas reguladas, e em nenhum outro lugar.

Não demorou muito para que a CFTC desistisse de aplicar seus novo padrões de registro detalhado contra a Chicago Board of Trade e a Merc,[27] e concordasse em permitir que as duas bolsas criassem seu próprio sistema para a "reconstrução" das negociações, em vez de registrar seu horário eletronicamente.[28] O debate sobre levantar mais capital seria mais difícil, mas o "smart money"* apostava que Chicago também prevaleceria nessa questão.

De fato, quando a presidente do conselho da CFTC apresentou-se diante de seus supervisores do Comitê de Agricultura da Câmara, na metade de março de 1986, sua mensagem para ela foi clara e cristalina: não peça à indústria que você regula para fazer nada inconsistente com o que ela já está fazendo.[29] Se você fizer isso, precisaremos intervir.

Quanto à regulação dos swaps e de outros derivativos negociados fora da bolsa, Phillips estava dividida entre o poder político de Chicago e os defensores ainda mais poderosos de um diferente *status quo*: os banqueiros de Wall Street, vários dos quais testemunharam durante a mesma audiência. Gary L. Seevers, um executivo elegante do Goldman Sachs – e ex-funcionário da CFTC –, reuniu-se a vários outros profissionais do mercado para depor que eles não viam razão para começar a

---

* Termo empregado para designar investidores experientes que contribuem para o crescimento de uma companhia. [*N. da T.*]

regular os derivativos negociados fora da bolsa, que vinham produzindo bons lucros para Wall Street.[30] "Essa questão das negociações ocorridas fora da bolsa já foram estudadas à exaustão, e muitos artigos foram escritos sobre ela, muitas reuniões realizadas", disse ele ao comitê. "Acredito que ninguém que tenha estado nesta sala hoje está informado o bastante, ou é inteligente o bastante, para dizer se a CFTC deveria ter mais ou menos autoridade na área das negociações fora da bolsa."[31]

Um democrata cético no comitê, o congressista Dan Glickman, do Kansas, percebeu o paradoxo: "Você diz que isso foi estudado à exaustão, mas ninguém sabe o bastante a respeito?", perguntou ele.

"Sim", insistiu Seevers. "Você está lidando com a realidade comercial aqui." As pessoas que usam esses novos produtos são "entidades sofisticadas" negociando entre si. Sua recomendação foi "não fazer nada".

Essa, também, era uma sugestão notável: a CFTC e o Congresso não estavam preparados para regular esses novos derivativos sem registro, então era melhor não mexer com eles.

Glickman olhou para os outros profissionais de Wall Street sentados na bancada das testemunhas e perguntou: "Alguém tem observações contrárias em relação ao que o sr. Seevers disse a respeito da questão?"

Ninguém tinha.

"Ok, deixem-me fazer uma última pergunta", disse Glickman. Ele citou artigos de jornal sobre a relação entre os derivativos e a volatilidade do mercado de ações. "Pergunto-me se algum de vocês gostaria de comentar isso, dizer se é uma caracterização precisa. Só estou curioso."

Gary Seevers dispensou a questão como uma acusação ignorante da mídia, algo que não deveria preocupar o Congresso. "Não estou dizendo que nunca houve nenhum efeito no 'fenômeno da terceira sexta-feira' – que teremos outra vez em três dias", observou. "É um fenômeno que está sendo acompanhado de perto, e, em geral, quaisquer aberrações associadas à terceira sexta-feira têm diminuído no curso dos últimos dois ou três anos."[32]

MERCADOS RACIONAIS? 223

O "FENÔMENO DA TERCEIRA SEXTA-FEIRA", OCORRIDA TRÊS dias depois, no dia 21 de março, não trouxe evidências de que as aberrações do mercado estavam diminuindo.

O Dow Jones Industrial Average, acompanhado por todos, e que tinha fechado com uma alta de pouco mais de 1.800 pontos no dia anterior, perdeu 35,68 pontos, quase 2% do seu valor, a maior parte nos últimos minutos do pregão. Foi o quarto pior declínio em pontuação da história do mercado.

Uma história publicada na primeira página do *New York Times* do dia seguinte culpava a "sessão incomum" do dia em uma "liquidação de última hora ligada a manobras complexas por instituições".[33] Uma segunda história, publicada no caderno de negócios, definia o estado de espírito em apenas cinco palavras: "Caos da 'triple witching hour'".[34]

Os preços das ações do Dow, a maioria das quais negociadas na NYSE, haviam aumentado mais rápido do que os preços das opções MMI e dos contratos a futuro MMI ligados a elas que venceriam. Árbitros de índice obtiveram lucros rápidos comprando os derivativos mais baratos e vendendo as ações mais caras na Big Board – e vendendo no último segundo. O vencimento simultâneo das opções sobre ações nas ações do Dow só serviu para intensificar o alvoroço da "triple witching hour".

Era fácil encontrar as evidências dessas estratégias nos resultados do pregão do dia. Dos 199,2 milhões de ações negociadas, mais de 45 milhões foram negociados no último minuto. Levou meia hora depois do fechamento do mercado para que todas as negociações pudessem ser registradas.[35] O número de pedidos muito grandes, marcas registradas dos investidores titânicos, não tinha precedentes.

Dessa vez, realmente não havia como apresentar quaisquer argumentos críveis de que os resultados do dia refletiam uma mudança abrupta de opinião entre investidores racionais. Em geral, mais ações tiveram um aumento, e não uma redução, de preço, e, fora o Dow, os outros importantes índices do mercado perderam apenas alguns pontos.

224 O PIOR DIA NA HISTÓRIA DE WALL STREET

A Amex, aliás, teve uma alta de 4 pontos, quebrando um novo recorde. Só as ações associadas à arbitragem de índice haviam sido afetadas – mas tão afetadas que custaram ao mercado 2% do seu valor em apenas algumas horas.

Um negociante institucional de peso observou: "Antes, jogadas como essa levavam dez dias para se arquitetar. Agora, elas só requerem dez minutos. Você não consegue controlar. As pessoas negociam ações como se fossem commodities."[36]

Para uma fatia cada vez maior da população do mercado de investidores institucionais, era exatamente isto que as ações estavam se tornando – uma commodity, mas que era vendida em uma bolsa com reguladores, ritmos e regras diferentes.

* * *

JOHN PHELAN E BOB BIRNBAUM DIRIGIRAM OLHARES céticos por sobre a louça do almoço para John O'Brien, vendedor master da LOR da Califórnia, sentados na sala de jantar particular de Phelan alguns meses depois do desastre de março.[37]

Para O'Brien, a visita era um gesto de boa vontade não muito convincente. Ele vira relatórios da mídia culpando o seguro de portfólio pelo aumento da turbulência no pregão da NYSE. Queria explicar por que isso não precisava acontecer.

John Phelan e John O'Brien não eram muito diferentes. Os dois eram inteligentes, francos e empreendedores, mas haviam adotado abordagens muito diferentes para a reunião. O'Brien fora um empreendedor nas extremidades teóricas das finanças, abraçando ideias revolucionárias de estudiosos como Mark Rubinstein e Hayne Leland, e traduzindo-as para os gigantes leigos dos investimentos de Wall Street. Phelan fora um empreendedor dentro da cultura profundamente tradicional da Big Board, tentando aplicar a tecnologia prática e novas regras sem perder os fatores humanos que via como o arrimo que mantinha o mercado.

"Pense assim", disse O'Brien. Quando a LOR vendia ações como parte da sua estratégia de hedging, "é realmente como se estivéssemos fazendo uma venda – uma liquidação de ações".[38] Sua firma não estava vendendo por temer más notícias do meio corporativo ou alguma crise de mercado. Eles não faziam ideia de qual seria a direção do futuro do mercado ou o valor das companhias cujas ações estivessem sendo vendidas; era simplesmente *hedging*. Então, para o resto do mercado, os hedges da LOR criavam liquidações – como se alguém de repente tivesse colocado adesivos de "queima de estoque" em uma loja cheia de produtos caros e de altíssima qualidade.

Investidores tradicionais podiam comprar ações de grande valor a preços de liquidação comprando quando a LOR estivesse sendo vendida. A mensagem de O'Brien para esses investidores, segundo ele disse a Phelan, era: "Venham festejar conosco!"

Phelan não se convenceu; a escala crescente das negociações de seguros de portfólio o preocupava.[39] "Se todo mundo estiver fazendo a mesma coisa, o que poderá evitar que isso equivalha a nada?", indagou.

O'Brien acreditava que a queda dos preços sempre atrairia compradores, mas Phelan não tinha a mesma certeza. Quando o mercado cai na última hora do pregão, quem terá a coragem de procurar barganhas?

Qualquer um que saiba, com antecedência, que sempre haverá barganhas aguardando para ser aproveitadas – respondeu O'Brien. Qualquer um que saiba que a única razão para os preços estarem caindo se deve a alguma estratégia acadêmica de hedging. Qualquer um que saiba que comprar é a coisa racional a ser feita sob tais circunstâncias.

Como Phelan, Bob Birnbaum achava que O'Brien estava sendo ingênuo por pensar que o mercado iria se adaptar ao seguro de portfólio.[40] "Bem", disse Birnbaum, "se eu fosse um cara comum chegando ao meu escritório certa manhã e visse que o mercado caiu em 3% ou 4%, acho que pegar o telefone para comprar um monte de ações não seria a primeira coisa a passar pela minha cabeça." Não, a primeira coisa que ele faria seria telefonar para alguém que conhecesse melhor o mercado,

226 O PIOR DIA NA HISTÓRIA DE WALL STREET

alguém em cujo julgamento confiasse, para descobrir o que diabos estava acontecendo. Se não conseguisse uma explicação reconfortante, ou mesmo que conseguisse, ele provavelmente iria se limitar a observar até as coisas se acalmarem.[41] Isso lhe parecia a coisa "racional" a ser feita.

E, se um número suficiente de pessoas fizesse isso, as ações a preço de barganha de O'Brien ficariam juntando poeira – e o mercado, como Phelan temia, poderia reduzir-se "a nada".

O'Brien insistiu que os investidores institucionais do mercado moderno, negociantes profissionais e analistas quantitativos não iriam se assustar com uma queda súbita, como o "cara comum" de Birnbaum. Eles entenderiam por que todas aquelas ações estavam sendo vendidas; saberiam que as vendas não refletiam nenhum tipo de sentimento de baixa e calmamente entrariam em cena para comprar a preço de barganha.

Não havia como esses homens de negócios resolverem suas discordâncias em relação à psicologia do mercado durante um almoço. Não obstante, do ponto de vista de O'Brien, fora uma discussão teórica interessante.

Após a primeira semana de julho, tudo parecia menos teórico. No dia 1º, o Dow Jones alcançou um novo recorde: 1.903,54 pontos, seu quarto desde o início do ano. Uma semana depois, no dia 7 de julho, mais uma vez, o índice perdeu mais pontos em um único dia do que jamais acontecera, ofuscando o declínio de janeiro e uma queda maior em junho. Mais uma vez, a nova realidade do mercado moderno de ações ganhou manchetes nas primeiras páginas, e *racional* não foi a palavra mais usada para descrevê-la.

• • •

EM AGOSTO DE 1986, O CONTINENTAL ILLINOIS – resgatado da morte certa dois anos antes pela FDIC, que ainda era sua maior acionista – decidiu comprar a First Options Inc., a maior firma de compensação para negociantes da maior bolsa de opções da nação.[42]

A First Options começou processando transações para negociantes de opções no início da década de 1970, quando a Chicago Board Options Exchange ainda era jovem.[43] Sob a propriedade da Spear, Leeds and Kellogg, uma grande firma especializada no pregão da NYSE, a First Options acumulara capital suficiente para realizar negociações maiores para mais clientes. Em 1986, suas ambições haviam crescido tanto que sua matriz em Nova York não pôde mais financiá-las, e ela passou a procurar um novo proprietário para financiar seu crescimento.[44]

O Continental Illinois ainda estava tentando se recuperar de sua experiência de quase morte. O banco precisava de linhas de negócios rentáveis e diversificar.[45] A compra da First Options, uma antiga cliente de peso do banco, satisfazia essas duas necessidades.

A aquisição incomodou alguns banqueiros locais, que reclamaram que o apoio da FDIC deu ao Continental Illinois uma vantagem desleal no mercado. Apesar dos protestos acalorados, contudo, a FDIC permitiu que o banco comprasse a First Options.

O resultado: um eixo na operação dos mercados de opções deixou seu antigo lar, uma firma especializada da NYSE, com destino ao banco comercial que a FDIC e os outros reguladores haviam movido céus e terras para salvar dois anos antes.

Considerando todas as fusões e aquisições que ganharam manchetes naquele verão, a compra amigável da First Options pelo Continental Illinois não parecia nem um pouco importante para Wall Street.

Dessa vez, Wall Street estava errada.

16
PORTFÓLIOS DE PANDORA

E m três dias turbulentos de setembro de 1986, John Shad deu o primeiro passo no trajeto triste e surreal com destino ao fim de sua carreira na SEC.

Sua divisão de aplicação vinha travando uma longa e turbulenta guerra contra as negociações com informações privilegiadas, que estavam se espalhando como um vírus por Wall Street. Uma série de notáveis executivos de nível intermediário haviam sido presos e processados; alguns haviam se declarado culpados em casos criminais e pagado fianças substanciais para resolver ações da SEC com acordos. Nada parecia ajudar.

Então, em maio, agentes federais prenderam Dennis Levine, um banqueiro de investimento da Drexel Burnham Lambert.[1] Um dos nomes na agenda telefônica de Levine era o árbitro Ivan Boesky, veterano da guerra pela Phillips Petroleum e o principal especulador de aquisições de Wall Street.

Boesky não tivera grande importância durante o período que John Shad passou em Wall Street, mas, na SEC, Shad começara a respeitar

PORTFÓLIOS DE PANDORA **229**

o intelecto agressivo de Boesky. Apenas três meses antes, em fevereiro, Shad recebera Boesky para uma mesa-redonda em Washington cujo objetivo era discutir como conter os rumores de aquisições em Wall Street, uma sessão à qual John Phelan também havia comparecido. Com Phelan sentado à mesma grande mesa redonda, Shad e Boesky argumentaram que não era o ideal Phelan permitir a suspensão das negociações quando rumores de aquisição invadissem o pregão da NYSE.[2]

Com a prisão de Dennis Levine, a investigação sobre as negociações com informações privilegiadas da SEC decolou. Levine entregou outros conspiradores, entre os quais Boesky, que, segundo ele, vinha comprando dicas suas fazia mais de um ano.[3] A divisão de aplicação da SEC passou o verão inteiro rondando Boesky. Em agosto, eles o pegaram, e não demorou muito para que seu advogado de defesa, o antigo membro do conselho geral da SEC Harvey Pitt, propusesse um acordo em segredo: em troca de leniência, Boesky poderia levá-los a algumas das figuras mais importantes do jogo das aquisições. Longos dias e noites depois, eles chegaram a um acordo – uma única ação criminal, que levaria a, no máximo, cinco anos de prisão, e o pagamento de US$ 100 milhões para cobrir tanto fianças quanto a restituição de seus lucros ilegais.[4]

Na quarta-feira, 10 de setembro, a SEC tinha uma assembleia pública com o intuito de realizar uma votação para eleger um plano coletivo para acalmar as sextas da witching hour. A proposta pedia que os corretores enviassem ordens visando ao preço de fechamento do dia – os chamados calls de fechamento market-on – para o pregão meia hora antes do sino de encerramento, de modo que qualquer desequilíbrio de ordens fosse publicado. Era o máximo que John Shad pretendia intervir nas novas estratégias quantitativas de negociação.[5]

Antes da sessão pública, no entanto, Shad reuniu uma "sessão superexecutiva", reunião aberta exclusivamente aos membros do conselho e a alguns membros importantes da equipe de aplicação.[6] De acordo com um relato, essa reunião foi a primeira atualização no caso de Boesky dada a Shad ou a qualquer membro do conselho desde o início do verão.

230 O PIOR DIA NA HISTÓRIA DE WALL STREET

"Eles pareciam abalados com o escopo das revelações e com a perspectiva das reações que elas provavelmente desencadeariam", dizia o relato.[7]

O acordo com Boesky não tinha precedentes – ele faria um pagamento único de uma multa quase equivalente ao orçamento anual inteiro da SEC.[8] E a lista das relações corruptas de Boesky com parte da realeza de Wall Street era inacreditável, especialmente para John Shad, que chegara à SEC completamente convencido da honestidade fundamental do mundo onde passara a vida profissional inteira.

A QUINTA-FEIRA DE 11 DE SETEMBRO APROXIMAVA-SE de um fim de tarde quente de verão quando John Phelan chegou à sua mesa na NYSE. Fora uma semana sombria para a maioria dos investidores; no dia anterior, o mercado chegara perto da sua quarta sessão de baixa.

Alguns especialistas do mercado culpavam a inatividade dos gerentes de recursos que vinham tentando descartar as perdas e enfeitar seus portfólios nas últimas semanas do terceiro trimestre. Outros apontavam que o mercado subira mais de 24% desde o primeiro dia do ano, e que deveriam esperar certo lucro. Ainda assim, outros diziam que os investidores temiam o aumento das taxas de juros, o que reduziria a demanda por ações. Quem realmente sabia o que estava acontecendo? Como J.P. Morgan notoriamente dissera certa vez, os mercados flutuam.

Phelan não estava feliz com a última resposta de John Shad às flutuações intensas das negociações da witching hour, aprovada no dia anterior. Ele não achava que um aviso com meia hora de antecedência para os calls de fechamento chegaria ao menos perto de resolver o problema, e não hesitou em expressar sua opinião. Queria que o valor de vencimento dos futuros de índices de ações na terceira sexta-feira fosse baseado nos preços de abertura, e não de fechamento, da NYSE. Com base nas décadas que passara no pregão, Phelan acreditava que era muito mais fácil detectar e lidar com grandes desequilíbrios de ordens no sino de abertura do que durante as negociações frenéticas de última hora ao final do dia.[9]

Considerando a rivalidade e a paralisia desenvolvidas no sistema regulatório, a SEC não podia dar a Phelan o que ele queria. Só a CFTC poderia fazer isso. Mas a proposta de Phelan foi alvo da oposição das bolsas de Chicago, e a CFTC não as havia anulado.

Quando os monitores dos computadores no móvel atrás da mesa de Phelan ganharam vida naquela manhã de quinta, parecia apenas mais um dia de negociações. Mas ele logo se transformou em um dia desastroso.

Ao meio-dia, o declínio do Dow Jones havia alcançado a queda histórica do início de julho. Após um rápido rali durante a hora do almoço, os preços começaram a cair, e a queda foi grande até o final do dia. Ao soar do sino de encerramento, às 16 horas, os negociantes estavam muito agitados – um recorde de 237,6 milhões de ações haviam sido negociadas, e o Dow caíra 86,61 pontos, mais de 4,6% – a maior perda de pontuação e de percentagem desde maio de 1962.

Um executivo de uma corretora disse: "Nunca vi nada parecido. Acho que os gerentes de recursos entraram em pânico."[10]

Analistas do mercado buscavam razões racionais para o declínio maciço. Um executivo de Wall Street chegou a culpar John Shad, citando a votação da SEC no dia anterior para eleger procedimentos para a witching hour e afirmando que havia "muita incerteza, com a SEC estabelecendo novas maneiras de lidar" com a witching hour que viria uma semana depois.[11]

Uma explicação muito mais plausível estava relacionada à arbitragem de índice.

Durante todo o mês de agosto e no início de setembro, os contratos a futuro baseados em índices de ações haviam sido mais caros do que as ações em si, e os negociantes da arbitragem haviam vendido contratos a futuro e comprado ações – sem dúvida, contribuindo para o novo recorde de alta do mercado em 4 de setembro. Aliás, a negociação de arbitragem ganhara o crédito de estabelecer ganhos recordes diários no início do ano.[12]

No dia 11 de setembro, por alguma razão, a oportunidade de arbitragem virou de cabeça para baixo. Nos primeiros minutos de negociações em Chicago, o preço dos futuros de índices de ações sofreu uma queda considerável e inexplicável,[13] criando uma oportunidade e tanto para negociantes da arbitragem de índice.[14] Eles começaram a vender ações e a comprar os contratos a futuro mais baratos.

Em teoria, a demanda repentina dos negociantes de arbitragem pelos contratos do spooz deveria ter provocado o aumento do seu preço, alinhando novamente o mercado de Chicago com Nova York. Por algum mistério, isso não aconteceu – simplesmente não houve compras suficientes dos árbitros para compensar o grande número de vendas ocorridas no pregão do spooz naquele dia. Investigações subsequentes mostraram que o contrato a futuro do S&P 500 foi vendido com desconto "praticamente o dia inteiro".[15]

Essa não era toda a história sobre o declínio histórico daquela quinta-feira.[16] Havia muitos outros negociantes no mercado naquele dia, vendendo ações por motivos que não tinham relação com os mercados de Chicago. Mas isso é parte importante da história.

Quando o sino de encerramento soou, o spooz ainda estava sendo vendido com um grande e incomum desconto em relação às ações na Big Board. A não ser que isso mudasse, a sexta mais uma vez seria muito ruim, com mais árbitros vendendo ações e comprando futuros.

E não mudou – só piorou.

A queda livre continuou nos mercados estrangeiros que abriram para a sexta enquanto Nova York dormia.[17] Tóquio teve sua maior queda em um dia da história, enquanto Londres viveu uma queda recorde, ainda que tenha se recuperado mais tarde no mesmo dia.[18]

Pouco depois de o sino de abertura soar na sexta-feira em Chicago, os futuros do S&P 500 despencaram, criando uma lacuna entre os contratos a futuro e os preços das ações por trás deles que excedia qualquer coisa que o mercado já tivesse testemunhado. Os negociantes do spooz simplesmente não confiavam nos preços que viam nas telas. Mais tarde, eles contaram a investigadores que não tentaram fixar esse lucro extraordinário da arbitragem porque não acreditavam que conseguiriam vender as ações na Big Board pelos preços refletidos no índice.[19]

Não surpreende que eles estivessem preocupados. Naquela manhã, em Nova York, o mercado de ações caiu quase direto desde o sino de abertura até por volta das 10 horas, quando teve um rali suficiente para recuperar quase todas as suas perdas antes do meio-dia. Em seguida, voltou a cair, tendo outro dia de perda, um declínio de 34,17 pontos, quase 2%, com o volume de negociações pouco acima dos 240 milhões de ações, quebrando o recorde do dia anterior.

Para Phelan e Birnbaum, a única luz no fim do túnel nisso tudo era que os sistemas de processamento da Big Board estavam conseguindo lidar com o grande aumento do volume de negociações. "Nos últimos cinco anos, investimos US$ 150 milhões em sistemas e comunicações para lidar com isso", disse Phelan depois do sino de encerramento da sexta.[20] "Prevemos um pico de volume de 300 milhões de ações por dia, e já enfrentamos um volume de 200 milhões de ações por dia, e, se pudermos fazer isso com a mesma tranquilidade que tivemos hoje, ficaremos muito satisfeitos." Ele acrescentou, com um meneio de cabeça para os seus humanos no pregão: "Devemos isso aos computadores e às pessoas."

No fim de semana, as pessoas inevitavelmente começaram a fazer comparações com os piores dois dias de 1929, quando o Dow perdeu mais de 24% do seu valor, a maior queda observada em dois dias da história. As comparações eram inadequadas; em termos de percentagem, o declínio de 6,5% de 11 e 12 de setembro correspondia a menos de um quarto da perda de 1929. Ainda assim, foi um choque que permaneceu mesmo depois de o mercado ter conseguido pequenos ganhos com um volume morno no início da semana, para em seguida perder metade desses ganhos em uma sexta-feira de "triple witching" sem grandes acontecimentos.

A equipe da SEC de John Shad começou a investigar a queda dos dois dias. Para isso, seria necessário recorrer à ajuda da CFTC e aos recordes de negociações dos pregões de Chicago. A primeira era garantida, graças à genial liderança de Susan Phillips. Os últimos eram uma aposta em razão da imprecisão do registro mantido pelas duas bolsas gigantescas de Chicago.

Embora não estivesse para Shad, para os maiores participantes do mercado de ações estava claro que as respostas para o que estava acontecendo em Nova York só poderiam ser encontradas em Chicago. O diretor de investimentos da Kemper Financial Services, de Chicago, usou as seguintes palavras: "Hoje, o preço de uma ação na maioria das vezes é determinado em Chicago [e não] no pregão da NYSE." As instituições "dominam o jogo", continuou ele, mas o programa de negociação por computador relacionado à arbitragem estava começando a dominar "o que vemos como uma atividade institucional normal, ou seja, comprar ou vender com base no valor".[21]

A queda abismal e pública do mercado, e o ainda secreto caso Boesky, confirmavam que tanto a moralidade quanto o mecanismo do mercado estavam mudando de formas profundas e perturbadoras. Pouco desse novo mundo lembrava o que John Shad considerava "normal".

EM BERKELEY, MARK RUBINSTEIN OBSERVAVA OS MERCADOS nesses dias turbulentos de setembro com preocupação.

Ele e seus sócios, Hayne Leland e John O'Brien, haviam prosperado muito desde a febre dos seguros de portfólio que varria a indústria de fundos de pensão. A LOR supervisionava um montante extraordinário de dinheiro, quase US$ 5 bilhões, a maior parte dos quais por meio de contratos a futuro do S&P 500. Os sócios haviam licenciado seu software para outras firmas, inclusive duas das maiores gestoras de recursos institucionais, a Aetna Life Insurance e a Wells Fargo Investment Advisors. Além de seus próprios clientes e suas licenças, seu conceito de seguro de portfólio cobria mais de US$ 50 bilhões em ativos – e, de acordo com algumas estimativas, concorrentes copiando o conceito estavam "assegurando" o mesmo montante. Era um número impressionante, especialmente se comparado aos US$ 150 milhões que eles asseguravam quando a revista *Fortune* publicou um artigo muito favorável a seu respeito na primavera de 1982.[22]

A LOR, como todas as seguradoras de portfólio, fora uma das maiores vendedoras nos pregões de futuros do S&P 500 em Chicago na quinta e na sexta-feira, e ajustou seus hedges para refletir as perdas ocorridas no mercado na semana anterior. A firma fez vendas não porque Leland e Rubinstein estavam pessimistas em relação à economia ou preocupados com um possível aumento da taxa de juros, mas simplesmente porque sua estratégia de hedging de seguro de portfólio requeria que vendessem.

A escala do que as seguradoras de portfólio estavam fazendo começara a preocupar muito Rubinstein.[23] Embora tivesse um temperamento mais calmo, Leland estava começando a ficar preocupado especificamente em relação a um possível "efeito feedback" – a chance de suas negociações desencadearem uma reação em cadeia que desestabilizaria o mercado de ações.

"Desde o primeiro dia em que pensei no seguro de portfólio, eu disse: 'Bem, e se todo mundo tentasse fazer isso?' Não gosto da resposta que me ocorreu", disse Leland mais tarde a um pesquisador acadêmico. Não era um temor que ele jamais compartilhara com os clientes da LOR, mas isso não parecera necessário quando eles tinham tão poucos.

Rubinstein disse que às vezes sentia que ele e seus sócios haviam aberto a caixa de Pandora ou libertado algum gênio do mal.[24] "Um cliente nos procurava com um imenso plano de pensão", relembraria Rubinstein. "Queríamos dizer a ele que era dinheiro demais para administrarmos. Nós nos preocupávamos muito com o impacto que as negociações teriam no mercado." Porém, como seus sócios, ele também entendia que, se a LOR dispensasse clientes em potencial, eles simplesmente procurariam um de seus concorrentes. Aliás, mesmo que a LOR fechasse as portas, o gênio não podia mais voltar para dentro da lâmpada.[25]

Rubinstein ficou feliz ao saber que a SEC investigaria os dois dias de turbulência no mercado, mas suspeitava que a agência não chegaria ao fundo do que estava acontecendo. "Quando vi o que aconteceu em setembro", disse ele mais tarde, "pensei: 'Fomos nós. Fomos *nós*".[26]

No início de outubro, o Congresso aprovou o Government Securities Act de 1986. A nova lei deveria lidar com os problemas expostos quatro anos antes, quando um calote no mercado de títulos não regulado do Tesouro ultrapassou limites regulatórios e ameaçou corretoras, instituições de poupança e bancos.

Desde a crise da prata de 1980, a realidade vinha dizendo alto e bom som: "Tudo agora é um mercado só." Repetidas vezes, uma crise em um mercado rapidamente havia se espalhado para além do alcance dos reguladores dele. Dada essa realidade inegável, a nova lei era um monumento da inércia regulatória e da miopia legislativa. Ela dava ao secretário do Tesouro algum poder temporário para escrever regras para o mercado de títulos do governo; essas regras seriam aplicadas pela SEC ou por qualquer que fosse a agência que já regulasse o grupo que as violasse. Qualquer negociante de títulos do governo que já não fosse supervisionado por alguém precisava se registrar na SEC, mas uma firma podia pedir isenção do secretário do Tesouro. A lei ignorava completamente os futuros e opções do Tesouro. E o estatuto expiraria em cinco anos, a não ser que o Congresso o renovasse. Considerando-o um exemplo de como o Congresso e os reguladores de Washington respondiam a um aumento do risco fundamental do mercado, era uma piada de mau gosto.

Na SEC, John Shad opusera-se a uma regulação pesada do mercado do Tesouro, mas aceitou essa lei fraca. Paul Volcker preocupara-se igualmente com o novo regime regulatório, mas também ficou satisfeito com esse arranjo patético.

Esses dois homens tinham um problema mais urgente para discutir quando Shad telefonou para Volcker na quinta, 13 de novembro de 1986.[27]

PORTFÓLIOS DE PANDORA   237

O problema era Ivan Boesky. Shad informou a Volcker que a SEC e o gabinete do procurador-geral dos Estados Unidos, em Nova York, realizariam coletivas de imprensa simultâneas após o fechamento do mercado na sexta, 14 de novembro, para anunciar que Boesky fora preso, aceitara pagar US$ 100 milhões em multa pelas acusações da SEC de negociações com informações privilegiadas, iria se declarar culpado por uma única acusação criminal e estava cooperando com as investigações do governo, que teriam continuidade.

Por meses, Boesky secretamente gravara suas conversas com várias figuras de Wall Street, entre as quais o poderoso financista da Drexel Michael Milken. Até então, as fitas clandestinas haviam produzido tudo que os promotores esperavam, mas não era mais possível manter o disfarce de Boesky. Uma das suas entidades de investimento tinha capital aberto, e no dia seguinte, de acordo com as regras da SEC, precisaria publicar seu relatório trimestral – que, é claro, revelaria todos os pequenos detalhes da prisão de seu CEO.[28] A notícia ainda era secreta, mas Shad queria alertar Volcker para o caso de haver efeitos colaterais no sistema bancário.

O telefonema não deixou de fora qualquer possível alcance maior das perigosas ligações entre os mercados; simplesmente serviu para provar a confiança profunda que os outros reguladores nutriam por Paul Volcker – especialmente Shad, que não compartilhou a bomba com ninguém do circuito regulatório até dia seguinte, quando notificou o presidente do conselho dos comitês de supervisão da SEC no Congresso horas antes da coletiva de imprensa.[29]

Às 14h45 da sexta-feira, Shad alertou Jim Baker e Donald Regan sobre a notícia de que Boesky, um importante benemérito do Partido Republicano, havia sido derrubado.[30] Claramente foi um choque: em questão de dias, os dois estariam discutindo se a Casa Branca deveria desenvolver algumas iniciativas para a "arena da arbitragem/títulos de alto risco".[31]

238   O PIOR DIA NA HISTÓRIA DE WALL STREET

Shad esperou até às 15h30 para notificar a CFTC, que não tomara conhecimento da investigação, apesar de Boesky ter feito, com regularidade, hedges de seu substancial portfólio de ações no pregão do spooz. Em seguida, Shad entrou em contato com John Phelan, cujos negociantes do pregão precisariam lidar com qualquer pânico de venda que a notícia poderia desencadear na segunda-feira.

No final das contas, Phelan estava em viagem à China, e o telefonema acabou sendo para Bob Birnbaum,[32] que sabia que as compras pontuais de Boesky de ações de aquisição haviam sido frequentemente sinalizadas pela equipe de supervisão da NYSE.

Às 16h30, enquanto os promotores federais subiam a um palanque em Nova York, John Shad e seu chefe da equipe de aplicação ocuparam seus assentos em frente a uma bancada de microfones à mesa da sala de reuniões da SEC, em Washington. Shad leu suas breves observações, contidas em uma única folha de papel.[33]

O acordo com Boesky, que exigia a devolução de US$ 50 milhões em lucros ilegais e uma multa adicional de mais 50 milhões, "é, de longe, o acordo mais substancial obtido pela comissão em um caso de negociações com informações internas", disse Shad. As diversas parcerias de investimento de Boesky detinham cerca de US$ 2 bilhões em títulos – continuou Shad –, e, "por um breve período de tempo, ele não poderá associar-se a essas entidades a fim de preservar os ativos e evitar calotes no banco e outros empréstimos".

DEPOIS DAS COLETIVAS DE IMPRENSA, DE ACORDO com um relato, "três rumores – todos os quais acabaram por ser confirmados – circularam por Wall Street".[34] Um era de que Boesky passara meses com uma escuta; outro, de que ele poderia comprometer Michael Milken e a Drexel; e o terceiro – "o que parecia o mais absurdo, quase impossível de se compreender ou aceitar" – era de que Boesky tivera permissão para vender secretamente centenas de milhões de dólares em ações antes do anúncio de sua prisão.[35]

Sim, a SEC deixara Boesky começar a liquidar suas ações no início de novembro. Foi uma decisão notavelmente infeliz – não o primeiro erro de relações públicas de Shad, mas sem dúvida o pior.[36] A única desculpa plausível era que Shad pensava que a medida ajudaria a garantir que Boesky preservasse um patrimônio suficiente para pagar o acordo de US$ 100 milhões.[37]

Como esperado, as negociações pós-Boesky foram frenéticas quando a NYSE abriu na segunda, 17 de novembro. As ações de aquisições suportaram a pior pressão de venda, é claro. Com manchetes de um fim de semana sobre as intimações do governo sendo entregues em firmas de Wall Street, os preços das ações começaram a cair na Europa antes mesmo do sino de abertura de Nova York, e continuaram caindo ao longo da tarde.[38]

Não era a confusão que John Shad temera, mas isso não servia muito de consolo. Na sexta-feira, os rumores intensos em Wall Street sobre as vendas pré-acusação de Boesky vieram à tona, e a notícia espalhou-se rapidamente pelo país.[39]

As críticas foram fomentadas por uma especulação sem base de que Boesky enganara os reguladores, pois os lucros de sua firma eram muito maiores do que a quantia que ele pagara à SEC. Os investidores de Boesky haviam ficado com a maior parte desses lucros, é claro; de acordo com uma fonte confiável, Boesky na verdade pagou metade de todo o seu patrimônio líquido no acordo com a SEC.[40] Infelizmente, Shad não podia desmentir a acusação injusta de que teria deixado Boesky se safar.

Mais tarde, veio a público que Boesky negociara ativamente contratos a futuro do S&P 500, bem como ações, nas semanas que antecederam o anúncio da sua prisão.[41] Contudo, graças às brechas legais que Shad não havia conseguido fechar, a negociação com informações privilegiadas não era ilegal nos mercados de derivativos!

O que deveria ter sido um ponto alto para Shad, sua vingança após anos de provocações do governo sobre a debilidade de seu trabalho de aplicação, quase instantaneamente havia se transformado em recriminações públicas e exasperação particular. De acordo com uma fonte, Shad e sua equipe sênior "não entendiam por que o caso de Boesky virara-se contra eles. Não entendiam como tantas coisas podiam ter dado errado tão rapidamente".[42]

No início, os críticos de Shad no Congresso eram tão duros quanto os de Wall Street e da mídia – a exposição dos crimes de Wall Street fora um ponto positivo para os democratas nas eleições.[43] Entretanto, em dezembro, a atenção no Capitólio havia mudado de foco e sido firmemente fixada nos detalhes chocantes do que logo foi chamado de escândalo "Irã-Contras",[44] em que o presidente Reagan autorizara a venda secreta de armas para o Irã na tentativa de ganhar a ajuda iraniana para a libertação de reféns norte-americanos mantidos no Líbano; em seguida, membros de seu gabinete haviam usado os lucros obtidos com as armas para financiar os Contras, as forças rebeldes que desafiavam o governo sandinista de esquerda na Nicarágua, contrariando uma proibição específica do Congresso contra a ajuda militar ao mesmo grupo.

O escândalo acabaria levando a diversos afastamentos do ciclo íntimo de Reagan, mas quase imediatamente começou a minar a posição do chefe de gabinete da Casa Branca, Donald Regan.

Apesar de todos os seus erros, Regan fora uma engrenagem financeiramente hábil no mecanismo político de Washington, sagaz o bastante para ter buscado opiniões em Wall Street sobre as novas estratégias de arbitragem ligando o mercado de ações e o mercado a futuro.[45] Ele entendia que a "preocupação em relação à possibilidade do aumento disso abalaria a confiança de investidores individuais e de muitos investidores institucionais em todo o processo do mercado de portfólio de participação acionária".

Ele nem sempre concordara com Paul Volcker sobre a fragilidade do sistema bancário – seu papel na crise do Penn Square Bank e sua obstrução de última hora do resgate do Continental Illinois pela FDIC haviam sido bons exemplos disso –, mas ele entendia o mercado de ações. Logo depois que o escândalo de Boesky veio a público, aliás, Regan estava considerando maneiras de o presidente poder demonstrar publicamente seu apoio à sitiada equipe de aplicação de John Shad – uma ação inteligente que certamente teria sido bem-vinda na SEC naquelas semanas desmoralizantes.[46]

Mas, à medida que o escândalo dos Irã-Contras ofuscava a cobertura da investigação de Boesky, os dias de Regan na Casa Branca estavam contados.[47]

Volcker também estava diante de um futuro incerto em 1987. O Federal Reserve votou em dezembro de 1986 pela liberalização da interpretação da Lei Glass-Steagall, permitindo que os bancos nacionais se expandissem para certas áreas do negócio de títulos.[48] Fossem quais fossem as preocupações de Volcker,[49] a nova maioria do Fed aparentemente planejava continuar abrindo brechas na cerca da Glass-Steagall até o Congresso fortalecer a barreira entre os bancos e Wall Street ou derrubá-la completamente.

Para John Shad, as reações públicas e do Congresso ao caso Boesky podem ter sido a gota d'água. Anos antes, em uma crítica mordaz feita em particular, manuscrita em letra cursiva, mais tarde anexada a alguns discursos privados para audiências amigáveis, Shad abriu uma janela para sua ambivalência pessoal em relação ao preço que pagara durante seu mandato em Washington.

O texto, que ele intitulou "Trials and Tribulations" ["Provações e Tribulações"],[50] começava assim: "Se você estiver tentado a trabalhar em Washington, será muito bem pago, mas não terá um carro em tempo integral e lerá muitos artigos com críticas direcionadas a você. É uma experiência aviltante. As críticas politicamente vêm de congressistas democratas [...] Suas cartas são entregues à imprensa. Antes de você receber uma cópia, os repórteres telefonam. A resposta padrão é 'sem comentários', mas a imprensa liberal extrai o máximo dessas histórias. O volume das acusações aumenta nos anos pares – anos eleitorais."

Ele continuou: "Alguns amigos meus acharam que eu era louco por ter aceitado o emprego. Um me telefonou e disse 'Repita – lentamente – por que fará isso'." Embora Shad não estivesse preparado para abandonar o serviço público de vez, ele deixou claro para a Casa Branca que não desejava outro mandato na SEC.[51]

17
PRESSÁGIOS DE JANEIRO, ALARMES DE JULHO

Deveria ter sido uma semana terrível em Nova York.

No domingo de 18 de janeiro de 1987, a Long Island Rail Road entrou em greve.[1] As notícias restantes do fim de semana foram feias, uma mistura de inquietação racial local e escândalos em Washington.[2] O clima na segunda-feira era uma combinação de neve, vento e chuva, com uma nevasca prevista para o fim da semana.

Nada disso – ou absolutamente nada, ao que parecia – podia enfraquecer a exuberância extraordinária no mercado de ações.

Na segunda, 19 de janeiro, o Dow Jones prolongou um rali de Ano-Novo que começara com o sino de abertura no dia 2 de janeiro e continuara por doze sessões consecutivas, empatando com um recorde estabelecido em 1970. O Dow ganhara impressionantes 5 pontos percentuais nos primeiros dias de negociações de 1987, e havia fechado acima dos 2.000 pontos pela primeira vez na história.[3]

As negociações na terça estenderam o rali a proporções recordes: treze altas consecutivas. Nesse dia, contudo, o Dow só conseguiu

244 O PIOR DIA NA HISTÓRIA DE WALL STREET

fazer um avanço minúsculo, e outros termômetros do mercado desceram um pouco.

Além disso, os preços dos futuros do S&P 500 na Merc e dos futuros do Major Market Index da Chicago Board of Trade sofreram uma queda considerável nas negociações do final do dia. A queda de último minuto nos pregões de futuros foi um "alerta vermelho" que podia sinalizar uma liquidação de grandes instituições, segundo um negociante disse ao *New York Times*.[4] Se isso acontecesse, a onda de altas consecutivas em Nova York provavelmente seria interrompida.

E foi mesmo. Quando o sino de encerramento soou na quarta, o Dow caíra cerca de 10 pontos. Repórteres tradicionais especializados no mercado procuraram as razões tradicionais, mas nenhuma de suas explicações parecia plausível no dia seguinte. Na quinta-feira, o mercado de ações desafiou uma nevasca que cobriu o nordeste e alcançou novos recordes. A alta do Dow foi a sua maior na história, 51,60 pontos, e ele fechou com inéditos 2.145,67 pontos.[5]

Parecia cada vez mais óbvio que o mecanismo que regia as negociações de um dia era a complexa relação entre os mercados a futuro e a bolsa de ações – e o programa de negociação por computador que os investidores profissionais usavam para explorar essas conexões. Outras explicações começavam a parecer absurdas.[6]

Claramente, em menos de cinco anos, os futuros financeiros haviam provocado uma mudança fundamental no funcionamento do mercado tradicional de ações.

Em janeiro de 1987, Leo Melamed estava cada vez mais preocupado, temendo que as flutuações nos mercados da witching hour levassem a uma caça às bruxas política em Washington.[7]

A triple witching hour de 19 de dezembro de 1986 foi um exemplo. Os relatórios voluntários submetidos por corretores às 15h30 mostravam "um grande desequilíbrio de ordens na venda de ações ao soar do sino de encerramento", de acordo com o *New York Times*.[8] Entretanto, em vez de cair, os preços da Big Board dispararam quase imediatamente, como acontecera em dezembro de 1985. Segundo relatos, nesses últimos momentos, Salomon Brothers comprara o incrível montante de US$ 2 bilhões em ações.[9] A única resposta pública da SEC foi reclamar que esses pedidos de último minuto não haviam sido publicados com antecedência, conforme requerido.[10]

Alguns reguladores podiam temer tentar domar as witching hours, mas não era o caso de Leo Melamed e John Phelan. Mesmo sua rivalidade precisava ceder diante do caos ameaçador desses dias de vencimento.

A cura proposta por Phelan – fixar os preços do valor de vencimento do spooz conforme os preços de abertura, e não de fechamento, da NYSE – fora encarada com suspeita por Melamed simplesmente porque era uma proposta de Nova York.[11] Para seu crédito, o Merc estudou a ideia e concluiu que fazia sentido.

Assim, na metade de dezembro, o Merc pediu permissão à CFTC para fixar o contrato do S&P 500 com base nos preços de abertura a partir de junho de 1987. John Phelan aplaudiu a medida, mas, em Chicago, a reação foi mais ressentida. A Chicago Board of Trade só disse que "estudaria" a ideia para o seu volátil contrato a futuro MMI, e a Chicago Board Options Exchange foi direta, dizendo que não seguiria a iniciativa do Merc para o seu popular contrato de opção S&P 100.[12] Ainda assim, a decisão do Merc de encaixar Phelan no pregão do spooz deu a Melamed uma vantagem moral, mesmo que não tenha resolvido os problemas em potencial da witching hour.

SEXTA-FEIRA, 23 DE JANEIRO, ERA O ÚLTIMO dia de negociações de uma semana que já parecera o fim do histórico rali de treze dias, com o recorde do volume de negociações e com a maior alta de um dia de todos os tempos, que levou o Dow Jones a um novo nível. Quando o sino de encerramento soasse naquele dia, esses marcos se tornariam meras notas de rodapé esquecidas.

O pregão do dia começou normalmente. O mercado abriu forte, e depois ficou estável. Por volta do meio-dia, os negociantes reconheceram os atributos do programa de negociação por computador na onda de ordens de compra que chegava. Os preços começaram a subir vertiginosamente.[13] Às 13h39, o Dow ganhara mais de 3%, alcançando a marca de 2.200 pela primeira vez.[14]

Então, em 71 minutos devastadores, o índice mergulhou 5,5%: uma queda sem precedentes de 115 pontos.[15]

Os preços das opções de índice começaram a cair minutos depois da publicação de um informativo com comentários de Paul Volcker sobre a falta de regulação bancária, embora a relação entre um acontecimento e o outro parecesse fraca.[16] Os preços dos futuros de índices seguiram a queda dos preços das opções;[17] a arbitragem de índice entrou em cena. Na NYSE, os preços "de repente foram sugados por uma queda livre", informou o *New York Times*, um mergulho que "sobrecarregou todos os sistemas, eletrônicos e humanos, do maior mercado de capitais do mundo".[18]

De forma igualmente abrupta, a queda livre parou – mas a loucura continuou. Os preços voltaram a subir, em 2,8%. Em seguida, houve mais uma reviravolta, e o Dow voltou a cair, desta vez 2,3% do pico que alcançara momentos antes. Especialistas experientes na NYSE estavam sem chão enquanto os preços ziguezagueavam. Investidores institucionais aterrorizados começaram a vender e a sair de cena, e o Dow fechou com uma perda de 44 pontos.[19] Ao soar do sino, o Dow caíra 2%, para 2.101,52 pontos – um recorde de 302,4 milhões de ações havia sido vendido e até veteranos do mercado estavam em choque.

Um experiente negociante sênior do First Boston comentou: "Não existem palavras para descrever pelo que estávamos passando.[20] As pessoas ficaram paralisadas." Um estrategista de uma corretora de varejo disse: "Achei que sairia fumaça da minha máquina de cotação de ações." Um corretor de varejo admitiu: "Francamente, tenho grande dificuldade de explicar às pessoas o que está acontecendo."[21] O chefe das negociações

PRESSÁGIOS DE JANEIRO, ALARMES DE JULHO 247

do Morgan Stanley disse: "Estou nos negócios há dezoito anos, e nunca vi nada parecido. É loucura. Uma confusão total. Ninguém sabe o que diabos está acontecendo."[22]

Bem, eles sabiam *o que* acontecera.[23] Em quatro horas, sem explicação, o mercado disparara, caíra, disparara outra vez, e depois caíra ininterruptamente até o sino de encerramento, com mais ações negociadas do que jamais acontecera antes. O que eles não sabiam era *por que* tudo isso havia acontecido.

John Phelan estava furioso. Com uma grande coragem profissional, ele avisou à sua equipe de relações públicas que se dispunha a falar ainda mais enfaticamente sobre o programa de negociação por computador e o que achava que ele estava fazendo ao principal mercado de ações da nação. Bastava encontrar o lugar certo, e ele abriria o verbo.

Um resultado disso foi uma matéria de capa na edição de 2 de março de 1987 da *Investment Dealers' Digest*, muito lida na irredutível comunidade financeira que Phelan tinha em mente.[24] O título dizia tudo: "John Phelan contra o Programa de Negociação por Computador."

A matéria observava que, havia pouco tempo, Phelan "alertara funcionários de alto escalão da indústria de títulos a respeito de um cenário do programa de negociação por computador – que ele chama de 'desastre financeiro' – que poderia provocar uma queda de centenas de pontos no mercado.[25] 'Em algum momento, vocês terão uma catástrofe de primeira classe', diz Phelan".

Em vez de permitir isso, segundo Phelan, ele estava considerando um plano para paralisar as negociações de até cem ações da Big Board se o mercado caísse por volta de 25%.

Até onde qualquer um lembrava, as interrupções das negociações eram a tradicional válvula de segurança do mercado de ações na presença de ordens desequilibradas por ações específicas. Naquele momento, Phelan propunha publicamente seu uso em uma base geral, como um escudo contra uma avalanche de ordens processadas por computadores de um lado da mesa que sobrecarregassem seus especialistas. Seu plano de emergência, que inevitavelmente atrapalharia o pregão do spooz em Chicago, era uma admissão tácita de que as novas forças do mercado podiam impossibilitar a continuidade das negociações da Big Board durante um surto de vendas em alta velocidade.

O artigo citava o dilema de Phelan: muitas de suas firmas afiliadas lucraram muito com o programa de negociação por computador.[26] Ele citava o franco CEO da Bear, Stearns and Company, Alan "Ace" Greenberg, que chamou os temores de Phelan em relação à possibilidade de um desastre de "completamente ridículas", e acrescentou: "Em time que está ganhando não se mexe."

Phelan reconheceu que, "teoricamente, precisamos manter sigilo sobre isso",[27] mas ele acreditava que "as necessidades públicas e as necessidades do mercado precisam transcender as necessidades do indivíduo".

MESMO ANTES DO CAOS DE 23 DE janeiro, Leo Melamed achava que o mercado de ações enlouquecera completamente.[28] Os preços haviam aumentado demais, rápido demais; uma reviravolta era inevitável, e provavelmente seria uma queda vertiginosa. "O que me preocupava", diria ele mais tarde, "era que, no dia do julgamento final, nosso contrato S&P fosse o primeiro a dar a má notícia ao mundo.[29] E eu sabia o que as pessoas faziam com portadores de más notícias."

Ele deveria ter se preocupado com o fato de que os contratos a futuro do S&P 500 do Merc *não* seriam os primeiros a dar a má notícia.

As negociações no pregão do spooz em 23 de janeiro haviam beirado o caos absoluto. As ordens não eram registradas, ou eram registradas com atraso, ou incorretamente, e disputas acumulavam-se ao longo do dia. O contrato de março teve a maior mudança de preço em um dia da sua história. "O dia agitado foi o bastante para levar Shearson Lehman a aconselhar seus clientes a mudar para opções sobre índices de ações na Chicago Board Options Exchange",[30] de acordo com um relato. "O clima era de amargura e nervosismo."[31]

PRESSÁGIOS DE JANEIRO, ALARMES DE JULHO 249

Melamed foi atipicamente rude, tendo dito ao *Chicago Tribune*: "Os negociantes reclamam de muitas coisas.[32] Quando perdem dinheiro, sentem-se muito melhor se podem apontar culpados."

Na verdade, reclamações sobre o pregão do S&P 500 vinham se acumulando desde a confusão de tirar o fôlego de 23 de janeiro.

O volume das negociações no Merc havia diminuído em 25% ao longo de um ano, e o pregão do spooz passara por dificuldades cada vez maiores em uma escala épica.[33] "Negociantes caíam no pregão devido ao congestionamento[,] e as cotações estavam até 50 pontos atrás dos verdadeiros preços em tempo real", observou um relato crítico na revista *Futures*.[34] Até um alto executivo do Merc admitiu que o volume e a volatilidade daqueles tempos haviam "levado o pregão a alcançar sua capacidade absoluta".[35] Operadores financeiros em importantes corretoras de Wall Street começavam a reclamar que era difícil registrar as ordens do spooz em dias voláteis. "Corretores e negociantes começaram a trocar as mesmas acusações – no pregão e na imprensa", observou um historiador do Merc.[36]

As queixas iam do baixo padrão do serviço ao baixo padrão ético. As negociações pessoais de um corretor às vezes eram colocadas na frente de ordens de clientes; aliás, o momento dessas negociações pessoais às vezes era escolhido para explorar as ordens dos clientes. Um negociante podia pagar um débito com outro preenchendo uma ordem de um cliente a um preço que beneficiasse seu credor, à custa do cliente. No caótico pregão, "os preços mudam tão rápido que muitas vezes, para o cliente, é difícil provar que foi lesado", observou o *Chicago Tribune*.[37] Os erros, que os negociantes precisavam cobrir dos seus próprios bolsos, estavam se tornando mais comuns e caros, tentando mais negociantes a lesar clientes para levantar dinheiro extra. É claro que um registro confiável ajudaria com todos esses problemas, mas graças à complacência da CFTC o Merc ainda não tinha um.

No dia 22 de fevereiro, o *Tribune* detalhou uma litania chocante de abusos no pregão do spooz, notando que "há até uma série de jargões para descrever as fraudes.[38] Os negociantes geralmente se referem a 'sujar' ou 'queimar' ordens de clientes; colegas de pregão que receberam tratamento especial são conhecidos como 'receptadores'".

A diretoria do Merc já estava tentando reagir. No final de fevereiro, vários comitês analisavam práticas de negociação e sistemas de processamento de ordens, que estavam tendo dificuldades de lidar com a demanda institucional, cada vez maior. Melamed conseguiu deter um referendo rebelde,[39] assinado por várias centenas de negociantes, exigindo que todos os negociantes de opções e futuros do S&P 500 fossem proibidos de registrar ordens para sua própria conta enquanto estivessem processando ordens de clientes. Melamed prometeu reformas assim que a pesquisa da diretoria fosse concluída.[40]

ESSAS FLUTUAÇÕES DO MERCADO TAMBÉM HAVIAM SE tornado profundamente preocupantes para os sócios da LOR, que vendiam seguros de portfólio.

John O'Brien vinha enfrentando alegremente críticas ao seguro de portfólio havia mais de um ano.[41] Ele insistia que investidores à procura de barganhas sempre estariam dispostos a comprar quando as seguradoras de portfólio precisassem vender. Era um bordão conhecido: se os preços das ações caíssem para níveis absurdos, os investidores racionais iriam comprá-las, evitando um desastre.

O'Brien parecia inteiramente confiante em público, mas, a portas fechadas, ele e seus sócios começavam a temer que a escala do seguro de portfólio logo excedesse a capacidade do mercado de absorvê-la.

E não eram só eles. Uma figura bem informada do mercado demonstrava suas preocupações em público, temendo que, quando o montante de dinheiro sob o seguro de portfólio alcançasse a casa dos US$ 50 bilhões, "a estratégia poderia se destruir sob seu próprio peso e levar o mercado a uma queda livre".[42] Outro gerente de ativos fixava o limite em US$ 100 bilhões, mas acrescentava que "os ativos dos árbitros e de outros gerentes de recursos não estão acompanhando o ritmo" das seguradoras de portfólios cujas negociações deveriam compensar. Esses comentários foram feitos em um artigo de uma revista que estimava que houvesse aproximadamente US$ 27 bilhões nas atividades do seguro de portfólio.

Mas é claro que só os sócios da LOR e seus licenciados já estavam fazendo quase US$ 50 bilhões em negócios nos primeiros dias de 1987, à medida que o mercado de ações em ascensão, mas instável, tornava seu produto ainda mais atrativo. Eles sem dúvida eram cópias de outras firmas que estavam, no mínimo, crescendo tanto quanto a LOR. Eles faziam uma estimativa conservadora de que pelo menos um mínimo de US$ 80 bilhões era coberto pelo seguro de portfólio, uma quantia que uma série de pessoas sensíveis identificara como longe demais, tanto para o mercado de ações quanto para os pregões de futuros.[43]

Havia outras fontes de nervosismo. Hayne Leland tomara um grande susto com o comportamento demonstrado pelos mercados durante o tremor na metade de setembro de 1986. Por que os futuros do índice S&P 500 foram vendidos de modo tão desalinhado com as ações da NYSE, e por tanto tempo? A explicação que Leland obteve de um executivo sênior de um grande banco foi que havia um desequilíbrio temporário entre a quantia de dinheiro que buscava o seguro de portfólio e a quantia de dinheiro fazendo a arbitragem de índice necessária para manter os dois mercados alinhados.[44] Ele assegurou que havia dinheiro fluindo para a arbitragem de índice, e que era muito improvável que um acontecimento tão estranho voltasse a ocorrer.

Depois de janeiro, a preocupação de Leland não diminuiu. As grandes oscilações dos preços no dia 23 de janeiro, não importava o que as havia causado, chegaram muito perto do tipo de distúrbio que poderia arruinar o seguro de portfólio.

Já em 1981, Leland formulara uma suposição importante em artigos acadêmicos sobre sua estratégia de hedging: "A negociação contínua é possível."[45] Era assim que as teorias acadêmicas funcionavam: faziam-se suposições e testavam-se teorias com base nessas suposições. Certamente, não parecera exagero na época presumir que os profundos e líquidos mercados financeiros dos Estados Unidos em geral seguiriam a tendência das "negociações contínuas", impedindo uma breve reação a alguma crise abrupta "como a invasão dos russos pelo Irã", disse Leland.[46] Agora, ele começava a temer que essa suposição não fosse mais válida.[47]

Durante uma viagem de vendas a Londres, na segunda semana de fevereiro de 1987, John O'Brien e Steve Wunsch discutiram suas preocupações sobre a estratégia que era a marca registrada da LOR. Da mesa de negociação de futuros financeiros da Kidder, Wunsch tinha sua própria janela para a escala e o alcance do seguro de portfólio. Pelo menos metade de seus clientes havia desenvolvido seus próprios produtos concorrentes para vender.[48]

O'Brien expressou ceticismo em relação ao cenário de tragédia de John Phelan, que teve várias publicações. Aquilo realmente podia acontecer?

"Sim", respondeu Wunsch. "Poderia acontecer. Pelo menos, há muitas razões para a possibilidade nos deixar nervosos."[49]

Wunsch apontou para o ciclo problemático de causa e efeito que o seguro de portfólio enfrentava. "Se você é a causa da volatilidade que está tentando combater, então a estratégia não é viável", observou ele. Tentar fugir da volatilidade que está sendo causada pela sua própria tentativa de fuga da volatilidade seria como tentar correr na areia movediça.

Alguns meses depois, na metade de junho, O'Brien estava em seu escritório em Los Angeles quando começou a ler um relatório de mercado de Wunsch e viu o seguinte alerta no topo, em negrito: se o mercado não encontrasse maneiras melhores de lidar com as chamadas ordens "desinformadas" de seguradoras de portfólio e árbitros de índice, escreveu Wunsch, poderia encontrar distúrbios "capazes de rachar o mercado com o abalo da volatilidade incontrolável".[50]

O'Brien imediatamente telefonou para seu amigo de Nova York: "Certo, Cassandra",* disse ele, "aguardo você."

---

* Referência à personagem da Guerra de Troia que, tendo profetizado a eclosão da contenda e tentado alertar o povo da cidade a respeito das previsões de destruição, foi desacreditada e considerada louca. [N. do E.]

Também convocou Rubinstein e Leland de Berkeley. No dia da visita de Wunsch, os sócios da LOR e alguns funcionários se reuniram em torno de uma mesa de reuniões para ouvir os alertas dos jovens especialistas em derivados. Em seguida, eles trocaram ideias para tornar o seguro de portfólio mais seguro para o mercado em geral.

Uma abordagem seria um hedge com *opções* de índices de ações, principalmente a opção do S&P 500 da CBOE, em vez de usar os futuros do S&P 500 do Merc. Funcionaria melhor se houvesse opções muito negociadas e com mais de três meses, e a bolsa precisaria permitir que conquistassem posições superiores ao que as regras então aprovavam. Não obstante, era uma ideia que os sócios de Berkeley acreditavam valer a pena promover.

Enquanto conversavam, os homens em torno da mesa de reuniões passaram a achar que o cerne da reação do mercado ao seguro de portfólio era o medo. Quando os negociantes viram um aumento das ordens de venda, eles não sabiam se eram algumas seguradoras de portfólio ajustando seus hedges ou a vanguarda de uma grande onda de ordens motivadas por notícias negativas. Não sabiam por que as ordens de repente haviam chegado, então era de entender que pudessem ter uma reação exagerada.

Mas e se soubessem? E se seguradoras de portfólio como a LOR simplesmente anunciassem antes do sino de abertura que fariam certos pedidos de compra ou de venda naquele dia como parte da sua estratégia de hedging? Isso permitiria que os negociantes chamassem os compradores ou vendedores ao mercado de maneira ordenada. A negociação das seguradoras de portfólio emergiria das sombras da temida especulação para a luz do dia. Enquanto eles discutiam a ideia, Wunsch observou que já chamava essa abordagem de "sunshine trading".

Wunsch apresentou a ideia do "sunshine trading" a figuras importantes do mercado. Leo Melamed, do Merc, estava disposto a considerá-la. Wunsch também tinha amigos na New York Futures Exchange, onde os futuros sobre o índice composto da NYSE eram negociados. Apresentou-lhes o conceito.

"Eles compraram a ideia!", contou aos amigos de Berkeley. A NYFE começou a cuidar da papelada para apresentar o conceito à CFTC.[51] Parecia possível que o sunshine trading pudesse se tornar uma realidade até o verão de 1987.

"Podemos fazer propaganda das nossas ordens no dirigível da Goodyear!", brincou Wunsch.

POR VOLTA DA MESMA ÉPOCA, PAUL VOLCKER decidiu deixar o cargo de presidente do conselho do Federal Reserve ao final do seu segundo mandato, em agosto de 1987. Ele entregou sua resignação ao presidente Reagan no primeiro dia de junho, e a notícia foi anunciada no dia seguinte.[52]

Ele seria parte de uma alteração maciça dos principais cargos do sistema regulatório em Washington. Em março, após meses de rumores, a Casa Branca nomeou John Shad como embaixador norte-americano na Holanda, dando-lhe uma saída discreta de um trabalho que já-não o atraía.[53] A embaixada também era um prêmio por ter administrado a SEC por mais tempo do que qualquer um de seus predecessores.

Susan Phillips, que assumira a presidência da CFTC quando Paul Johnson saiu em 1983, estava no processo de conseguir trabalho na Universidade de Iowa e planejava deixar a comissão no final do verão.

Houvera mudanças também no Tesouro e na FDIC. A autoridade controladora da moeda, Todd Conover, e o presidente do conselho da FDIC, Bill Isaac, veteranos de alguns dos episódios mais assustadores para a economia durante o mandato de Reagan, haviam ambos deixado seus cargos em meados de 1985.[54] E Donald Regan deixara seu posto como chefe do gabinete da Casa Branca sob a nuvem da continuidade das investigações dos Irã-Contras. Ele foi substituído pelo ex-senador Howard Baker, cordial e politicamente astuto republicano do Tennessee cuja experiência financeira era insignificante.

E, agora, Paul Volcker também saía de cena.

A crise financeira seguinte, não importava quando chegasse, encontraria cargos-chave de Washington ocupados por reguladores novatos, sem familiaridade nem com seus empregos, nem uns com os outros.

...

Um deles seria David S. Ruder, o estudioso de Direito de Chicago que ajudara a aumentar o alarme em relação ao relatório de transição inicial da administração Reagan no SEC em 1981. Ruder observara a maioria das crises financeiras subsequentes, embora tivesse tido uma visão um pouco mais privilegiada do resgate do Continental Illinois, considerando que fora reitor da Northwestern University School of Law, em Chicago, desde 1977.

Seu trabalho em conferências e comitês mantivera-o em contato com os problemas legais que preocupavam John Shad. Ruder também tinha um ponto de vista tolerante das aquisições corporativas e se opunha às negociações com informações privilegiadas. Ele não exigia a desregulação, mas estava alerta a áreas nas quais sentia que a SEC estava ultrapassando sua jurisdição legal.

Na manhã de um dia da terceira semana de maio de 1987, Ruder estava em Washington, em um encontro do American Law Institute, quando uma advogada conhecida lhe deu um tapinha no ombro.

Ela se inclinou e cochichou: "Querem vê-lo na Casa Branca." Ela acrescentou que Ruder encontraria uma mensagem esperando-o quando voltasse ao hotel.

Quando telefonou para um assistente da Casa Branca, pouco tempo depois, descobriu que estava sendo considerado para substituir John Shad. Convidaram-no para almoçar no refeitório da Casa Branca no dia seguinte. Durante o almoço, dois assistentes seniores interrogaram-no brevemente – havia perguntas inevitáveis sobre seu ponto de vista a respeito das aquisições – e, em seguida, perguntaram se era republicano.[55] Ele respondeu que sim, mas não um atuante.

Em seguida, Ruder foi conduzido até o gabinete de Howard Baker. No curso de sua conversa sobre a presidência do conselho da SEC, Ruder finalmente perguntou: "Por que *eu*?" Afinal de contas, segundo o próprio Ruder, ele não tinha muita relevância política, e nunca fora um grande doador do partido, como se podia dizer de Shad.

Baker explicou que seu nome fora recomendado por muitas pessoas, mas ficou claro para Ruder que ele não era a primeira opção da administração.[56] Essa constatação doeu um pouco, mas ele continuou intrigado com a oportunidade.[57]

Voltou ao seu hotel e pegou o voo para Chicago, sem saber qual seria o próximo passo. Aguardou um contato do presidente ou do chefe do gabinete, mas acabou sendo John Shad que ligou na metade de julho para lhe contar que ele conseguira o emprego, e para sugerir que se encontrassem antes de Shad viajar para seu novo posto na Holanda.

Ruder pegou um avião para Nova York e entrou em um táxi que o conduziu através do trânsito leve de domingo até o arejado duplex de Shad na Park Avenue.[58] Shad contou a Ruder sobre as dores de cabeça que ele teria pela frente: "As coisas administrativas! O orçamento! Os membros do conselho!" Shad fez o cargo soar quase tedioso, mas Ruder não deixou o cansaço de seu predecessor desencorajá-lo.

O antigo escritório de Shad já teria acumulado poeira quando Ruder se mudasse em 7 de agosto de 1987. Para sua surpresa, sua nomeação teve a oposição de três poderosos senadores, descontentes com sua opinião positiva em relação às aquisições e com sua falta de credenciais na aplicação da lei. Levou quase dois meses para que o Senado confirmasse sua nomeação, com dezessete votos contra.[59]

No Federal Reserve, o sucessor de Paul Volcker era o consultante de Manhattan Alan Greenspan, ex-presidente do Conselho de Consultores Econômicos e um defensor proeminente, mas pragmático, das teorias econômicas laissez-faire de sua amiga próxima e mentora, a filósofa Ayn Rand.[60] Em 1981, o presidente Reagan sondara-o sobre a possibilidade de ele assumir a presidência do conselho de sua nova comissão bipartidária da Seguridade Social, cujas recomendações bem recebidas para o fortalecimento do sistema de previdência foram aplicadas em 1983.[61] Depois de um atraso inicial atribuído à complexidade de suas afirmações sobre a economia, Greenspan foi confirmado com facilidade – uma única audiência de confirmação no dia 21 de julho e uma votação final do Senado, em 3 de agosto.[62] No dia 11 de agosto de 1987, Greenspan tomou posse oficialmente do cargo de seus sonhos: presidente do conselho do Federal Reserve.

DOIS DIAS DEPOIS DA AUDIÊNCIA DE CONFIRMAÇÃO de Greenspan, um subcomitê de Comércio da Câmara abriu sua própria audiência sobre o programa de negociação por computador, presidido pelo congressista Ed Markey, um democrata de Massachusetts. O subcomitê ouviu uma litania notável de alertas sobre as alterações fundamentais que reformulariam o mercado financeiro – alertas que seriam completamente ignorados.

Sem a confirmação de David Ruder e com John Shad já na Holanda, a SEC foi representada pelo presidente do conselho em exercício, Charles C. Cox. Ele e Susan Phillips, da CFTC, garantiram aos presentes que nenhuma ação legislativa era necessária para lidar com o programa de negociação por computador.

Em seu testemunho escrito, contudo, Phillips fez uma revelação sinistra sobre as loucas negociações de 23 de janeiro que ela não mencionou nas observações orais: "Não havia consenso entre os negociantes sobre o que causou a queda brusca nos preços", escreveu ela.[63] "Vários negociantes comentaram que a volatilidade dos preços das ações naquele dia deveu-se à incapacidade dos especialistas em ações [da NYSE] de manter um mercado organizado durante períodos de volume intenso e à falta de liquidez suficiente no mercado a futuro para absorver as vendas maciças e gerais que se desenrolaram de repente."

Era uma observação que levantava questões fundamentais sobre o quão bem tanto a Big Board quanto a Merc haviam lidado com a avalanche de ordens naquele dia caótico, e o quão bem lidariam se voltasse a acontecer.

Nenhum dos membros do subcomitê questionou Phillips ou qualquer uma das outras testemunhas daquele dia sobre sua revelação.

Outra testemunha, Bill Brodsky, da Chicago Merc, argumentou que o seguro de portfólio era apenas "uma versão de uma antiga estratégia" chamada ordem "stop-loss",[64] que permitia que um investidor ordenasse com antecedência que suas ações deveriam ser vendidas se os preços caíssem a determinado nível – para "interromper as perdas" sobre as ações. Isso também deveria preocupar pelo menos um pouco: ordens stop-loss já vinham sendo amplamente usadas antes da quebra de 1929, e vários historiadores acreditavam que elas haviam contribuído para a pressão de venda nas primeiras horas da queda do mercado.[65]

Brodsky reconhecia que as seguradoras de portfólio estavam vendendo muito nos pregões de futuros durante o acentuado declínio do mercado em 11 de setembro de 1986, mas devemos observar que os investidores haviam "entrado em cena" a certa altura para encontrar barganhas. Segundo ele, estava claro que os mercados podiam lidar com a venda de seguros de portfólio, mesmo quando os preços estivessem caindo.[66]

"Acreditamos que há investidores que não entrarão em pânico, ou agirão de forma irresponsável", disse ele. "Existem instituições muito sofisticadas lá fora que são pagas para ser investidores racionais – e acho que algumas dessas pessoas podem falar no painel que virá logo a seguir."

O painel, o terceiro e mais instrutivo do dia, foi praticamente um tutorial sobre as estratégias mais complexas do programa de negociação por computador, liderado por algumas das figuras mais conhecidas do negócio.

Hayne Leland viera de Berkeley, convocado para explicar como o seguro de portfólio funcionava. Steve Wunsch, da Kidder Peabody, aliado da LOR no "sunshine trading", também estava presente. Assim como

PRESSÁGIOS DE JANEIRO, ALARMES DE JULHO   259

Gordon Binns, cujo imenso fundo de pensão da General Motors se valia enormemente de muitas das estratégias sendo discutidas, inclusive o seguro de portfólio.

Juntaram-se a eles dois outros membros de Wall Street especialistas no programa de negociação por computador: R. Sheldon Johnson, um graduado da Wharton School que então trabalhava na Morgan Stanley; e Thomas Loeb, presidente da Mellon Capital, que contratara muitos dos analistas quantitativos pioneiros antes pertencentes à Wells Fargo Investment Advisors, em São Francisco.

Johnson foi o primeiro a depor. Ele reconheceu que o programa de negociação por computador era usado para a arbitragem de índice, e que os negociantes da arbitragem venderiam uma vez ou outra ações em um mercado em queda. Segundo explicou, era improvável que isso conduzisse a um desastre, pois "ambientes de mercado extremamente agitados não permitem que transações de arbitragem sejam executadas economicamente".[67]

Isso deveria ter soado outro alarme estridente, tanto entre os legisladores como entre as outras testemunhas. As negociações de arbitragem eram o que mantinha o preço dos futuros de índices de ações e os preços das ações em que eles eram baseados. Se os árbitros ficassem de fora durante negociações "extremamente agitadas", um desequilíbrio poderia persistir até os dois mercados estarem inevitavelmente descendo a ladeira.[68]

Ninguém questionou Johnson sobre sua observação alarmante.

O próximo foi Gordon Binns, que teve a honestidade de admitir que era possível que o seguro de portfólio desencadeasse "uma cascata de preços". Notavelmente, se considerarmos seu prestígio, ninguém do subcomitê quis saber mais sobre sua admissão. Ele também temia que uma queda dos preços pudesse levar os menores investidores dos mercados a futuro à falência, provocando um efeito dominó de calotes. "Algumas mudanças nas práticas atuais podem ser úteis nessa área", disse ele delicadamente.[69]

Ninguém lhe perguntou quais deveriam ser essas mudanças.[70]

Então, foi a vez de Hayne Leland. Primeiro, ele explicou que a LOR não trabalhava com o programa de negociação por computador, se é que isso significava negociação de arbitragem de índice. Ele admitiu que, para que o seguro de portfólio funcionasse, "os futuros devem acompanhar de perto os níveis dos índices de ações", o que requeria o processo de arbitragem de índice – que, por sua vez, requeria o programa de negociação por computador.[71]

Disse, ainda, que sua firma estava buscando maneiras de reduzir o impacto do seguro de portfólio sobre o mercado. O sunshine trading era uma das formas de se fazer isso, segundo ele, mas ainda estavam aguardando aprovação dos reguladores. Outra medida de proteção, continuou, seria se a LOR fizesse hedge com opções de índice, o que tinha menos efeito em outros mercados. Os limites do tamanho das posições individuais nos mercados de opções dificultavam isso – então, ele pediu aos reguladores que aumentassem esses limites.

Depois que Tom Loeb, da Mellon Capital, apresentou uma breve história dos fundos de índice e da arbitragem de índice – na época, segundo ele, havia US$ 250 bilhões em fundos de índice, o que deveria ser um número surpreendente para o subcomitê –, foi a vez de Steve Wunsch.[72]

Wunsch concordou com a opinião de Leland de que deveria haver mudanças de regras para permitir um maior uso das opções de índice e do sunshine trading.[73] Em seu testemunho escrito, contudo, Wunsch apresentou uma intrigante teoria sobre o que poderia ter acontecido no mercado em 23 de janeiro. Tal teoria servia de argumento para o aumento do sunshine trading, mas levantava outras questões que ele não abordou.

Imaginem, escreveu ele, que, em um dia comum no mercado, houvesse dois compradores, cada um precisando adquirir US$ 500 milhões em ações, e dois vendedores, cada um precisando negociar US$ 500 milhões em ações. Imaginem também que uma negociação de US$ 500 milhões provocasse uma variação positiva ou negativa de 60 pontos do

Dow Jones. Por fim, suponhamos que nenhum dos quatro investidores esteja ciente dos planos de negociação dos outros.

"Digamos que o Comprador 1 decida comprar às 10 horas da manhã", continuou Wunsch. Isso provocaria um aumento de 60 pontos no Dow. "O Vendedor 1 faz suas vendas ao meio-dia [e] o Vendedor 2 faz suas vendas às 14 horas", e, juntos, eles provocam um aumento de 120 pontos do Dow. Então, "o Comprador 2 compra no fechamento", provocando um aumento de 60 pontos no Dow. "Se esse cenário ocorresse, tenho certeza de que os jornais no dia seguinte culpariam o programa de negociação por computador." Na realidade, as oscilações nos preços desse dia hipotético teriam sido causadas pela "chegada alternada" de ordens descomunais de compra e venda em diversos momentos durante o dia.

Se o bilhão em vendas em algum momento coincidisse com o bilhão em compras, não teria havido nenhum efeito no mercado, escreveu Wunsch.[74]

É claro que, se todos os quatro investidores quisessem vender e decidissem vender independentemente, e ao mesmo tempo, o Dow de repente teria desabado 240 pontos em um dia tranquilo, sem notícias que pudessem influenciar o mercado. Para Steve Wunsch, seu dia hipotético era um argumento para o uso de computadores com o intuito de combinar compradores e vendedores antes de eles poderem dividir o mercado. Olhando em retrospecto, também era um forte alerta sobre o potencial de impacto das negociações semelhantes de investidores titânicos.

Ninguém tampouco levantou nenhuma questão sobre isso. Após uma discussão assistemática, a audiência foi concluída.

QUARTA PARTE
ACERTO DE CONTAS

18

AS PIORES SEMANAS DE TODOS OS TEMPOS

Alan Greenspan se acomodou rapidamente em sua nova cabine no Federal Reserve, familiarizando-se com a equipe e outros membros da diretoria.[1]

Enquanto aguardava confirmação, ele passara um tempo em Nova York com Jerry Corrigan, sem dúvida ouvindo-o desesperar-se em voz alta com o descompasso entre a realidade financeira da nação e sua estrutura regulatória.[2] Os dois logo passaram a se respeitar e a confiar no julgamento um do outro, mesmo que não inspirassem o mesmo respeito que Corrigan tivera na parceria com Volcker.

Embora não transparecesse preocupação com a alta cada vez mais instável do mercado, Greenspan estava claramente pouco à vontade. Logo depois de ter assumido o cargo, talvez com os alertas de Corrigan em mente, ele aceitou montar uma equipe informal com funcionários seniores do Fed, do Tesouro, da SEC e da CFTC com o objetivo de desenvolver planos para responder a uma crise,[3] e pediu à equipe do Fed que elaborasse um relatório interno sobre "como o Fed poderia reagir da melhor maneira a várias exigências, entre as quais a grande correção do mercado".[4]

Na terça-feira, 18 de agosto de 1987, Greenspan presidiu sua primeira reunião da Comissão Federal do Mercado Aberto.[5] Em torno da grande mesa de reuniões, foram expressas preocupações sobre a alta que os preços do petróleo sofreriam caso as tensões se intensificassem no golfo Pérsico, e foram feitos comentários sobre a força do dólar nos mercados cambiais. Houve o ritualístico todos contra todos de análises econômicas regionais. Quando o ponteiro chegou ao meio-dia, finalmente foi a vez do novo presidente do conselho.

"Eu gostaria apenas de fazer algumas observações", disse Greenspan. "Passamos a manhã inteira aqui e ninguém sequer mencionou o mercado de ações, o que eu acho muito interessante."[6]

De fato, era. O mercado de ações havia se livrado da tensão de janeiro e tido uma alta de 40% para o ano. Exatamente uma semana depois da reunião da FOMC, na terça, 25 de agosto, o Dow fechou com uma nova alta de 2.722,42 pontos.[7] Após cinco anos, essa alta notável era quase 1.950 pontos mais alta do que em agosto de 1982 – um ganho de 250%.

Após duas semanas no cargo, Greenspan negociou discretamente com os outros diretores do Fed um pequeno aumento nas taxas de juros de curto prazo para conter o que mais tarde chamou de "espuma especulativa" da economia financeira – e, talvez, para mostrar que protegeria os ganhos de Volcker contra a inflação.[8]

Indo contra o costume, ele permitiu que a notícia vazasse na sexta, 4 de setembro, em vez de aguardar o sino de encerramento. Em seguida, ficou observando nervosamente o monitor do computador sobre sua mesa, acompanhando o impacto do aumento da taxa no mercado de ações, no mercado de títulos e no mercado cambial.[9]

A notícia do Fed veio no final de uma semana desanimadora que antecipou o Dia do Trabalho, ao longo da qual o Dow Jones caíra todos os dias. O declínio continuou depois que ela se espalhou, provocando uma queda de 6% no índice em relação ao pico de 25 de agosto.

AS PIORES SEMANAS DE TODOS OS TEMPOS   267

A curta semana anterior ao Dia do Trabalho teve alguns momentos bons, mas o resto de setembro foi cada vez mais errático: um ocasional rali exagerado seguido de dias de perdas pesadas. Ao final de uma sessão instável em 30 de setembro, o Dow tivera um rali que o havia levado a 2.596,28 pontos, ainda cerca de 4,6% da alta do mercado de cinco semanas antes.

É claro que, depois de cinco anos sem uma baixa de mercado, ninguém ficou surpreso com o fato de o Dow ter mais dias de perda. Nenhuma baixa de mercado durava para sempre.

Com a chegada de outubro, Greenspan parecia confiante, acreditando que o Fed estava contendo qualquer especulação financeira excessiva. Talvez, agora, o mercado de ações finalmente ganhasse uma correção adiada por muito tempo, com os preços das ações despencando para um nível estável e mais razoável.

Enquanto isso, na SEC, David Ruder enfrentava uma introdução mais agitada à vida de regulador. Ele foi imediatamente confrontado por uma crise administrativa na sede de Nova York. O ponto avançado de Nova York não só era o maior e mais importante da agência, como também era o contato mais próximo da comissão com as bolsas de ações e corretoras de Wall Street.

No outono de 1986, John Shad – talvez distraído com o caso Boesky, que estava se desenrolando – apontara um novo diretor regional para Nova York, um experiente advogado corporativo da Mobil Corporation. Fora uma escolha extremamente inadequada. Em poucos meses, a equipe de Nova York começou a reclamar que o novo chefe estava minando o trabalho de aplicação das regras da sede, mas Shad não interveio.[10]

Na primeira semana de Ruder no trabalho, a agitação que vinha se acumulando explodiu. A chefe veterana da aplicação em Nova York deixou o cargo, e três outros funcionários de alto escalão ameaçaram acompanhá-la. A rebelião da agência ganhou as manchetes, provocando preocupação e questionamento do Congresso.[11]

Ruder pediu a seus assistentes seniores que analisassem a situação, e recebeu um relatório nada animador sobre problemas de moral "tão graves que teria sido necessário um milagre para resolvê-los". Ele exigiu firmemente a resignação do administrador regional.[12]

Ele não podia providenciar um novo administrador regional do nada – ou, mais precisamente, com as magras rações orçamentárias da SEC. No final de setembro, ele pediu a dois funcionários de alto escalão de Washington que redobrassem suas obrigações, um como administrador em meio período, e outro como chefe da aplicação em meio período em Nova York, além de suas responsabilidades anteriores. O acordo estava longe de ser o ideal, mas Ruder evitou um êxodo maior de funcionários experientes de seu ponto avançado mais crítico.

NA SEGUNDA-FEIRA, 5 DE OUTUBRO, APÓS UM modesto rali de início de mês, o Dow ficou em 2.640 pontos. Mas o rali terminou no dia seguinte, de um modo preocupantemente conhecido. O Dow teve uma queda brusca no sino de abertura, caiu mais ainda até o final da tarde, e depois despencou de um penhasco na última meia hora.[13] Ao sino de encerramento, o índice havia caído quase 3,5% – um recorde de 91,55 pontos perdidos.[14]

Na ausência de notícias relevantes da economia, havia muitas teorias sobre o que causara o declínio épico da terça. Mas o que era óbvio era que as negociações da arbitragem de índice haviam disparado ao final do dia, em sua maior parte ligadas a negociações de compensação no pregão de futuros do S&P 500 da Chicago Merc.[15] As negociações do seguro de portfólio haviam sido esparsas na terça, mas, com os declínios recentes do mercado, esses hedges provavelmente precisariam ser ajustados em breve.[16] Isso significaria muitas vendas em Chicago. Além disso, alguns especuladores agressivos de Wall Street haviam começado a negociar à frente das seguradoras de portfólio a fim de lucrar com suas vendas antecipadas.[17] Essas imitações de vendas a descoberto poderiam acrescentar um peso extra ao que quer que as seguradoras de portfólio fizessem.

Para a maioria dos investidores, o restante da semana foi terrível.[18] Na sexta, 9 de outubro, o Dow caíra para 2.482 pontos, quase 159 pontos e 6% abaixo da última sexta. Medido em pontos, foi o pior declínio em uma semana da história de Wall Street. Aqueles que haviam esperado sombriamente uma correção do mercado por meses devem ter ido para casa se sentindo vingados, ainda que devastados. O mercado estava quase 9% abaixo do seu pico de agosto. O pior, sem dúvida, havia passado.

SEGUNDA-FEIRA, 12 DE OUTUBRO, ERA O DIA de Colombo, um feriado nacional norte-americano. Os bancos e as instituições públicas estavam fechados, e as negociações na Big Board foram leves, enquanto o Dow sofria uma pequena perda de cerca de 10 pontos.

As ações envolvidas no frenesi das aquisições estavam enfraquecidas havia dias, enquanto um comitê da Câmara considerava a possibilidade de reduzir os incentivos fiscais para certos tipos de aquisições. Os especuladores de aquisições poderiam estar vendendo seus portfólios, mas essa não era uma fonte excepcional de pressão de venda – pelo menos não mais do que na semana anterior.[19] Se as ações blue chip do mercado permanecessem estáveis, a pressão de venda das aquisições não seria um problema.[20]

Então, a terça trouxe consigo um bem-vindo rali, com uma alta de cerca de 1,5% do Dow, para 2.508 pontos. Revigorados, muitos negociantes disseram que aguardavam o anúncio do dia seguinte do déficit nacional de negociações de agosto. Os analistas de mercado haviam ficado obcecados por essa estatística, procurando dicas para futuros movimentos cambiais e das taxas de juros. Os negociantes esperavam que a redução da lacuna de negociações levasse à redução da possibilidade de o Fed tentar resfriar a economia outra vez com o aumento das taxas de juros.[21]

Quando o déficit de negociações de agosto foi informado às 8h30 da manhã, na quarta-feira, de fato havia diminuído, mas não chegara nem perto do que os analistas esperavam.[22] A notícia atingiu o mercado como um dardo lançado em um balão.

Os investidores do mercado cambial logo começaram a vender dólares, deixando a moeda norte-americana mais fraca em relação ao marco alemão e ao iene japonês. Temendo que um dólar mais fraco forçasse o Fed a aumentar as taxas de juros,[23] o que levaria à redução dos preços dos títulos do Tesouro, negociantes telefonaram imediatamente para Londres com o intuito de começar a vender títulos do Tesouro por lá, antes de o mercado abrir em Nova York. Quando o mercado de Nova York abriu, eles continuaram vendendo. A liquidação provocou um aumento nas taxas de juros dos títulos do Tesouro de longo prazo para pouco mais de 10%, uma alta de dois anos.[24]

Depois de alguns dias historicamente terríveis no mercado de ações, uma taxa de juros de 10% sobre algo tão seguro como um título do Tesouro norte-americano era algo que qualquer investidor preocupado precisaria levar em conta. Se você pudesse ganhar 10% sobre o seu dinheiro sem correr nenhum risco de não receber esse dinheiro de volta, por que investiria em ações, cujos preços caíam havia semanas?

Pouco depois das manchetes sobre o déficit das negociações, foi divulgada a notícia de que democratas do Ways and Means Committee da Câmara estavam entrando com projetos de lei para conter os incentivos fiscais para aquisições. Não era exatamente novidade – durante várias semanas houve rumores dessas ações, e havia meses, senão anos, que existia a ameaça de algum tipo de ataque legislativo a aquisições hostis. E dificilmente era um "assunto resolvido" – a influente SEC estava em estado de alerta para a ideia, o Senado estava em mãos republicanas e o presidente Reagan sem dúvida vetaria qualquer projeto de lei que chegasse à sua mesa. Ninguém poderia ter presumido racionalmente, com base apenas naquele relatório, que os incentivos fiscais às aquisições estavam com os dias contados.

Contudo, essa notícia pode ter provocado uma diminuição na confiança dos investidores, especialmente dos profissionais que especulavam com ações relacionadas a aquisições.[25] De acordo com alguns relatos, esses especuladores começaram a vender ações de seus portfólios assim que o sino de abertura soou na NYSE na manhã da quarta.

Se fosse só isso, talvez essas vendas não tivessem sido relevantes, mas, em Chicago, outros negociantes pessimistas e várias seguradoras de portfólio, indiferentes que estavam ajustando suas posições de hedging, venderam um número enorme de contratos a futuro do S&P 500. Isso fez o preço do spooz cair até ficar ainda mais baixo que as ações em baixa do índice – um convite familiar para que os árbitros de índice entrassem em ação.[26] Assim, as vendas relativamente modestas de ações relacionadas a aquisições na NYSE se fundiram com vendas muito mais intensas de negociantes da arbitragem de índice, que enviaram suas negociações gigantescas diretamente para os especialistas no pregão através do sistema automatizado da NYSE, o DOT.

Em seus primeiros 30 minutos de negociações, a queda do Dow foi quase vertical. À 1h15, o índice havia caído 89 pontos, ou 3,5%. Essa queda brusca era um exemplo da teoria da "cascata" de Phelan: o preço dos futuros do S&P 500 da Merc caiu primeiro, arrastado pelas seguradoras de portfólio, que estavam vendendo em reação aos declínios anteriores. Em seguida, negociantes de arbitragem de índice entraram em cena para comprar contratos a futuro mais baratos em Chicago e vender as ações mais caras em Nova York, transmitindo o declínio dos preços da Merc para a NYSE.[27] Essas negociações concentradas de arbitragem de índice eram uma força tempestuosa, tendo representado cerca de um quarto de todas as negociações ocorridas durante essa hora turbulenta.[28]

Isso não era a Main Street se livrando repentinamente de ações em pânico. Das vendas ocorridas nesse dia, 75% vieram de instituições gigantescas e grandes corretoras que negociavam para seu próprio lucro.[29]

Essa foi a história nas últimas horas de negociações na NYSE – vendas pesadas de negociantes de arbitragem de índice concentradas em pequenos períodos de tempo, com compras concentradas de uma forma parecida, mas não igualmente abundantes, no pregão de futuros de Chicago.

Como acontecera antes, todavia, as compras feitas por árbitros em Chicago não foram fortes o bastante para alinhar os preços dos futuros com os preços à vista da NYSE. Por um breve momento, pouco antes das 15h30, parecia que isso aconteceria, mas não durou.[30] Após um breve período, os preços do spooz voltaram a cair, conforme as seguradoras de portfólio continuavam a vender, enquanto os árbitros de índice esforçavam-se para alimentar uma pequena pilha de ordens de compra em meio à selvagem disputa entre os negociantes. Ao final do dia, a NYSE processara US$ 1,4 bilhão em negociações de arbitragem de índice, duas vezes o nível normal e 17% do volume de negociações do dia inteiro.[31] Mas o outro lado dessas negociações em Chicago ainda não havia sido o bastante para equilibrar os dois mercados.

Em Nova York, houve a maior perda de pontos em um único dia na história do mercado – 95,46 pontos. Ao soar o sino de encerramento na quarta, o Dow estava em 2.485,15 pontos, uma queda de 3,8% em um dia, a terceira maior já ocorrida.

O Fed de Nova York, liderado por Jerry Corrigan, havia tentado acalmar os temores do mercado de títulos de que a fraqueza recente do dólar causasse um aumento nas taxas de juros e uma queda nos preços dos títulos. Logo cedo, na quinta-feira, ele anunciou que o Fed de Nova York injetaria dinheiro no sistema pela compra de títulos do Tesouro, o que ajudaria a estabilizar os preços.[32] Em épocas normais, isso teria acalmado os temores em relação às taxas de juros, mas não parecia estar funcionando.

As negociações na Big Board da quinta-feira, 15 de outubro, começaram mal e terminaram ainda pior, pontuadas por ralis ilusórios que dissipavam o leve cheiro de pânico que o mercado sentira na quarta. O volume estava extremamente pesado, no entanto, e quase dois terços do volume da primeira meia hora ocorreram na forma de ordens gigantescas de 10 mil ações ou mais – evidências adicionais, se é que ainda era necessária alguma, já que se tratava de uma manada institucional.

As seguradoras de portfólio estavam entre os grandes vendedores nos pregões de Chicago quando o dia começou.[33]

Por sorte, havia apetite suficiente para que as ações absorvessem as vendas, e o Dow havia se recuperado no final da tarde. Às 15h30, ele havia caído apenas quatro pontos.[34]

Então, na última meia hora, o Dow caiu assustadores 53 pontos, ou 2,2%.

Embora esse já devesse ser um padrão sombriamente familiar àquela altura, um relato oficial, não obstante, concluiu que "esse declínio brusco no volume pesado numa hora tão avançada do dia chocou os investidores".[35] Notavelmente, nesse mercado imenso, apenas sete instituições "agressivas" representavam 9% do volume de negociações do dia inteiro.[36] No fim da quinta, o Dow estava mais de 13,5% abaixo do pico de agosto, um declínio de quase 370 pontos.

Negociantes e analistas chamavam isso de "Massacre de Outubro". Alguns disseram aos repórteres que podia ser o advento de uma baixa oficial de mercado, o que significaria um declínio de 20% ou mais em dois meses depois de um pico.[37] Se fosse assim, seria a primeira vez em mais de cinco anos.

Havia evidências de uma angústia generalizada em todos os mercados – de títulos, cambial, de metais preciosos. A contínua falta de progresso no esforço para lidar com o déficit do orçamento federal, um problema que não era novo, de repente parecia intolerável. Os ânimos acalorados em relação às taxas sobre as divisas estrangeiras, um elemento constante da vida financeira pelo menos desde o início do ano, de súbito pareciam mais perigosos. Más notícias que o mercado ignorara durante o verão inteiro de repente pareciam tudo em que todos conseguiam pensar.

Naquela tarde, depois de ter feito tudo que estava ao seu alcance no mercado de títulos, Jerry Corrigan subiu a bordo de um jato com destino a Caracas, Venezuela.[38] Quando chegasse lá, trocaria de avião para o rápido trajeto até Maracaibo, na costa oeste do país, onde faria um discurso na sexta, 16 de outubro. Depois do discurso, ele retornaria a Caracas para uma reunião na segunda com o presidente da Venezuela. Ele planejava pegar um avião de volta a Nova York à tarde.

No sexto andar da NYSE, o presidente da bolsa Bob Birnbaum estava cuidando do forte para John Phelan, que estava de férias mas ligava com frequência para ser atualizado. O volume estava pesado, mas esse não era o problema. O problema era como o volume estava chegando ao pregão. O que importava para o sistema DOT era com quantas ordens separadas ele tinha de lidar ao mesmo tempo. Era mais fácil processar com um pedido de 900 mil ações do que com cem ordens, cada uma de novecentas ações, especialmente se todas essas ordens chegassem ao mercado de uma vez só – o que era o caso mais frequente.

O padrão era um efeito colateral da decisão da NYSE de abrir seu sistema eletrônico de processamento de ordens para ordens cada vez maiores. Os árbitros de índice e outros negociantes queriam usar o sistema DOT, mas nem no limite ele era capaz de acomodar suas ordens gigantescas.[39] Por consequência, deliberadamente dividiam ordens grandes em várias outras, cada uma das quais entrava logo abaixo do limite do DOT, acrescentando-se ao número de ordens que o sistema precisava processar.

Era uma situação insustentável.

O NOTICIÁRIO MATUTINO DA SEXTA-FEIRA, 16 DE outubro, foi preocupante. No golfo Pérsico, as tensões que se acumulavam por meses de repente culminaram num ataque iraniano a um navio-petroleiro com uma bandeira norte-americana. De Washington, havia notícias de que o secretário do Tesouro Jim Baker estava descontente com as recentes escaladas das taxas de juros na Alemanha, o que preocupava os mercados cambiais e de títulos. Pelo menos os mercados estrangeiros de ações mais importantes não estavam envolvidos no tumulto: o mercado de Tóquio caíra só um pouco, enquanto as negociações em Londres haviam sido suspensas por uma ventania intensa que deixou grande parte da região sem energia elétrica.

O calendário continuava ameaçando: sexta-feira era um dia de witching hour para os mercados de opções, e seria difícil imaginar um menos bem-vindo. As opções dos índices de ações – principalmente as opções S&P 500, da Chicago Board Options Exchange, e as opções do Major Market Index, na Amex – venceriam com o sino de encerramento. Como os mercados de opções haviam resistido à transferência para os preços da "manhã seguinte", o que ajudara a abrandar os dias de vencimento nos mercados a futuro, essa witching hour não daria trégua, e era imprevisível.

A Chicago Merc também viveria mais um dia pesado – novamente, graças aos novos desenvolvimentos nos mercados de ações. Simplesmente, não havia contratos de opções de índice suficientes à disposição a preços que refletissem os valores muito inferiores das ações observados naquela semana. Sem ter para onde fugir, os negociantes de opções estavam usando os mercados a futuro para fazer hedges de suas próprias posições, gerando ligações muito mais fortes do que de costume entre esses dois mercados de derivativos.[40]

Apesar das manchetes preocupantes daquela manhã, o mercado de ações abriu com firmeza, subindo 12 pontos logo no início. Então, seguindo um padrão muito familiar, caiu muito e teve alguns ralis, processo repetido várias vezes, como uma mola maluca descendo uma escadaria – uma escadaria muito longa. O mercado caiu para patamares inéditos, e ainda caiu um pouco mais.

A pressão institucional de venda agora vinha de todos os lados – de grandes corretoras vendendo a descoberto, apostando em novos declínios de preços; de doações, fundos de pensão e fundos hedge que haviam de repente se tornado pessimistas; e até de alguns fundos mútuos que passaram a sexta recebendo telefonemas de investidores nervosos que, inesperadamente, queriam seu dinheiro de volta. Essas demandas estavam US$ 750 milhões à frente das vendas que os fundos mútuos faziam nesse dia louco.[41]

Antes do encerramento das negociações da sexta, só quatro gigantescos investidores institucionais haviam vendido pelo menos US$ 500 milhões em ações de seus portfólios. "Para se ter uma ideia melhor", observou um relato oficial, "um investidor que fizesse uma transação de US$ 10 milhões [em negociações] em um dia normal seria considerado um negociante ativo."[42]

Um rali momentâneo, pouco antes das 14h30, fez o Dow recuperar 30 pontos ao meio-dia. Depois, no entanto, a dança da arbitragem de índice recomeçou. As vendas da arbitragem foram correspondentes a quase 20% do volume de negociações na hora seguinte.

Às 15h30, o Dow estava 3,4 pontos percentuais abaixo do fechamento da quinta, uma queda de mais ou menos 81 pontos. Nos vinte minutos que se seguiram, caiu mais 50 pontos. A perda que se acumulava era chocante – um mergulho de 5,5%.[43]

Os árbitros de índice e negociantes de seguros de portfólio juntos venderam mais de US$ 730 milhões em ações, tendo sido responsáveis por mais de 43% do volume de negociações durante esse curto período de apreensão.[44] Alguns negociantes mais tarde disseram que fora como se o chão simplesmente tivesse se aberto – a expressão "queda livre" havia se tornado uma frase gasta nos últimos dois meses, mas, desta vez, segundo eles, de fato parecia que o mercado estava caindo no ar.[45]

Dez minutos antes do sinal de fechamento da Bolsa, a witching hour das opções sobre índices de ações chegou. Por um milagre, teve um efeito positivo: produziu uma demanda de compras grande o bastante para levar o Dow a subir 22 pontos. O rali foi rápido; os preços ficaram estáveis por um momento, e então começaram a cair – mas, com o Dow pouco abaixo dos 2.247 pontos, o sinal de encerramento soou. O rali do último minuto, de acordo com um relato, produziu "o estanho espetáculo de um mercado lotado de pessoas aliviadas com o fato de o Dow só ter caído 108 pontos".[46]

No contexto da época, a queda de 4,6% da sexta foi uma perda chocante, sem precedentes. Foi a maior perda em pontuação de um dia

AS PIORES SEMANAS DE TODOS OS TEMPOS **277**

na história, quebrando um recorde estabelecido apenas dois dias antes. Também foi a primeira vez que o Dow fechou com uma queda de mais de 100 pontos. A perda de 235 pontos da semana desbancou o recorde funesto da semana anterior. Agora, essa era a pior semana da história de Wall Street. Ao contrário da semana anterior, porém, ninguém sentia nenhuma confiança de que o pior enfim ficara para trás.

EM CHICAGO, A TORRENTE DE NEGOCIAÇÕES NOS pregões de futuros e opções sobre índices de ações havia refletido o dilúvio em Nova York.

O mercado de opções estivera sob uma intensa pressão. Algumas firmas estavam acumulando perdas imensas. A First Options, subsidiária do Continental Bank, a maior firma de compensação no mercado de opções da época, era uma preocupação especial da Options Clearing Corporation, a casa de compensação central do mercado. A First Options basicamente deu suporte a todas as negociações de suas duzentas firmas clientes; e a câmara de compensação deu suporte à First Options.

Ao final das negociações da sexta, nove clientes da First Options, todos firmemente no azul na noite de quarta, estavam numa terrível encrenca. Apenas três não haviam suportado grandes perdas, e um estava no limite.[47] A First Options estava sofrendo junto com essas contas, não importava o quão grandes fossem as perdas.

A Merc fizera algum progresso para lidar com os problemas nos pregões do S&P 500, mas eles ainda estavam lotados, caóticos e barulhentos. Apesar disso, Leo Melamed estava ganhando dinheiro feito louco por lá quase a semana inteira. Pessimista em relação ao mercado, ele vinha acumulando contratos a futuro que ganhariam valor caso o mercado caísse.

E o mercado havia caído um bocado! Fora uma queda tão lucrativa que Melamed quase decidiu manter suas posições para a próxima semana. Ele resistiu à tentação: "Depois de uma semana daquelas, você sai, pega seus lucros e vai para casa." Assim, ele fechou suas apostas, planejando chegar à segunda para um novo começo.[48]

Pﾐﾐﾐ

Por volta das 16 horas da sexta, o presidente do conselho da SEC, David Ruder, deixou seu escritório no sexto andar e foi até a divisão de regulação do mercado, um andar abaixo, a fim de checar o status do mercado nos computadores. Ele soube que provavelmente houvera um pesado volume de negociações de arbitragem de índice naquele dia, e disse à sua equipe para ficar em contato com a equipe de John Phelan na NYSE.[49]

Na noite da sexta, a sede da SEC estava agitada enquanto doze funcionários telefonavam para contatos em Wall Street e nas bolsas para ter uma ideia de como as coisas estavam depois do desastre histórico daquele dia. No fim de semana, Ruder conferenciaria com seu chefe de regulação de mercado, Rick Ketchum, para repassar o que eles haviam aprendido e se planejar para a segunda.[50] Ketchum disse a Ruder que tinha um compromisso marcado com um painel em Nova York logo cedo na manhã de segunda, mas que seu vice estaria no escritório. Ruder também tinha uma palestra marcada na segunda, mas, por sorte, era na própria cidade, em um hotel de Washington.

A Casa Branca estava em um agitado circuito de espera. A primeira-dama Nancy Reagan fizera uma mamografia que requeria maiores investigações. Ela faria uma biópsia e, se necessário, operaria no fim de semana no Bethesda Naval Hospital. O presidente estava, compreensivelmente, preocupado e distraído.

Durante semanas, Beryl Sprinkel, um economista bancário que era presidente do Conselho de Consultores Econômicos, vinha insistindo que o chefe do gabinete, Howard Baker, permitisse que ele alertasse o presidente sobre os aumentos imprudentes das taxas de juros e sobre a desastrada diplomacia do Tesouro no tocante à taxa de câmbio do dólar.[51]

Assim, na tarde da sexta, Alan Greenspan foi convocado para um encontro com o presidente nos aposentos da família na Casa Branca.[52] Quando Reagan chegou, foi cumprimentado por Greenspan, Sprinkel,

Howard Baker e Jim Baker. Ninguém parecia ter pensado em convidar David Ruder, da SEC, apesar dos acontecimentos históricos ocorridos no mercado de ações daquela semana, e, aliás, naquele mesmo dia. Eles tampouco convidaram o agora presidente em exercício do conselho da CFTC, um afável fazendeiro do Kansas chamado Kalo Hineman. Aparentemente, não achavam que o mercado a futuro era relevante para a sua discussão.

Há versões um pouco diferentes do que aconteceu nessa reunião, mas o consenso é de que, primeiro Jim Baker, e depois Alan Greenspan, sob um questionamento educado de Howard Baker, garantiram ao presidente que suas atuais políticas eram sólidas, e que não havia razão para se preocupar muito com o turbulento cenário financeiro. Em seguida, Sprinkel discordou categoricamente dos dois, insistindo que Greenspan abaixasse as taxas de juros para tranquilizar o mercado e dizendo a Jim Baker que não mexesse nos mercados cambiais. Seja como for, "após discussões consideráveis, a reunião foi finalizada sem nada resolvido" – isso de acordo com um relato detalhado.[53]

Greenspan tinha um voo marcado para Dallas na segunda, quando falaria com a American Bankers Association. Jim Baker apareceria no *Meet the Press* na manhã de domingo; em seguida, planejou pegar um voo para Estocolmo, onde caçaria com o rei da Suécia. Howard Baker ficaria na Casa Branca para a próxima semana, enquanto o presidente se concentrava nas suas preocupações e nas da esposa.

NA TARDE DO SÁBADO, 17 DE OUTUBRO, Hayne Leland e sua esposa estavam em sua sala de jantar de pé-direito alto de sua casa, em Berkeley, sendo anfitriões em uma recepção. O convidado de honra era o economista Gérard Debreu, que entrara para o corpo docente de Berkeley em 1962 e ganhara o Prêmio Nobel de Ciências Econômicas em 1983.

A conversa, durante o jantar, logo se voltou para os históricos acontecimentos do mercado naquela semana, e Debreu observou como seu anfitrião, geralmente cortês, estava chateado. Na noite anterior, Leland soubera que o principal (e único) negociante da LOR de Los Angeles não conseguira vender contratos a futuro em número suficiente na tarde de sexta para proteger completamente as contas dos clientes da empresa. O pregão do spooz em Chicago fora caótico demais, e o negociante não conseguira processar todas as ordens.[54]

John O'Brien não parecera alarmado, mas Leland não conseguia evitar a sensação de que algo estava terrivelmente errado nos mercados. Na manhã de domingo, em sua casa de Marin County, Mark Rubinstein recebeu um telefonema de Leland e ficou chocado com seu tom de voz – ele nunca tinha visto seu colega de campus tão chateado. Leland explicou sua preocupação, e disse que estava determinado a pegar um voo às 6h30 para Los Angeles na segunda. Ele decolaria assim que a NYSE abrisse.

Rubinstein decidiu que pegaria um voo mais tarde, e iria se encontrar com Leland na sede da LOR, na First Interstate Tower.[55] Ele achava que seu colega estava exagerando, mas confiava na intuição dele.

A CONFUSÃO, EM GRANDE PARTE INSTITUCIONAL, DA semana anterior estava rapidamente se tornando um pânico público. Os call centers de algumas importantes casas de fundos mútuos e de corretoras praticantes de preços baixos passaram todo o fim de semana sinistramente agitados. Nas subsidiárias espalhadas da Charles Schwab, um nome de prestígio graças às suas propagandas de âmbito nacional, os clientes depararam-se continuamente com a linha ocupada durante todo o domingo. Os "telefones não paravam", observou alguém em um relato, "mas 99% dos telefonemas atendidos eram ordens de venda".[56]

No domingo, 18 de outubro, quando Jim Baker chegou ao estúdio de Washington da NBC para sua participação no *Meet the Press*, ele soube que apareceria após um bloco com Henry Kaufman, um proeminente economista da Salomon Brothers. Os jornalistas pressionaram repetidamente Kaufman para uma previsão do mercado, mas ele manteve um tom tranquilizante e evasivo. "Já havia investidores no limite na sexta-feira, e eu não queria piorar a confusão", diria ele mais tarde.[57]

AS PIORES SEMANAS DE TODOS OS TEMPOS   281

Depois que Kaufman deixou o set, ele assistiu ao restante do programa no monitor do estúdio, enquanto Baker era questionado sobre o aparente rancor entre os Estados Unidos e seus aliados no tocante à política monetária. "Não cruzaremos o braço neste país e simplesmente observaremos os países com superávit [em negociações] aumentar suas taxas de juros e apertar o crescimento no mundo inteiro com a expectativa de que os Estados Unidos [...] de alguma forma os acompanhe aumentando suas taxas de juros", disse Baker.

Kaufman contraiu-se; achava que os mercados interpretariam os comentários de Baker de uma forma diferente da que ele pretendera. Eles veriam conflito e ficariam ainda mais preocupados com a crise cambial, o dólar em declínio e o êxodo de investidores estrangeiros. Foi isso que ele disse, educadamente, a Baker depois do programa. O secretário do Tesouro respondeu com firmeza: "Henry, algumas coisas precisam ser ditas."[58]

EM TODOS OS MERCADOS, HAVIA UMA SENSAÇÃO agourenta de que a segunda-feira seria difícil. Esses rumores pareciam diferentes em Chicago em relação a Nova York, pois os dois mercados tinham calendários diferentes. Os investidores que compraram ou venderam durante a sessão frenética de negociações da sexta na NYSE não precisavam transferir a ação nem o dinheiro até a sexta seguinte – vendas de ação eram oficialmente "liquidadas" em cinco dias úteis. Negociantes de futuros e opções precisavam ajustar suas contas durante a noite, ou não poderiam negociar no dia seguinte.

A câmara de compensação da Merc, como todas as suas contrapartes em todos os mercados, era o "outro lado" de toda negociação – ela comprava de todos os vendedores, vendia para todos os compradores e assim garantia que os negociantes pudessem conduzir seus negócios sem medo de calotes. Estava implícita nesse acordo a suposição de que a câmara de compensação tinha recursos para cobrir quaisquer perdas. A câmara de compensação precisava conhecer a exposição financeira de todos antes de poder calcular a sua.

282 O PIOR DIA NA HISTÓRIA DE WALL STREET

Na noite do domingo, em sua casa, na área residencial do norte de Chicago, o presidente da Merc Bill Brodsky ouviu rumores sobre declínios dos preços nos mercados asiáticos, onde já era segunda-feira. Ele telefonou para seu chefe de supervisão do mercado, o homem que precisaria monitorar a estabilidade financeira das firmas que negociavam na Merc, e pediu que estivesse em sua mesa o mais cedo possível na manhã seguinte.[59]

QUANDO O SINO DE ENCERRAMENTO SOOU NA sexta, o Dow havia caído quase 10% contando a partir da sexta anterior; desde seu pico, em agosto, ele caíra 17,5% – mais de 475 pontos.

O curto rali antes do sino de encerramento da sexta não serviu de conforto para ninguém além de amadores. Os profissionais sabiam que o dia "poderia – e deveria – ter sido muito pior".[60] Por toda a Wall Street, as pessoas sussurravam sobre o acúmulo contido de vendas aguardando para engolir o mercado na segunda. As estimativas eram aterrorizantes: de acordo com um cálculo, as seguradoras de portfólio, que venderam o equivalente no mercado a futuro a 2,1 bilhões em ações na sexta, ainda tinham o equivalente a mais de US$ 8 bilhões a ser vendidos.[61]

Era assustadoramente fácil ver quem voltaria ao mercado para vender na segunda. Mas quem voltaria para comprar?

19

508 PONTOS

Em algum momento antes das 8h30 da segunda, 19 de outubro de 1987, John Phelan pediu a um secretário para localizar Leo Melamed na Chicago Merc.[1] Phelan, que encurtara suas férias e voltara para casa no sábado, podia ver como o dia começava a tomar forma, e isso fazia até os piores temores da sexta parecerem otimistas.[2]

Tóquio sofrera uma queda brusca durante a noite, à medida que os negociantes reagiam ao declínio épico da sexta-feira em Nova York. Os mercados de Hong Kong haviam mergulhado tão profunda e rapidamente que os funcionários de lá decidiram fechar as portas por completo a fim de evitar o pânico total e calotes generalizados. Londres já havia caído 10%, em parte por causa de US$ 90 milhões em ordens de venda da mesa de operações financeiras da Fidelity Investments, em Boston.[3] O Magellan Fund de US$ 9 bilhões da Fidelity era o maior fundo mútuo de ações do país; era aterrorizante pensar o quanto ele tentaria vender quando a Big Board abrisse.[4] Os negociantes previam que o Dow naquela manhã podia cair até 9%, uma percentagem espantosa que equivalia ao dobro da perda recorde de 108 pontos da sexta, e quase comparável às perdas diárias históricas de outubro de 1929.

O sistema DOT da Bolsa de Valores de Nova York estava sofrendo uma sobrecarga de ordens,[5] muitas das quais, aparentemente, de árbitros de índices.[6] Os especialistas lá embaixo esforçavam-se para encontrar um preço em que pudessem abrir as negociações em suas ações blue chip, uma tarefa que de repente tornara-se tão difícil quanto lidar com um dilúvio de ordens dadas perto do sino de encerramento. Phelan entrou em contato com Melamed e logo o informou sobre as ordens violentamente desequilibradas que se empilhavam no sistema DOT. "Estamos vendo ordens de 'venda' como nunca", disse Phelan.[7] "Parece um mercado muito ruim." E, em seguida, ele disse: "Todo mundo adora um mercado livre, mas precisamos retardar a volatilidade na baixa.[8] Se nenhuma atitude for tomada, a indústria provavelmente perderá algo que quer."

Não está claro o que Phelan pensava que Melamed poderia fazer sobre as oscilações intensas do mercado. As seguradoras de portfólio iriam vender, não importava o que os negociantes locais fizessem no pregão do spooz. E se essas vendas deixassem os futuros mais baratos do que o mercado à vista na NYSE, os árbitros de índice continuariam vendendo ações e comprando futuros. Nem Melamed nem Phelan poderiam evitar que isso acontecesse enquanto esses dois mercados conectados estivessem abertos.

Então, Phelan checou seu calendário: um jovem assistente da Casa Branca tinha uma visita marcada naquele dia, e Phelan planejava lhe mostrar o lugar; ele esperava estar de volta à sua sala por volta do meio-dia.[9]

MUITOS DOS OUTROS HOMENS QUE PRECISARIAM LIDAR com os acontecimentos do dia, alguns ainda novos nos deveres regulatórios, estavam espalhados da Suécia até a Venezuela.

Na segunda-feira, o presidente do conselho do Fed, Alan Greenspan, encontrava-se em sua sala, em Washington, mas tinha um voo marcado ao meio-dia para Dallas. O presidente do conselho da SEC, David Ruder, também estava em seu escritório em Washington, mas mal fazia três semanas, e seu assistente mais experiente, Rick Ketchum, pegara uma van para Nova York. O secretário do Tesouro, Jim Baker, estava em um voo para Estocolmo que passaria por Frankfurt. O chefe do gabinete da Casa Branca, Howard Baker, nunca lidara com uma crise financeira do Salão Oval. E o presidente do Fed de Nova York, Jerry Corrigan, estava em Caracas.

SOB UMA CHUVA COM NEBLINA, JOHN O'BRIEN seguia as curvas da Rota 18 através das montanhas ao norte de San Bernardino, por volta das 7 horas, horário do Pacífico, da segunda-feira, 19 de outubro. Ele passara o fim de semana ajudando a esposa a arrumar a mudança em sua nova casa em Lake Arrowhead.[10]

Mais ou menos na metade da descida da montanha, ele ligou o rádio do carro para ouvir as notícias. O mercado de ações abrira com uma baixa muito maior, e continuava caindo. Sobressaltado de preocupação, ele estacionou em um restaurante na beira da estrada e ligou para o escritório do telefone de lá. Mais tarde, ele se lembraria de que lhe disseram que o mercado estava com uma baixa de 200 pontos; muitos clientes preocupados estavam telefonando. Ele voltou para o carro e acelerou em direção a Los Angeles, ainda a uma hora de distância.

O mercado ainda não havia aberto em Nova York quando o professor de Berkeley Hayne Leland embarcou em um voo às 6h30 para Los Angeles. Antes da decolagem, o comissário informou que o mercado havia caído 60 pontos – "sério, mas não catastrófico", pensou Leland.[11] Quando pousou, entrou em um táxi e pediu ao motorista que ligasse o rádio na cobertura das ações. O mercado, àquela altura, havia caído centenas de pontos.[12] "Ah, meu Deus", disse Leland. O táxi seguiu costurando através do trânsito cada vez mais engarrafado até a First Interstate Tower.[13]

No norte, em Marin County, Mark Rubinstein telefonou para um táxi quando o declínio do mercado atingiu os 200 pontos e foi para

286 O PIOR DIA NA HISTÓRIA DE WALL STREET

o aeroporto. Ele chegou à sede da LOR em Los Angeles por volta das 10 horas (13 horas em Nova York), no momento em que o mercado de ações vivia o último frágil rali de uma hora.

Leland já estava lá, circulando ansiosamente em torno do atormentado negociante da firma, que tinha telefones nas duas mãos e um monitor de computador à sua frente exibindo o desastre crescente. Em Chicago, ele e outras seguradoras de portfólio vinham vendendo na última hora em volumes maiores do que durante toda a manhã.

Por volta das 11 horas (14 horas em Nova York), o negociante ergueu a cabeça para olhar para Hayne Leland.

"Estou ficando para trás", disse ele. Ainda precisava vender mais em Chicago para executar a estratégia de hedging, acrescentou, "mas acho que o mercado chegaria a zero se eu fizesse isso".

Chocado, Leland respondeu na mesma hora: "Não! Não faça isso!"[14]

ALERTADO POR SUA EQUIPE SOBRE A LIQUIDAÇÃO da manhã, Jerry Corrigan, de Caracas, imediatamente antecipou o voo de volta para casa, e passou o tempo antes de deixar o aeroporto telefonando para Nova York e Washington de uma sala no palácio presidencial, onde tinha um café da manhã marcado.[15]

•   •   •

EM CHICAGO, O PREGÃO DE FUTUROS DO S&P 500 abrira havia algum tempo, e a tensão era intensa. A multidão, silenciosa no pregão geralmente agitado, era menor do que de costume. Melamed aguardou o sino de abertura e conferiu o preço.[16] De cara, não conseguiu acreditar. O spooz caíra 7% na primeira negociação, um declínio chocante.

"Havia olhares vazios. Ninguém conseguia acreditar que aquilo estava acontecendo. Alguns começaram a deixar o pregão", lembraria um negociante sênior da Merc.[17] As seguradoras de portfólio venderam mais de 3 mil contratos do spooz nos primeiros 30 minutos, e o preço dos futuros parecia estar caindo mais bruscamente do que o próprio índice S&P.

Isso era uma ilusão. Quando Chicago abriu às 8h30 (9h30 em Nova York), muitas das ações S&P 500 não haviam começado a ser negociadas no pregão da NYSE porque não havia compradores. Nesse intervalo, o índice S&P 500 estava sendo calculado com preços desatualizados, da sexta-feira, fazendo as ações parecerem muito mais caras do que os contratos a futuro – muito mais caras, aliás, do que realmente estavam.

Não obstante, os árbitros de índice iniciaram sua já conhecida dança, com uma variação muito pequena, mas devastadora. Como de costume, venderam ações intensamente em Nova York, e nos primeiros 30 minutos o Dow caiu 208 pontos, mais de 9%, a perda indicada para o dia inteiro.[18] Entretanto, em vez de comprarem às pressas os futuros do S&P 500, alguns árbitros de índice recuaram, aguardando preços ainda mais baixos em Chicago.[19] E, ao não comprar, é claro, eles ajudaram a garantir que os preços de Chicago continuassem caindo.

Às 11 horas em Nova York, a maioria das ações da Big Board estava aberta para ser negociada, e houve um breve rali. Após 40 minutos, contudo, ele se extinguiu. Com os futuros do S&P 500 ainda caindo em Chicago, o Dow agora afundava sob onda após onda de ordens de venda de todos os tipos de investidores profissionais – gerentes de fundos mútuos, árbitros de índice e as próprias mesas de operações financeiras proprietárias de Wall Street.

A ESSA ALTURA, O PRESIDENTE DO CONSELHO da SEC, David Ruder, havia retornado ao seu escritório do Mayflower Hotel depois de uma palestra de meia hora em uma conferência patrocinada pela Amex.

É claro que fora uma plateia agitada; as pessoas saíam de fininho para os telefones do corredor a fim de checar o mercado. O presidente do conselho da SEC fora cercado por uma horda de jornalistas no momento em que desceu do palanque. Eles o pressionaram para saber se

288   O PIOR DIA NA HISTÓRIA DE WALL STREET

alguma medida fora tomada para fechar o mercado em queda – talvez porque duas semanas antes Ruder dera uma palestra dizendo que uma breve interrupção nas negociações poderia ser inteligente durante um colapso do mercado.[20] Com uma cautela profissional, ele respondeu que não houvera nenhuma discussão, mas "qualquer coisa é possível [...] Há algum ponto, que eu ainda não sei qual é, em que eu gostaria de conversar com a NYSE sobre uma interrupção temporária, ainda que muito temporária, das negociações".[21]

Interrupções na negociação de ações individuais consistiam na pedra angular do plano de urgência de John Phelan para preservar a bolsa.[22] Ele mencionara o plano em um telefonema para Ruder naquela manhã, e o descrevera meses antes em um artigo de revista.[23] Naquele momento, porém, o próprio Phelan ainda não sugerira o fechamento completo da bolsa. Um regulador mais experiente do que Ruder provavelmente teria sido mais cauteloso em relação a sequer mencionar a questão em público em circunstâncias tão estressantes. Após quinze minutos de perguntas, Ruder correu para o carro que o esperava.

Assim que retornou ao seu escritório, recebeu uma ligação de Rick Ketchum. Ketchum correra até a NYSE seguindo seu painel da manhã em Midtown Manhattan, e encontrara Phelan momentos após o presidente do conselho da Big Board ter encerrado uma reunião com os CEOs das maiores firmas de Wall Street.

Ketchum disse que Phelan dissera-lhe que os executivos "pareciam não ter a menor ideia do quão ruim a situação realmente era".[24]

Os MONITORES DOS COMPUTADORES NO MÓVEL ATRÁS da mesa de Gordon Binns, no vigésimo andar do General Motors Building, em Manhattan, exibiam a visão mais desoladora que ele vira até então – já era uma quebra de mercado à altura da de 1929.

Talvez Binns tenha se lembrado da sua infância em Richmond, de uma história marcante que sua mãe havia lhe contado sobre ter encontrado um pedacinho de papel no sótão em que sua governanta, preocupada, registrara cada centavo de seu minúsculo orçamento de US$ 12.[25] Sua mãe, já aflita com a Depressão, sentara-se nos degraus e chorara pelo drama muito maior de sua governanta. Ela decidiu que a família faria tudo ao seu alcance para evitar demitir a mulher no período difícil que teriam pela frente. Binns, um homem interessado no povo, fora criado para pensar nos outros.[26] Ele nunca falou sobre as decisões que tomou naquela tarde tenebrosa de segunda, mas os fatos são intrigantes.

Representando seu fundo, a Wells Fargo Investment Advisors vinha mandando imensas ordens de venda para o sistema DOT da Big Board a manhã inteira, a cada hora. Em vez de vender contratos a futuro nos caóticos pregões do spooz, a firma começara a vender as ações em si do vasto portfólio de US$ 33 bilhões da GM em treze transações separadas de 2 milhões de ações cada, por um total de quase US$ 1,1 bilhão.

Especialistas do pregão da NYSE jamais iriam se esquecer daquele bombardeio incansável. Um regulador se lembraria de como um especialista lhe descrevera a situação: "Bum, outra ordem de venda, depois bum, outra ordem de venda, como se nunca fosse parar."[27]

Às 14 horas, por alguma razão, parou.

Os especialistas do seguro de portfólio da Wells Fargo em momento algum demonstraram preocupação;[28] os executivos de alto escalão da firma argumentariam por décadas que o seguro de portfólio foi um bode expiatório inocente na crise. É improvável que as vendas de hedging requeridas pelo portfólio tivessem sido concluídas às 14 horas, sem nenhuma necessidade de mais vendas. Aliás, de acordo com um relato, a Wells Fargo tinha mais 27 milhões de ações para vender para a GM depois do sino de encerramento.[29]

Ainda assim, às 14 horas, em Nova York – a mesma hora em que o principal negociante da LOR em Los Angeles temeu que o mercado chegasse a zero –, esse bombardeio específico de ordens de venda que atingia a NYSE simplesmente... parou.

POUCO DEPOIS DAS 13 HORAS, UM INFORMATIVO enviou os comentários de David Ruder sobre uma interrupção "muito temporária" nas negociações. Na hora seguinte, o Dow caiu 112 pontos. A SEC rapidamente negou ter discutido qualquer fechamento da bolsa, mas a incerteza foi o bastante. Os árbitros de índices pararam de comprar em Chicago, temendo que não conseguissem executar o outro lado de suas negociações caso a Big Board fechasse. Como consequência, a lacuna entre o índice à vista e o preço dos futuros agora se abria a níveis sem precedentes – na realidade, impensáveis. O pânico era claro nos olhos dos negociantes de Nova York e de Chicago. Os rumores alarmados que corriam entre os dois pregões tornavam-se tão perigosos quanto as estratégias de investimento que os ligavam. Nenhuma interrupção nas negociações poderia desconectar essa fábrica de rumores rápida como um relâmpago. Os dois mercados foram caindo cada vez mais, com vendas escassas em todos os lugares.[30] Às 14h30, a perda do Dow de aproximadamente 13%, ofuscara o pior dia da quebra de 1929. O mercado agora caía na história, e ninguém sabia onde seria o novo fundo do poço.

ROLAND MACHOLD TINHA US$ 6 BILHÕES EM ações relacionadas à África do Sul que era obrigado a vender antes da metade de 1988, sob a nova lei de desinvestimento antiapartheid. Sua equipe vinha regularmente vendendo entre US$ 100 e US$ 200 milhões em ações por dia. "Nossa atenção estava voltada para a África do Sul", lembraria mais tarde.[31] Mas Machold começara a se preocupar cada vez mais com o mercado e investira o dinheiro obtido com essas vendas em investimentos mais seguros.[32]

Em algum momento depois das 14 horas na segunda-feira, 19 de outubro, um de seus colegas foi até seu escritório e lhe contou o que estava acontecendo na NYSE. Ele foi correndo até a sala que servia de mesa de operações financeiras do fundo. A um canto, havia uma pequena impressora de informativos Knight Ridder, empoleirada em um tripé frágil, cuspindo faixas de quatro polegadas de informativos entre os quais mal dava para piscar os olhos.

O mercado havia caído quase 300 pontos.

Machold olhou para os preços das ações individuais que saíam da máquina. Ele perguntou no mesmo instante: "Quanto dinheiro temos?"

Sua equipe encontrou cerca de US$ 200 milhões que poderiam ser rapidamente disponibilizados e começou a entrar em contato com os corretores para comprar algumas ações blue chip, de primeira linha, que estavam sendo vendidas a preço da banana. Trabalhando contra o tempo, eles investiram todos os US$ 200 milhões, obtendo barganhas o mais rápido que podiam.

Eles eram os caçadores de barganhas com quem os professores de Berkeley contavam, mas, sem saber que havia uma avalanche de ordens de venda se aproximando, tinham tempo e dinheiro limitados em comparação às instituições gigantescas que se alinhavam para vender a qualquer preço. "Nada desaceleraria aquele mercado", disse Machold.

Quando o ponteiro do relógio aproximava-se das 16 horas, o mercado caiu como uma bola de demolição, passando pela linha de 300 pontos de perda e quebrando a de 400 pontos. Uma histeria estranha tomou conta de Machold e sua equipe. Eles começaram a aplaudir cada novo marco negativo, mesmo que isso significasse que o valor de seu próprio portfólio de ações estivesse encolhendo.[33]

Quando o índice caiu 492 pontos, subiu um pouco – e o pequeno esquadrão na sala de negociações gemeu. Então, em uma última arremetida, o Dow ultrapassou o nível dos 500 pontos e terminou em chocantes 508. "Nós todos aplaudimos", disse Machold. "O que mais poderíamos fazer?"[34]

QUANDO JOHN PHELAN VIU SEU VISITANTE DE Washington sair pela porta e voltou à sua mesa no início da tarde, o Dow já havia caído históricos 200 pontos. Em seguida, enquanto observava, o mercado simplesmente "derreteu". Ao fechar, o Dow estava em 1.738,74 pontos; caíra 22,6% desde o sino de abertura. Isso era duas vezes pior do que o dia mais tenebroso da temida quebra de 1929, e a perda de pontuação era quase cinco vezes maior do que o declínio épico da sexta-feira. Em sua velocidade e escala – inéditos 604 milhões de ações haviam sido negociados, o dobro da sexta –, foi a quebra mais apocalíptica de um dia que o mercado já vira. A segunda, 19 de outubro de 1987, seria, dali em diante, chamada de Segunda-Feira Negra.

Phelan, aparentemente calmo, mas angustiado, convocou sua equipe quando o sino de encerramento soou: "Quero saber o que deu errado, e não certo. As más notícias primeiro."[35]

Em seguida, Phelan percorreu o corredor até uma luxuosa sala de reuniões, onde ele e seus principais assistentes sentaram-se diante de uma pequena mesa de madeira cheia de microfones e encararam a maior concentração de repórteres, câmeras de televisão e fotógrafos que Phelan já havia visto.

Após uma coletiva de imprensa equilibrada e reconfortante, ele telefonou para David Ruder com uma atualização muito mais alarmante. Ele não vira "nenhum sinal de quaisquer lucros de compras" no fechamento, disse, mas o "julgamento geral" na bolsa era que deveriam abrir na manhã de terça.[36]

O pregão fora bombardeado por vendas. Especialistas levaram aproximadamente 1,3 bilhão em inventário – ações das quais haviam sido os únicos compradores, pelas quais precisariam pagar com dinheiro emprestado. O sistema DOT ficara sobrecarregado, impressoras haviam parado de funcionar, sistemas haviam apresentado defeitos, e ordens para mais de um milhão de ações não haviam sido executadas.

Os danos iam muito além da Big Board – na verdade, os únicos ralis haviam se dado em títulos de ouro e do Tesouro, com investidores em pânico procurando segurança. Em Chicago, os contratos a futuro do S&P 500 haviam caído históricos 28,6%. A Amex caíra 12,6%, uma perda comparável à de 1929. O mercado do Nasdaq ficara congelado durante grande parte do dia, e caíra 11% – um número em que ninguém acreditava, visto que alguns negociantes simplesmente haviam parado de negociar. O mercado de opções estava um desastre – mal era capaz de processar um terço das negociações da sexta, enquanto os preços sofriam oscilações brutais. O dólar despencara nos mercados cambiais. Os mercados de ações de Londres a Tóquio estavam devastados. Até os preços dos futuros de commodities agrícolas, como trigo e barriga de porco, sensíveis aos temores dos assustados negociantes do pregão, haviam afundado.

JERRY CORRIGAN, QUE FORA DIRETO DO AEROPORTO para seu escritório em Nova York, ouvia tudo pacientemente durante uma longa teleconferência conduzida por Alan Greenspan de seu quarto de hotel em Dallas. A cultura do Fed exigia um consenso. Em determinado ponto, um de seus diretores sugeriu: "Talvez estejamos exagerando. Por que não esperamos alguns dias e vemos o que acontece?"

Greenspan, normalmente diplomático, retorquiu: "Não precisamos esperar para ver o que acontece. *Sabemos* o que vai acontecer."[37]

O medo, o simples e irracional medo alimentado pela queda histórica e quase incompreensível, contagiaria todos os banqueiros importantes do país. O crédito secaria como uma poça no verão, exatamente quando os mercados mais precisavam. Sem poder tomar dinheiro emprestado, os mercados não conseguiriam funcionar. A venda de papéis de curto prazo, a concessão de crédito através de empréstimos overnight, o hedge de uma grande compra feita em um país estrangeiro – todas as transações diárias que lubrificavam a economia parariam.

Para Greenspan, estava claro que o Fed precisava injetar no sistema financeiro não só dinheiro, mas confiança, e precisava fazer isso antes da abertura dos mercados na terça.[38]

POR VOLTA DAS 2 HORAS DA MANHÃ da terça-feira, 20 de outubro, John Phelan acordou. Ele se levantou e foi até a janela do apartamento de Manhattan onde passava a semana.[39] O mercado havia caído quase 33% em três dias de pregão. Phelan se perguntou: o que isso significaria para aquelas pessoas lá fora? Como isso atingiria o resto do país? E se o sistema inteiro enlouquecesse na terça?

A NYSE era a ponta de lança, no vocabulário dos marinheiros. Suportaria o pior do dia, e precisava sobreviver.

"VOCÊS VÃO ABRIR DE MANHÃ?"

A pergunta de Alan Greenspan, feita em um tom tranquilo durante um telefonema feito de Dallas à meia-noite, ecoou na mente de Leo Melamed pouco antes da madrugada da terça-feira, 20 de outubro, ao ouvir o número chocante da chefia da câmara de compensação da Merc: US$ 2,53 bilhões.[40] Era o quanto os negociantes de futuros deviam a seus sócios negociantes de mais sorte depois do desastre da segunda-feira.

Como todos os mercados a futuro, a Merc era uma operação de pagamento gradual. As negociações do dia anterior precisavam ser acertadas (checadas, calculadas e pagas) antes de o mercado abrir para um novo dia de negociações. Em uma manhã típica, isso significava que por volta de US$ 120 milhões mudavam de mãos. Melamed estava perplexo diante da escala do desafio que seria o próximo acerto.[41]

Os negociantes de moeda estrangeira da Merc, sintonizados no dia de pregão da Europa, deveriam começar a testar os lances e as ofertas do dia às 7h20 do horário de Chicago na manhã da terça. Nesse horário, a Merc precisava estar aberta e preparada para o trabalho.

A NYSE fora maltratada na segunda, e o mundo inteiro sabia. Embora o público em geral não acompanhasse as notícias sobre a Merc, ainda assim seria uma calamidade se não abrisse na terça. Investidores profissionais perceberiam instantaneamente que os perdedores da segunda não haviam conseguido pagar completamente suas dívidas aos ganhadores, que, por sua vez, poderiam não ser capazes de arcar com suas próprias obrigações. As dúvidas percorreriam o mercado como um efeito dominó – dominós feitos de dinamite.

Ainda que alguns conservadores pudessem estar aplaudindo a derrocada dos encrenqueiros de Chicago, isso seria um golpe para o sistema financeiro. Tal sistema era mantido por fios invisíveis de confiança

– a confiança no pagamento das dívidas, no acerto das negociações, no funcionamento das instituições, na circulação do dinheiro. Bastava desfazer essa rede de confiança e o sistema não resistiria. A Merc simplesmente precisava abrir na hora na terça; o mundo precisava ver que podia confiar nela e em suas corretoras de ações.

Não era o crédito dos ciganos dos pregões que estava em jogo. A Morgan Stanley devia aproximadamente US$ 1 bilhão à Merc;[42] a Merc, por sua vez, precisava pagar US$ 670 milhões ao Goldman Sachs e US$ 917 milhões à Kidder Peabody.

Já havia areia nas engrenagens,[43] o tipo de problemas computacionais que Jerry Corrigan enfrentara quase dois anos antes no Bank of New York – o tipo de defeito mecânico que cegava e podia surgir em uma crise de alta velocidade. Por causa da falha do software, os relatórios enviados pelo sistema de compensação da Merc depois do fechamento na segunda não refletiam um call de margem recebido mais cedo, fazendo parecer que a Merc estava fazendo um call de US$ 2,5 bilhões adicionais, e não de um total de US$ 2,5 bilhões. Isso assustara vários bancos já nervosos, e o crédito rapidamente encolheu.

Os nervos na indústria bancária ficaram mais abalados ainda quando o Fedwire, a via eletrônica crítica que transferia dinheiro de um banco para outro, parou completamente na segunda, entre as 11 horas e as 13h30, no horário de Nova York, sobrecarregado pelo volume sem precedentes de tráfego com que precisou lidar.[44] Assim, os bancos de Chicago precisaram pagar a câmaras de compensação antes que os bancos de Nova York pudessem transferir o dinheiro para cobrir esses pagamentos. Para isso, foi necessária muita confiança, um item escasso naquele momento.

Os mercados de Chicago já haviam evitado uma crise potencialmente trágica na noite de segunda, graças, em parte, ao exausto presidente da Merc, Bill Brodsky.[45] Uma importante firma sofrera grandes perdas na Merc, mas obtivera um grande lucro na Chicago Board Options Exchange.[46] Infelizmente, ela precisou pagar à Merc antes de poder receber seu dinheiro da CBOE. Se as duas bolsas não concordassem em cobrir a posição da firma, um desfalque seria inevitável. Antes de isso acontecer, Brodsky improvisou um acordo de pagamento com um amigo de longa data que administrava a principal câmara de compensação do mercado de opções.[47] Ele foi firmado praticamente com um aperto de mãos.[48] "Não houve nada escrito, nenhum advogado", disse Brodsky. "Estávamos no meio da noite." O acordo evitara uma cadeia devastadora de desfalques que poderia ter inviabilizado os dois mercados.

Agora, a Merc enfrentava outra ameaça de desfalque.

Às 19 horas do horário de Chicago, a Morgan Stanley ainda não acertara completamente sua conta.[49] Bill Brodsky fizera repetidas checagens naquela manhã com Wilma Smelcer, diretora financeira do Continental Illinois, onde ficava a câmara de compensação da Merc. Enquanto os minutos passavam, Leo Melamed, em uma sala de reuniões que dava para o pregão, aguardava, diante de um telefone de parede, a última atualização do banco.

"Ainda faltam uns US$ 400 milhões para vocês", informou Smelcer.

"Você quer dizer que faltam US$ 400 milhões de US$ 2,5 bilhões? Isso é muito bom", disse Melamed.

"Sim, Leo, mas não o bastante."

Melamed foi ficando cada vez mais incomodado, insistindo que o Continental poderia adiantar US$ 400 milhões para a Merc como um empréstimo de longo prazo; eles sabiam que o empréstimo seria pago em questão de algumas horas, e talvez minutos.

"Leo, estou de mãos atadas." O empréstimo era grande demais para Smelcer autorizar. Ela parecia à beira das lágrimas, ou foi o que Melamed pensou.[50]

Em seguida, Smelcer avistou o novo CEO do banco, Tom Theobald, em frente ao seu escritório e correu para consultá-lo.[51] Enquanto Melamed e seus colegas da Merc aguardavam mais uma vez na linha, ele observou o relógio. Mais tarde, lembraria que se aproximava das 7h17 quando Smelcer retornou à linha e disse em um tom triunfante:

"Leo, vai ficar tudo bem. Tom disse para ir em frente. Você receberá seu dinheiro."[52]

Três minutos depois, a Merc abriu para negócio.

HAVERIA MUITO DINHEIRO PARA EMPRÉSTIMOS COMO ESSE, garantiu Alan Greenspan aos banqueiros da nação menos de meia hora depois.

Às 8h41, horário de Nova York, o Fed emitiu uma mensagem sucinta elaborada por Greenspan e Corrigan na noite de segunda: "O Federal Reserve, honrando suas responsabilidades como o banco central da nação, afirmou hoje que está pronta para servir de fonte de liquidez com o intuito de apoiar o sistema econômico e financeiro."[53]

É claro que não seria bom para o Fed colocar dinheiro nas mãos de banqueiros se seu plano fosse acumulá-lo como gnomos assustados. Eles precisavam emprestá-lo – imediatamente – às instituições financeiras que mantinham o mercado. Corrigan estava ficando cada vez mais preocupado com a possibilidade de eles não fazerem isso.

E estava certo em se preocupar.[54] Durante essas horas assustadoras, o presidente da Merrill Lynch ficou ultrajado quando um dos banqueiros da firma "me chamou e disse 'Você precisa de X dólares para cobrir suas posições, e precisamos que ele esteja aqui em dez minutos – ou então...'. Jamais me esquecerei disso. Respondi: 'Acalme-se, seu filho da puta. Relaxe. Esta é a Merrill Lynch. Você receberá seu dinheiro.'"

Em seu cavernoso escritório coberto por painéis de carvalho em Nova York, Corrigan fazia contatos por telefone, bajulando os presidentes de todos os bancos importantes, um por um. Ele lhes garantiu que o Fed entendia sua situação, e estava à disposição para ajudar. É claro que não poderia ordenar que fizessem os empréstimos de que Wall Street precisava, mas queria que considerassem "o quadro geral, o bem-estar do sistema financeiro" – para resumir, o perigo cada vez maior de uma paralisia total – nas horas e nos dias cruciais que teriam pela frente.[55]

O Federal Reserve Bank de Chicago estava fazendo telefonemas semelhantes para CEOs de bancos locais, mas Tom Theobald, do Continental, não precisava de encorajamento para conceder empréstimos. Ele estava fazendo isso como um louco para salvar sua subsidiária, a First Options, que vinha enfrentando uma onda de pânico à moda antiga.[56] Ao ouvir os rumores de que a gigantesca firma de compensação andava com problemas, os negociantes estavam desembolsando quantias surreais de dinheiro.

Não era difícil imaginar o que aconteceria se a firma que cuidava de quase metade das contas de negociação na Chicago Board Options Exchange, o maior mercado de opções da nação, de repente fechasse. Seus clientes teriam poucas chances de encontrar uma nova firma de compensação em meio àquela tempestade; não teriam opção a não ser parar de negociar. A liquidez secaria, e a câmara de compensação central, que atendia a todas as bolsas de opções do país, receberia um golpe capaz de desencadear pânico em outros lugares.

O Continental Illinois já neutralizara uma crise na Chicago Merc. Agora, era essencial resgatar sua subsidiária, a First Options, se pudesse.[57]

Pouco antes da abertura da NYSE, às 9h30 da terça-feira, Phelan pediu às firmas afiliadas que não usassem o sistema DOT para as negociações por computador, mantendo-o disponível para as ordens dos pequenos investidores. Por melhor que fosse a intenção, essa medida fatídica essencialmente desligou a máquina de arbitragem de índice. Talvez Phelan esperasse estancar as ordens de venda da arbitragem em Nova York, mas a medida também conteria as ordens de compra da arbitragem em Chicago, onde eram desesperadoramente necessárias para compensar as vendas sendo feitas pelas seguradoras de portfólio.

Apesar desse mar de preocupações, a terça abriu com um rali. O Dow subiu um recorde de 11,5% (ou 200 pontos) acima do fechamento da segunda, embora ainda estivesse longe do preço de fechamento da sexta. Especialistas rápidos conseguiram se desfazer de algumas das ações que haviam segurado durante a noite, mas, em meia hora, a pressão de venda retornou com uma força maior do que qualquer um já vira.[58] Todos os lucros do rali da manhã foram limpos, e o mercado continuou caindo. Por volta de 12h30, o Dow estava pouco acima de 1.700 pontos – 38 abaixo do pior nível alcançado na Segunda-Feira Negra.[59]

A escassez de compradores da arbitragem de índice em Chicago e os rumores inevitáveis de uma crise na câmara de compensação da Merc lançaram os futuros do índice S&P 500 em queda livre.[60] Entre 9 horas e 11h15 (ou seja, entre 10 horas e 12h15 em Nova York), o preço do spooz caiu quase 27%, alcançando um nível que implicava que, na realidade, o Dow estava em 1.400 pontos.[61]

Os negociantes do spooz começaram a sair do pregão – alguns, por causa de puro pânico ou de um instinto de autopreservação; outros, porque suas firmas de compensação haviam insistido para cortar suas perdas. A liquidez que Melamed ostentara por anos estava secando diante de seus olhos.[62]

A lacuna cada vez maior entre os preços dos futuros em Chicago e o aparente preço à vista em Nova York tornaram-se "um outdoor" para investidores profissionais, avisando que os preços das ações provavelmente cairiam ainda mais. Os compradores de ações blue chip recuaram, aguardando barganhas melhores.[63] Assim, havia uma grande discrepância entre a demanda de compra de ações na NYSE e a pressão para vendê-las.

Ao meio-dia da terça-feira, tanto John Phelan como Leo Melamed devem ter temido estar assistindo à destruição do mundo como o haviam conhecido durante suas vidas inteiras.[64]

Às 11 horas da manhã em Nova York, com uma baixa de 100 pontos na Dow, Phelan deixara seu escritório com destino ao pregão. Estava lotado, mas estranhamente silencioso, como o olho de um furacão.[65] Pela falta de lances, a negociação parara na IBM, na Kodak e em dez outras ações que somavam 54% do valor do Índice Dow Jones.[66] No silêncio

300 O PIOR DIA NA HISTÓRIA DE WALL STREET

incomum, Phelan reuniu os quatro executivos seniores do pregão e levou-os para trás da lona que escondia uma obra a um canto do pregão.[67]

"Abram", falou ele.[68] "Vamos colocar essas ações para ser negociadas e seguir em frente. Precisamos negociar e sair dessa."[69] Acrescentou: "Não vamos fechar este lugar, mas continuaremos fechando ações."[70]

Mais de 80 ou 90 ações já estavam fechadas, ou logo estariam, segundo disseram a Phelan. Nos minutos que se seguiram, os especialistas conseguiriam abrir todas, menos quinze delas. Contudo, com o aumento da pressão de venda, essas e 60 outras parariam de ser negociadas.

Phelan voltou ao escritório. Ele atendeu alguns telefonemas, provavelmente um de Leo Melamed, e depois foi até a recepção, onde disse à sua secretária para telefonar para "Baker, Ruder, Corrigan".[71] Eram 12h05.[72]

DE ACORDO COM AS ANOTAÇÕES QUE DAVID Ruder fez durante a breve conversa que teve ao meio-dia com Phelan, o presidente do conselho da NYSE disse que não havia "nenhum lance", e que estava "muito preocupado com a liquidez". A frase seguinte diz: *Pensando* em fechar por um curto período."[73] Phelan também teria dito, surpreendentemente, que "a Chicago Mercantile Exchange estava interessada em parar de negociar".[74] Não está claro como ou quando ele teve essa impressão.

Phelan disse a Ruder que "ele estivera em contato com a Casa Branca, e que poderia voltar a telefonar para lá mais uma vez a fim de pedir apoio para uma interrupção nas negociações". Cartões de mensagem e registros telefônicos do Salão Oval mostram que Howard Baker falou com Phelan às 12h15, e mais uma vez às 12h22.[75]

Décadas depois, Phelan insistiu que havia reunido sua equipe em seu escritório entre 12h e 12h30 e dito que, "não importa o que acontecer, vamos continuar abertos". Seu plano B era continuar fechando ações individuais, sem de fato fechar a bolsa. Havia mais de 1.500 ações listadas na Big Board. "Elas não podem estar todas sob pressão intensa ao mesmo tempo", pensou ele.[76]

De acordo com Ruder, porém, Phelan lhe disse que "achava que precisava de 10 minutos para conseguir algum apoio, mas esperou para emitir um comunicado à imprensa em 10 minutos anunciando que eles interromperiam as negociações". Com base na seriedade desse comentário, a SEC rapidamente alertou as outras bolsas e a CFTC que a NYSE poderia fechar.[77]

Phelan mais tarde falou que fora mal interpretado. "Quando mencionei um plano B para a SEC e para a Casa Branca, eles parecem ter interpretado isso como se pretendêssemos fechar o mercado. É claro que não era o caso." Ele disse que todos em seu escritório ouviram o telefonema no viva-voz e sabiam que "eu estava determinado a manter o mercado aberto".[78]

Em Washington e Chicago, as pessoas que conversaram com Phelan por telefone nesses minutos terríveis claramente tiveram a impressão de que a Big Board provavelmente seria forçada a fechar, pelo menos por um pequeno período. Sua certeza era tão grande que eles agiram de acordo com essa impressão, sem ter buscado mais esclarecimentos ou confirmações. Isso, mais do que tudo, demonstra o quão terrível era a situação com que John Phelan se deparou ao meio-dia daquela terça-feira.

Em Chicago, a Chicago Board Options Exchange, dependendo dos preços atuais de ações da NYSE, que naquele momento não estavam disponíveis, interrompera as negociações. O mercado de opções da Amex e seus mercados regionais de futuro estavam fechando. Agora, os reguladores de Leo Melamed diziam-lhe que a NYSE estava "considerando fechar". Ele ficou abalado. "Se a NYSE fechasse, o que se seguiria seria um pânico incontrolável. Nesse caso, se a Merc continuasse aberta, o mundo cairia sobre nós."[79]

De acordo com Melamed, ele telefonou para Phelan mais ou menos às 11 horas da manhã (meio-dia em Nova York) usando o viva-voz no escritório de Bill Brodsky. Ele perguntou a Phelan se era verdade que a NYSE iria fechar.

302 O PIOR DIA NA HISTÓRIA DE WALL STREET

"Phelan assumiu um tom de morte", contaria Melamed mais tarde. Sua resposta, de acordo com Melamed, foi: "Está perto disso [...] Não há compradores [...] Vamos fazer uma reunião para descobrir. Podemos estar muito perto." Os executivos da Merc no escritório de Brodsky se entreolharam. "Havia praticamente certeza de que a NYSE estava prestes a fechar", lembraria Melamed.[80]

Os executivos da Merc decidiram que precisariam fechar o pregão do S&P 500 antes que a notícia do fechamento da NYSE vazasse. Melamed, de alguma forma, transmitira essa intenção desesperada para Phelan? Foi isso que gerou o comentário feito por Phelan para Ruder? É possível, mas isso não foi documentado.

Em algum momento depois da sua primeira ligação para Ruder – não se sabe ao certo quanto tempo depois –, Phelan retornou a ligação e disse ao presidente do conselho da SEC que a NYSE "não fecharia; o mercado voltara a subir, e eles tentariam continuar abertos". Telefonemas retificadores logo foram feitos para todos que haviam sido contatados por telefone pelo escritório de Ruder minutos antes.

Isso, obviamente, leva à questão do motivo que levou Phelan a sequer fazer esse telefonema, visto que a ligação anterior fora para anunciar que a bolsa *não* fecharia.

Em Chicago, às 11h15 (12h15 no horário de Nova York), Leo Melamed e vários outros executivos da Merc deixaram os telefones e foram até o pregão a fim de anunciar que o pregão do spooz fecharia imediatamente depois, dependendo apenas de uma resposta clara sobre o que a NYSE faria.[81]

A Chicago Board of Trade, como de costume, não teria nada a fazer se as negociações conduzidas pela Merc parassem. Seu pregão do MMI, com uma população escassa e extremamente volátil, continuou negociando. E graças a Deus, pensou Blair Hull, um conhecido negociante da Chicago Board Options Exchange e o único membro de sua pequena firma de negociações que também tinha um assento na CBT.[82]

508 PONTOS 303

Hull precisava encontrar um call de margem. Com a CBOE fecha-da, ele correra até o pregão da Board of Trade, entrara no pit de MMI e começara a comprar para cobrir uma baixa posição que estava lhe custando muito dinheiro. Vendedores cercaram-no, e ele rapidamente comprou o que precisava.

E, com base nas suas compras, os contratos a futuro MMI de repen-te tiveram um rali, ultrapassando qualquer nível esperado, como cos-tumava fazer. Em mesas de operações financeiras de todos os lugares, onde monitores de computador usavam a cor vermelha para downticks e verde para upticks,* houve uma súbita e inesperada centelha verde.

O VERDE APARECEU NA MESA DE OPERAÇÕES financeiras da Salomon Brothers, em Manhattan. A essa altura, a mesa estava em um surto de atividade. Em algum momento por volta do meio-dia daquela assusta-dora terça-feira, Stanley Shopkorn, o lendário chefe da mesa de opera-ções financeiras de participação acionária da firma, desligou o telefone e saiu às pressas de seu escritório de paredes de vidro. Ele disse à sua legião de negociantes para começar a fazer lançamentos de compra, e eles lançaram mãos à obra.

Shopkorn acabara de falar com Robert Mnuchin, sua contraparte no Goldman Sachs, e eles haviam decidido que entrariam ambos em cena como grandes compradores de ações importantes paralisadas na NYSE.[83] É óbvio que queriam lucrar, mas também precisavam levar em consideração "o bem do sistema".[84]

Um número imenso de ações havia sido paralisado – mais de 160 em determinado momento. A rotina normal na NYSE era que inter-rupções nas negociações fossem imediatamente repassadas aos in-

---

* O termo *downtick* se refere à venda de valores mobiliários a um preço abaixo do valor da venda precedente. Essa operação também é conhecida como *minus tick*. Já o termo *uptick* diz respeito a uma operação executada a um preço superior ao da operação anterior no mesmo valor imobiliário, e também é conhecida como *plus tick*. [N. do E.]

304 O PIOR DIA NA HISTÓRIA DE WALL STREET

formativos. Naquele dia, por alguma razão, elas não foram. Assim, quando preços de certas ações pareciam estar estabilizados, não era imediatamente claro se eles apenas não estavam sendo negociados. Na verdade, no que mais tarde foi chamado de erro, uma funcionária da NYSE negou publicamente relatos de que ações específicas do Dow haviam sido paralisadas.[85]

Quando o relógio se aproximava das 12h30, com o Dow negociando 38 pontos abaixo de seu fechamento desastroso na Segunda-Feira Negra, Phelan e vários funcionários de alto escalão simplesmente olhavam para o grande monitor de computador no móvel atrás de sua mesa. "O mercado *precisa* de um rali", pensou ele.[86]

Eles viram a centelha verde nos futuros MMI. Viram o número de ações do Dow que estavam abertas para negociação aumentar um pouco.[87] Algumas grandes corporações haviam anunciado que comprariam suas próprias ações de volta – David Ruder revogara certas regras da SEC para acelerar o processo –, então, talvez as coisas estivessem finalmente começando a funcionar.[88]

Para o sexto sentido de Phelan, o mercado parecia mais forte. Sem o sombrio efeito "outdoor" dos preços dos futuros em Chicago, e com muitos preços de ações paralisados, o mercado estava perfeitamente pronto para reagir às ordens de compra que haviam começado a entrar, não importava de onde estavam vindo essas ordens. À medida que ele se recuperava, mais pessoas corriam para fazer barganhas antes que esse mercado ensandecido recuperasse a razão.

Esse provavelmente foi o momento em que John Phelan pegou o telefone para dizer a David Ruder que a NYSE não fecharia.[89] "Ainda estamos aguentando", disse ele.

A NYSE ficou aberta, e pouco tempo depois o pregão do spooz reabriu após uma interrupção de 49 minutos. Enquanto os mercados da Amex e do Nasdaq continuavam perdendo terreno, o Dow havia subido um recorde de 200 pontos às 15h30, para perder metade desse ganho na meia hora que antecedeu ao sino de encerramento. Ele terminou o dia a 1.841 pontos, tendo subido 102, ou quase 6%.

Era uma vez, algumas semanas antes, um histórico ganho de 102 pontos, causa de celebração. Hoje, ele só significara sobrevivência, ao menos por mais um dia.

A NYSE ENGANOU O MERCADO SOBRE QUANTAS ações de fato estavam abertas para negociações durante aquelas terríveis horas da terça-feira? Isso permitiu que aguentasse até que compradores titânicos como a Salomon Brothers e o Goldman Sachs entrassem em cena? Ou houve uma conspiração maior,[90] em que todos os mercados a futuro de índices de ações deliberadamente pararam de negociar, exceto pela Chicago Board of Trade, para que os negociantes de lá pudessem promover os parcamente negociados contratos a futuro Major Market Index até ele superar as ações subjacentes do Dow, gerando lucros sobre compras ligadas à arbitragem na NYSE?

A Chicago Board of Trade e a CFTC investigaram as alegações de manipulação do MMI e concluíram que os vagos relatos eram infundados. Além disso, existe uma série de razões provenientes do senso comum para se duvidar de uma conspiração mais ampla. Ela teria requerido uma coordenação extremamente rápida entre inimigos naturais, entre os quais a rebelde Board of Trade, que precisaria ser a ponta de lança do mercado, disposta a continuar negociando enquanto todos os outros mercados a futuro fechavam. A Board of Trade poderia aliar-se à Merc para derrotar Nova York, mas parece improvável que fosse dar o braço à Merc, correndo um risco substancial, para salvar a NYSE. As negociações de Blair Hull consistiam em pura autopreservação, o que ele afirmou e reafirmou tanto na época como décadas depois, quando não havia mais necessidade de preservar um disfarce. O pregão de MMI estava notoriamente sem liquidez, e suas grandes oscilações ao longo da segunda e da terça-feira demonstravam isso, então nenhuma manipulação era necessária para produzir um pico brusco com algumas compras. Além disso, com o sistema DOT fechado para o programa de negociação por computador, muitos negociantes da arbitragem de índice ficaram de fora naquele dia. Então, estava longe de ser garantido que um uptick do MMI fosse produzir qualquer compra da arbitragem em Nova York. Há até certo debate em torno da possibilidade, na época, de Wall Street, obsessivamente concentrada nos futuros do S&P 500, sequer perceber – ou se importar com – o volátil uptick do MMI;[91] se não tivesse, só isso teria condenado a trama ao fracasso.

Portanto, o que causou a reviravolta "milagrosa" do mercado entre as 12h e as 13h da terça-feira, 20 de outubro? O poder do dinheiro que a Salomon Brothers e o Goldman Sachs começaram a injetar em ações da NYSE (estimado por várias fontes em várias centenas de milhões de dólares) teria sido psicologicamente intensificado pelo lendário status das duas firmas e de seus principais negociantes de ações. Se estivessem comprando uma quantia grande, certamente dariam coragem aos especialistas da NYSE e a outras mesas de operações inseguras, assim como teria acontecido com os anúncios que se proliferavam de buybacks de ações corporativas naquele dia. E, certamente, o pico do MMI depois das ordens de compra de Blair Hull teria ajudado a afastar o desespero. Se houve qualquer "conspiração", foi oportunista e concentrada na ocultação do quão generalizadas as interrupções das negociações estavam na Big Board.

O fato permanece: enquanto o mercado quase *caiu* na segunda, ele quase *desmoronou* na terça. A única coisa que o salvou foi uma rede provisória de confiança, coragem e improviso – e, talvez, alguns subterfúgios inspirados aqui e ali.

Só análises desinformadas veem o ponto de virada do meio-dia como o "fim" da quebra de 1987. Para Phelan e Melamed, para Ruder e Corrigan, para as chocadas seguradoras de portfólio na Califórnia, foi apenas um frágil rali que permitiu que o mercado atravessasse, cambaleante, o sino de encerramento na terça sem destruir a confiança do mundo no sistema financeiro norte-americano.

O sino na varanda da Big Board soaria outra vez às 9h30 da manhã da quarta-feira, e nenhum deles sabia como esse dia terminaria.

20

MALABARISMO COM GRANADAS

De manhã cedinho na quarta-feira, 21 de outubro de 1987, o Goldman Sachs deveria pagar US$ 700 milhões ao pressionadíssimo banco Continental Illinois para cobrir algumas dívidas de negociações, mas estava protelando até receber o dinheiro devido por outros. "Então, o Goldman pensou melhor e fez o pagamento", contaria, mais tarde, Alan Greenspan.[1] Se não tivesse feito, ele acrescentou, "teria desencadeado uma cascata de desfalques mercado afora".

Seria uma semana e tanto, cada dia ameaçando ser pior que o tenebroso dia anterior.

Pouco antes das 9h de quarta, David Ruder sentou-se à sua mesa, ouvindo atentamente e fazendo anotações enquanto funcionários de alto escalão descreviam os possíveis pesadelos daquele dia.

Um andar abaixo, funcionários da divisão de regulação da SEC varriam Wall Street em busca de rumores de firmas em risco de falência;[2] alguns eram verdadeiros, enquanto outros não – ou ainda não. De qualquer maneira, a situação do mercado podia ser grave, como disse um importante assistente a Ruder, indicando que "os números totais são ruins".[3] O assistente acrescentou que, se quaisquer grandes firmas estivessem "em apuros, teremos problemas".

A preocupação geral era que alguma firma importante falisse.[4] Nas primeiras horas da manhã de quarta-feira, uma firma especialista na NYSE fundira-se discretamente com a Merrill Lynch;[5] três pequenas corretoras de ações e uma corretora do Meio-Oeste não haviam conseguido cumprir seus compromissos financeiros, mas algumas pessoas já haviam ouvido falar nelas. Embora a First Options, de Chicago, fosse uma preocupação desesperadora – a firma "faliu" durante as negociações de terça, contou um ajudante –, não chegava a se tratar de um nome conhecido.[6]

O mesmo não podia ser dito da Charles Schwab and Company. A agressiva corretora praticante de preços baixos, com 1,8 milhão de contas de clientes, vinha fazendo uma campanha de publicidade pesada desde anos atrás e assinando com dezenas de milhares de novos clientes a cada mês. Schwab representara a obsessão crescente da Main Street pelo mercado de ações durante o longo rali da alta de mercado iniciada em agosto de 1982.[7]

Na primavera de 1987, Chuck Schwab comprara sua companhia de volta do Bank of America, e na metade de setembro vendera uma participação acionária da firma ao público. As ações, a princípio, foram vendidas na NYSE por US$ 16,50 cada, e os clientes da Schwab estavam entre os compradores mais ardorosos.

Contudo, na manhã da quarta, a Schwab estava uma bagunça total. Seu sistema telefônico fora desativado pela tempestade de telefonemas de investidores nervosos no fim de semana, e agora quem ligava tinha sorte quando ao menos ouvia sinal de ocupado. O preço das ações caíra 30% do valor inicial. Seu sistema computacional finalmente parara também, e algumas ordens não haviam sido executadas, deixando a Schwab à mercê de qualquer queda subsequente nos preços do mercado.

O PIOR DIA NA HISTÓRIA DE WALL STREET

Sem seus sistemas computacionais, a firma esforçava-se para calcular sua própria posição financeira.[8] Mesmo sem esses cálculos, contudo, os principais executivos da Schwab sabiam que a firma estava em uma situação terrível – na verdade, sem o Bank of America para salvá-la, sua sobrevivência era uma incógnita –, por causa de uma dívida marginal de US$ 124 milhões acumulada por um ousado especulador de Hong Kong.

Se a Schwab precisasse fechar as portas depois da quebra, o impacto psicológico entre investidores individuais seria horrendo.

A Main Street já se queixava para todo mundo ouvir do colapso do mercado do Nasdaq na segunda e na terça, reclamações ecoadas por investidores profissionais.[9] Na manhã da quarta, o Nasdaq, que havia se autointitulado "o mercado de amanhã", ainda estava se recuperando depois de dois dias de maus negócios, durante os quais caíra quase 20%. O fluxo de atualizações de cotações e buscas de preços através de seu sistema eletrônico fora o equivalente a vinte vezes o volume normal. Os investidores tinham dificuldades para contatar seus corretores pelo telefone, as mesas de operações financeiras não conseguiam lidar com o acúmulo de negócios e o ritmo das ordens que passavam pelo sistema diminuiu de alguns minutos para mais de uma hora. Flutuações rápidas nas cotações dos preços haviam congelado os mercados eletrônicos durante a maior parte da Segunda-Feira Negra. O presidente do Nasdaq, Joseph Hardiman, no cargo havia apenas três semanas, estava tentando lidar com o número cada vez maior de reclamações e organizar seus chocados negociantes.[10]

Quanto aos mercados de opções, as negociações ainda passavam intervalos de horas restritas, enquanto negociantes se esforçavam para estabelecer preços de abertura. Durante duas noites de processamento, o serviço automatizado de precificação que atendia a firmas de compensação e à Options Clearing Corporation falhara, fazendo com que os preços precisassem ser inseridos manualmente.[11] Por consequência, a First Options abrira para negócio na manhã de terça sem saber ao certo qual era seu verdadeiro status financeiro. Sua matriz, o Continental Illinois, vinha lhe emprestando dinheiro continuamente, e, até então, eles haviam evitado um calote. Todos sabiam o quanto estava em jogo;[12] Alan Greenspan observou mais tarde que "o mercado de opções de Chicago quase entrou em colapso" sob o peso da falta de capital de giro da First Options.

Para piorar as coisas, a operação de resgate da First Options deparara-se com um obstáculo.

Os principais reguladores do Continental Illinois no gabinete da autoridade controladora da moeda haviam sido contrários à empreitada do banco para salvar sua subsidiária. A equipe do controlador da moeda reclamara na terça, enquanto os mercados estavam à beira do caos, de que o empréstimo de US$ 130 milhões à First Options na segunda excedera os limites fixados pela FDIC quando salvara o Continental Illinois em 1984.[13] Não obstante, o resoluto banco emprestara mais US$ 138 milhões à sua desesperada subsidiária na terça-feira, evitando um calote que teria aberto uma enorme ferida no mercado de opções naquele dia terrível.[14]

Agora, o próprio controlador, o sucessor menos experiente de Todd Conover, já experimentado em crises, recusava-se terminantemente a eliminar os limites dos empréstimos. O apoio do banco à First Options precisava ser rapidamente confirmado através da matriz do banco – a mesma matriz que Donald Regan quis exterminar em 1984 como preço por salvar o banco. Se a obstrução da autoridade controladora da moeda se tornasse pública, poderia alimentar o pânico dos negociantes de opções e intensificar a corrida à firma de compensação.

Em Nova York, Jerry Corrigan provavelmente ficou pasmo com a ação unilateral da autoridade controladora da moeda.[15] Se a maior firma de compensação de opções do país – que, além disso, era uma firma de propriedade de um grande banco – tivesse falido, sem dúvida teria prejudicado os mercados de opções, congelado dinheiro vendido por outras firmas ativas em outros mercados e traumatizado ainda mais todos os negociantes de Chicago. Também poderia ter alarmado os depositantes do Continental do mundo inteiro, colocando em risco a estabilidade conquistada a duras penas pelo banco.

E se tudo isso acontecesse porque um regulador não estava disposto a permitir que o Continental Illinois fizesse o que outros reguladores queriam desesperadamente que ele fizesse? Era absurdo. A falência de qualquer instituição financeira importante nos dias seguintes poderia ser desastrosa. Cada crise financeira desde a Quinta da Prata havia deixado claro o quão rápida e imprevisivelmente uma crise podia se espalhar para além do controle regulatório.

Depois de sua conferência matutina na quarta-feira, Ruder telefonou para os outros reguladores a fim de trocar informações.[16] Em seguida, entrou em contato com os outros membros do conselho da SEC e recebeu sua aprovação para um pedido de John Phelan. O presidente do conselho da Big Board queria permissão para fechar a bolsa algumas horas mais cedo nos dias seguintes, de forma que ela e suas firmas-membros pudessem acertar o processamento do 1,5 bilhão de ações que haviam mudado de mãos desde a manhã de sexta. O medo implícito do mercado era que o imenso acúmulo de ordens, rabiscadas ou perfuradas durante os dias de negociações mais caóticos da história, ocultasse erros capazes de determinar a ruína financeira das firmas do lado perdedor dos erros. Até que essas negociações tivessem sido calculadas e pagas, ninguém sabia de fato quais firmas estavam com problemas, e o quão graves eram esses problemas.

Na manhã da quarta, a tarefa de tirar a Charles Schwab, e provavelmente o mercado inteiro, de uma situação desesperada estava nas mãos de um aventureiro executivo da Schwab chamado Robert Rosseau, um belicoso veterano do Vietnã despachado de São Francisco para receber a dívida que ameaçava a sobrevivência da firma do outro lado do mundo.

A dívida era de Teh-huei "Teddy" Wang, o maior cliente do pequeno escritório da Schwab em Hong Kong.[17]

Wang era um rico empresário com um passado um tanto triste. Seis anos antes, ele fora sequestrado e solto após o discreto pagamento de um resgate de US$ 11 milhões pela sua formidável esposa, Nina, que usava um rabo de cavalo de adolescente e tinha uma intuição incrível.[18] Ele negociava opções sobre índices de ações em grande escala – dezenas de milhares de contratos por vez, quando o habitual eram algumas centenas. Lucrara muito nos últimos anos apostando no crescimento do mercado de ações, usando dinheiro emprestado por meio de sua conta de margem na Schwab.

O declínio incansável do mercado desde agosto e o colapso histórico da semana anterior custaram muito dinheiro a Teddy Wang. Ao nascer do sol em Hong Kong na manhã do sábado anterior, Wang devia US$ 124 milhões a Charles Schwab, e, se não pagasse, a Schwab precisaria cobrir o montante inteiro.[19] Em resposta a dois calls marginais da firma, Wang pagou US$ 40 milhões. Depois, com sua dívida marginal na casa ainda fatal dos US$ 84 milhões, ele parou de retornar as ligações da Schwab.

O desaparecimento de Wang provocou um aumento da pressão. Como uma companhia de capital público, a Schwab tinha dez dias, sob a lei norte-americana de títulos, para publicar qualquer alteração material em sua condição financeira – o prazo acabaria na quinta, 29 de outubro.

Bob Rosseau pegou um avião para Hong Kong na manhã da Segunda-Feira Negra. Ele encontrou toda a comunidade financeira de lá em um estado de perturbação; tanto a bolsa de ações como o mercado a futuro fechados.[20] Seu primeiro pedido para congelar os bens de Wang foi negado, e ele contratou um novo escritório de advocacia às pressas para revisar o pedido. Rosseau entrou no modo "operações especiais"[21] de acordo com um relato, ele colocou papel nas janelas de um escritório alugado para evitar ser vigiado por telescópios, checava os telefones constantemente à procura de escutas, contratou detetives particulares e usou métodos pouco convencionais para rastrear as contas estrangeiras de Wang.

O solucionador de problemas da Schwab finalmente conseguiu entrar em contato com o ardiloso negociante de opções e providenciou um encontro para a quarta-feira. Wang sabia exatamente qual era a situação.[22] "Bem, sr. Rosseau", disse ele, "parece que a Schwab vale US$ 72 milhões, e eu devo US$ 84 milhões à companhia". Em seguida, ele saiu, deixando o resto da negociação para Nina. Não seria fácil.

NA MESMA QUARTA-FEIRA, 21 DE OUTUBRO, o mercado de ações entrou em um rali nervoso que acalmou o estresse financeiro no pregão da NYSE, com o Dow Jones ganhando quase 187 pontos.[23] Mas o rali rapidamente elevou o estresse financeiro para Hayne Leland, John O'Brien e Mark Rubinstein.

Os professores de Berkeley haviam permanecido em Los Angeles depois dos voos que tomaram às pressas na Segunda-Feira Negra, esforçando-se para manter alguma parte dos hedges que haviam feito para proteger os portfólios de seus clientes. Na tarde da terça, eles haviam conseguido estabelecer certa proteção no mercado a futuro, mas o rali da quarta significava que eles precisariam criar uma margem à vista maior para manter essas posições. A única forma de levantar esse dinheiro nas contas de seus clientes era vender ações, mas, por causa das diferentes agendas de acerto nos dois mercados, precisariam desembolsar dinheiro extra no mercado a futuro antes de receber o dinheiro no mercado de ações.[24]

John O'Brien explicou cuidadosamente a situação aos clientes da firma: eles precisariam ou tirar o dinheiro de uma fonte diferente, ou vender ações para pagamento imediato – o que significava obter um preço menor.

Leland estimava que os clientes provavelmente haviam sido protegidos contra cerca de 80% do declínio do mercado, e precisariam suportar os 20% restantes como perda.[25] Ele e seus sócios argumentavam que era melhor do que nenhuma proteção, mas não era o que eles haviam prometido e esperado.

MALABARISMO COM GRANADAS 315

Rubinstein estava furioso com as reportagens da mídia que acusavam o seguro de portfólio como a única causa da quebra. Ele e Leland acreditavam que a culpa deveria ser dividida com aqueles que baniram ou abandonaram a arbitragem de índice na segunda e na terça. Já em setembro de 1986, compreenderam que eles e outras seguradoras de portfólio estavam de um lado da gangorra do mercado, enquanto os árbitros de índice estavam do outro. Não foram apenas as vendas das seguradoras de portfólio que reduziram os preços do pregão do spooz a níveis tão abaixo dos preços do mercado à vista; foi também a ausência de compras por árbitros de índice. Tente explicar isso a jornalistas; poucos entenderiam uma estratégia ou outra.

O que era mais difícil de explicar era como a Segunda-Feira Negra poderia ter acontecido *mesmo* em um mercado eficiente em que os preços instantaneamente se ajustassem às mudanças nas "expectativas racionais" em relação aos valores futuros das ações.[26] Esse modelo de operação dos mercados, a "hipótese do mercado eficiente", tornara-se tão profundamente gravado no mundo tradicional da matemática financeira que viver a Segunda-Feira Negra e a terça seguinte foi como jogar uma pedra por uma janela – e observá-la flutuar.

ENQUANTO O DESTINO DA SCHWAB ERA DECIDIDO em Hong Kong, o destino de outros eixos de apoio de Wall Street era discutido em Londres, com o mesmo prazo de uma semana de tensão e os mesmos imensos riscos psicológicos para a frágil estabilidade do mercado.

Na quinta-feira anterior, 15 de outubro, um consórcio de bancos de investimento de Londres, Nova York e Toronto havia aceitado avidamente a proposta do governo britânico de vender sua participação na British Petroleum. A concessão de US$ 12 bilhões foi uma das maiores ofertas de ações da história, com 2,1 bilhões de ações marcadas para venda a um preço estabelecido pelos financiadores por volta de US$ 5,45 por ação. Em seguida, veio a pior quebra do mercado de ações da história norte-americana, com danos colaterais no mercado do mundo inteiro. As ações da BP valiam, sem dúvida, muito menos agora que os bancos de investimentos haviam concordado em pagar por elas. Se o governo britânico não cancelasse ou corrigisse o acordo, os financiadores poderiam estar diante de uma perda total de cerca de US$ 840 milhões – e aproximadamente US$ 500 milhões seriam tirados de Nova York no pior momento possível.[27]

O Goldman Sachs e outras firmas importantes de Wall Street – Salomon Brothers, Morgan Stanley e Shearson Lehman Brothers – haviam sido pegos na correnteza com o acordo.[28] Goldman, uma sociedade privada, receberia o pior golpe, com uma perda de até US$ 150 milhões; as outras três firmas, cujas ações eram negociadas na NYSE, enfrentariam, cada uma, perdas de cerca de US$ 120 milhões.

O mercado de Londres permanecera fraco na terça, em parte por causa da preocupação com o acordo da BP. Os banqueiros na Inglaterra faziam lobby por socorro, mas o governo do partido Tory estava em uma situação difícil.[29] Sob a primeira-ministra Margaret Thatcher, invocara princípios de livre mercado para problemas que haviam custado empregos da classe trabalhadora – então como agora poderia abandonar esses princípios para resgatar vários banqueiros ricos? O governo insistia que o acordo seria fechado conforme agendado, na sexta-feira, 30 de outubro, ao preço acordado.

Em Wall Street, onde ações da indústria de arbitragem já haviam caído muito mais do que o Dow naquela semana, as ações de três firmas envolvidas no acordo começavam a cair ainda mais, e surgiram rumores. No Fed de Nova York, Jerry Corrigan sabia como pelo menos a menor dúvida poderia rapidamente tirar de uma corretora os empréstimos overnight que financiavam sua existência diária.[30] Ele acrescentou sua voz àqueles que instavam as autoridades a modificar o acordo.

NA MANHÃ DE QUINTA-FEIRA, 22 DE OUTUBRO, pouco antes do sino de abertura, John Phelan e um trio de membros da diretoria subiram até a varanda de alvenaria que dava para o pregão da NYSE. Negociantes, especialistas e auxiliares de escritório ouviram com gratidão enquanto Phelan lia uma mensagem do presidente Ronald Reagan, que elogiava a "maneira calma e profissional" com que haviam feito seu trabalho naquela semana.[31]

Em seguida, Phelan tocou o sino de abertura, e a Big Board mergulhou em mais um dia terrível.

Com um déjà-vu nauseante, os especialistas encararam uma avalanche de ordens de venda de instituições gigantes, com poucos compradores à vista. Para alguns, parecia o prelúdio de mais um desastre como o de segunda, e muitos, sem dúvida, sabiam que suas firmas poderiam não sobreviver se o desastre viesse. "Quando não consigo negociar a IBM, sei que estou com um problema grande", disse um negociante ao *New York Times*.[32]

No pregão lotado naquela manhã, os negociantes faziam malabarismo com suas ordens – e seus destinos. O Dow chegou a cair para 1.837 pontos, mais de 9% abaixo do fechamento de quarta-feira.[33] Em seguida, o índice recuperou parte da perda matutina e fechou em 1.950,43 pontos, com uma baixa de 77,42, equivalente a 3,8%. Não muitas semanas antes, a perda desse dia, como o ganho de terça, teria parecido épica; três dias depois da Segunda-Feira Negra, parecia um alívio. Naquelas circunstâncias, tanto o índice composto mais amplo da NYSE como o índice S&P 500 receberam um golpe mais duro na liquidação do que o Dow.

Durante uma coletiva de imprensa, depois do sino de encerramento da quinta, Phelan anunciou que a bolsa fecharia cedo, às 14 horas, a partir da sexta até a semana seguinte. Havia tensão no ar durante a coletiva, mas Phelan e sua equipe não haviam perdido o senso de humor. Durante aquele dia`funesto, membros da equipe e negociantes do pregão usavam buttons laranja que diziam "Não Entre em Pânico".[34]

...

NA QUINTA-FEIRA, A GRANDE PREOCUPAÇÃO ENTRE OS reguladores era por que a lacuna historicamente grande e persistente de preço entre os contratos a futuro do S&P 500 e as ações S&P 500 não havia desaparecido.

Reguladores da CFTC achavam que era porque John Phelan dissera às firmas da NYSE que não usassem o sistema DOT para as negociações por programa de computador, o que inibiu a arbitragem de índice.[35] Na metade da manhã da quinta, o presidente do conselho em exercício da CFTC, Kalo Hineman, conversou sobre isso com David Ruder, da SEC.[36]

Conforme Ruder entendeu, o argumento de Hineman era que um mercado a futuro desassociado do mercado de ações daria aos investidores a impressão errada sobre valores de mercado.[37] Mas o dano seria muito maior: isso evitaria que a arbitragem realinhasse os dois mercados. As seguradoras de portfólio continuavam vendendo pesado nos pregões do S&P 500, então também precisaria haver compradores lá.[38] E esses compradores em potencial incluíam árbitros de índice, que usavam o sistema DOT para fazer suas negociações no mercado de ações. Sem o sistema DOT, muitos não estavam negociando em nenhum dos dois mercados, e a lacuna dos futuros não estava fechando. Como resultado, compradores de ações em potencial estavam hesitando, encarando o desconto em Chicago como evidência de que os preços na NYSE logo cairiam.

É claro que Hineman estava certo. Com a adoção das estratégias de arbitragem de índice por negociantes institucionais gigantes, os dois mercados haviam sido algemados, e os preços de nenhum dos dois poderiam permanecer em equilíbrio sem essa atividade de arbitragem. E a proibição das negociações pelo DOT bloqueou grande parte das agora necessárias negociações.

Mas os preços do pregão do spooz haviam sofrido uma grande variação, mesmo com a arbitragem de índice livre, o que pode ter lançado dúvidas em relação aos argumentos de Hineman. Mais importante, Phelan queria reservar o sistema DOT para investidores individuais – e

MALABARISMO COM GRANADAS   319

o mercado que Ruder regulava. Ruder não ordenou que a NYSE revertesse sua proibição contra o programa de negociação por computador.

Então, a lacuna de preços persistia – fornecendo evidências adicionais de que, por mais conectadas que estivessem pelas estratégias de investimento, Nova York e Chicago ainda ficavam em galáxias diferentes quando o assunto era como os mercados funcionavam e a quem eles serviam.

Havia outros argumentos divididos entre os diferentes mercados. Enquanto o mercado sofria seu terrível mergulho na quinta, a SEC não sabia se deveria pedir à CFTC "para instar ou até forçar" os mercados a futuro a atrasar suas negociações diárias de ações até a NYSE poder abrir todas as suas ações para negociação, reduzindo o impacto das vendas que começaram no instante em que soou o sino de abertura de Nova York.[39] Houve uma discussão acalorada entre os membros da SEC na quinta, mas nenhum acordo, e Chicago era firmemente oposto à mudança.

Mas o presidente da Merc, Bill Brodsky, o incansável diplomata tentando encontrar um consenso, conseguira convencer a Merc, ao menos temporariamente, a impor limites diários de preço ao contrato do índice S&P 500 – exatamente a medida que Leo Melamed não conseguira emplacar oito meses antes.[40] A diretoria da Merc aprovou os limites de preço como uma "medida de emergência" na quinta à noite.

Às 8 HORAS DA NOITE DA QUINTA, depois do mergulho do mercado naquele dia, o presidente Reagan subiu a um palanque na ala leste da Casa Branca para sua primeira coletiva de imprensa em sete meses. "Bem, parece que foi ontem", brincou ele, e os repórteres gargalharam. As primeiras palavras foram sobre sua esposa, que voltara para casa depois de uma cirurgia.[41] "É claro que é bom ter Nancy de volta ao lar, e ela está ótima", disse ele.

Ninguém poderia deixar de observar o quão distraído Reagan estava em razão do problema de saúde de Nancy Reagan, ou o quão desinformado parecia em relação à crise financeira de Wall Street.[42] Na Segunda-Feira Negra, ele respondera às perguntas dos repórteres sob o ruído ensurdecedor do helicóptero que iria levá-lo para uma visita à esposa.[43]

"O quê? Ah, o mercado de ações", disse ele, depois de alguma dificuldade para entender sobre o que eram as perguntas feitas aos berros. "Acho que todo mundo está um pouco confuso, e não sei o que pode significar, pois todos os indicadores empresariais estão altos. Não há nada errado na economia." Seus assistentes ficaram tensos: o que ele disse lembrava muito os pronunciamentos otimistas de Herbert Hoover depois da quebra de 1929.[44]

A pergunta seguinte foi sobre pânico. O presidente mostrou-se blasé. "Talvez alguns estejam vendo uma oportunidade de lucrar, não sei", disse ele. Reagan praticamente deu de ombros em relação à maior quebra do mercado da história. Carregando um presente graciosamente embrulhado para Nancy, ele entrou no helicóptero.

Na quarta, com uma alta de mais de 186 pontos no mercado, perguntaram ao presidente se ele achava que a crise de Wall Street já terminara, mais uma vez sob o ruído do helicóptero.

"Bem, parece que sim", respondeu Reagan, despreocupado. "Certamente, visto que mais da metade da perda já foi recuperada."[45]

O mergulho acentuado do mercado da quinta mais uma vez abalou a todos na ala oeste, e a coletiva de imprensa vespertina do presidente foi uma tentativa de transmitir uma mensagem mais coerente.[46]

"Embora tenha havido dois dias de ganhos após vários de perdas, não podemos presumir que a volatilidade excessiva tenha acabado", disse Reagan, dirigindo um olhar honesto às câmeras de televisão. "Então, embora ainda haja motivo para preocupação, também há motivo para ação. E, hoje à noite, pretendo tomar as seguintes medidas para lidar com esse desafio."

Ele disse que se sentaria com os líderes do Congresso a fim de discutir formas de reduzir o déficit orçamentário, e também pediria que rejeitassem quaisquer políticas protecionistas que pudessem colocar o país em uma recessão. Por fim, formaria uma força-tarefa "que nos próximos trinta a sessenta dias examinará os procedimentos do mercado de ações e fará recomendações de quaisquer mudanças necessárias". O líder dessa equipe seria Nicholas F. Brady, um ex-senador norte-americano de Nova Jersey e membro antigo da velha guarda de Wall Street.

QUANDO A NYSE ABRIU PARA NEGÓCIOS NA manhã da sexta, os mercados estrangeiros já haviam exibido descontentamento em relação à resposta do presidente Reagan à crise financeira.[47] Os mercados de Hong Kong continuavam fechados, mas o mercado de ações de Tóquio abriu assim que a coletiva de Reagan teve início, e os preços caíram no ato. O mercado da Austrália caiu quase 7%; Singapura e Taiwan também tiveram grandes perdas. A Europa estava igualmente abalada – o principal índice da Suíça marcou uma nova baixa para o ano, e Londres teve uma grande queda até que números comerciais internos mais fortes desencadearam um pequeno rali ao meio-dia que cortou as perdas do dia pela metade.

Nos primeiros trinta minutos de negociações em Nova York, os preços sofreram uma queda brusca. De sua sala na SEC, David Ruder conversou com um executivo do Goldman Sachs para ter uma ideia do estado de espírito do mercado e ouviu: "Está tudo bem."[48] De fato, o mercado teve um intenso rali nos trinta minutos seguintes, mas os preços foram gradualmente enfraquecendo ao longo da sessão reduzida da tarde.

Ruder decidiu realizar uma coletiva de imprensa ao final de sua tumultuada semana, e usou a ocasião para descartar a ideia de que seus comentários rápidos sobre uma possível interrupção das negociações na Segunda-Feira Negra teriam precipitado o mergulho desastroso do final do dia. "Eu ficaria surpreso se tivesse o poder de, com um único comentário desse tipo, causar um grande declínio no mercado de ações", disse ele.[49]

322 O PIOR DIA NA HISTÓRIA DE WALL STREET

Respondendo a perguntas, Ruder descreveu sua conversa ao meio-dia de terça-feira com John Phelan, afirmando que Phelan chegara "muito perto" de fechar a Big Board, e assegurando que a SEC o teria apoiado se ele tivesse levado isso a cabo.[50] A NYSE imediatamente negou o relato, com Phelan insistindo: "Não chegamos nem perto de fechar." Ele acrescentou: "Nós os deixamos negociar. Fechando, você praticamente exacerba algo que já está intolerável."

Em Chicago, negociantes da Merc sentiam-se, pela primeira vez, felizes com limites para a flutuação diária dos preços do spooz. Sob a nova regra, as negociações seriam interrompidas caso os futuros ou opções aumentassem ou caíssem o equivalente a 30 pontos no índice S&P 500.[51] Bill Brodsky disse a repórteres que "os limites de preço são um anátema para um mercado livre, mas estamos reagindo a uma situação muito extrema. É a coisa mais responsável a se fazer".[52] Outras bolsas de futuros fizeram o mesmo.

Ao soar do sino de encerramento da sexta na NYSE, que tocara duas horas antes na quinta, o Dow estava em 1.950,76 pontos. Isso eram quase 300 pontos abaixo do nível da sexta anterior, mas quase a repetição do fechamento da quinta. Foi um anticlímax notável para uma semana que abrira com o pior dia de negociações da história do mercado. Para um exausto John Phelan, contudo, foi "o roteiro ideal. O mercado precisa de tempo para respirar".[53]

Fora da bolsa, as calçadas eram um espetáculo.[54] De acordo com uma testemunha, a cena incluía "comerciantes, artistas, manifestantes e espectadores" misturando-se com equipes de TV e funcionários das firmas de Wall Street, que "saíam de seus escritórios para as ruas, para os momentos finais de negociações da bolsa".

Um funcionário de Wall Street disse: "Estamos aqui para ver o que está acontecendo.[55] Afinal de contas, isso é história." Outro observou: "Todo mundo fala de 1929, e isso será comentado pelo mesmo tempo."

Mas qualquer um que esperasse um êxodo de negociantes exaustos depois do sino de encerramento ficou desapontado. Como um funcionário que saía da bolsa explicou: "Todo mundo ainda está lá dentro, e ficará por um bom tempo. As negociações acabaram. O trabalho, não."[56]

O trabalho mais urgente era o cálculo final das negociações realizadas durante aquela sessão sinistra e brevemente histórica da sexta-feira, 16 de outubro. As negociações da bolsa precisavam ser calculadas e fechadas em cinco dias úteis; no caso das negociações da Segunda-Feira Negra, faltava apenas um fim de semana para o dia do acerto de contas.

LEO MELAMED ESTAVA MUITO PREOCUPADO COM A reação política adversa à Segunda-Feira Negra. Em poucos dias, as bolsas de futuros de Chicago haviam se transformado de mercados obscuros de pouco interesse para o público em geral em alvos da atenção internacional e de controvérsia em Washington.[57]

Melamed estava determinado a partir para o ataque. David Ruder morava em Highland Park, um subúrbio de frente para o lago ao norte de Chicago, e Bill Brodsky sugeriu para Ruder, por meio de um intermediário, que ele e Melamed visitassem-no quando ele viesse de Washington para o fim de semana.[58] Às 15h30 do sábado, 24 de outubro, eles chegaram à casa de Ruder.

Já fora um dia agitado para o presidente do conselho da SEC. Horas antes, ele recebera um telefonema do presidente Reagan, que lhe fez algumas perguntas sobre o acúmulo de ordens e agradeceu a Ruder e à equipe da SEC pelo "tremendo trabalho que vocês fizeram essa semana sob circunstâncias tão difíceis".[59] Fora gratificante, ainda que um pouco artificial.

Depois de receber seus visitantes e deixá-los à vontade, Ruder pegou um bloco de anotações e se sentou para ouvir. Durante quase 90 minutos, Melamed e Brodsky repassaram a semana de sua perspectiva – explicando a decisão da terça de interromper temporariamente as negociações e insistindo que a pressão sobre a NYSE teria sido maior se o mercado a futuro não existisse para absorver uma parte tão significativa das vendas institucionais.[60]

324   O PIOR DIA NA HISTÓRIA DE WALL STREET

Seu ponto de vista era que, para investidores institucionais, Chicago começava a se tornar o mercado em que os preços para as ações da NYSE estavam sendo "descobertos", e não havia meio de colocar o gênio de volta na garrafa. Ruder ouviu, mas estava cético.[61] Os mercados de ações fixaram os preços das ações por centenas de anos. Isso mudara nos curtos cinco anos desde que os contratos a futuro do índice S&P 500 começaram a ser negociados em Chicago?

Sentindo que o diálogo fora saudável e útil, Brodsky estava determinado a manter as linhas de comunicação abertas. Ele e Melamed tinham hora marcada para estar em Washington na quarta seguinte, 28 de outubro, quando iriam se encontrar em particular com os principais comitês do Capitólio e argumentar que os mercados de Chicago não eram culpados pela quebra da Segunda-Feira Negra.[62] Brodsky sugeriu que Ruder e Rick Ketchum se encontrassem com eles para o jantar na noite anterior. O convite foi aceito, e os líderes do Merc partiram.

A visita daquela tarde foi o primeiro passo em uma campanha incansável da Merc que durou meses – aliás, anos. Conforme a história oficial da bolsa, "Como um adolescente frustrado gritando com os pais 'vocês não entendem', a Merc procurou se explicar".[63]

David Ruder voltou a Washington na noite do domingo, sabendo que o trabalho administrativo do dia seguinte, com fechamento das transações da Segunda-Feira Negra, seria um teste ácido para muitas firmas de Wall Street.

MAIS UMA VEZ, NA MANHÃ DA SEGUNDA, 26 de outubro, os preços das ações começaram a cair na Ásia, e o declínio chegou ao Ocidente junto com o sol.

Ainda era domingo à noite em Manhattan quando as negociações da segunda tiveram início em Hong Kong, a primeira sessão de negociações em dez dias. A queda foi impressionante – os preços das ações caíram mais de 30%, o que alguns citaram como a maior queda de um dia em qualquer mercado de ações do mundo.[64] Os mercados a futuro

MALABARISMO COM GRANADAS 325

de Hong Kong saíram-se ainda pior, caindo 44%. Em Tóquio, o mercado japonês de ações caiu 4%, o terceiro pior declínio depois dos recordes estabelecidos nos dois dias vertiginosos da semana anterior.[65] O mercado alemão caiu 6%. O mercado de ações em Paris teve fortes oscilações, e terminou com uma baixa de quase 8%.

Então, quando as negociações da segunda tiveram início em Nova York, John Phelan preparou-se para um desastre. E foi o que teve.

"Duro, mais uma vez", diria um funcionário naquela manhã a David Ruder depois de detalhar o tumulto global.[66] "Vendas motivadas pelo pânico no mundo inteiro", disse um economista ao *New York Times* à noite.[67] O Dow caiu 8% (pouco menos de 157 pontos), tendo fechado a 1.793,93 pontos, o que estava dentro dos 56 pontos do seu nível no sino de encerramento da Segunda-Feira Negra.

Perto do fechamento, Phelan falou com Ruder e lhe deu algum consolo. As negociações da Segunda-Feira haviam sido fechadas sem problemas desastrosos. Quanto ao mercado, "está sensível, mas não em pânico", disse Phelan. "O mercado está fazendo o que tem de fazer; só precisamos negociar, deixá-lo testar suas baixas."[68]

Esses mergulhos globais do Oriente para o Ocidente eram preocupantes. Phelan sabia que não havia nenhuma firma importante em Nova York que também não tivesse pelo menos algum negócio em Hong Kong – e, aliás, em Londres, Tóquio e na Europa.[69]

A TERÇA-FEIRA, 27 DE OUTUBRO, AINDA FOI um dia obscuro para os negociantes no mercado de ações de Londres, mas trouxe um rápido e bem-vindo rali a Nova York, com um número um pouco maior de ações em alta do que em baixa. A quarta, 28 de outubro, foi mais agitada; o Dow conseguiu fechar em alta por pouco, mas os medidores da maioria dos outros mercados (e a maioria dos mercados estrangeiros, inclusive o de Hong Kong) caíram.

O solucionador de problemas de Schwab, Bob Rosseau, ainda estava em Hong Kong na quarta, a milímetros de firmar um acordo com

326   O PIOR DIA NA HISTÓRIA DE WALL STREET

Teddy Wang. Com o próprio Chuck Schwab prestes a anunciar os resultados financeiros da firma de manhã cedinho na quinta, a equipe de relações públicas preparou dois roteiros, e, já tarde da noite de quarta, o fundador da Schwab ainda não sabia qual usaria.

Um dos roteiros anunciava uma perda terrível de US$ 22 milhões, que levaria consigo a maior perda dos lucros obtidos pela firma naquele ano e faria os preços de suas ações caírem ainda mais – este era o que Chuck Schwab esperava fervorosamente poder ler.

O outro roteiro anunciava uma perda de US$ 100 milhões,[70] que levaria consigo o capital líquido da firma, violaria os termos de seus empréstimos bancários e forçaria a Schwab a buscar um comprador de emergência ou a fechar as portas. Esse era o que reguladores informados temiam desencadear uma onda de pânico na Main Street, empurrando Wall Street de volta para o território da Segunda-Feira Negra.

Em São Francisco, às 5 horas da manhã da quinta, 29 de outubro,[71] Chuck Schwab recebeu um telefonema de Rosseau informando que Wang propusera um acerto de sua dívida marginal pelo pagamento de US$ 0,80 sobre o dólar – US$ 67 milhões. Schwab engoliu em seco e concordou. Ele pegou o roteiro que anunciava a perda de US$ 22 milhões, grande parte da qual podia ser atribuída a Teddy Wang, e partiu para a sua coletiva de imprensa às 6 horas da manhã.

"Estou profundamente infeliz", disse ele aos repórteres, que ainda não sabiam o quão mais infeliz ele temera estar.[72]

Quando o mercado de ações abriu em Nova York, alguns minutos depois, houve um rali razoável. O mercado abriu forte e assim permaneceu ao longo do dia, e até as ações maltratadas do Nasdaq ganharam terreno. Ao soar do sino de encerramento, às 14 horas, o Dow subira mais de 91 pontos, seu terceiro ganho seguido – embora o de quarta mal tivesse sido visível a olho nu. O Dow continuava quase 30% abaixo do seu pico de agosto, e todos continuavam nervosos, mas as ameaças diárias de uma nova crise, sentidas a cada hora, pareciam ter diminuído.

Às 16 horas, John Phelan estava em Washington, testemunhando em uma sessão a portas fechadas do painel de finanças do House Commerce Committee. Foi uma apresentação consciente e honesta.

Nessa sessão secreta, Phelan admitiu que se as interrupções gerais das negociações de ações individuais não tivessem funcionado na Segunda-Feira Negra e na terça, "Acredito que, como plano B, teríamos precisado fechar o mercado".[73] Ele não dourou a pílula dos temores que enfrentara entre as 10h30 da manhã e as 13 horas da terça.[74]

Também falou sobre as lições resultantes da experiência do mercado com o seguro de portfólio. "Quando todo mundo quer deixar a sala ao mesmo tempo, não é possível sair", disse ele. A outra lição era que só é fácil fazer um seguro quando se está saudável: "Quando o mercado se encontra sob uma pressão extrema, não podemos ter os tipos de seguros que eles esperavam."

Demonstrando sagacidade, ele alertou sobre os novos produtos derivativos que, como uma alavanca e um ponto de apoio, permitiam ao investidor aumentar seus lucros ou suas perdas para além do que seria possível se usassem apenas dinheiro.

"Vejam bem, não enxergo a raiz do problema no pregão de Chicago ou em [uma] bolsa de opções de Nova York", disse Phelan. "Vejo-o no cliente aqui de cima que administra US$ 3 trilhões, e até dois anos atrás[,] quando comprava uma participação acionária, investia US$ 1 e comprava US$ 1 em participação. Agora, eles podem investir US$ 0,05 e comprar US$ 1 em participação. Conseguimos essa vantagem incrível na parte institucional do mercado."

De alguma forma, disse ele, as questões crucialmente importantes de vantagem e escala precisavam ser tratadas.

"Precisamos decidir, entre o próximo ano e os próximos dezoito meses, que tipo de mercado de participações acionárias queremos neste país", disse ele.[75] O mercado de ações aproximava-se rapidamente de um nível de volatilidade e de domínio institucional que era comum, havia muito tempo, nos mercados de commodities, em que altos níveis de

328 O PIOR DIA NA HISTÓRIA DE WALL STREET

vantagem estavam por natureza inseridos nos contratos a futuro. "Se a volatilidade continuar dessa maneira", avisou ele, "vamos afastar todos [os investidores], exceto os profissionais, do mercado, e não acho que isso será muito bom para este país."

O painel de finanças ouviu educadamente, mas não exibiu sinais de que de fato ouvira o que o veterano do mercado com cicatrizes de batalha estava dizendo. Seus alertas eram quase uma previsão do futuro que Wall Street e o mundo tinham pela frente.

NA TARDE DA QUINTA, DAVID RUDER RELAXOU os ombros pela primeira vez no que pareciam meses. As ações da Schwab haviam caído um ponto inteiro, para US$ 6,50, depois do anúncio de sua perda trimestral. Isso era aproximadamente um terço do valor que ela tinha em setembro, mas a firma – e, mais importante, o mercado – sobreviveria. A First Options também sobreviveria, e não graças à autoridade controladora da moeda.[76] Ela estava atendendo a todos os calls marginais requeridos, seu colchão financeiro fora estabilizado, e sua matriz, o Continental Illinois, negociava discretamente um acordo com a autoridade controladora da moeda em relação a como o resgate de emergência fora conduzido.

E havia um acordo sendo preparado para lidar com as perdas subjacentes da British Petroleum. Por volta das 17 horas, bem no prazo, a notícia de um consenso finalmente chegou de Londres: o acordo não seria adiado, mas o Banco da Inglaterra compraria de volta as ações não vendidas a um preço que reduziria – ainda que não eliminasse – as perdas que as firmas sofreriam.[77]

O mercado de ações teve outro rali na sexta-feira, 30 de outubro, ganhando 50 pontos para fechar a 1.993,53 – recuperara mais da metade das perdas da Segunda-Feira Negra. Era o primeiro rali de quatro dias desde antes da crise. Não foi o final da quebra do mercado de 1987, mas talvez tenha sido o início de uma nova "normalidade" pós-quebra.

O preço da quebra fora imenso. Mais de US$ 1 trilhão havia sido perdido desde o pico do mercado em agosto – metade disso na Segunda-Feira Negra –, além de uma grande dose da confiança dos investidores. As dispensas nas enfraquecidas firmas de Wall Street já ameaçavam a economia da cidade de Nova York e de outros centros financeiros, e uma recessão mais ampla parecia uma ameaça plausível.[78]

Enquanto Wall Street fechava os cálculos de um outubro desastroso, poucas pessoas, com exceção dos reguladores e dos membros do mercado, sabiam que, por pior que tivessem sido, os danos da Segunda-Feira Negra chegaram perto de algo muito pior.

Uma catástrofe fora evitada – não por meio da vigilância política, mas por pura sorte: um acordo aos 45 minutos do segundo tempo com um negociante de opções de Hong Kong; a resolução adiada de entrar em um consenso do Banco da Inglaterra; um irlandês extremamente persuasivo do Fed de Nova York; um gerente de fundo de pensão que provavelmente exibiu um autocontrole incomum; dois negociantes de ações rivais que por um momento cooperaram em Manhattan; e, em Chicago, algumas amizades testadas pelo tempo, alguns banqueiros dispostos a desafiar seus reguladores e seus próprios temores, um pagamento feito a tempo pelo Goldman Sachs e uma compra na hora certa no pregão do Major Market Index da Chicago Board of Trade.

Bastaria subtrair apenas um desses elementos e as consequências da Segunda-Feira Negra teriam sido cataclísmicas para o sistema financeiro da nação.

Os termos revisados do acordo da British Petroleum – a dose final de sorte de que o mercado precisava para chegar a novembro – infelizmente significavam que as declarações oficiais de subscrição teriam de ser revisadas o quanto antes, de modo que as corretoras pudessem começar a vender seu arriscado inventário.

Na noite de sexta-feira, a chefe de finanças corporativas de David Ruder, Linda Quinn, entrou em seu escritório e lhe entregou a docu-

330 O PIOR DIA NA HISTÓRIA DE WALL STREET

mentação revisada. Surpreso por vê-la tão cedo, Ruder pegou os documentos, procurou os novos termos – e sorriu.

Em letras garrafais, a própria Quinn escrevera, à mão, a longa nova seção descrevendo os termos do acordo.

Ruder aprovou o documento, impressionado pelo fato de um mercado que quase caíra de joelhos por causa de um sistema de alta tecnologia nas negociações agora estivesse se corrigindo em parte pela força de um documento corporativo produzido como aconteceria nos primeiros dias da bolsa de ações.[79]

21
PROCURANDO CULPADOS, FUGINDO DA REALIDADE

Uma guerra de palavras rompera no que deveria ser um café da manhã para selar a paz na sala de jantar particular de John Phelan na NYSE na quinta-feira, 5 de novembro de 1987.[1]

O mau humor irlandês de Phelan combinava com a fúria ruiva de Tom Donovan, presidente da Chicago Board of Trade, e os dois cuspiam insultos entre si. Bill Brodsky, presidente da Merc de Chicago, e Bob Birnbaum, sua contraparte na NYSE e amigo de longa data, estavam chocados e tentavam acalmar os ânimos.

O desprezo de Donovan pelo desempenho da NYSE durante a quebra era grande e amargo: *O que vocês querem dizer com ficaram abertos? Talvez o ar-condicionado estivesse ligado! Mas vocês não estavam negociando de verdade naquela terça! Nós estávamos – não fechamos em nenhum momento![2] E a Merc só fechou porque vocês mentiram ao dizer que estavam prontos para fechar. Nossa equipe fez seu trabalho, a de vocês, não![3]*

Leo Melamed respeitava John Phelan,[4] e ele não teria dito tudo aquilo na cara de Phelan enquanto estava ali comendo sua comida.

Mas concordou com grande parte das reclamações de Donovan. Melamed recentemente dissera a um legislador amigo que há "acionistas procurando um bode expiatório" para as falhas de seu próprio mercado.[5] Do ponto de vista dos líderes do mercado de Chicago, a afirmação de Phelan de que todos os especialistas da NYSE haviam agido heroicamente sob fogo simplesmente não era verdadeira.[6] E eles estavam certos – não era.

O mantra do próprio Melamed tornou-se "nossos mercados se saíram de forma impecável durante a quebra".[7] É claro que isso também não era verdade.

As frequentes e prolongadas interrupções da NYSE em dezenas de ações relacionadas a índices certamente criaram problemas excruciantes nos pregões do S&P 500 e nos pregões de opções de índice de Chicago. Alguns especialistas, talvez até 30% deles, haviam vendido ações quando deveriam estar comprando, e publicaram preços de abertura erráticos. Vários sistemas computacionais e impressoras de ordens da NYSE ficaram sobrecarregados pelo volume extraordinário. A proibição de Phelan do uso do programa de negociação por computador através do sistema DOT saíra pela culatra nos dois mercados.

Quanto a Chicago, a crise cambial de última hora da Merc na manhã de terça havia sido exacerbada por falhas de software e interrupções nas comunicações, e os rumores de seus problemas sem dúvida só serviram para aumentar o pânico generalizado. O mercado de opções da cidade fora maltratado até a paralisação, e sua principal firma de compensação chegara à beira de uma falência calamitosa. Houve desespero em pelo menos um quarto dos negociantes do pregão do spooz durante a crise. E, por mais que a decisão tenha sido racionalizada mais tarde, todo o pregão de futuros do S&P 500 fechou por 49 minutos.

O que é difícil entender é por que qualquer pessoa esperaria um desempenho perfeito durante um período em que dezenas de investidores gigantescos geravam um tsunami de ordens de venda a um ritmo que beirava o pânico generalizado e em uma escala que encolhia a capacidade

PROCURANDO CULPADOS, FUGINDO DA REALIDADE   333

de qualquer mercado de absorvê-las. Nem Nova York nem Chicago estavam preparadas para lidar com uma manada de vendas institucionais daquela magnitude. Aliás, a maioria das pessoas dos dois mercados se convencera de que isso jamais aconteceria, de que os alertas de Phelan em relação a um desastre eram infundados.

Não obstante, o desempenho "impecável" da Merc tornou-se um dogma tão inquestionável nas lendas da quebra quanto a recusa categórica de John Phelan a sequer considerar fechar a Big Board.

Enquanto insultos eram trocados em público, a antiga rivalidade entre Chicago e Nova York tornara-se um reator superaquecido, e esse café da manhã deveria ser um passo na direção de esfriá-lo. Não estava funcionando.

"Ouçam", disse Karsten "Cash" Mahlmann, presidente do conselho da Board of Trade, "não é do interesse de ninguém ficar jogando granadas uns nos outros. Precisamos nos unir."[8]

Melamed concordou. Esse tipo de conflito público era "ruim para a indústria".[9] Hora de reduzir a retórica.

Apesar das falhas evidentes no desempenho do mercado, Phelan, com seus modos cordiais e reconfortantes, e sua equipe de alto nível de relações públicas, provava-se competente para ditar as manchetes pós-quebra sobre a NYSE. E, apesar das falhas nos mercados a futuro, os homens de Chicago eram articulados e agressivos, e também tinham muitos corações e mentes na palma das mãos, graças às generosas contribuições políticas e aos seus poderosos aliados na Casa Branca.[10] Era a receita ideal para um empate – no fim das contas, o que os dois lados, e a nação, receberiam.

Para alívio de todos os presentes durante o café da manhã,[11] o encontro foi descrito na imprensa como "construtivo para a abertura do diálogo", apesar de "conflituoso em determinados momentos". As autoridades haviam concordado em pelo menos apresentar "um front mais unido para o início do debate sobre novas regulações do mercado".

334 O PIOR DIA NA HISTÓRIA DE WALL STREET

Como um congressista observara memoravelmente após o colapso do Penn Square Bank em 1982, os reguladores deveriam ser prescientes, mas os comitês do Congresso se concentravam no passado. E, em novembro de 1987, seu negócio estava a toda.

As audiências fechadas foram realizadas no fim de outubro; as públicas seriam adiadas por vários meses. Inúmeras autópsias "de alto nível" estavam sendo conduzidas: Leo Melamed havia colocado quatro notáveis economistas de Chicago em sua equipe de investigação. David Ruder colocara Rick Ketchum no comando da investigação maciça da SEC. A CFTC não esperou um estudo formal: lançou seu primeiro relatório preliminar na segunda-feira depois do agitado desjejum da NYSE, insistindo que ainda não havia provas de que as negociações no mercado a futuro haviam sido responsáveis pela quebra.

De todos os relatórios formulados, o mais prestigioso, e talvez mais influente, seria o da Comissão Brady, apontada por Ronald Reagan dias depois da Segunda-Feira Negra e liderada por um republicano que passara a vida em Wall Street.[12]

Nicholas F. Brady era um homem cuja fortuna de quatro gerações e pedigree da Ivy League permitiram a ele expressar suas opiniões sem se preocupar muito com as consequências.[13] Ele fora um sucesso na tradicional Dillon, Read and Company, e supervisionara duas comissões anteriores do governo norte-americano. Amigo próximo tanto do vice-presidente George Bush quanto do secretário do Tesouro Jim Baker, ele era uma opção capaz e bem conectada para liderar a nova comissão.

Para compor o tribunal, Brady recrutou dois executivos corporativos e dois investidores institucionais, mas precisava de um diretor com um enfoque prático que pudesse ajudá-lo a cumprir o prazo apertado de sessenta dias da Casa Branca.[14]

Um dos sócios de Brady na Dillon, Read and Company mencionou Robert R. Glauber, um jovem professor de Finanças da Harvard Business School que usava óculos e que já apresentara um fundo de investimentos à firma.[15] O fundo fora um fracasso, mas Brady lembrava-

-se de seu sagaz fundador.[16] Ele pediu à sua secretária que encontrasse Bob Glauber.

Glauber foi encontrado e contratado. Em seguida, recrutou seu colega da Harvard Business School, David W. Mullins Jr., como diretor associado, e rapidamente organizou sua vida para poder passar os próximos dois meses trabalhando por quase 24 horas para Nick Brady.[17] No início de novembro, sua equipe minúscula transferiu-se de um escritório modesto na firma de Brady para um vasto espaço no 11º andar do Fed de Nova York, oferecido a Brady pelo amigo Jerry Corrigan.[18] Em quatro dias, a equipe de operações do Fed criara cubículos temporários e instalara telefones, mesas, cadeiras e computadores. Brady, Glauber e Mullins reviraram suas agendas telefônicas para recrutar mão de obra gratuita de firmas de Wall Street e universidades de elite.

Alguns funcionários do presidente Reagan na Casa Branca opunham-se a qualquer tipo de nova regulação de mercado em resposta à quebra; nos bastidores, ridicularizavam a comissão como "The Brady Bunch" [em tradução livre, "a turminha de Brady"], uma referência a uma sitcom homônima do início da década de 1970.[19] Alguns sugeriam que a Casa Branca deveria apenas ignorar quaisquer recomendações que o painel produzisse. "Há várias outras investigações sendo conduzidas", observou um assistente. "Se não dermos muita atenção à Comissão Brady, ela pode simplesmente se perder na confusão."[20]

A equipe da comissão, que rapidamente aumentou para mais de cinquenta pessoas, não poupou ninguém.[21] Eles entrevistaram Hayne Leland, visitaram Leo Melamed e sua equipe na Chicago Merc, e receberam uma análise crítica do desempenho da NYSE de Gordon Binns, do fundo de pensão da GM. Investigaram a arbitragem de índice. Entrevistaram especialistas da NYSE, outros funcionários da bolsa, teóricos acadêmicos, investidores institucionais e reguladores. Analisaram o alcance global da quebra. Exigiram, e, por fim, conseguiram as pesadas fitas dos computadores contendo os dados das negociações da NYSE na Segunda-Feira Negra e no dia seguinte.[22] Em seguida, mexeram os pauzinhos para pegar emprestada a capacidade computacional para analisá-las.[23]

CONSIDERANDO AS PRESSÕES SOBRE OS MERCADOS A futuro, onde o volume de negociações pós-quebra havia sofrido uma grande queda, não surpreende que a CFTC tenha, enfim, cedido à persistente exigência de Chicago de abrir os swaps e outros produtos semelhantes aos futuros que os grandes bancos e os negociantes de Wall Street estavam negociando particularmente, e não as bolsas de futuros. Essas negociações particulares havia muito secavam negócios que, de outra forma, teriam colocado dinheiro no bolso de Chicago e liquidez em seus mercados; memórias da Segunda-Feira Negra tornavam essas duas perdas ainda mais difíceis de engolir.

A comissão agiu no dia 11 de dezembro, uma semana depois de a Casa Branca ter nomeado uma opositora da regulação, Wendy Gramm, esposa do senador Phil Gramm, do Texas, para chefiar a CFTC.[24] Infelizmente, as regras propostas publicadas pela agência no *Federal Register* eram obscuras e confusas.[25] As novas regras poderiam tornar uma série de swaps de balcão ilegais,[26] a não ser que fossem vendidos em uma bolsa de futuros, mas não estava claro se esses derivativos seriam completamente banidos ou simplesmente precisavam receber liberações para cada caso.

A proposta regulatória iniciou uma tempestade na comunidade de banqueiros e corretores, que viam os swaps como uma rica fonte de lucros – que não poderiam se dar o luxo de perder logo após a Segunda-Feira Negra.[27] Eles se queixaram incansavelmente com seus reguladores. Durante um período em que Washington adotara uma retórica sobre a necessidade de cooperação regulatória, um grande cisma se abria sob a CFTC.

A SEXTA-FEIRA, 9 DE JANEIRO, NÃO FOI um dia ideal para a força-tarefa de Brady entregar seu relatório pessoalmente ao presidente dos Estados Unidos.

Uma nevasca abatera-se sobre Washington, com a neve alcançando quase 30 cm.[28] Mais de 340 mil funcionários federais haviam sido liberados mais cedo. As vans das linhas aéreas que faziam os voos de Washington a Nova York atrasaram e depois foram canceladas.

O diretor da equipe, Bob Glauber, e seu pessoal vinham sobrevivendo à base de pizza e comida chinesa, trabalhando noite adentro, nos fins de semana e feriados, mas tinham cumprido seu prazo. Quando o relatório emergiu do Government Printing Office, a gráfica do governo, era um volume impressionante de 350 páginas com o selo presidencial em sua reluzente capa azul. Esquadrões de mensageiros, bem agasalhados para enfrentar o frio intenso, entregaram cópias nos gabinetes legislativos – em sua maior parte desertos – do Capitólio, em agências de jornais com prazos reduzidos por causa do clima e em estações de TV completamente ocupadas com a tempestade.

Não que tivesse muita importância. A edição do dia anterior do *Wall Street Journal* publicara um relato vazado e impreciso das recomendações do relatório. A edição matutina do *New York Times* contou com uma história na primeira página em que fontes não identificadas da administração detalhavam (e, em alguns casos, distorciam) as conclusões do relatório e menosprezavam a importância da reunião da força-tarefa com o presidente.[29] "A abordagem neste momento será simplesmente agradecer à força-tarefa pelos seus esforços e ter cuidado para não parecer que a estamos apoiando", disse uma fonte da administração.

Uma ligação para a Casa Branca rendeu dois veículos capazes de enfrentar o mau tempo e permitir que a equipe de Brady atravessasse a neve acumulada na Pennsylvania Avenue.[30] Na Casa Branca, após uma breve espera, eles foram conduzidos ao Salão Oval, onde o presidente Reagan e o vice-presidente Bush, juntamente ao presidente do conselho do Fed Alan Greenspan e alguns assistentes da Casa Branca, os esperavam.[31]

O ambiente era um bem-vindo contraste em relação ao cenário invernal lá fora – e à recepção gelada que o relatório da força-tarefa tivera na imprensa. Uma angiosperma de um vermelho vivo era vista na mesa de café entre dois sofás de veludo de um dourado-claro, e uma agradável lareira tremeluzia atrás de um guarda-fogo de bronze.

O presidente convidou Brady a ocupar uma das duas poltronas brancas damascenas em frente à lareira, e se acomodou na outra. Os membros da força-tarefa e dois funcionários de alto escalão sentaram-se nos sofás, com Bush e as outras autoridades em cadeiras de madeira próximas à mesa do presidente. Reagan parabenizou o trabalho esplêndido da força-tarefa, "apesar do severo limite de tempo", e disse que o relatório foi "uma contribuição importantíssima para a nossa compreensão dos acontecimentos do meio de outubro". Fotógrafos entravam e saíam. Brady conversou com o presidente. Bush trocou apertos de mãos com todos. Em menos de 20 minutos, todos se levantaram para se despedir.

Por volta das 15h30, enquanto a maioria dos membros da equipe de Brady retornava a seu hotel, os preços na NYSE iniciaram um mergulho vertical. Quando o sino de encerramento soou, apesar de não haver nenhuma notícia visível que servisse de explicação, o Dow perdera 140,58 pontos, quase 7% do seu valor, com a maior parte do declínio ocorrida nos últimos trinta minutos das negociações.[32] O declínio foi o segundo maior em pontos desde a Segunda-Feira Negra, o que significa, é claro, que foi o terceiro maior da história.[33]

O arco traçado pelo declínio daquele dia era conhecido da força-tarefa de Brady, que o via como mais uma evidência de como os titãs e seus novos brinquedos de negociação estavam afetando os mercados da nação. Pelo menos tinham o seguinte consolo: os nada lisonjeiros vazamentos sobre seu relatório na quarta haviam lhe poupado quaisquer acusações de que haviam causado o mergulho da sexta.

A principal conclusão da força-tarefa, como Brady explicou a repórteres após sua visita ao Salão Oval, era a de que a tecnologia e a inovação financeira haviam fundido dois mercados antes separados em um, mas o governo, a indústria financeira e a academia não viram o que acontecera para se adaptar.

"Em grande parte, a quebra de outubro pode ser atribuída à incapacidade de diferentes segmentos do mercado de atuar como um só", disse ele.

O mercado unificado precisava entender com antecedência como pagamentos à casa de compensação e questões marginais seriam encarados, e como e quando as negociações seriam interrompidas – disse Brady. Uma única agência deveria ser responsável pela harmonização dessas "questões regulatórias críticas",[34] e a comissão nomeara o Federal Reserve para essa tarefa, já que era a agência reguladora com a visão mais ampla do sistema financeiro em geral.

A conquista da força-tarefa de Brady não pode ser exagerada, mesmo que suas propostas tenham morrido na praia naquele ano eleitoral. Seu relatório ofereceu a Washington e à Main Street, enfim, uma chance de ver os mercados financeiros emergentes do mesmo modo que Wall Street: como uma grande estrutura global com muitos quartos, mas sem portas.[35]

A estrutura abrigava uma pequena família de gigantescos investidores: fundos de pensão, doações, especuladores agressivos, fundos mútuos, fundos hedge e negociantes internos de grandes corretoras e bancos. A cada hora do dia, esses gigantes passavam de um cômodo a outro a uma velocidade estonteante. Em um cômodo, negociavam ações; em outros, moedas estrangeiras, títulos do governo, futuros de índices de ações e opções de índice. Suas negociações frenéticas eram baseadas em estratégias semelhantes orientadas por computador, e, às vezes, muitos queriam sair ou entrar no mesmo cômodo ao mesmo tempo.

Se fizessem isso – aliás, sempre que faziam –, a manada que produziam provocaria um grande abalo no mercado. Se esse tremor fosse suficientemente assustador para pequenos investidores e grandes credores, como ocorrera em outubro de 1987, poderia criar uma crise capaz de ameaçar todo o sistema financeiro.

Enquanto membros internos de Washington destrinchavam o Relatório Brady para ver quais territórios estavam sob ameaça e quem esta-

340   O PIOR DIA NA HISTÓRIA DE WALL STREET

va sendo culpado, poucos observadores percebiam o que era realmente importante nas conclusões do relatório: que um número relativamente pequeno de investidores pesos-pesados tivera um papel extraordinariamente significativo no declínio do mercado.

"A ideia de que menos de dez grandes instituições financeiras conseguiram deixar o sistema financeiro de joelhos [...] é uma perspectiva aterrorizante", observou um analista.[36] Era mais notável ainda que pessoas brilhantes orientando essas enormes instituições não tivessem percebido que os mercados – ou o mercado único – não poderiam funcionar se todas decidissem, mais ou menos ao mesmo tempo, fazer a mesma coisa com centenas de bilhões de dólares.

O Relatório Brady não era sobre preços do mercado; era sobre poder de mercado – um poder de mercado sem precedentes, capaz de inutilizar os mecanismos financeiros do país, e de qualquer país. Bastava que uma parcela significativa dos maiores e mais ricos investidores se movimentasse em uma direção ao mesmo tempo.

O desafio era construir uma estrutura de mercado capaz de lidar com essa nova realidade, de reunir as desorganizadas agências regulatórias em uma única rede de segurança, e depois, de algum modo, equilibrar as forças capazes de destruí-la. E isso iria requerer uma cooperação mais respeitosa do que os reguladores de Washington estavam exibindo.

ALAN GREENSPAN NÃO TINHA NENHUM INTERESSE EM assumir os deveres descritos no Relatório Brady, e a Casa Branca tinha ainda menos interesse em promover as propostas de reforma do relatório no Congresso. Contudo, com o mercado ainda instável no início de 1988, não era politicamente factível fazer nada. Em março, Reagan criou o President's Working Group on Financial Markets, composto pelo presidente do conselho da SEC, pelo presidente do conselho da CFTC e um funcionário de alto escalão do Tesouro. A primeira tarefa do grupo de debate era decidir a real necessidade de alguma reforma em reação à Segunda-Feira Negra – um golpe contra a força-tarefa de Brady –, e, caso preciso, quais seriam. Seus defensores observaram que também poderia permitir a coordenação que o Relatório Brady e inúmeros outros estudos oficiais recomendavam.[37]

Entretanto, o President's Working Group não era uma família feliz, tampouco um monitor eficaz de mercado. Greenspan, muito mais concentrado em seus deveres como autoridade do banco central, não deu muita atenção a ele.[38] A nova presidente do conselho da CFTC, Wendy Gramm, era uma opositora da regulação muito mais ideológica e determinada do que seu predecessor. Isso tendia a irritar o presidente do conselho da SEC, David Ruder, que estava cada vez mais convencido de que os mercados precisavam de mais, não de menos supervisão.[39] Os reguladores bancários do Tesouro, incomodados pela rápida deterioração da indústria de crédito e poupança, não tinham muito tempo para uma reforma geral do mercado.

No início de fevereiro de 1988, Ruder ajudara a reunir Leo Melamed e John Phelan com funcionários da CFTC para discutir como poderiam coordenar "disjuntores" para interromper as negociações nos dois mercados quando os preços sofressem quedas ou altas extremas. Um plano para interrupções coordenadas seria aplicado na NYSE e na Chicago Merc ainda naquele verão, mas ninguém sabia ao certo se de fato ajudaria.

Essa cooperação entre os membros do grupo criado pelo presidente Reagan quase acabou devido à proposta da CFTC de regular swaps e outros derivativos de balcão, um esforço que foi mais uma resposta ao Relatório Brady do que qualquer coisa que o próprio relatório tenha proposto. O mercado de swaps, avaliado em centenas de bilhões de dólares, era a definição consumada do poder financeiro concentrado que ultrapassava barreiras regulatórias. Diferentemente das bolsas de futuros e dos mercados de opções, o mercado de swaps não tinha uma câmara de compensação central para reduzir o risco de um efeito dominó de falências. Se algum protagonista importante do mercado de swaps não cumprisse seus compromissos, a SEC e os reguladores bancários teriam problemas até mesmo para identificar quem mais corria perigo.

Para resumir, apesar da discreta participação dos swaps na Segunda-Feira Negra – além da liquidez que haviam extraído dos pregões de futuros –, o sistema financeiro em geral estaria mais seguro se os swaps e outros derivativos híbridos precisassem ser negociados em uma bolsa de futuros regulada. Uma força de mercado titânica seria tirada das sombras para a luz do sol – o que o seguro de portfólio poderia ter sido em tempos de mais sabedoria.

Wendy Gramm admitia que a "lei é muito explícita ao dizer que os futuros devem ser vendidos em uma bolsa". Entretanto, acrescentava: "Sabemos que existe certa incerteza regulatória, então estamos tentando expor alguns pensamentos para obter reações."[40]

A reação aos pensamentos da CFTC, esperada no dia 11 de abril, foi extremamente negativa. As refutações mais duras vieram dos colegas reguladores de Gramm.[41] Um funcionário do Tesouro de alto escalão, George D. Gould, presidente do conselho do President's Working Group, avisou que a proposta da CFTC para os swaps "inibiria seriamente a operação eficiente dos mercados financeiros". A autoridade controladora da moeda reclamou que a proposta "equivale a uma interferência desnecessária nas atividades bancárias e sua regulação" por sua agência.

A reação da SEC foi excepcionalmente dura.[42] Ela queixou-se de que a regra proposta teria um "efeito de congelamento" na inovação financeira, e acusou a CFTC de uma "tentativa injustificada de expandir sua jurisdição".

Esses argumentos ecoavam os dos principais banqueiros da nação.[43] Eles diziam que aquilo não era o varejo, e que investidores profissionais eram capazes de se cuidar sozinhos – uma piada depois da Sexta-Feira Negra. Alertavam que um enorme mercado de swaps podia deixar o país, e reclamavam de um "desvio de poder" da CFTC que destruiria um mercado "muito necessário". Em particular, falavam do orçamento minúsculo da CFTC e do seu desempenho nada notável durante a quebra.

PROCURANDO CULPADOS, FUGINDO DA REALIDADE **343**

Talvez o argumento mais ousado de outros reguladores fosse que a CFTC não os havia consultado antes de publicar a proposta de nova regra para os swaps em dezembro, "o que vai de encontro à doutrina regulatória desenvolvida depois da quebra do mercado – uma doutrina que dita que deve haver coordenação entre várias agências no sistema do mercado".[44] Infelizmente, a única coisa que as várias agências pareciam capazes de coordenar era a preservação de um *status quo* disfuncional.

No final das contas, com a influência enfraquecida pela Segunda-Feira Negra e com as disputas regulatórias que se seguiram, a CFTC voltou atrás no esforço, criando uma exceção para híbridos que colocou praticamente todo o mercado de swaps fora do alcance da regulação.[45] Esses derivativos não regulados teriam um papel crucial em várias crises subsequentes, mais devastadoramente em 2008, quando perdas ocultas de swaps ameaçaram a sobrevivência de uma gigantesca corretora e dos bancos de investimentos aos quais ela devia bilhões de dólares.

NA QUARTA-FEIRA, 4 DE MAIO DE 1988, Hayne Leland voou para Los Angeles, chegando já tarde da noite. Ele planejava encontrar John O'Brien no saguão do Biltmore Hotel.[46]

Sua companhia de consultoria encolhera 80% depois da quebra do mercado – só US$ 10 bilhões em ativos eram agora cobertos pelo seguro de portfólio, enquanto eram US$ 50 bilhões em agosto de 1987. Alguns clientes reconheciam que a estratégia de hedging da LOR havia diminuído suas perdas,[47] mas ela também os havia retirado do mercado antes de poder se beneficiar dos subsequentes e erráticos ralis.[48]

A publicidade, é claro, fora terrível. O seguro havia se tornado o saco de pancadas da mídia. O'Brien e Leland haviam conversado corajosamente com repórteres, e explicaram que sua estratégia sempre presumira que os mercados funcionariam normalmente – o que, claramente, não acontecera na Segunda-Feira Negra, nem nos dias que se seguiram. Não se pode fazer hedge em mercados nos quais não se pode negociar – disse ao *Los Angeles Times*.[49]

O PIOR DIA NA HISTÓRIA DE WALL STREET

Mark Rubinstein não participou dessas conversas iniciais. Depois da quebra, ele experimentou o que mais tarde considerou uma "depressão clínica".[50] Um relato informou que "ele não conseguia se livrar do medo de que o enfraquecimento dos mercados norte-americanos pudesse tentar a União Soviética a [impor] um desafio aos Estados Unidos semelhante ao que provocara a crise dos mísseis cubanos, o que poderia desencadear uma guerra nuclear".[51] Rubinstein logo se livrou dos piores de seus alarmes irracionais, mas era impossível negar o quão traumática a Segunda-Feira Negra fora para ele e seus sócios.

Além dos ataques da mídia, ele e Leland também estavam enfrentando fogo amigo, já que alguns proeminentes acadêmicos apontavam o seguro de portfólio como uma ameaça. O baluarte Harry Markowitz, um lendário teórico das finanças, dissera: "Acredito que uma grande causa – se não a principal causa – da queda vertiginosa dos preços em 19 de outubro foi o seguro de portfólio."[52] Outros membros da comunidade acadêmica ainda estavam debatendo e estudando a questão.

Um deles era o próprio Leland. Ele estava trabalhando em um novo artigo que testava a hipótese de que os mercados apresentaram uma reação exagerada ao seguro de portfólio simplesmente porque não sabiam o que teriam pela frente. Era possível que o "sunshine trading" pudesse ter reduzido o efeito do seguro de portfólio durante a crise de outubro?[53] Leland acreditava que isso não só era possível, mas também provável.[54]

Talvez tivesse esses pensamentos em mente quando foi para Biltmore. Mas o que ele viu ao se aproximar do seu destino o fez esquecer tudo. A First Interstate Tower estava envolta em fogo.

O táxi de Leland não conseguiu se aproximar do local, obstruído por dezenas de caminhões de bombeiros e veículos de emergência, enquanto camadas de vidro e escombros em chamas caíam nas ruas ao redor. As labaredas saíam das janelas quebradas do 13º andar, onde ficava a sede da LOR e seus registros de negociações.[55]

Só às 2 horas da manhã os bombeiros conseguiram apagar o incêndio, cujo avanço cessou no 16º andar do prédio de 62 andares.[56]

PROCURANDO CULPADOS, FUGINDO DA REALIDADE 345

Quando Leland e O'Brien se encontraram no hotel, O'Brien confirmou que todos os seus funcionários estavam em segurança. Leland sempre insistira que um dos jovens analistas de sistemas da firma levasse as fitas consigo todas as noites. Os sócios da LOR ficaram extremamente aliviados ao descobrir que ele fizera isso na noite da quarta.[57]

O'Brien logo encontrou um modesto espaço comercial em um prédio na vizinhança e alugou um computador; a firma se recuperou o suficiente para dar continuidade à sua luta por sobrevivência. Até a First Interstate, no final das contas, seria reformada e reocupada.

Não seria tão fácil assim consertar as fundações intelectuais sobre as quais tantas das teorias modernas do mercado e das iniciativas contra a regulação haviam sido formuladas, mas isso acabaria por acontecer.

A "hipótese do mercado racional" vinha atraindo uma dose cada vez maior de ceticismo acadêmico, e a Segunda-Feira Negra encorajou seus críticos.[58] Eles "se sentiram vingados pela quebra", de acordo com um relato. Afinal de contas, se tivesse sido racional vender tantas ações nos dias 16 e 19 de outubro, como poderia ter sido racional comprá-las de volta em 20 e 21 de outubro e depois voltar a vendê-las, quase no mesmo nível que na Segunda-Feira Negra, em 26 de outubro? E qual era a explicação racional para a montanha-russa caótica de 23 de janeiro de 1987, ou para o mergulho de última hora em 8 de janeiro de 1988?

Mas os defensores da hipótese não voltaram atrás tão rapidamente. Eles encontraram maneiras de explicar a Segunda-Feira Negra que não violavam suas teorias, com alguns que chegaram a sugerir que a queda livre daquele dia simplesmente provava o quão rápido um mercado eficiente processava novas informações – embora houvesse muita discordância em relação a quais foram essas novas informações. A teoria de que os mercados usam novas informações de modo constante, racional e eficiente para fixar preços de mercado continuaria sendo uma pedra angular em alguns círculos acadêmicos e financeiros por muitos anos após a quebra.

346   O PIOR DIA NA HISTÓRIA DE WALL STREET

E o corolário, a noção de que reguladores do governo simplesmente atrapalham esse mercado racional e eficiente, e deveriam, portanto, deixá-lo em paz, permanece vivo, forte e saudável até hoje.

No verão de 1988, o presidente do conselho da SEC, David Ruder, rebelou-se contra os reguladores relutantes do President's Working Group e levou seu próprio conjunto de reformas para o mercado até o Congresso, mas sem sucesso.[59] Na realidade, suas propostas não lidavam com as coisas que mais deram errado na Segunda-Feira Negra; era impossível proibir instituições gigantescas de vender todas ao mesmo tempo.

Não obstante, Ruder sabia melhor do que a maioria por quão pouco o sistema financeiro escapara do desastre. Ele considerava os momentos transcorridos ao meio-dia da terça-feira, 20 de outubro de 1987, os mais memoráveis do seu mandato na SEC, em que "o mercado de títulos da nação chegou perto do colapso, com consequências potencialmente catastróficas".[60]

E alguns desses riscos haviam surgido porque os reguladores não conheciam os territórios uns dos outros e eram muito bairristas. Uma comunicação rápida fora difícil, e às vezes impossível. Ninguém conseguia enxergar o mercado como um todo, como um quadro geral; ninguém conseguia identificar os piores incêndios e garantir que fossem apagados. Alguns pontos críticos em potencial – entre os quais os mercados de swaps, os serviços de precificação de opções, os negociantes estrangeiros e os banqueiros que tomavam decisões sobre empréstimos que afetavam os gigantes financeiros dos Estados Unidos – mal podiam ser vistos.

Essas eram queixas que Paul Volcker teria entendido – ecoavam argumentos que Jim Stone apresentara seis anos atrás. Eram refletidas no Relatório Brady da própria quebra. E continuariam sendo verdadeiras por décadas em futuras crises financeiras.

Entretanto, 1988 era um ano eleitoral. Em agosto, Nick Brady foi nomeado pelo presidente Reagan secretário do Tesouro depois que Jim

PROCURANDO CULPADOS, FUGINDO DA REALIDADE 347

Baker renunciou para conduzir a campanha presidencial do amigo George H. W. Bush. Logo, Brady estaria completamente mergulhado na crise de crédito e poupança, o que lhe daria pouco tempo para as reformas que sua própria comissão recomendara. Conforme o mercado de ações recuperava-se gradual e irregularmente, qualquer sensação de urgência no Congresso evaporou.

Em setembro de 1988, a equipe de aplicação de David Ruder entrou com uma queixa civil pioneira contra Drexel Burnham e seu executivo celebridade, Michael Milken.[61] Enquanto Drexel negociava um acordo com a SEC e o Departamento de Justiça, ela procurou o ex-presidente do conselho da SEC, John Shad, pedindo-lhe que assumisse o cargo de presidente do conselho independente da firma enquanto ela tentava desesperadamente reconstruir seu negócio.[62]

CHICAGO TAMBÉM PRECISARIA SE RECONSTRUIR.

Em janeiro de 1989, Leo Melamed estava determinado a aproveitar os cinco dias de cerimônias em torno da posse de George H. W. Bush.[63] Chicago injetara centenas de milhares de dólares na campanha bem-sucedida de Bush, e muitos executivos do mercado a futuro estavam em Washington para a celebração.[64]

Na noite de quarta-feira, 18 de janeiro, enquanto o presidente eleito e sua esposa acendiam uma chama no estilo olímpico no Lincoln Memorial, agentes do FBI percorriam Chicago e os bairros metropolitanos entregando intimações a dezenas de negociantes da Merc e da Chicago Board of Trade.[65] Logo depois da meia-noite, cópias do *Chicago Tribune* eram entregues; a primeira página era dominada por notícias de uma investigação federal abrangente que averiguava práticas corruptas de negociação nos pregões de commodities.[66]

De acordo com o *Tribune*, agentes federais haviam se disfarçado e supostamente observado negociantes fecharem acordos laterais à custa de clientes,[67] pré-arranjando negócios para beneficiar uns aos outros, e fazendo uma piada do registro detalhado que as bolsas deveriam manter.

A Merc e a Board of Trade tiraram os empregos deles, e a investigação desse esquema de corrupção levaria anos.

A CFTC também seria prejudicada pelo escândalo. A princípio, de acordo com as notícias, a agência não estava ciente da investigação. Na verdade, a CFTC não estava tão desinformada como descrito – seu chefe de aplicação cooperara com o FBI desde o início, assim como um funcionário de alto escalão de Chicago.[68] Contudo, de acordo com o relato mais completo da investigação, nenhum dos predecessores de Wendy Gramm soubera da investigação,[69] que já se desenvolvia fazia algum tempo, e a própria Gramm não sabia até uma semana antes de as intimações terem sido entregues.[70]

A estatura da CFTC entre os outros reguladores foi enfraquecendo a cada nova revelação de Chicago.

Surpreendentemente, ninguém questionou se as revelações do escândalo sobre os registros dúbios de Chicago lançavam dúvidas sobre a confiabilidade dos dados das negociações usados nos vários estudos que inocentavam os mercados a futuro depois da Segunda-Feira Negra. A quebra parecia distante demais para ser relevante depois do novo escândalo.

Na realidade, a carnificina da quebra ainda não havia sido remediada até janeiro de 1989. O índice S&P 500 só retornaria ao seu pico anterior à queda em julho de 1989, seiscentos dias depois da Segunda-Feira Negra.[71] Se você tivesse comprado ações em agosto de 1987, seu portfólio só teria ficado no azul quase dois anos depois. Em todos os aspectos, os mercados ainda estavam sofrendo um ano após a quebra.[72] Apesar desses fatos, todavia, o mito de uma "quebra sem consequências" já ganhava forma.

GEORGE H. W. BUSH FOI ALEGREMENTE EMPOSSADO presidente dos Estados Unidos na sexta-feira, 20 de janeiro de 1989, e Ronald Reagan deixou a Casa Branca.

Em sua despedida, televisionada para toda a nação pouco mais de uma semana antes, Reagan rogou aos norte-americanos que buscassem compreender a história de seu país, estudá-la detalhadamente e aprender suas lições.

"Se nos esquecermos do que fizemos", disse o presidente, "não saberemos quem somos."[73]

EPÍLOGO

Infelizmente, não podemos simplesmente virar a página da quebra de 1987, pois ainda estamos vivendo no mundo revelado pela Segunda-Feira Negra.

As pessoas que enfrentaram a crise não lidavam com um desastre apocalíptico desde 1929. Hoje, qualquer um em idade para trabalhar nos Estados Unidos viveu uma série de falhas desconcertantes do mercado,[1] quatro crises extremamente perturbadoras e um desastre agudo: a devastadora crise financeira que culminou em setembro de 2008 com a falência do Lehman Brothers.[2] Depois desse colapso, a nação suportou o pior período desde a Grande Depressão.

Dois meses depois da queda do Lehman, com os mercados ainda abalados, o presidente do conselho da SEC disse diante de um painel do Congresso que "a coordenação entre os reguladores, tão importante, é extremamente difícil no atual sistema regulatório balcanizado".[3] Seu alerta foi secundado por um ex-secretário do Tesouro, que disse: "Temos um sistema regulatório fragmentado, em que nem um único regulador tem uma visão clara, uma visão de 360 graus, dos riscos inerentes ao sistema. Precisamos mudar isso."[4]

EPÍLOGO 351

Nós não mudamos – aliás, nenhum dos dois sequer mencionou que a Comissão Brady já oferecera exatamente o mesmo diagnóstico depois da quebra de 1987. Em vez disso, todas as grandes mutações que foram elementos centrais da crise da Segunda-Feira Negra tornaram-se ainda mais profundamente incorporadas ao código genético de Wall Street:

- As negociações por sistemas computacionais aceleraram, com a substituição dos intermediários humanos de 1987 pelo circuito dos mercados eletrônicos.

- Exércitos de investidores titânicos, cuja escala e velocidade chocaram os reguladores em 1987, tornaram-se exponencialmente maiores, mais rápidos e mais poderosos, levando a corrida aos mercados a ser medida em nanossegundos e ostentando portfólios globais de trilhões de dólares.

- Agências fragmentadas e conflituosas continuam defendendo seus terrenos políticos com a ajuda de legisladores adeptos de rígidas ideologias na esquerda e na direita. Enquanto elas disputam, os derivativos financeiros não regulados dos anos 1980 sofreram mutações e se espalharam pelo mundo, e as complexas estratégias de investimento que aceleraram a marcha para a Segunda-Feira Negra tornaram-se ainda mais obscuras.

A quebra de 1987 provou, para além de qualquer argumento, que o pragmatismo é a única ideologia capaz de lidar com o pânico financeiro moderno de grande escala. A crise deveria ter produzido uma estrutura regulatória mais coordenada e flexível, mas não foi o que aconteceu – nem depois que suas amargas lições foram reforçadas no desastre de 2008. Mesmo a lição mais óbvia de 1987 – ou seja, não deixar uma firma importante entrar em colapso no meio do pânico – foi ignorada em 2008, quando os reguladores permitiram a falência do Lehman Brothers, ainda que os mercados já estivessem nervosos e suscetíveis.

O pânico se espalhou pelo globo, mercados essenciais congelaram e só uma intervenção extraordinariamente criativa impediu o tipo de tragédia temida pelos desesperados reguladores de 1987.

Em resposta à crise de 2008, o Congresso acabou por dificultar ainda mais uma futura tentativa de adotar um resgate pragmático e improvisado do sistema financeiro pelos reguladores. Foram aprovadas leis que restringem muito o uso do que foi pejorativamente chamado "resgate financeiro", e criaram-se novas agências com missões rigidamente definidas para um esquadrão já lotado, colocando sobre todas um fardo de regras que desafiam a realidade e o senso comum.

• • •

OS VETERANOS DA LINHA DE FRENTE DA estrada que levou à Segunda-Feira Negra seguiram seus próprios caminhos e extraíram suas próprias lições.

O ex-presidente do conselho da SEC, John Shad, que em 1987 viu, da Embaixada norte-americana na Holanda, o mercado quebrar, morreu aos 71 anos em 1994. Seu legado inclui uma doação de US$ 30 milhões, feita em março de 1987, para um programa de ética na Harvard Business School.[5]

John Phelan, presidente do conselho da NYSE, aposentou-se em 1990. Ao falecer, em 2012, aos 81 anos, sua liderança na Segunda-Feira Negra foi considerada "seu ponto mais alto".[6] Seu braço direito durante a quebra, Robert J. Birnbaum, deixou a bolsa em março de 1988 e passou o resto da carreira em um escritório de advocacia em Nova York.

Leo Melamed e Bill Brodsky permaneceram pilares dos mercados de derivativos de Chicago por décadas. Enquanto este livro era escrito, Melamed, de 84 anos, ainda ocupava uma bela suíte na torre sobre o pregão da Merc. Mas o pregão estava quase deserto;[7] a Merc absorvera a Chicago Board of Trade em 2007, e ambos os mercados a futuro tornaram-se quase inteiramente eletrônicos. Brodsky deixou a Merc uma

EPÍLOGO 353

década depois da Segunda-Feira Negra para tornar-se presidente do conselho e presidente executivo da Chicago Board Options Exchange.[8] Em 1997, ele procurou o amigo de longa data Bob Birnbaum para integrar a diretoria da CBOE.

Depois de deixar o Fed, Paul Volcker trabalhou durante certo período na firma de investimentos de Wall Street Wolfensohn and Company, mas dedicou a maior parte de seu tempo a outras formas de serviço público – notavelmente, como presidente de um painel multinacional que mediou os processos referentes à era do Holocausto contra bancos suíços. Em 2009, voltou a Washington como consultor especial para ajudar o presidente Barack Obama a lidar com os escombros da crise de 2008.

Seu antigo solucionador de problemas, Jerry Corrigan, trabalhou incansavelmente nos anos que se seguiram à Segunda-Feira Negra para fortalecer a rede global de câmaras de compensação financeiras. Em 1994, ele entrou para o Goldman Sachs, onde continuou pressionando por uma maior transparência para derivativos potencialmente perigosos. Ele se aposentou da firma em 2016.

Ao deixar a presidência da SEC, em 1989, David Ruder voltou para a Faculdade de Direito da Northwestern, onde continuou ensinando direito de títulos e participando de inúmeras forças-tarefa e comitês consultores do mercado por mais de 25 anos.

Quanto aos líderes da CFTC: Phil Johnson continuou escrevendo e prestando consultoria sobre direito dos derivativos, por fim estabelecendo-se perto de Jacksonville, Flórida. Susan Phillips foi membro da diretoria do Federal Reserve de 1991 a 1998, e depois voltou para a academia. Jim Stone retornou para Boston e teve uma longa carreira como executivo de seguros. Em 2016, publicou um livro intitulado *Five Easy Theses: Commonsense Solutions to America's Greatest Economic Challenges*. A sobrecapa contém uma citação lisonjeira de Paul Volcker.[9]

Depois de quarenta anos na General Motors, o gerente de fundos de pensão Gordon Binns aposentou-se em julho de 1994; na época, sua equipe supervisionava US$ 55 bilhões em investimentos. Ele retornou à sua terra natal, Richmond, onde trabalhou durante quatro anos como principal consultor de investimentos do fundo de pensão da Virgínia. Faleceu em 2002, aos 72 anos, deixando para trás uma coleção de guias de viagem antigos que preenchia completamente o apartamento de três quartos que alugara para guardá-los.[10] Roland Machold permaneceu no comando da Divisão de Investimentos de Nova Jersey até 1998; durante seu mandato, o fundo de pensão de Nova Jersey foi inúmeras vezes avaliado como um dos planos de pensão estaduais de maior desempenho no país.[11]

Depois da Segunda-Feira Negra, Hayne Leland, Mark Rubinstein e John O'Brien tentaram lançar outro novo produto financeiro: o "SuperTrust", um complicado precursor dos hoje populares exchange--traded funds (ETFs). Eles contaram com um grupo de vendedores que incluía todas as firmas de mais destaque de Wall Street, mas enfrentaram atrasos regulatórios intimidadores e caros – talvez porque sua ideia era nova e complexa, ou talvez por serem os responsáveis pelo "muito difamado" seguro de portfólio.[12] Com o passar dos anos, os obstáculos legais foram se acumulando, outros produtos competitivos foram desenvolvidos, e o interesse de Wall Street pelo conceito do SuperTrust foi diminuindo.

A pequena firma de consultoria enfraqueceu junto com ele, mas os três sócios da LOR continuaram amigos e aliados por décadas. John O'Brien tornou-se professor adjunto de Berkeley, onde Hayne Leland e Mark Rubinstein continuaram ensinando, liderando pesquisas pioneiras e ganhando prêmios. Leland aposentou-se em 2008, e Rubinstein seguiu seu amigo na aposentadoria quatro anos depois.

Steve Wunsch, aliado da LOR na luta pelo sunshine trading, colocou sua ideia em prática em 1990 com o lançamento da Bolsa de Valores do Arizona (Arizona Stock Exchange), um mercado de leilões computadorizado de "preço único", que combinava grandes compradores e grandes vendedores eletronicamente, mas não conseguiu atrair um volume de negociações institucionais grande o bastante para sobreviver.

EPÍLOGO   355

Talvez nenhum dos combatentes de primeira linha da quebra de 1987 tenha tido mais influência sobre a forma como os mercados financeiros se desenvolveram do que Alan Greenspan, que foi presidente do conselho do Federal Reserve até janeiro de 2006, repetidamente reconhecido por uma administração admirável da economia da nação. Em 1998, foi descrito pela revista *Time* como alguém que pertencia, juntamente ao secretário do Tesouro Robert Rubin e ao seu vice, Lawrence Summers, ao "triângulo econômico mais poderoso de Washington" – isso em uma matéria de capa que chamou o trio de "The Committee to Save the World" [Comitê para Salvar o Mundo].[13]

Porém, durante o seu mandato, o Fed também favoreceu uma abordagem mais laissez-faire para a regulação financeira,[14] e não conseguiu impor seu poder para coibir os predatórios empréstimos subprime, plantando as sementes para as práticas imprudentes que desencadeariam a quebra de 2008. Sua confiante crença de que Wall Street podia agir com prudência foi um equívoco tremendo, como mais tarde o próprio reconheceu.[15] Ele decidiu, após uma reflexão, que os modelos de previsão em que confiara por tanto tempo simplesmente não consideravam o peso da natureza humana primitiva – o "medo e a euforia", a aversão aos riscos, o comportamento de manada e uma série de outras emoções que moviam o mercado.[16]

ONDE ESTAMOS HOJE, TRINTA ANOS DEPOIS DA Segunda-Feira Negra? Exatamente onde estávamos na época: em um bote salva-vidas jogado na tempestade em que todos os passageiros estão algemados com os desprezíveis tripulantes que conduziram o navio até a tempestade. Imagine, se for capaz, que os furiosos passageiros votem por jogar os tripulantes para fora do bote com o objetivo de puni-los pela sua estupidez. Esse é o atual plano para se lidar com uma futura crise no sistema financeiro norte-americano.

A desculpa para essa insanidade é que manter os imprudentes tripulantes no bote seria um "resgate financeiro" imerecido. Trata-se de uma receita para a ruína nacional e pessoal – a não ser que as algemas primeiro sejam retiradas. E ninguém traçou um plano nem de longe realista para fazer isso, já que envolveria um nível de intervenção federal na iniciativa privada que parece politicamente improvável – ou um grau de autodisciplina sem precedentes históricos.

Quando um mercado simplesmente cai, ele "se recupera" reerguendo-se a seus níveis anteriores de preços. E isso sem dúvida aconteceu depois de 1987 – apesar de não ter sido uma recuperação tão rápida e indolor quanto afirma a mitologia da Segunda-Feira Negra.

Mas quando um mercado desmorona em razão de níveis perigosos de estresse e choques invisíveis e sem precedentes, deveria "se recuperar" reconstruindo-se a fim de poder suportar os mesmos choques e o mesmo estresse no futuro. Não foi isso que aconteceu em 1987.

E até hoje não aconteceu – e, a não ser que enfim aprendamos as lições certas da Segunda-Feira Negra, nunca acontecerá.

A quebra de 1987 revelou o elo de aço entre a regulação do mercado e a sua estrutura. Fiscalizar um labirinto à noite é muito mais difícil do que supervisionar um campo aberto à luz do dia. Permitir que um mercado se torne escuro e opaco garante que ele não possa ser adequadamente supervisionado por ninguém, nem pelos investidores gigantes que negociam nele.

No entanto, isso foi precisamente o que aconteceu em escala global depois de 1987. Livre para moldar o próprio futuro, Wall Street criou mercados eletrônicos orientados ao lucro para servir aos seus clientes mais ricos e poderosos; as bolsas das corporações de hoje sequer fingem servir a alguém mais além de seus próprios acionistas. Uma série de "dark pools" (redes computacionais "restritas a membros") hoje administra uma quantidade substancial da atividade de negociações institucionais do mundo inteiro. Investidores individuais tornaram-se não só irrelevantes, mas quase invisíveis no debate regulatório. Nos últimos anos, até os representantes dos investidores individuais, fundos mútuos e fundos de pensão, estão submergindo sob as demandas de um imenso exército de negociantes de alta velocidade e especuladores auxiliados por algoritmos, todos tentando espremer gotas de lucro de um mercado cada vez mais volátil e regido por robôs.

A cada passo, a justificativa para essa transformação radical tem sido que ela reduziu os custos das negociações – como se a economia de uma fração de um centavo na negociação compensasse os imensuráveis danos sociais causados pela instabilidade estrutural de escala global.

Esses centavos, é claro, saíam dos bolsos dos especialistas da NYSE e dos negociantes dos pregões do spooz em Chicago. Suas batalhas pessoais pela sobrevivência à catástrofe de 1987 foram vitórias em uma guerra perdida. Hoje, a NYSE desapareceu em um conglomerado global gigante, levando consigo a última memória de um mercado central profundo e líquido. Outras bolsas de ações dos Estados Unidos e do exterior tiveram o mesmo destino. Não é de surpreender que o fragmentado mercado público atual seja geralmente o último lugar onde qualquer empreendedor consciente apareceria para levantar capital para um novo empreendimento – o que, antes, era a razão fundamental para a existência do mercado.

Os legisladores de Washington e os protagonistas titânicos de Wall Street acharam que a lição da Segunda-Feira Negra fosse que os mecanismos do mercado eram lentos demais, provincianos demais, tolhidos demais por regras e tradições antigas. Eles assumiram a missão de consertar isso, de repelir as limitações técnicas e legais impostas aos mercados.

Mas essa não é a lição de 1987. A verdadeira lição é que os seres humanos não lidam bem com uma crise quando velocidade, complexidade, sigilo e temor influem ao mesmo tempo nas nossas emoções. Entramos em pânico – ou, pelo menos, a maioria de nós. Não somos os investidores frios e racionais postulados em teorias acadêmicas; jamais seremos.

Simplesmente, não há como repelir os limites impostos ao mercado pela natureza humana e por toda a caótica bagagem emocional que a humanidade envolve.

A estrada depois da Segunda-Feira Negra poderia ter nos levado a um resultado diferente, a mercados mais amplos, profundos e coerentes, operados pelo bem público, com a tecnologia aplicada a formas de garantir estabilidade, liquidez e transparência. Em vez disso, ela nos trouxe até aqui – a um mercado global que é uma máquina frágil com um milhão de peças soltas, mas poucas alavancas para governar seu tamanho ou sua velocidade.

Imagine um carro esportivo frágil, mas potente, acelerando em um labirinto no escuro. O que poderia dar errado?

NOTAS

PRÓLOGO

1. Algumas fontes do mercado mostram que o Dow Jones Industrial Average caiu 24,4% no dia 12 de dezembro de 1914, mas a "quebra" foi um truque da aritmética antedatada, e nunca ocorreu de fato. Em outubro de 1916, o Dow Jones substituiu seu índice original de doze ações por um novo índice de vinte. Em seguida, os estatísticos do Dow Jones revisaram os registros históricos para mostrar como o novo índice teria se saído em 12 de dezembro de 1914. O valor do novo índice naquela data, se estivesse em uso, teria sido de 54 pontos. Isso equivalia a 24,4% menos do que o valor do dia anterior registrado para o antigo índice Dow, 71,42 pontos. (Alguns registros exibem uma queda de 20,5% em 14 de dezembro de 1914 com base em comparações diárias com uma diferença sutil.) No mundo real, o Índice Dow de fato em uso em 1914 subiu 4,4% no sábado, 12 de dezembro, e mais 3% na segunda, 14. Vide *The Dow Jones Averages 1885-1970* (Nova York: Dow Jones & Company, 1972). É por isso que o *New York Times* não registrou uma quebra na época em nenhuma dessas duas datas de 1914, mas observou em 15 de dezembro de 1914 que houvera um rali no mercado.

2. Esse argumento foi espontaneamente apresentado em entrevistas com inúmeros veteranos das duas crises, entre os quais E. Ge-

360 O PIOR DIA NA HISTÓRIA DE WALL STREET

rald Corrigan, ex-presidente do Federal Reserve Bank de Nova York; Stanley Shopkorn, ex-chefe da negociação de participações acionárias da Salomon Brothers; Nicholas F. Brady, ex-secretário do Tesouro e presidente do conselho da Comissão Brady, que examinou a quebra de 1987; Richard G. Ketchum, ex-diretor de regulação do mercado da SEC e presidente do conselho da Financial Industry Regulatory Agency (FINRA), a agência autorregulamentadora de Wall Street; David S. Ruder, ex-presidente do conselho da SEC, e outros altos executivos e reguladores de Wall Street que conversaram confidencialmente com a autora.

1. QUINTA DA PRATA

1. O Federal Reserve tinha a responsabilidade estatutária de estabelecer os níveis de margem, a percentagem de portfólios de ações que podia ser financiada com crédito, mas muito tempo atrás delegara essa tarefa à SEC, supervisora direta de Wall Street.
2. *The Silver Crisis of 1980: A Report of the Staff of the U.S. Securities and Exchange Commission* (deste ponto em diante, referido como *SEC Silver Report*) (Washington, D.C.: Securities Exchange Commission dos Estados Unidos, outubro de 1982), p. 91-92. Harry Jacobs reconheceu para a equipe da SEC que seu telefonema não fora completamente motivado pelo bem público: "Acho, de um ponto de vista mais específico, que acreditamos que ajudaria a pressionar a Comex", a Commodity Exchange de Nova York, que havia se recusado a aceitar a exigência de Jacobs de que as negociações da prata fossem interrompidas por causa de uma "situação extremamente ilíquida" que estava se desenvolvendo no mercado.
3. Esses detalhes e os subsequentes sobre a Quinta da Prata foram extraídos do *SEC Silver Report*, p. 3-14; William Greider, *Secrets of the Temple: How the Federal Reserve Runs the Country* (Nova York: Touchstone, 1987), p. 190-91; Stephen Fay, *Beyond Greed: How the*

NOTAS   361

Two Richest Families in the World, the Hunts of Texas and the House of Saud, Tried to Corner the Silver Market, How They Failed, Who Stopped Them, and Why It Could Happen Again (Nova York: Viking Press, 1982), p. 206-7, 209-10; e de transcrições de várias audiências do Congresso, especialmente "Silver Prices and the Adequacy of Federal Actions in the Marketplace, 1979-80" (deste ponto em diante, referida como "Rosenthal Hearings"), Hearings Before a Subcommittee of the Committee on Government Operations, 96th Congress, 2nd Sess., 31 de março de 1980.

4. Entrevista com Paul A. Volcker, 6 de agosto de 2015 (deste ponto em diante, referida como "Entrevista com Volcker").

5. Harold M. Williams, um advogado por formação, chefiou várias corporações importantes na década de 1960 antes de se tornar reitor da UCLA Graduate School of Management nos anos 1970; ele foi indicado para a SEC em 1977, e, depois de ter deixado o cargo, em 1981, administrou a Getty Foundation em Los Angeles.

6. Steve Lohr, "Silver's Plunge Jolts Hunts' Empire and Brings Turmoil to Wall Street", *New York Times*, 28 de março de 1980, p. 1.

7. Rosenthal Hearings.

8. James M. Stone, *One Way for Wall Street: A View of the Future of the Securities Industry* (Boston: Little, Brown and Co., 1975). Do seu ponto de vista (p. 8-9): "A pior das doenças de longo prazo de Wall Street tem sua raiz na tecnologia. Por mais de um século, a NYSE conduziu o processo de leilão e gerou a papelada de modo essencialmente inalterado. O sistema inteiro baseia-se nas fundações de comandos orais, fluxos físicos de papéis e confiança entre os participantes [...] [Com] o pesadelo do departamento administrativo [...] acabarão por sumir o pregão da bolsa, o sistema especialista e metade dos empregos da comunidade de títulos."

9. Havia algumas queixas anônimas na imprensa sobre seu estilo de administração e "personalidade abrasiva", que, involuntariamente, são reveladoras a respeito da cultura estranhamente casual que ele herdou do ex-presidente do conselho William Bagley. Vide Jerry W. Markham, *The History of Commodity Futures Trading and Its Regulation* (Nova York:

362 O PIOR DIA NA HISTÓRIA DE WALL STREET

Praeger, 1987), p. 119, 267n8, 267n9, creditando ao colunista publicado em âmbito nacional Jack Anderson a revelação (em uma coluna publicada pelo *Oklahoma City Journal*, 22 de agosto de 1979) de que Stone "fez visitas-surpresa a vários escritórios da equipe, e então ordenou que todos os cartazes, calendários comerciais e todas as pin-ups fossem removidos. Ele também mandou remover o bar particular que Bagley instalara na sala do presidente do conselho". No mesmo texto, Markham atribui ao jornalista John Edwards ("Profile: James Stone: Chairman with a Sense of Stern Purpose", *London Financial Times*, 16 de janeiro de 1981) a revelação de que Stone "recusava-se a ter contato social com a indústria e exigia que a equipe da CFTC o tratasse formalmente como 'comissário' ou 'dr. Stone'". Essa cortesia era rotina em outras agências federais.

10. Chicago Board of Trade Archives, Part One, University of Illinois at Chicago Library (deste ponto em diante, referidos como "CBT Archives"); vide III.1397.3, Pasta 3/13, rotulada "Executive Committee Meeting, 6 de novembro de 1980".

11. Isso, aparentemente, provém de inúmeros relatórios submetidos pelos advogados de Washington que monitoravam as reuniões públicas da CFTC para a Chicago Board of Trade. Para um memorando em que os advogados da Board of Trade em Washington informaram que Stone estava "essencialmente isolado", vide III.1397, Pasta 12/13, "CFTC Meetings – Speculative Limits (13 de maio de 1980)", CBT Archives.

12. Rosenthal Hearings, p. 10-11.

13. Entrevista com Volcker, confirmado por outras entrevistas confidenciais.

14. Ibid.

15. Ironicamente, as restrições sobre a liberação da informação foram acrescentadas à lei depois que os mesmos irmãos Hunt queixaram-se ao Congresso de um presidente do conselho anterior, que revelara publicamente a participação de tamanho alarmante (e, do ponto de vista da CFTC, ilegal) da família no mercado da soja em 1977, no curso da ação disciplinar contra os Hunt. Volcker teria ficado ainda mais furioso se pudesse ter previsto que, em uma reunião de emergência realizada na manhã seguinte, a maioria da CFTC decidiria "que a CFTC não deve revelar informações

confidenciais sobre posições no mercado para o Tesouro, o Federal Reserve (Fed) ou a Securities and Exchange Commission (SEC)", de acordo com Fay, *Beyond Greed*, p. 213. Fay observa: "Foi uma decisão surpreendente, e o raciocínio por trás dela é curioso. 'Eles exibiram grande ignorância a respeito dos mercados. Sabemos o que representa o número dos contratos em risco, mas não acho que eles saibam', disse um membro."

16. De fato, Stone foi um dos primeiros reguladores de Washington a alertar sobre o que mais tarde seria chamado de "risco sistêmico" – o risco de uma crise em um mercado se espalhar e minar o sistema inteiro. Veja a carta dele, datada de 30 de setembro de 1981, para o representante Ed Jones [deste ponto em diante, referida como "Carta de Stone Para Jones"] sobre a crise da prata:

> Ninguém pode saber ao certo o que teria acontecido se o preço da prata tivesse continuado caindo. Alguma corretora importante teria falido? Um banco teria seguido o mesmo caminho? Os calls marginais, cada vez mais rápidos, de uma variedade de mercados [teriam] ganhado seu próprio impulso? Nós poderíamos ter visto uma dissolução da confiança e do crédito ou um pânico em escala total [*sic*]? Não podemos saber. Tenho certeza, porém, de que não existe nenhuma rede de segurança automática para permitir a certeza de que nenhum evento semelhante no futuro teria esses impactos.

Esse trecho foi tirado de "Joint Agency Reports on Silver Markets" [deste ponto em diante, referido como "Joint Silver Report Hearing"], Hearing Before the Subcommittee on Conservation, Credit, and Rural Development of the House Agriculture Committee, 97th Congress, 1st Sess., 1º de outubro de 1981, p. 132. É difícil hoje pensar no quão ultrajantes seus alertas soaram para o mercado de commodities e seus reguladores tacanhos em 1980. Vide Markham, *The History of Commodity Futures Trading and Its Regulation*, p. 267: "A indústria ficou particular-

364 O PIOR DIA NA HISTÓRIA DE WALL STREET

mente *furiosa com seu ataque exagerado* [ênfase da autora], que se seguiu aos eventos no mercado a futuro de prata em 1980, de que a especulação dos futuros de commodities ameaçava a estrutura financeira de toda a economia norte-americana." Uma comparação com a análise de 1982 do *SEC Silver Report*, p. 3-4: "Por seis dias no final de março de 1980, pareceu para autoridades do governo, para Wall Street e para o público em geral que o não cumprimento das obrigações de uma única família no mercado da prata em queda poderia prejudicar gravemente o sistema financeiro norte-americano [...] Embora uma catástrofe financeira, no final das contas, tenha sido evitada, a crise da prata oferece uma lição valiosa sobre a fragilidade e a interdependência da estrutura financeira, e desafia tanto o setor privado quanto o governo a tomar uma atitude." Uma rejeição semelhante à das falhas geológicas interconectadas viria de alguns lugares de Chicago depois da Segunda-Feira Negra.

17. Rosenthal Hearings, p. 35-37.
18. Ibid.
19. Vide Carta de Stone Para Jones, p. 120.
20. *SEC Silver Report*, p. 3-9.
21. Sem dúvida, essa drástica queda do preço da prata era, em parte, o resultado das margens mais altas impostas sobre as negociações dos futuros de prata na Chicago Board of Trade e na New York Commodity Exchange, conhecida como Comex, e, por outro lado, também produto dos rumores sobre as dificuldades dos Hunt.
22. *SEC Silver Report*, p. 3-9.
23. Ibid.
24. Fay, *Beyond Greed*, p. 219.
25. Lohr, "Silver's Plunge Jolts Hunts' Empire"; e Laszlo Birinyi Jr. e Jeffrey Rubin, *Market Cycles III: An Anecdotal History of Bull and Bear Markets, 1961-2000* (Westport, CT: Birinyi Associates, 2004). O presidente do conselho da SEC, Harold Williams, mais tarde diria que a comunicação cara a cara no pregão da bolsa gerou potencial para pânico, o que

NOTAS 365

aumentou sua confiança na bolsa. Vide Judith Miller, "Regulators View Silver Aftermath", *New York Times*, 31 de março de 1980, p. D1.

26. Se não houvesse nenhum lance dos compradores, mesmo depois de uma queda razoável dos preços, a NYSE geralmente interrompia as negociações até poder encontrar um preço pelo qual as ações pudessem voltar a ser negociadas.

27. As ações só podem ser vendidas a preços cada vez menores: segundo um velho ditado, uma quebra do mercado de ações é como gritar "Fogo!" em um teatro lotado – exceto pelo fato de que a plateia não pode pular e correr para as saídas até que alguém concorde em comprar seus assentos. Não é uma analogia perfeita, mas transmite a dualidade da negociação de ações – há um comprador para cada vendedor, embora, talvez, a preços muito mais altos ou baixos do que os verificados apenas segundos atrás.

28. Birinyi e Rubin, *Market Cycles III*, p. 198.

29. Fay, *Beyond Greed*, p. 218. Somente uma convenção de contabilidade muito simples permitiu que as corretoras expostas aos Hunt, especialmente a Bache, continuassem operando ao longo da crise. Com a concordância dos reguladores, as firmas regularmente avaliavam a prata em qualquer forma de acordo com o preço cotado para os contratos a futuro da prata, e não com o preço fixado no mercado à vista, onde as barras de prata precisariam ser vendidas. As bolsas que negociavam contratos a futuro de prata impuseram restrições diárias de "variação mínima"; quando o preço tivesse sofrido uma determinada queda, a não ser que houvesse um lance maior, as negociações eram interrompidas. Assim, o último preço dos futuros de prata com frequência era consideravelmente mais alto que o preço do mercado à vista. Se as firmas tivessem avaliado sua garantia de acordo com o preço à vista mais realista, todas as contas de negociações das importantes firmas dos irmãos Hunt, com exceção de apenas três, estariam no vermelho na Quinta da Prata. Vide o *SEC Silver Report*, p. 10-11.

30. Essas impressões são confirmadas por transcrições das reuniões e teleconferências da Comissão Federal do Mercado Aberto referentes aos meses entre outubro de 1979 e abril de 1980, disponíveis em: <http://www.federalreserve.gov/monetarypolicy/fomchistorical1980.htm>.

366   O PIOR DIA NA HISTÓRIA DE WALL STREET

31. Entrevista com Volcker; Greider, *Secrets of the Temple*, p. 190; *SEC Silver Report*, p. 14.

32. Rosenthal Hearings, p. 1.

33. Ibid., p. 10-11, 42-43.

34. Ibid., p. 9, ênfase da autora.

35. Ibid.

36. Ibid., p. 32.

37. Ibid., p. 164-65, 167-69. O membro do conselho Reed Dunn testemunhou que pessoalmente ficara muito preocupado com a situação da prata, mas reconhecera que a CFTC não havia tomado nenhuma atitude além de estimular as bolsas. Os membros do conselho Robert L. Martin e David G. Gartner atestaram, para a crença da sua firma, que (ao contrário dos pontos de vista de Stone, do Fed, da SEC e do Tesouro) o acúmulo cada vez maior de prata dos Hunt e sua incapacidade de atender aos seus imensos calls marginais nunca representaram risco algum ao sistema financeiro da nação. "Ninguém além de grandes especuladores e suas corretoras descuidadas se prejudicou [...] O mercado, em um sentido muito real, curou-se", disse Gartner. Martin concordou, dizendo: "Acho que a nossa conduta nesse caso foi a coisa responsável a ser feita."

38. Vide John V. Rainbolt II, "Regulating the Grain Gambler and His Successors: Symposium on Commodity Futures Regulation", *Hofstra Law Review* 6, n. 1 (outono de 1977), p. 15. "Historicamente, as bolsas de commodities têm resistido à regulação federal [...] a maioria das bolsas continuou se vendo como defensoras da autorregulação e do mercado livre." O senhor Rainbolt era um dos membros fundadores da CFTC.

39. Esse exemplo foi retirado do site da Comissão Reguladora de Operações a Futuro com Commodities, acessado em agosto de 2016: <http://www.cftc.gov/consumerprotection/educationcenter/economicpurpose>.

40. A situação da companhia de cereais é um reflexo. A companhia fixou o preço de US$ 3,50 por bushel para um trigo que, na colheita, podia comprar a US$ 3 por bushel. A perda nos contratos a futuro fez o custo da companhia subir para US$ 3,50 por bushel, o preço que ela queria ter fixado. Se os preços tivessem subido para US$ 4 por bushel, a companhia de cereais teria recebido o trigo com uma economia de US$ 0,50 por bushel.

41. Rainbolt, "Regulating the Grain Gambler and His Successors", p. 5-9.
42. III.1398, Pasta 9/9, CBT Archives. Embora a pasta tenha o rótulo "CFTC Meetings April 1980", essas citações são de um memorando datado de 25 de março de 1980 para o presidente da CBT, Robert Wilmouth, de Rebecca J. Reid, com informações sobre "a reunião da CFTC". Está anexada ao memorando uma cópia de uma pauta da comissão datada de 24 de março de 1980. Memorandos semelhantes nos arquivos eram enviados para a CBT logo após cada reunião da CFTC; portanto, parece razoável concluir que o memorando do qual esse diálogo foi extraído é um relato da reunião da CFTC de 24 de março.
43. A capacidade de controlar uma grande participação em qualquer mercado com um pequeno montante do seu próprio dinheiro se chama "alavancagem", e os contratos a futuro de índices de ações davam aos especuladores muito mais alavancagem do que o mercado de ações. No último, um especulador que quisesse controlar uma participação de US$ 100 mil nas ações que compõem o índice Dow Jones poderia tomar emprestada no máximo metade do dinheiro necessário para comprar as ações, e precisaria pagar em dinheiro pelo resto, pagamento este chamado de "margem". No mercado a futuro, um contrato a futuro de um índice de ações representando a mesma participação no mercado de ações custa muito menos, e um especulador poderia dar uma entrada muito menor desse preço.

2. IDEIAS INTELIGENTES

1. Matthew L. Wald, "Reagan Tour of City Draws Cheers, Some Boos and Forecast of Victory", *New York Times*, 20 de março de 1980, p. B13.
2. David A. Vise e Steve Coll, *Eagle on the Street: Based on the Pulitzer Prize-Winning Account of the SEC's Battle with Wall Street* (Nova York: Charles Scribner's Sons, 1991), p. 22.
3. Leonard Stone, "John S. R. Shad Dies at 71: S.E.C. Chairman in the 80s", *New York Times*, 9 de julho de 1994, p. 11.
4. Vise e Coll, *Eagle on the Street*, p. 23-26.
5. Ibid.

6. Michael Walsh, "Insiders", *Life* (Collector's Edition), "The Big Board: An Inside Look at the New York Stock Exchange in Its Bicentennial Year", primavera de 1992, p. 48.
7. Vise e Coll, *Eagle on the Street*, p. 23.
8. Ibid.
9. Ibid., p. 24.
10. A história da batalha de Volcker contra a inflação é contada por David E. Lindsey, Athanasios Orphanides e Robert H. Rasche em "The Reform of October 1979: How It Happened and Why", Diretoria do Federal Reserve, Washington, D.C., 2005, p. 10, e de forma mais completa em William L. Silber, *Volcker: The Triumph of Persistence* (Nova York: Bloomsbury Press, 2012), p. 125-90. A passagem seguinte é proveniente das duas fontes.
11. Volcker iniciou sua guerra contra a inflação com um ataque no estilo blitzkrieg. No sábado, 6 de outubro de 1979, antes do feriado do mercado do Dia de Colombo, o Federal Reserve anunciou uma mudança radical da sua abordagem da política monetária. Ela não tentaria mais controlar o preço do dinheiro, as taxas de juros sobre os empréstimos. Ela deixaria essa tarefa para o mercado e se concentraria no controle do suprimento de dinheiro, exigindo que os bancos mantivessem mais dinheiro em seus cofres na forma de reservas de capital. A lei da oferta e da procura fez o resto, e as taxas de juros começaram a subir para alcançar níveis históricos.
12. "Transcript of Press Conference with Paul A. Volcker, Chairman, Board of Governors of the Federal Reserve System", 6 de outubro de 1979, disponível nos arquivos do Federal Reserve Bank de St. Louis em <https://fraser.stlouisfed.org/scribd/?itemid=8201&filepath=/files/docs/historical/volcker/Volcker19791006.pdf>.
13. Embora Carter já tivesse iniciado o processo de desregulação das linhas aéreas da nação, da indústria de caminhões comerciais e de parte da indústria bancária, Reagan estava profundamente comprometido com o desmantelamento e a retirada dos fundos de uma parte muito maior da burocracia federal.
14. Carta para o sr. Douglas S. Winn, coordenador de Pequenos Negócios, Comitê Nacional Republicano, de Thomas F. Renk, 14 de

NOTAS 369

agosto de 1980, site da Sociedade Histórica da Securities and Exchange Commission (deste ponto em diante, referido como "site da SECHS"), usado com permissão de <www.sechistorical.org>, <http://3197d6d14b5f19f2f440-5e13d29c4c016cf96cbbfd197c579b45.r81.cf1.rackcdn.com/collection/papers/1980/19800814HitList.pdf>.

15. David Greising e Laurie Morse, *Brokers, Bagmen, and Moles: Fraud and Corruption in the Chicago Futures Markets* (Nova York: John Wiley and Sons, 1991), p. 9.

16. Leo Melamed com Bob Tamarkin, *Escape to the Futures* (Nova York: John Wiley and Sons, 1996), p. 3-87, onde também são descritos detalhes do início da vida de Melamed.

17. Greising e Morse, *Brokers, Bagmen, and Moles*, p. 88-89.

18. Hal Weitzman, "Chicago's Decade of Innovation: 1972-1982", *Focus* (Federação Mundial de Bolsas de Valores), n. 218, abril de 2011, p. 3.

19. Entrevistas da autora com William J. Brodsky em 3 de junho de 2015 (deste ponto em diante, referida como "Primeira entrevista com Brodsky"), e com Leo Melamed em 15 de janeiro de 2015 (deste ponto em diante, referida como "Primeira entrevista com Melamed").

20. Melamed, *Escape to the Futures*, p. 170.

21. Milton Friedman e Rose D. Friedman, *Two Lucky People: A Memoir* (Chicago: University of Chicago Press, 1991), p. 351.

22. Melamed, *Escape to the Futures*, p. 171-72.

23. International Commercial Exchange (ICE): site do arquivo da indústria da CFTC, em 27 de janeiro de 2016. Fundado por membros da New York Produce Exchange, essa hoje extinta bolsa não deve ser confundida com a Intercontinental Exchange, conhecida como ICE, um conglomerado moderno de negociações eletrônicas cujo portfólio inclui a NYSE e um conjunto de bolsas de commodities.

24. "Exchange to Deal in Money Futures", *New York Times*, 14 de abril de 1970, p. 71. Vide também Ellen Lambert, *The Futures: The Rise of the Speculator and the Origins of the World's Biggest Markets* (Nova York: Basic Books, 2011), p. 75-76, e Richard L. Sandor, *Good Derivatives: A Story of Financial and Environmental Innovation* (Hoboken, NJ: John Wiley and Sons, 2012),

370   O PIOR DIA NA HISTÓRIA DE WALL STREET

p. 162. O novo produto foi criação de um pioneiro quase esquecido, o presidente do conselho da ICE Murray Borowitz, que também concebeu, mas nunca lançou, o primeiro contrato a futuro de um índice de ações. Sandor e Lambert descrevem seu papel. Os dois autores creditam os detalhes sobre Borowitz a William Faloon, *Market Maker: A Sesquicentennial Look at the Chicago Board of Trade* (Chicago: Board of Trade of the City of Chicago, 1998).

25. Bob Tamarkin, *The Merc: The Emergence of a Global Financial Powerhouse* (Nova York: HarperCollins, 1993), p. 183.

26. Melamed, *Escape to the Futures*, p. 174.

27. A intuição de Melamed estava certa. A ICE fechou as portas logo depois da morte pouco divulgada de Murray Borowitz em fevereiro de 1973.

28. Melamed, *Escape to the Futures*, p. 175. Um membro crucial da equipe do Tesouro de Nixon nessa transição histórica foi um subsecretário de 34 anos chamado Paul Volcker, cujo trabalho na explicação da iniciativa para bancos centrais e políticos europeus colocou-o, pela primeira vez, sob os holofotes das notícias financeiras. Vide Silber, *Volcker*, p. 85-95.

29. A lei que governava o Conselho de Consultores Econômicos lhe dava jurisdição sobre a negociação de futuros em uma lista de produtos agrícolas. Obviamente, moedas estrangeiras não estavam entre os itens do estatuto, então o conselho não tinha jurisdição sobre elas.

30. Melamed, *Escape to the Futures*, p. 195. Melamed também contou (p. 236) que conversou com Alan Greenspan, na época presidente do Conselho de Consultores Econômicos do presidente Ford, durante uma visita subsequente a Washington para promover futuros de títulos de curto prazo do Tesouro em 1975, e recebeu um apoio entusiástico do futuro presidente do conselho do Federal Reserve. "Esse encontro transformou-o em um amigo, o que ele continuou sendo ao longo dos anos", escreveu Melamed. "Nossa amizade teve uma importância particular na época da quebra de 1987 do mercado de ações."

31. Silber, *Volcker*, p. 102-3.

32. Sandor, *Good Derivatives*, p. 17-18.

33. Ibid.

34. A evolução da análise quantitativa de uma especialidade acadêmica para uma força do mercado moderno é contada com maestria por Justin Fox, *Mito dos mercados racionais: uma história de risco, recompensa e decepção em Wall Street* (Rio de Janeiro: Best Business, 2011); *Capital Ideas: The Improbable Origins of Modern Wall Street* (Hoboken, NJ: John Wiley and Sons, 2005); David Leinweber, *Nerds on Wall Street: Math, Machines and Wired Markets* (Hoboken, NJ: John Wiley and Sons, 2009); Richard Bookstaber, *Mercado financeiro: a crise anunciada: mercados, fundos de hedges e os perigos da inovação financeira* (São Paulo: Elsevier, 2008); Jeff Madrick, *Seven Bad Ideas: How Mainstream Economists Have Damaged America and the World* (Nova York: Alfred A. Knopf, 2014); Scott Patterson, *Mentes brilhantes, rombos bilionários* (Rio de Janeiro: Best Business, 2012); e, é claro, o brilhante livro de Roger Lowenstein *Quando os gênios falham: a ascensão e a queda da Long-Term Capital Management (LTCM)* (São Paulo: Editora Gente, 2009).

35. Estamos falando de Mark B. Garman, "Trading Floor/1: A Prototype of an Automated Securities Exchange", Working Paper N. 7, Research Program in Finance, Institute of Business and Economic Research, Universidade da Califórnia, Berkeley, julho de 1972. Sobre a substituição dos negociantes da NYSE por computadores, vide Nils H. Hakansson, Avraham Beja e Jivendra Kale, "On the Feasibility of Automated Market Making by a Programmed Specialist", Working Paper N. 106, Research Program in Finance, Institute of Business and Economic Research, Universidade da Califórnia, Berkeley, outubro de 1980. Vide também um artigo anterior de Beja e Hakansson, "From Orders to Trades: Some Alternative Market Mechanisms", Working Paper N. 56, Research Program in Finance, Institute of Business and Economic Research, Universidade da Califórnia, Berkeley, janeiro de 1977.

36. Como notado, estamos falando de Richard L. Sandor. Vide "West Coast Looks to the Futures", de "A Special Correspondent", *Financial Times*, 25 de junho de 1970 [S.L].

37. Um exuberante e criativo economista, Rosenberg poderia facilmente ter seu próprio capítulo. Depois de ter feito seu trabalho de pós-graduação na London School of Economics, ele voltou para casa e entrou para o corpo docente

372 O PIOR DIA NA HISTÓRIA DE WALL STREET

de Berkeley, onde fizera graduação. Levou consigo uma bolsa que pagou o tempo com o computador de que ele precisava para se dedicar a uma paixão: o desenvolvimento de uma fórmula computacional para mostrar como várias forças econômicas afetavam os preços das ações. No início dos anos 1970, ele registrava dados corporativos em um computador imenso no porão de sua casa em Berkeley e desenvolvia programas de software que testavam uma série de hipóteses: e se o preço do petróleo caísse US$ 10 o barril? Com base na história, que impacto isso teria nas ações da General Motors? Qual impacto teria para as ações da Texaco? No final dos anos 1970, os "modelos quantitativos" de Rosenberg, que Wall Street apelidou de "Barr's Bionic Beta", fizeram dele um multimilionário e o colocaram na capa da revista *Institutional Investor*, contendo um artigo descarado de Chris Welles intitulado "Who Is Barr Rosenberg? And What the Hell Is He Talking About?" [Quem é Barr Rosenberg? E do que diabos ele está falando?] (Nas finanças, *beta* é definido como a medida da sensibilidade de uma ação aos movimentos do mercado em geral.) Vide Bernstein, *Capital Ideas*, p. 256-68, 275, 280-82; e Fox, *Mito dos mercados racionais*, p. 127, 138-40, 151, 224, e 326-27. Depois de uma longa e influente carreira, ele chocou o mundo das análises quantitativas ao entrar em conflito com a SEC por supostamente não ter revelado uma falha de software que surgiu em um dos seus programas de gerenciamento de fundo. No dia 22 de setembro de 2011, a SEC anunciou que Rosenberg, sem ter admitido ou negado suas alegações, concordara em ser banido da indústria de títulos e em pagar US$ 2,5 milhões para solucionar o caso com um acordo. (Vide "In the Matter of Barr M. Rosenberg", SEC Administrative Proceeding File N. 3-14559, 22 de setembro de 2011.) O incidente não reduz sua influência na relação entre as teorias financeiras acadêmicas e as práticas de Wall Street.

38. Essa noção costuma ser relacionada ao clássico do professor de Princeton Burton Malkiel, *A Random Walk Down Wall Street*, cuja primeira edição foi publicada em 1973. Ela invadira a literatura acadêmica já em 1960. Vide Edward F. Renshaw e Paul J. Feldstein, "The Case for an Unmanaged Investment Company", *Financial Analysts Journal* 16, n. 1 (janeiro-fevereiro de 1960), p. 43-46. Vide também Michael J. Clowes, *The Money Flood: How Pension Funds Revolutionized Investing* (Hoboken, NJ: John

Wiley and Sons, 2000), p. 84-92 e 198-200; Kate Ancell, "The Origin of the First Index Fund", University of Chicago Booth School of Business, 2012, <http://www.crsp.com/files/SpringMagazineIndexFund.pdf>; e Fox, *Mito dos mercados racionais*, p. 137-41.

39. De fato, Madrick, *Seven Bad Ideas*, elegeu-a uma de suas "Sete Más Ideias".

40. Bernstein, *Capital Ideas*, p. 234-35; e Fox, *Mito dos mercados racionais*, p. 127.

41. Entrevista com Kelly Haughton, 8 de julho de 2015. Haughton, um notável engenheiro financeiro que trabalhou na WFIA no final dos anos 1970, tinha vínculos ainda mais próximos com os professores de finanças de Berkeley: sua jovem esposa era a secretária do departamento, ele frequentava eventos sociais do campus com Hayne Leland e seus colegas do corpo docente, e, de vez em quando, um amigo que trabalhava para Barr Rosenberg convidava-o para fazer cerveja no porão do professor Rosenberg.

42. Fox, *Mito dos mercados racionais*, p. 182. Os economistas Joseph Stiglitz e Sanford Grossman, ambos em Stanford na metade dos anos 1970, eram especialmente incisivos ao apresentar essa charada. Do seu ponto de vista, se os preços do mercado refletissem perfeitamente qualquer nova informação disponível, "aqueles que gastassem recursos para obtê-la não teriam nenhuma compensação" e logo deixariam de reunir tais conhecimentos. Por conseguinte, os mercados não eram perfeitamente eficientes, como insistiam os partidários da escola de Chicago. Mas, observou Justin Fox, outros estudiosos dispensavam em grande parte seu argumento. "A grande maioria das pesquisas em finanças naquela época não se preocupava mais em responder se os mercados eram eficientes. Simplesmente se presumia que eles eram, e seguia-se daí." A capacidade ineficiente do mercado de distinguir negociações "desinformadas" de seguradoras de portfólio das motivadas pelo conhecimento de notícias negativas provou-se crítica nos anos que antecederam a Segunda-Feira Negra.

43. Um excelente relato do desenvolvimento dessa nova "economia comportamental" pode ser encontrado em Fox, *Mito dos mercados racionais*, especialmente nas p. 186-300. Para uma reflexão mais profunda, vide Daniel Kahneman, *Rápido e devagar: duas formas de pensar* (Rio de Janeiro:

374 O PIOR DIA NA HISTÓRIA DE WALL STREET

Objetiva, 2012); e Michael Lewis, *O Projeto Desfazer: a amizade que mudou nossa forma de pensar* (Rio de Janeiro: Intrínseca, 2017).

44. A ideia visionária de Richard Sandor de um mercado eletrônico de futuros: Sandor, *Good Derivatives*, p. 40-46. Vide também "West Coast Looks to the Futures", *Financial Times*, 25 de junho de 1970 [S.L.].

45. Sandor, *Good Derivatives*, p. 50.

46. Ibid., p. 90.

47. Ibid., p. 51.

48. Ibid., p. 95-96.

49. O primeiro presidente do conselho era um afável político californiano chamado William Bagley, que não sabia quase nada sobre o mercado de futuros. Ele e os outros quatro membros do conselho foram nomeados pelo presidente Gerald Ford, que chegara muito perto de vetar o estatuto que criou a comissão em 1974, e demorara muito a fazer nomeações para a nova agência. Vide "10/23/74 HR13113 Commodity Futures Trading Commission Act of 1974 (1)", Caixa 10, White House Records Office: Legislation Case Files at the Gerald R. Ford Presidential Library, Grand Rapids, MI, p. 1-12.

3. CHICAGO *VERSUS* NOVA YORK

1. Entrevista da autora com Harvey Pitt, 2 de fevereiro de 2016 (deste ponto em diante, referida como "Entrevista com Pitt"). Pitt – futuro consultor-geral da SEC e presidente do conselho que também foi assistente-chefe de gabinete de Ray Garrett Jr., presidente do conselho da SEC na época – disse que Garrett conversou com ele sobre o telefonema da Casa Branca propondo que a SEC supervisionasse o mercado a futuro. De acordo com ele, Garrett disse à Casa Branca: "Não, obrigado. Já estamos muito ocupados."

2. William Robbins, "Commodity Bill Voted by House", *New York Times*, 12 de abril de 1974, p. 43; Associated Press, "Commodity Giant Seeks Regulation: Cargill Urges Bigger Agency with SEC-like Powers", *New York Times*, 19 de setembro de 1973, p. 71; H. J. Maidenberg, "Commodity Option Deals Coming Under Scrutiny", *New York Times*, 21 de maio de 1973,

NOTAS **375**

p. 51; H. J. Maidenberg, "Futures Trading Is Defended: Uhlmann, Head of Chicago Board, Denies Responsibility for Food Prices Rise", *New York Times*, 26 de setembro de 1973, p. 53.

3. Entrevistas da autora com Philip Johnson, 23-24 de junho de 2015 (deste ponto em diante, referidas como "Entrevistas com Johnson").

4. Sandor, *Good Derivatives*, p. 100, e Markham, *The History of Commodity Futures Trading and Its Regulation*, p. 61.

5. Entrevistas com Johnson.

6. Sandor, *Good Derivatives*, p. 98-99 e nota 5.

7. Ibid., ênfase da autora.

8. Por insistência do Tesouro, foi incluída uma cláusula que isentava da nova lei "transações com moedas estrangeiras, garantias de títulos, direitos sobre títulos, revenda de contratos de empréstimos a prestação, opções de recompra, títulos ou hipotecas do governo e compromissos de compra de hipoteca, a não ser que tais transações envolvam a venda do item em questão para entrega futura conduzida em uma câmara de comércio" (Markham, *The History of Commodity Futures Trading and Its Regulation*, p. 67). Por anos, isso foi interpretado como se bancos e outras instituições comerciais pudessem entrar em acordos personalizados envolvendo tais itens sem estar sujeitos à regulação. Assim, um banco poderia entrar em um contrato de compra de títulos de curto prazo do Tesouro em algum ponto no futuro sem se enquadrar na lei, mas de acordo com um contrato padronizado de futuros, baseado em títulos de curto prazo do Tesouro e negociado em uma bolsa sem estar sujeito à regulação. Essa isenção nada clara, combinada à negligência da CFTC, no final das contas contribuiria para que grandes quantidades de derivativos de balcão ficassem fora de qualquer supervisão reguladora.

9. Essa cláusula de validade era incomum, e talvez até única, entre agências regulatórias na década de 1970. Philip Johnson, o primeiro presidente do conselho da CFTC de Reagan, disse que acreditava que a cláusula de validade tornava a CFTC especialmente vulnerável à pressão política ao longo de sua existência (Entrevistas com Johnson).

10. Entrevistas com Johnson, confirmado na entrevista com Pitt, embora Pitt negue o fato de ter explicitamente ameaçado entrar com uma ação legal.

376 O PIOR DIA NA HISTÓRIA DE WALL STREET

"Eu só teria listado as nossas opções, e, obviamente, uma delas era um processo judicial", disse ele. "Eu teria *mencionado* isso, mas não feito uma ameaça."

11. A agência atualmente é conhecida como Government Accountability Office.

12. The Comptroller General, "Regulation of Commodity Futures Markets – What Needs to Be Done", relatório GAO 1978 (deste ponto em diante, referido como "Relatório GAO 1978"), 17 de maio de 1978, p. i–iii. O que não está claro no relatório, mas é orgulhosamente detalhado em Melamed, *Escape to the Futures*, p. 223, é o quão incansavelmente Melamed e suas contrapartes da CBT trabalharam para *capturar* a jovem CFTC e moldá-la de acordo com suas necessidades. Para citar só alguns exemplos, Melamed gabou-se de ter recrutado o primeiro diretor-executivo da CFTC para trabalhar para ele por um salário substancialmente maior, apenas nove meses depois de ter assumido o cargo, fazendo logo cedo um "aliado" do membro e mais tarde presidente do conselho em exercício Gary L. Seevers, e, quando ele deixou o cargo, adicionando-o à diretoria paga da Merc; e de ver a CFTC "convencida" a nomear Mark Powers, executivo da Merc, como seu economista-chefe. "Essa nomeação não só serviu de degrau na carreira de Mark, *como serviu de garantia para manter a CFTC no rumo certo*. E era só o início de um processo que levaria talentos da indústria de futuros para o governo [...] Eram necessários muitos funcionários talentosos na CFTC para que os resultados positivos fossem alcançados, e, igualmente, *para proteger o território do mercado a futuro dos invasores* da SEC e de outros concorrentes" (p. 222-23; ênfase da autora).

13. Relatório GAO 1978, p. iv. A SEC estava no meio de sua própria batalha com a negociação fraudulenta de opções de títulos, e impusera uma moratória sobre esse mercado, exigindo estratégias melhores de aplicação. Entrevista com Richard G. Ketchum – Parte I, 17 de abril de 2008, "Oral Histories", site da SECHS, usada com permissão de <www.sechistorical.org,http:// 3197d6d14b5f19f2f440-5e13d29c4c016cf96cbbfd197c579b45.r81.cf1.rack cdn.com/collection/oral-histories/ketchumPart1041708Transcript.pdf>.

14. Relatório GAO 1978, p. i-iii.

NOTAS 377

15. "March T-Bill Shortage Gained Attention of Fed/Treasury Study of Financial Futures", *Securities Week*, 12 de abril de 1979. Esse incidente foi um dos dois citados de forma mais geral em "A Study of the Effects on the Economy of Trading in Futures Options", entregue ao Comitê de Agricultura da Câmara e ao Comitê de Energia e Comércio da Câmara; e ao Comitê de Agricultura, Nutrição e Silvicultura do Senado, e ao de Operações Bancárias, pela Diretoria do Federal Reserve, pela Comissão Reguladora de Operações a Futuro com Commodities e pela Securities and Exchange Commission, de acordo com a Seção 23(a) do Commodity Exchange Act, segundo emenda (deste ponto em diante, referido como "Joint Impact Study 1984"), dezembro de 1984, p. VII-5 e VII-6.

16. Karen W. Arenson, "Chicago Exchanges Defy U.S. Request", *New York Times*, 8 de julho de 1980, p. D4.

17. Carta para a diretoria da CBT de Mahlon Frankhauser, Kirkland and Ellis, datada de 1º de agosto de 1980, II.1378, Pasta 17, CBT Archives. A carta tinha em anexo outra carta de Volcker para o senador William Proxmire, do Comitê de Operações Bancárias do Senado, datada de 18 de julho de 1980 (deste ponto em diante, referida como "Carta de Volcker, julho de 1980"), atualizando-o sobre os estudos a respeito dos futuros financeiros, expressando preocupação em relação ao volume de alavancagem disponível no mercado a futuro e solicitando limites para o tamanho das posições que os especuladores poderiam construir nos futuros financeiros.

18. Karen W. Arenson, "Commodity Regulators Challenged", *New York Times*, 12 de julho de 1980, p. 25.

19. Carta de Volcker, julho de 1980. Ele citou a "cadeia recente de eventos em que certas bolsas introduziram novos contratos aos títulos do Tesouro", e escreveu: "Tanto o Federal Reserve quanto o Tesouro se opuseram à introdução desses contratos, e a CFTC, por sua vez, tentou proibir as negociações desses novos contratos. Embora essa questão ainda esteja sob análise judicial, e o resultado não esteja claro, o episódio é perturbador. De fato, no mínimo para mim, ela sugere que pode ser apropriado fixar firmemente na lei autoridade pela qual o Federal Reserve ou o Tesouro

378 O PIOR DIA NA HISTÓRIA DE WALL STREET

teriam que vetar poder sobre a introdução de quaisquer novos contratos a futuro aos títulos do Tesouro, e, talvez, também nas divisas estrangeiras. Deve-se dedicar consideração semelhante aos interesses em potencial do governo – inclusive da SEC – no que diz respeito aos mercados emergentes para os futuros sobre participações acionárias e índices compostos de títulos dessas participações."

20. "Futures Board: Day One", *New York Times*, 8 de agosto de 1980, p. D4.

21. Peter Grant, "John Phelan vs. Program Trading", *Investment Dealers' Digest*, 2 de março de 1987, p. 23.

22. Floyd Norris, Profile of John Phelan, Associated Press, 30 de junho de 1980 (deste ponto em diante, referido como "Norris, AP").

23. Obituário não assinado, "John J. Phelan Sr. Is Dead at 61; Head of Stock Exchange Firm", *New York Times*, 14 de junho de 1966.

24. Grant, "John Phelan vs. Program Trading".

25. Robert J. Cole, "Big Board Implements Plan to Reward Specialists on Basis of Professionalism", *New York Times*, 28 de junho de 1976, p. 41. A empresa de Phelan era uma das oito que "vinham à mente", de acordo com Cole, "quando os acionistas falam de profissionalismo no pregão da NYSE, um conceito que significa a fixação de preços justos para o pequeno investidor". Após várias fusões, a firma na época era conhecida como Phelan, Silver, Vesce, Barry and Company.

26. Laurence Arnold, "John Phelan, Who Led NYSE in 1987 Stock Crash, Dies at 81", *Bloomberg News*, 6 de agosto de 2012; e Megan McDonough, "John J. Phelan Jr., Ex-Chairman of New York Stock Exchange, Dies at 81", *Washington Post*, 8 de agosto de 2012.

27. McDonough, "John J. Phelan Jr., Ex-Chairman of New York Stock Exchange, Dies at 81", creditando a citação à revista *Institutional Investor*.

28. Sharon R. King, "William M. Batten, Ex-Chief of Stock Exchange, Dies at 89", *New York Times*, 27 de janeiro de 1999, p. A23; e William M. Batten, "National Market System Developments – Change at the Exchange", discurso feito durante o XII Workshop Anual de Investimentos da Fede-

NOTAS 379

ração de Analistas Financeiros, realizado na Dartmouth College, 26 de julho de 1979.

29. John Brooks, *The Go-Go Years: The Drama and Crashing Finale of Wall Street's Bullish 60s* (Nova York: Weybright and Talley, 1973), p. 182-205.

30. Birinyi Associates, *Bull Markets 1945-1991* (Nova York: Birinyi Associates, 1991), p. 3.

31. A continuidade da confiança nos certificados físicos de ações era um elemento significativo da crise, gerador de uma pressão que no final das contas resultaria no portfólio de ações "sem papéis" da atualidade. Mas muitos pequenos investidores resistiram à ideia de confiar em um registro em um livro-razão eletrônico de uma câmara de compensação de Wall Street como prova da sua propriedade sobre ações e a transição levou muitos anos.

32. Robards, "Wall St. Asks: Can Crisis Happen Again?"

33. Alec Benn, *The Unseen Wall Street of 1969-1965 – and Its Significance for Today* (Westport, CT: impressão Quorum Book da Greenwood Publishing Co., 2000), p. 29. Benn atribui essa informação a uma história oral de 1984 contada por Robert M. Bishop, um vice-presidente da bolsa responsável pelas corretoras membros, que a ouviu de Bishop. De acordo com Benn, algumas histórias orais semelhantes das décadas de 1960 e 1970 haviam sido reunidas nos anos 1980, mas foram omitidas do público pela administração da NYSE na década de 1990. Ele obteve duas delas, inclusive a de Bishop, e avisou: "As informações apresentadas nelas diferem em muitos aspectos das encontradas em press releases, folhetos e livros distribuídos pela NYSE – bem como de livros e artigos baseados nessas fontes" (p. xiii). A existência delas é um forte argumento para a liberação dessas histórias orais para os estudiosos.

34. Ibid., p. 23-41. Vide também Robards, "Wall St. Asks: Can Crisis Happen Again?"

35. A Goodbody and Co., resgatada por uma fusão com a Merrill Lynch, e a F. I. DuPont e a Glore Forgan, resgatadas com capital investido por H. Ross Perot, eram duas das quatro maiores corretoras de varejo do país. A Hayden, Stone, and Company, uma das maiores, foi salva por uma fusão com a

Cogan, Berlind, Weill, and Levitt – o Weill era Sanford Weill, que viria a se tornar o arquiteto da Citicorp; o "Levitt" era Arthur Levitt Jr., que se tornou o presidente do conselho de mais longevidade da história da SEC, ocupando o cargo de 1992 a 2001. Em janeiro de 1971, a NYSE informou que "interviera nos negócios" de quase duzentas corretoras, mais de metade das corretoras do país, a um preço esperado de mais de US$ 68 milhões. Terry Robards, "Failing Firms Cost Big Board $68-Million", *New York Times*, 8 de janeiro de 1971, p. 39.

36. Não havia rede de segurança na época para contas de clientes de corretoras; aliás, a crise foi o principal ímpeto para a criação da Securities Investors Protection Corporation, um fundo financiado por estudos de Wall Street que protege contas de consumidores em caso de falência de uma corretora. O presidente Nixon assinou a lei que criou a corporação em 30 de dezembro de 1970, horas antes de o projeto de lei estar condenado ao fim do prazo do Congresso. Vide Benn, *The Unseen Wall Street of 1969-1965*, p. 39-41. Entretanto, seu alvará proibiu-a de ajudar qualquer firma já insolvente na época da aprovação. Isso deixou algumas firmas grandes nas mãos da NYSE.

37. Terry Robards, "Healer: Stanching a Wall St. Crisis", *New York Times*, 24 de janeiro de 1971, sec. 3, p. 1. O membro citado do comitê foi Rohatyn, um membro natural da Áustria da Lazard Frères. Cinco anos depois, Rohatyn teria um papel crucial na crise fiscal da cidade de Nova York como presidente do conselho da Municipal Assistance Corporation, um órgão particular de emissão de títulos criado em 1975 como parte de um plano de resgate que no final das contas envolveu empréstimos federais de curto prazo de US$ 2,3 bilhões.

38. Benn, *The Unseen Wall Street of 1969-1965*, p. 86-89, 98-99.

39. Ibid., p. xi.

40. Karen W. Arenson, "They Wouldn't Let Him Go", *New York Times*, 3 de junho de 1979, p. F7.

41. Naquele ano, no mesmo dia em que o recorde de volume de negociações de 1929 foi quebrado, o Departamento de Justiça mandou um relatório técnico de sete páginas para a SEC condenando a estrutura de comissão fixa da

NYSE como "fixação de preço", violando a Lei Sherman Antitruste. A ação veio depois de uma sentença de 1963 da Suprema Corte americana, determinando que a bolsa não estava isenta de leis antitruste, como ela argumentara por tanto tempo. O relatório foi a primeira saraivada séria na guerra regulatória que terminaria com a eliminação das comissões fixas em 1º de maio de 1975. Vide Chris Welles, *The Last Days of the Club* (Nova York: Dutton, 1975), p. 86-89.

42. Ibid.

43. Umas das novas corretoras de ações mais quentes desse novo mercado era a Bernard L. Madoff Investment Securities, cujo respeitado proprietário seria desmascarado em 2008 como o arquiteto do maior esquema Ponzi da história. Vide *O mago das mentiras: Bernard Madoff e a história da maior fraude financeira de todos os tempos* (Rio de Janeiro: Record, 2017).

44. Em 1972, o presidente da NYSE, James Needham, argumentou que as finanças de Wall Street eram precárias demais para permitirem uma mudança nas taxas de comissão, na época oferecidas para pôr um fim às comissões fixas se os reguladores interrompessem a negociação de ações na Bolsa da Big Board. Sua abordagem deixou a diretoria furiosa e chocou Washington. Vide "The Way It Was: An Oral History of Finance 1967--1987", dos editores da revista *Institutional Investor* (Nova York: William Morrow and Co., 1988), p. 304-5.

45. Grant, "John Phelan vs. Program Trading".

46. Karen W. Arenson, "New York's New Financial Markets", *New York Times*, 16 de novembro de 1980, p. 1.

47. Uma dessas belas e antigas estruturas para negociação, a N. 15, foi doada à Harvard Business School, onde foi examinada de perto pela autora.

48. O processo de instalação foi um feito incrível – trabalhadores montaram os novos postos um de cada vez em plataformas elevadas no espaço altíssimo logo abaixo do teto de 22 m do pregão. Quando um novo posto era concluído, os trabalhadores esperavam até o sino de encerramento da sexta à tarde, e depois desconectavam e transportavam o posto antigo antes de instalar o novo. Ele era conectado ao sistema elétrico antes do sino de abertura na segunda seguinte. Após 14 sextas sucessivas, os novos pos-

382 O PIOR DIA NA HISTÓRIA DE WALL STREET

tos da era espacial estavam todos instalados – sem uma única interrupção nas negociações. James E. Buck, org., *The New York Stock Exchange: The First 200 Years* (Essex, CT: Greenwich Publishing Group, 1992), p. 212-13.

49. O Nasdaq, ao contrário do senso comum, não era a primeira bolsa "automatizada" da nação. O título provavelmente pertence à Instinet, que abriu para negócio em 1969, dois anos antes do Nasdaq. Em 1980, o Nasdaq sequer era uma bolsa completamente automatizada. Seu sistema computacional só exibia e atualizava as ofertas de compra e venda dos negociantes; as negociações propriamente ditas precisavam ser feitas por telefone, por seres humanos. Em 1980, a Bolsa de Valores de Cincinnati (Cincinnati Stock Exchange) fechou seu pregão e transferiu todas as suas negociações para um computador programado para combinar ordens, mas nunca atraiu um volume suficiente de negociações para ser viável.

50. Eric J. Weiner, *What Goes Up: The Uncensored History of Modern Wall Street* (Nova York: Back Bay Books/Little Brown, 2005), p. 187-98.

51. Ibid.

52. "Futures Board: Day One."

4. MUDANDO DE MARCHA

1. Todas as descrições do clima baseiam-se nos arquivos históricos do Weather Underground, a não ser nos casos com outras fontes creditadas.

2. Entrevistas confidenciais.

3. Gil Troy, *Morning in America: How Ronald Reagan Invented the 1980s* (Princeton, NJ: Princeton University Press, 2005), p. 48-49, entre várias outras fontes. As políticas orçamentárias de Reagan aprofundariam continuamente o déficit federal na marcha com destino a 1987. Sua própria crença firme na "economia pelo lado da oferta", que argumentava que cortes nos impostos estimulariam um crescimento econômico mais do que suficiente para compensá-los, ganharia cada vez mais força, mas não era unanimidade sequer entre seus conselheiros financeiros e econômicos mais próximos. Vide Sean Wilentz, *The Age of Reagan: A History of 1974-2008* (Nova York: Harper Perennial, 2009), p. 140-41.

NOTAS   383

4. Stone depusera em fevereiro, diante de um subcomitê de agricultura do Senado, sobre as complexas questões jurisdicionais em torno dos futuros de índices, alertando que poderia ser necessária uma ação do Congresso para resolver disputas envolvendo o Federal Reserve, o Tesouro e a SEC. Durante a audiência, de acordo com um relato, Stone disse que simpatizava com os pontos levantados pela SEC e pelo Fed, embora achasse que o Congresso dera jurisdição sobre todos os contratos a futuro à CFTC. Vide III.1379, Folder 23/23, "Stock Index Futures 1980", Commodity News Service, 21 de fevereiro de 1980, CBT Archives.

5. Jeff Gerth, "SEC Chief Is Inclined to Stay On", *New York Times*, 17 de novembro de 1980, D1.

6. Entrevista com Harold Williams, 19 de janeiro de 2006, "Oral Histories", site da SECHS, p. 21-22, usada com permissão de www.sechistorical.org, <http://3197d6d14b5f19f2f440-5e13d29c4c016cf96cbbfd197c579b45.r81. cf1.rackcdn.com/collection/oral-histories/williamsH011906Transcript. pdf>.

7. Em III.1397, Pasta 6/13, rotulada "Executive Committee Meeting December 2, 1980", há anotações escritas à mão de uma longa discussão sobre o "segmento da CFTC". Vide também III.1397, Pasta 3/13, rotulada "Executive Committee Meeting November 6, 1980", CBT Archives, que contém anotações escritas à mão de uma reunião no Mid-America Club dois dias antes da eleição. As anotações mencionam que um diretor gritou que eles poderiam "ficar um pouco idiotas [*sic*] – Stone". Eles também discutiram como a eleição afetaria os comitês de finanças e agricultura do Congresso.

8. Ibid.

9. Vise e Coll, *Eagle on the Street*, p. 23.

10. Clyde H. Farnsworth, "Washington Watch; Battles Over Ex-Im Cuts", *New York Times*, 2 de fevereiro de 1981, p. D2.

11. Tabelas de ações do *New York Times*, 4 de novembro de 1980.

12. Alexander Hammer, "Dow Soars by 14.91 to 1,244.15", *New York Times*, 7 de novembro de 1984, p. D1.

384 O PIOR DIA NA HISTÓRIA DE WALL STREET

13. "Reagan's Landslide Sets Off Surge", *New York Times*, 6 de novembro de 1980, p. D16.

14. Ibid.

15. Ann Crittenden, "Granville Promotes Market-Turn Flair", *New York Times*, 8 de janeiro de 1981, p. D6.

16. Christopher Drew, "Joseph E. Granville, Stock Market Predictor, Dies at 90", *New York Times*, 18 de setembro de 2013.

17. Granville emitira uma recomendação de "compra" igualmente dramática para o fim de semana meses antes, em abril de 1980; quando o mercado abriu para as negociações de segunda, o Dow subiu 30 pontos em negociações intensas. Vide Jerome Baesel, George Shows e Edward Thorp, "Can Joe Granville Time the Market?" *Journal of Portfolio Management* (primavera de 1982), p. 5.

18. Kristin McMurran, "When Joe Granville Speaks, Small Wonder That the Market Yo-Yos and Tickers Fibrillate", *People*, 6 de abril de 1981.

19. De modo geral, Granville foi um selecionador de ações regular, mas costumava acertar quando identificava reviravoltas mais amplas no mercado. De acordo com Mark Hulbert, que acompanhava informativos de investimento como editor da *The Hulbert Financial Digest*, seus palpites ficaram pouco abaixo de um fundo de índice de compra e manutenção de 1980 a 2005. Vide Drew, "Joseph E. Granville, Stock Market Predictor, Dies at 90"; e Baesel, Shows, e Thorp, "Can Joe Granville Time the Market?"

20. Alexander R. Hammer, "Stocks Decline Sharply as Trading Soars to Record", *New York Times*, 8 de janeiro de 1981, p. 1. Um declínio equivalente em 2016 seria de mais de 460 pontos.

21. Ibid. Os fãs de Granville riram por último – uma baixa de mercado abatera-se silenciosamente no final de novembro, e duraria vinte meses, acompanhada na maior parte do tempo por uma grande e severa recessão que, por fim, apagou o incêndio inflacionário que o presidente do conselho do Fed, Volcker, combatia desde novembro de 1979.

22. O presidente Carter trabalhou para libertar os reféns até as últimas horas de seu mandato – aliás, ele não dormiu nos dois dias que antecederam a posse de Reagan. O Irã aceitou o acordo na manhã do Dia da Posse, mas

NOTAS 385

se recusou a libertar os norte-americanos enquanto Carter estivesse no cargo. Então, foi Reagan que anunciou oficialmente a boa notícia,

23. Ronald Reagan, "Remarks at the Inaugural Balls", 20 de janeiro de 1981, site American Presidency Project, em <http://www.presidency.ucsb.edu/ws/?pid=43524>. Embora haja muitos relatos de que os Reagan compareceram a oito bailes, na verdade foram dez; eles são enumerados nesse arquivo. Os detalhes sobre o vestido da primeira-dama, que foi emprestado pelo estilista James Galanos e mais tarde doado ao Smithsonian, foram tirados de Albin Krebs e Robert McG. Thomas, "Notes on People; Nancy Reagan Dress Becomes a Museum Piece", *New York Times*, 5 de novembro de 1981, p. C24.

24. Ernest Holsendolph, "Reagan Designee Says He Supports Reductions in Aid for Mass Transit", *New York Times*, 8 de janeiro de 1981, p. B15.

25. Wilentz, *The Age of Reagan*, p. 140.

26. Robert D. Hershey Jr., "Energy: James Burrows Edwards", *New York Times*, 23 de dezembro de 1980, p. 13.

27. Regan narrou seu recrutamento em suas memórias, *For the Record: From Wall Street to Washington* (Nova York: Harcourt Brace Jovanovich, 1988), p. 139-41.

28. Há discursos da conferência nos arquivos da Sociedade Histórica da SEC e da NYSE, e Harvey Pitt confirmou muitos dos detalhes sobre a conferência, à qual compareceu.

29. Entrevista da autora com David S. Ruder, 27 de dezembro de 2016 (deste ponto em diante, referida como "Entrevista com Ruder, dezembro de 2016").

30. SEC Transition Team, "Final Report", 22 de dezembro de 1980, p. I-5, site da SECHS, usado com permissão de <www.sechistorical.org>, onde a URL para as primeiras cinco partes é <http://3197d6d14b5f19f2f440-Ze-13d29c4c016cf96cbbfd197c579b45.r81.cf1.rackcdn.com/collection/papers/1980/1980_1222_SECTransition_1.pdf>.

31. Ibid., p. I-6.

32. Ibid., p. I-4–5.

33. Ibid., p. I-9–10.

386 O PIOR DIA NA HISTÓRIA DE WALL STREET

34. Ibid., p. VII-5.
35. Ibid., p. VII-6.
36. Entrevista com Ruder, dezembro de 2016.
37. Entrevista com Ruder, dezembro de 2016; entrevista com Pitt; e uma carta confidencial de A. Sommer Jr. para o Honorável Edwin Meese III, datada de 29 de janeiro de 1981 (deste ponto em diante, referida como "carta Sommer/Meese"), site da SECHS, usado com permissão de <www.sechistorical.org>, <http://3197d6d14b5f19f2f440-5e13d29c4c016cf96cbbfd197c579b45.r81.cf1.rackcdn.com/collection/papers/1980/19810129SommerMeeseT.pdf>.
38. Em 1977, ele fez um discurso muito divulgado condenando a SEC por sua atitude linha-dura para com os subornos internacionais de corporações americanas, dizendo que ela estava excedendo seus poderes estatutários. Vide Eric Pace, "A. A. Sommer Jr., 77, Commissioner on the SEC in the 70s", *New York Times*, 19 de janeiro de 2002.
39. Carta Sommer/Meese, p. 1.
40. Outra carta de protesto foi enviada para a Casa Branca pelo senador William Proxmire, um conhecido democrata de Wisconsin no Comitê de Operações Bancárias do Senado que também era um dos supervisores da SEC no Congresso. O relatório "toca no coração da SEC" e a reduziria "a um tigre sem dentes", escreveu o legislador. Ele iria "[se] opor com todos os meios à [sua] disposição" a qualquer indicado da SEC que pretendesse implementar as recomendações do relatório, disse. Carta para o presidente de William Proxmire, 28 de janeiro de 1981, site da SECHS, usada com permissão de <www.sechistorical.org>, <http://3197d6d14b-5f19f2f440-5e13d29c4c016cf96cbbfd197c579b45.r81.cf1.rackcdn.com/collection/papers/1980/19810128ReaganProxmireT.pdf>.
41. Entrevista confidencial com ex-funcionário sênior da SEC.
42. Carta de Harold M. Williams para o presidente eleito Ronald R. Reagan, 31 de dezembro de 1980, site da SECHS, com permissão de <www.sechistorical.org>, <http://3197d6d14b5f19f2f440-5e13d29c4c016cf96cbbfd197c579b45.r81.cf1.rackcdn.com/collection/papes/1980/19801231WilliamsReaganT.pdf>.

NOTAS 387

43. A CBOE era com frequência equivocadamente identificada em notícias e audiências do Congresso como "Chicago Board of Options Exchange", o que demonstra a ignorância em relação às suas origens. Originalmente, ela era uma bolsa de opções criada pela Chicago Board of Trade – assim, era a bolsa de opções da Chicago Board. Mais tarde, tornou-se uma entidade independente, mas conservou o nome, embora não fosse mais uma bolsa da Chicago Board.

44. Uma opção de comprar algo se chama "opção de compra", enquanto uma opção de vender algo é uma "opção de venda". No mercado, geralmente são chamadas simplesmente de "vendas e compras". Isso ajuda a pensar na opção de compra como no direito de *comprar algo* do mercado, que deve vender para você, enquanto uma opção de venda permite *vender algo* no mercado, que deve comprar de você.

45. Contratos a futuro impõem obrigações dos dois lados da negociação: à parte que concordou em vender a commodity e à parte que aceitou comprá-la. Opções impõem uma obrigação apenas ao lado do vendedor da opção, e não ao do comprador. Assim, para compradores, opções são muito menos arriscadas do que futuros – mas isso não significa que o mercado de opções seja menos arriscado do que o mercado a futuro. Vendedores de opções ("lançadores") enfrentam os mesmos riscos inerentes a um contrato a futuro, mas o lado positivo é limitado aos prêmios que recebem quando vendem ("lançam") as opções.

46. Os defensores mais fervorosos dos futuros insistem que, se a CFTC já existisse em 1973, a CBOE teria sido colocada sob sua jurisdição, em razão das semelhanças entre os futuros e as opções. É claro que essas semelhanças também eram citadas como uma razão para colocar os futuros financeiros sob a jurisdição da SEC, que já regulava um mercado de derivativos financeiros.

47. A CBT também argumentava que nem uma bolsa regulada pela CFTC poderia, legalmente, negociar a opção GNMA proposta naquele momento, pois a CFTC impusera uma moratória às "opções de commodities" em 1977, e, do ponto de vista da CBT, a opção GNMA era uma "opção de commodity".

388   O PIOR DIA NA HISTÓRIA DE WALL STREET

48. Vide *Board of Trade of the City of Chicago v. the SEC and CBOE* (deste ponto em diante, referido como "*CBT v. SEC* ruling"), U.S. Court of Appeals for the Seventh Circuit, 677 F.2d 1137, N. 81–1660, 24 de março de 1982.

49. Foi amplamente, mas equivocadamente, divulgado que Shad foi o primeiro executivo de Wall Street a ser abordado para liderar a SEC desde que FDR escolhera Joseph P. Kennedy como primeiro presidente do conselho da SEC em 1934. Entretanto, Kennedy (o pai do presidente John F. Kennedy) nunca liderara uma firma de Wall Street; ele trabalhara durante a década de 1920 apenas como um especulador de Wall Street. Na verdade, Shad foi o primeiro banqueiro de investimentos a ocupar o cargo de presidente do conselho da SEC desde que o presidente Truman escolheu o incrivelmente desqualificado Harry McDonald, um pecuarista produtor de leite transformado em banqueiro de investimentos, para a posição em 1949. Vide Joel Seligman, *The Transformation of Wall Street: A History of the Securities and Exchange Commission and Modern Corporate Finance*, 3rd ed. (Nova York: Aspen Publishers, 2003), p. 243.

50. Philip Johnson originalmente se chamava Philip Frederick Johnson, e foi nomeado e confirmado pelo Senado como "Philip F. Johnson". Algumas semanas depois da sua confirmação, ele se casou com uma advogada bem-sucedida chamada Laurie McBride, que não estava inclinada a mudar seu nome profissional. No espírito da igualdade de gênero, Johnson propôs que cada um adotasse o sobrenome do outro como nome do meio. Assim, quando chegou ao novo posto na CFTC, e pelo resto de sua carreira, o nome oficial de Johnson era "Philip McBride Johnson" (Entrevistas com Johnson).

51. H. J. Maidenberg, "Difficult Task Faces Chairman of C.F.T.C.", *New York Times*, 15 de junho de 1981, p. D1.

52. Melamed, *Escape to the Futures*, p. 292.

53. Office of Public Affairs, U. S. Securities and Exchange Commission, "Press Coffee with Chairman John S. R. Shad" (deste ponto em diante, referido como "Shad press coffee"), 13 de julho de 1981, p. 7, site da SECHS, usado com permissão de <www.sechistorical.org>, <http://3197d6d14b-

5f19f2f440-5e13d29c4c016cf96cbbfd197c579b45.r81.cf1.rackcdn.com/collection/papers/1980/19810713PressShadT.pdf>.

54. "Nomination of John S. R. Shad", Hearing Before the Senate Committee on Banking, Housing and Urban Affairs, 97th Congress, 1st Sess., 6 de abril de 1981, p. 11.

55. Ibid.

56. Entrevistas com Johnson.

57. Wilentz, *The Age of Reagan*, p. 141.

5. UM ACORDO EM WASHINGTON

1. Entrevistas com Johnson.

2. Há evidências divergentes sobre a data exata dessa reunião. Em sua primeira semana no cargo, Johnson disse a um repórter do *New York Times* que teria sua primeira reunião com Shad na semana de 15 de junho de 1981. (Vide Maidenberg, "Difficult Task Faces Chairman of C.F.T.C."). Em uma coletiva de imprensa de 13 de julho de 1981, Shad disse a repórteres que "houve uma reunião entre Phil Johnson e eu". (Vide Shad press coffee, p. 3.) Entretanto, Vise e Coll, que fizeram uma pesquisa admirável, mas, infelizmente, não forneceram as referências, em *Eagle on the Street* situam o almoço em algum ponto de agosto. Phil Johnson se lembraria do almoço conforme descrito por Vise e Coll, mas não conseguiu esclarecer a confusão em torno da sua data.

3. Vise and Coll, *Eagle on the Street*, p. 25.

4. Entrevistas com Johnson.

5. Shad press coffee, p. 3-4. É claro que não existe transcrição dessa conversa, mas Phil Johnson lembra que essas afirmações, que Shad mais tarde usou em uma coletiva de imprensa para descrever sua conversa, refletiam precisamente o que Shad lhe disse, então elas foram inseridas aqui.

6. Entrevistas com Johnson.

7. É difícil precisar o crédito pela liquidação em numerário, pelo menos no mercado norte-americano. Richard Sandor afirma (em *Good Derivatives*, p. 162) que já eram usados contratos a futuro liquidados

em numerário no Japão medieval; ele identificou o primeiro contrato liquidado em numerário como o contrato da Chicago Board of Trade para frango congelado, introduzido em 1972, embora a liquidação em numerário fosse opcional para esse contrato. Leo Melamed afirma que o contrato do Eurodólar da Chicago Merc, aprovado em 8 de dezembro de 1981, foi o primeiro contrato liquidado em numerário obrigatório dos Estados Unidos. (Vide Melamed, *Escape to the Futures*, p. 293.) Phil Johnson argumentou que a liquidação em numerário era insignificante no exemplo do Eurodólar, já que a liquidação física e a liquidação em numerário equivaleriam à mesma coisa: a troca de dólares. Portanto, ele dá crédito à Kansas City Board of Trade pela introdução do primeiro contrato liquidado em numerário obrigatório da nação, já que o contrato do Value Line *poderia* ter sido liquidado em outros termos que não em numerário (Entrevistas com Johnson). Seja como for, a Sydney Futures Exchange, hoje parte da Sydney Futures Exchange, parte da Australian Securities Exchange, negociava um contrato a futuro liquidado em numerário obrigatório em 1980, dois anos antes da introdução do contrato do índice Value Line.

8. Vise e Coll, *Eagle on the Street*, p. 40.

9. Entrevistas com David P. Feldman, 12 de fevereiro de 2016, e Amanda Binns Meller, 29 de fevereiro de 2016 (deste ponto em diante, referida como "Entrevista com Amanda Binns Meller"). Meller forneceu descrições detalhadas do escritório de seu pai, que visitava frequentemente na infância e adolescência.

10. "Gordon Binns Jr. Dies – Advised VRS", *Richmond Times-Dispatch*, 5 de abril de 2002.

11. "Grandson of Late W. H. Matheny Has High Scholastic Record", *Highland Recorder* (Monterey, VA), 13 de maio de 1949, p. 3. A mãe de Binns era Virginia Matheny, filha do editor fundador do *Highland Recorder*, W. H. Matheny. Os detalhes sobre as suas atividades na faculdade foram tirados do *Colonial Echo*, o anuário da William and Mary, de 1949.

12. Entrevista com Amanda Binns Meller.

NOTAS 391

13. Mercedes M. Cardona e Michael J. Clowes, "Reed Takes Over GM Fund; Successor to Gordon Binns Shares Many of His Views", *Pensions & Investments*, 30 de maio de 1994, p. 2.

14. Ibid.

15. Em 1982, a Divisão de Investimentos de Nova Jersey administrava 76 fundos segregados, inclusive seis fundos de pensão e de anuidade, de longe sua maior responsabilidade. Para simplificar, esses fundos, no conjunto, são chamados de "fundos de pensão estaduais". Além disso, a divisão administrava outras 166 contas menores de várias agências e autoridades do estado. O dinheiro desses fundos não é incluído no total do portfólio dos "fundos de pensão estaduais".

16. Machold ganhou o nome do pai de sua mãe, Roland S. Morris, um advogado que foi embaixador do presidente Wilson no Japão. A mãe de sua mãe era uma Shippen, uma notável família quacre que se estabeleceu na Filadélfia em 1963, e tinha um parentesco distante com Margaret "Peggy" Shippen, segunda mulher do traidor da Guerra de Independência Benedict Arnold.

17. Esses detalhes biográficos foram obtidos a partir de uma entrevista com Roland M. Machold, feita em 13 de novembro de 2014 (deste ponto em diante, referida como "Entrevista com Machold"), e extraídos de trechos de suas memórias inéditas que fazem parte dos arquivos da autora (deste ponto em diante, referidas como "Memórias de Machold").

18. Clowes, *The Money Flood*, p. 6. Clowes conta que, "durante 1974-1980, as participações em fundos de pensão privados aumentaram de US$ 63,6 bilhões para US$ 235 bilhões, uma taxa composta de 19,7% sobre o aumento", e afirma que os "fundos de pensão haviam substituído os investidores individuais como agentes do mercado de ações" na década de 1960, mas reconhece (p. ix-x) que "ninguém percebeu o quão poderosos os fundos de pensão haviam se tornado até [...] a metade dos anos 1980".

19. O termo *investidor institucional* já era familiar o bastante nos círculos financeiros na década de 1960 para ser escolhido como nome de uma revista voltada para os investidores gigantes que estavam redesenhando o mercado.

20. Clowes, *The Money Flood*, p. 1-2.
21. O sistema básico Designated Order Turnaround (DOT), introduzido em 1976, processava pequenos pedidos do varejo, mas, ao longo dos anos, sua capacidade fora ampliada para aceitar ordens de até 2.099 ações do mercado ou ordens limitadas. Ordens maiores podiam ser submetidas para ações mais líquidas, mas a execução não era garantida a não ser que as devidas providências fossem tomadas antecipadamente com o especialista. Além disso, a NYSE expandira o DOT para torná-lo capaz de processar ordens de compra ou venda de uma lista inteira de títulos. A funcionalidade de processamento de ordens da lista do DOT chamava-se simplesmente sistema LIST, e podia processar as negociações de até quinhentos títulos diferentes. Vide "The October 1987 Market Break" (deste ponto em diante, referido como "SEC Crash Report"), um relatório da Divisão de Regulação do Mercado, U.S. Securities and Exchange Commission, fevereiro de 1988, p. 16. Nesse relato, o termo *sistema DOT* envolve todas essas funcionalidades, à medida que elas eram estabelecidas.
22. O nome acabou sendo abreviado para "fundo hedge", pois muitos desses repositórios de investimentos não eram, de fato, hedged [limitados] do mesmo modo que os fundos originais.
23. Também regularia o minúsculo novo campo de opções baseadas nesses contratos a futuro.
24. As duas agências concordaram com uma moratória sobre os contratos a futuro ligados a ações individuais ou títulos municipais, e essa proibição duraria décadas.
25. Essa condição valia apenas para novas aplicações feitas após o acordo. Não valia para aplicações de contratos a futuro sobre índices de ações pendentes, feitas pela Kansas City Board of Trade, pela Chicago Board of Trade e pela Chicago Merc.
26. Na época, uma venda a descoberto (a venda de ações emprestadas na esperança de se lucrar quando o preço caísse) só podia ser feita após um "uptick", ou seja, um preço mais alto do que o preço anterior. A regra do uptick dificultava a venda a descoberto em um mercado em queda, e fazia papel de freio no declínio.

NOTAS 393

27. Entrevista com E. Gerald Corrigan, 26 de maio de 2015 (deste ponto em diante, referida como "Entrevista com Corrigan").
28. Ibid.
29. Ibid.
30. Ibid.
31. Ibid.
32. E. Gerald Corrigan e Evelyn F. Carroll, "Meeting the Challenges of a New Banking Era", Federal Reserve Bank of Minneapolis Annual Report 1981, 1º de janeiro de 1982.

6. FUTUROS DE AÇÕES, FRACASSOS DE TÍTULOS

1. "Commodity Futures Trading Commission Reauthorization" (deste ponto em diante, referida como "Senate CFTC Reauthorization 1982"), Hearings Before the Subcommittee on Agricultural Research and General Legislation of the Senate Committee on Agriculture, Nutrition, and Forestry, 97th Congress, 2nd Sess., 26 de fevereiro e 1º, 2, 10 e 11 de março de 1982, p. 3.
2. Ibid., p. 45-62.
3. Ibid., p. 47.
4. Ibid., p. 33-34. Em uma entrevista concedida à autora em 2015, Johnson apresentou uma versão diferente de seu diálogo com Volcker no tocante à questão das margens nos futuros de índices de ações, versão esta citada em Tamarkin, *The Merc*, p. 272-73. Na versão de Tamarkin, John foi visitado pelo presidente da Kansas City Board of Trade 24 horas antes da estreia do contrato do índice Value Line, e disse que Volcker "não permitiria margens tão baixas entre 3% a 5%". Johnson teria telefonado diretamente para Volcker, e, "sem ressuscitar o conflito entre o Fed e a CFTC sobre quem detinha a autoridade sobre as margens", perguntou se margens de 10% seriam aceitáveis. Volcker concordou, e, "após anos disputando o controle sobre as margens, o problema foi resolvido, como Johnson mais tarde colocou, 'em uma barganha de cinco minutos'." Embora esse diálogo de fato possa ter ocorrido, parece mais prudente confiar

394 O PIOR DIA NA HISTÓRIA DE WALL STREET

no testemunho sob juramento dado por Johnson diante de um comitê do Congresso dias depois dos eventos relevantes. Esse testemunho, e os desdobramentos posteriores, esclareceu que Volcker ainda tinha preocupações significativas em relação aos níveis das margens dos contratos a futuro de índices de ações, questões que não haviam sido resolvidas na "barganha de cinco minutos" de Johnson.

5. Ibid., p. 24.

6. Ibid.

7. Associated Press, "KC Board of Trade Hails Stock Futures' First Day", *Lawrence* (Kansas) *Journal-World*, 25 de fevereiro de 1982, p. 2.

8. H. J. Maidenberg, "Commodities: Emerging Index Futures", *New York Times*, 8 de março de 1982, p. D8.

9. Em 1982, Sandor trabalhava para uma firma de negociação de commodities e não fazia mais parte da equipe econômica da CBT, mas continuou sendo o presidente do conselho do "comitê de instrumentos financeiros", o painel que fizera o trabalho árduo para o histórico contrato a futuro GNMA em 1975.

10. Sandor mais tarde afirmaria (em *Good Derivatives*, p. 163-64) que as duas bolsas de Chicago haviam tomado a decisão estratégica de deixar a Kansas City Board of Trade, "uma bolsa pequena alinhada com um poderoso senador, Robert Dole", assumir a liderança na briga pela aprovação da CFTC. Os registros não sustentam sua afirmação. Em primeiro lugar, o senador Dole não representava o Missouri, portanto, não está claro por que ele teria estado "alinhado com" a bolsa de commodities do estado. Tampouco os comentários de Dole nas audiências no Congresso sugerem que ele defendesse o novo produto da KCBT, que ele comparou à "legalização das apostas". De forma mais conclusiva, os arquivos da CBT mostram que ela começou a trabalhar no seu próprio produto de índice de ações pelo menos em 17 de dezembro de 1979, quando seus membros autorizaram a proposta de Sandor, submetendo-a à CFTC pela primeira vez em 25 de fevereiro de 1980 – três dias antes de a aplicação da Merc e depois de a aplicação de Kansas City não terem conseguido aprovação da CFTC. Vide III.1373, Pasta 6/16, rotulada "Economic Analysis and Planning 1980", CBT Archives, para um

memorando datado de 14 de março de 1980, sobre "Portfolio Futures – Presentation of Salient Features of the CFTC Submission".

11. Esse relato da disputa do Dow Jones foi extraído da opinião arquivada da maioria em *Board of Trade of the City of Chicago v. Dow Jones & Company* (deste ponto em diante, referido como *CBT v. Dow* 1982) Appellate Court of Illinois – 1st District (2nd Division), 108 Ill. App. 3d 681 (1982) [Também citado como "439 N.E. 2d 526"], 17 de agosto de 1982.

12. Sandor, *Good Derivatives*, p. 164.

13. Ibid.

14. O símbolo do índice S&P 500 era SPX. A última letra do símbolo dos contratos a futuro baseados nesse índice mostrava quando ele vencia. Portanto, o SPU vencia em setembro, enquanto o SPZ vencia em dezembro. Décadas depois, os contratos a futuro do S&P 500 seriam coletivamente chamados de contratos "spoos", mas, na época, eram chamados de "spooz". É claro que a ortografia é flexível; a história autorizada de Tamarkin da Merc usa *spooz*, que parece mais adequado, enquanto as memórias de Melamed, *Escape to the Futures*, usa s-p-u-z, que parece uma ortografia um pouco confusa, já que poderia ser pronunciada para rimar com *ooze* ou *fuzz*.

15. Dois anos depois, o contrato foi renegociado para ser mais generoso para com o S&P. Vide Melamed, *Escape to the Futures*, p. 295.

16. É possível que tenha sido um pouco constrangedor para o presidente do conselho da CFTC que o juiz discordante da decisão tenha citado uma porção considerável do tratado legal do próprio Johnson sobre a lei que regulava as commodities para argumentar que a opinião da maioria estava errada. Assim, Johnson foi pego dos dois lados do conflito: apoiando a CBT como *amicus curiae* da comissão e, em sua educação legal anterior, fornecendo munição para o juiz que pretendia rejeitar os argumentos da CBT.

17. Decisão *CBT v. SEC*, 677 F.2d 1137. A corte reconheceu que os próprios certificados GNMA eram, de fato, valores mobiliários, mas decidiu que as opções GNMA estavam sob a jurisdição exclusiva da CFTC. Vide John D. Benson,

396 O PIOR DIA NA HISTÓRIA DE WALL STREET

"Ending the Turf Wars: Support for a CFTC/SEC Consolidation", *Villanova Law Review* 36, n. 5 (1991), p. 1.187.

18. Decisão *CBT v. SEC*.

19. Por essa e outras razões políticas, a proposta de reautorização não seria assinada até janeiro de 1982. Alguns meses depois, Johnson deixou a CFTC.

20. Títulos de curto e médio prazo do Tesouro, também negociados no mercado do Tesouro e conhecidos como mercado de títulos do governo. Para simplificar, esse relato usa "mercado de títulos do Tesouro" para incorporar o mercado onde todos esses títulos relacionados também são negociados.

21. "Death Notice: Benedict, Coleman H.", *New York Times*, 22 de abril de 2005. Coleman H. Benedict era neto e homônimo do fundador da firma.

22. Em abril de 1982, a imagem da Drysdale foi um pouco polida quando ela anunciou que pagaria US$ 3,5 milhões pelo célebre Chamber of Commerce Building, uma joia das belas-artes localizada no número 65 da Liberty Street, em Lower Manhattan. Vide o artigo sem autoria "Postings: Leaseback", *New York Times*, 18 de abril de 1982, sec. 8, p. 1.

23. Barrie A. Wigmore, *Securities Markets in the 1980s: The New Regime 1979--1984*, vol. 1 (Nova York: Oxford University Press, 1997), p. 236. Vide também Scott E. D. Skyrm, *Rogue Traders* (Nova York: Brick Tower Press, 2014), capítulo 1. De acordo com Skyrm (na p. 39), Heuwetter morreu em 4 de agosto de 2012, aos 71 anos.

24. A falência da firma em 1982 levou os negociantes do Tesouro a formalizar sua contabilidade e sua papelada para pôr fim a algumas das práticas exploradas nas negociações da Drysdale. Os negócios, na verdade, eram nominalmente estruturados como uma venda de títulos com o acordo de voltar a comprá-los – daí o termo *contratos de recompra* ou *Repos*. Mas o mercado inteiro considerava-os empréstimos – até outra negociante, a Lombard-Wall Money Markets, ter aberto falência ainda no mesmo verão. A Corte de Falências decidiu que os títulos que a negociante oferecera como garantia a seus credores não podiam servir de caução para os empréstimos não pagos, mas precisavam ser tratados como parte do patrimônio do devedor. Os títulos ficaram retidos por meses no processo

de falência, e investidores fugiram aos bandos do mercado de Repos. A um pedido desesperado da indústria, o Congresso adotou emendas no código federal de falência para esclarecer que um contrato de recompra deveria ser tratado pela corte como garantia caso uma corretora de ações entrasse em colapso.

25. Essa é a versão do mercado do Tesouro das vendas a descoberto do mercado de ações, em que um especulador paga uma taxa para pegar ações emprestadas de um grupo supostamente supervalorizado, e então as vende, apostando que o preço do grupo cairá e que ele conseguirá comprá-lo de volta, devolver as ações que tomou emprestadas e lucrar. Daí, o negociante de títulos apostava que as taxas de juros em ascensão provocariam a redução do preço dos títulos que havia tomado emprestados e vendido, e que, assim, ele conseguiria comprá-los de volta a um preço inferior e lucrar a partir da diferença.

26. Skyrm, *Rogue Traders*, p. 25. A estratégia do negociante explorava o hábito ultrapassado do mercado de Repos de ignorar o valor dos juros devidos no cálculo da margem que o negociante teria que aplicar para tomar os títulos emprestados. Assim, o negociante podia tomar títulos emprestados postando uma margem que *não* refletia os juros precisamente e vendê-los a um preço que *refletia* os juros precisamente, e negociar com o capital levantado até chegar a hora de devolver os títulos. "Era, no fundo, uma forma incrível de conseguir um empréstimo sem juros, não importava quais fossem as taxas", observa Skyrm. E, com as taxas de juros elevadas, a técnica era uma mina de ouro – se nada desse errado.

27. Ibid., p. 24.

28. Em um processo criminal, Heuwetter mais tarde se declarou culpado, exagerando muito a força financeira de sua firma secundária, que afirmava ter US$ 20,5 milhões em capital, quando, de fato, eram US$ 150 milhões no vermelho. Vide *U.S. v. David J. Heuwetter*, 84-CR-188, U.S, District Court, the Southern District of New York; e *SEC News Digest*, 9 de abril de 1984, p. 2.

29. Skyrm afirma (vide *Rogue Trader*, p. 18) que o Fed de Nova York também recebeu um alerta bem cedo sobre o tamanho das posições da Drysdale

no mercado de títulos do Tesouro: "O Federal Reserve recebera dicas de vários participantes do mercado que acreditavam que a Drysdale estava negociando em grande excesso em relação à base capital da firma, e muitos negociantes já haviam se recusado a negociar com a firma por causa das suas famosas práticas arriscadas." A fonte dessa afirmativa não foi fornecida. O testemunho do Senado sobre o escândalo revelou apenas que a Drysdale entrara com uma aplicação no Fed de Nova York pelo status de dealer primária em 23 de abril de 1982, e recebera a resposta de que sua aplicação era "prematura". Vide "Disturbance in the U.S. Securities Market" (deste ponto em diante, referida como "Senate Drysdale Hearing"), Hearing Before the Subcommittee on Securities of the Senate Committee on Banking, Housing, e Urban Affairs, 97th Congress, 2nd Sess., 25 de maio de 1982, p. 39-40.

30. De acordo com a Audiência da Drysdale no Senado, elas eram a Manufacturers Hanover (p. 26) e a U.S. Trust Company (p. 28).

31. Michael Quint, "Financing Quirk at Drysdale Studied", *New York Times*, 25 de maio de 1982, p. D5.

32. Skyrm, *Rogue Trader*, p. 27.

33. Hoje, a soma seria de cerca de US$ 480 milhões.

34. Esses detalhes foram extraídos de uma rica cronologia preparada pelo presidente do Fed de Nova York, Anthony Solomon, para a Audiência da Drysdale no Senado, nas p. 24-28.

35. Em algum momento nessas horas de tensão, Corrigan deixou Washington com destino a Nova York, mas o horário não foi mencionado no depoimento subsequente nem na cronologia oficial.

36. Audiência da Drysdale no Senado, p. 25.

37. Skyrm, *Rogue Trader*, capítulo 1.

38. Audiência da Drysdale no Senado, p. 27.

39. Transcrição da Reunião de Comissão Federal do Mercado Aberto (deste ponto em diante, "Transcrição de Reunião da FOMC"), 18 de maio de 1982, p. 1, site do Federal Reserve, <https://www.federalreserve.gov/monetarypolicy/files/FOMC19820518meeting.pdf>.

NOTAS 399

40. Ibid., p. 3. Todas as citações diretas da Reunião da FOMC são provenientes da mesma transcrição.
41. Audiência da Drysdale no Senado, p. 28.

7. UMA PRAGA DE OKLAHOMA

1. Todos esses detalhes foram extraídos do depoimento de John R. Lytle, "Penn Square Bank Failure", Hearings Before the Committee on Banking, Finance, and Urban Affairs, Câmara dos Deputados, 97th Congress, 2nd Sess., Part 2, 29-30 de setembro de 1982, p. 6.
2. Ibid.
3. Tamarkin, *The Merc*, p. 189-90.
4. Ibid., p. 191. Como coloca Tamarkin, "Muitos dos negociantes, banqueiros e membros da câmara de compensação eram bons clientes dos bancos, e os bancos entendiam a necessidade do hedging e dos futuros".
5. Ibid., p. 192.
6. Wigmore, *Securities Markets in the 1980s*, p. 43.
7. No início dos anos 1970, durante a administração de Nixon, uma comissão do governo recomendou que o limite imposto à taxa de juros fosse suspenso, mas a própria indústria de poupança se opôs à medida, pois a suspensão do limite teria reduzido seus lucros com a elevação do custo da aquisição de depósitos. O governo federal voltou atrás e deixou o limite como estava, armando o palco para um grande fardo para o contribuinte.
8. Sob pressão para flexibilizar as regras e promover a competição financeira, o Congresso promulgara uma lei em 1980, sob o presidente Carter, estabelecendo um comitê para supervisionar uma anulação gradual dos limites sobre as taxas de juros. No início de 1982, contudo, pouco progresso havia sido feito, apesar da pressão proveniente da nova administração. De acordo com o estatuto, Volcker era membro do novo comitê de desregulação, mas sua falta de entusiasmo pelo trabalho do comitê fica evidente nas transcrições de reuniões particulares realizadas no Fed no final de 1981 e início de 1982. Vide Robert A. Bennett, "Banks Square Off Against the Fed", *New York Times*, 14 de junho de 1981, sec. 3, p. 1.

400 O PIOR DIA NA HISTÓRIA DE WALL STREET

9. Phillip L. Zweig, "FDIC Said to Launch Review of Oklahoma's Penn Square Bank", *The American Banker*, 2 de julho de 1982. Zweig narrou a saga do colapso do banco em *Belly Up: The Collapse of the Penn Square Bank* (Nova York: Crown Publishers, 1985), assim como Mark Singer, *Funny Money* (Nova York: Knopf, 1984).

10. Phillip L. Zweig, "Oklahoma's Penn Square Bank, Maverick Oil Patch Lender", *American Banker*, 26 de abril de 1982.

11. Depoimento de C. T. Conover, Autoridade Controladora da Moeda, "Federal Supervision and Failure of the Penn Square Bank, Oklahoma City, Okla" (Deste ponto em diante, referido como "Penn Square Hearing"). Hearing Before a Subcommittee of the House Committee on Government Operations, 97th Congress, 2nd Sess., 16 de julho de 1982, p. 44–53; e "Chronology of OCC Supervision of Penn Square Bank N.A., January 1, 1980, to July 5, 1982", Penn Square Hearing, p. 54-57.

12. O gabinete da Autoridade Controladora da Moeda há muito tempo se financia impondo taxas de exame e análise aos bancos sob sua supervisão. Ao contrário da SEC e da CFTC, o OCC é uma agência "extraoficial" do governo federal, o que significa que nem recebe receita do contribuinte, nem contribui da sua receita com o Tesouro para uso geral.

13. Penn Square Hearing, p. 1, citando o congressista democrata de Nova York Benjamin S. Rosenthal.

14. Irvine H. Sprague, *Bailout: An Insider's Account of Bank Failures and Rescues* (Washington, D.C.: Beard Books, 2000), p. 116-17.

15. Chamadas "certificados do administrador judicial". Vide Penn Square Hearing, p. 41.

16. Transcrição de Reunião da FOMC, 30 de junho – 1º de julho de 1982, p. 29.

17. Paul Meek, "Notes for FOMC Meeting": Transcrição de Reunião da FOMC, 30 de junho de 1982, apêndice p. 3.

18. Sprague, *Bailout*, p. 157.

19. Ibid., p. 116.

20. Silber, *Volcker*, p. 219-21. Volcker ajudara sigilosamente o México a maquiar seus relatórios financeiros para abril e junho; ele mais tarde disse a Silber que se arrependia de ter feito esse "jogo de cena", pois disfarçou

NOTAS 401

a extensão das pressões que o México estava sofrendo. Contou, ainda, que na época justificou-se para si mesmo dizendo que era uma forma de dar ao México tempo para negociar um pacote de emergência do Fundo Monetário Internacional.

21. Ibid., p. 220 e 398n20, que fornece a documentação privada do Fed em que a análise se baseou.

22. Greider e Spregue discordaram em relação ao horário dessa reunião. Sprague, um participante direto, diz que foi no sábado, 4 de julho; Greider, que é, relativamente, um informante de segunda mão, diz que foi no domingo, 5 de julho, o que parece menos plausível porque o fechamento do banco foi anunciado naquela noite.

23. Sprague, *Bailout*, p. 119.

24. Greider, *Secrets of the Temple*, p. 500-501.

25. Sprague, *Bailout*, p. 119.

26. Ibid.

27. Robert A. Bennett, "Continental Posts $60.9 Million Loss", *New York Times*, 22 de julho de 1982, p. D7.

28. Robert A. Bennett, "Continental Knew in '81 of Problem", *New York Times*, 5 de agosto de 1982, p. D4.

29. Wigmore, *Securities Markets in the 1980s*, p. 46.

30. Especial para o *New York Times*, "Seafirst Loan Loss Causes Layoff of 400", *New York Times*, 16 de julho de 1982, p. D3.

31. "Two Officials Quit at Chase", *New York Times*, 20 de julho de 1982, p. D16.

32. Especial para o *New York Times*, "'Assurances' on Penn Square Recalled by Michigan Banker", *New York Times*, 30 de setembro de 1982, p. D4.

33. "Banks' Collapse Is Said to Impair Thrift Units", *New York Times*, 23 de julho de 1982, p. D1.

34. Penn Square Hearing, p. 30.

35. Ibid., p. 2-9.

36. Ibid., p. 41-42.

37. Ibid.

38. Ibid., p. 43-44.

402 O PIOR DIA NA HISTÓRIA DE WALL STREET

39. Maggie Mahar, *Bull: A History of the Boom and Bust, 1982-2004* (Nova York: Harper Business, 2004), p. 46-47.

8. ALTAS E BANCOS

1. Hope Lampert, *Till Death Do Us Part: Bendix vs. Martin Marietta* (Nova York: Harcourt Brace Jovanovich, 1983), p. 1-4.
2. A Martin Marietta reagiu à oferta espontânea *da* Bendix fazendo uma oferta espontânea *pela* Bendix. Outra gigante da indústria de defesa, a United Technologies, entrou na briga e fez sua própria oferta pela Martin Marietta, mas não obteve sucesso. A Allied Corporation resgatou a Bendix da oferta espontânea da Martin Marietta fazendo uma oferta amigável, que foi aceita.
3. Vide John Steele Gordon, *The Scarlet Woman of Wall Street: Jay Gould, Jim Fisk, Cornelius Vanderbilt, the Erie Railway Wars, and the Birth of Wall Street* (Nova York: Weidenfeld and Nicolson, 1988).
4. Vide Diana B. Henriques, *The White Sharks of Wall Street: Thomas Mellon Evans and the Original Corporate Raiders* (Nova York: Lisa Drew Books/ Scribner, 2000).
5. Vide Isadore Barmash, *Welcome to Our Conglomerate – You're Fired!* (Nova York: Delacorte Press, 1971).
6. Vise e Coll, *Eagle on the Street*, p. 100.
7. Foi durante a batalha da Bendix que um jovem banqueiro de investimentos da Kidder Peabody chamado Martin Siegel, o homem a ter liderado a defesa da Martin Marietta, ganhou um "bônus" em dinheiro de US$ 150 mil do negociante de ações Ivan Boesky em troca de dicas antecipadas sobre o acordo. Esse crime acabaria por levar à prisão de Boesky e à ruína do inovador dos títulos de alto risco Michael Milken, da Drexel Burnham Lambert. Vide James B. Stewart, *Covil de ladrões* (Rio de Janeiro: Bertrand Brasil, 1994).
8. Robert J. Cole, "Euphoric Day for Wall Street", *New York Times*, 8 de outubro de 1982, p. D1.
9. Ibid.

NOTAS 403

10. Ibid.

11. Observações de E. Gerald Corrigan, presidente, Federal Reserve Bank de Minneapolis, American Bankers Association Annual Convention, Atlanta, GA, 19 de outubro de 1982 (deste ponto em diante, referidas como "Observações de Corrigan na ABA").

12. Embora citados em outros lugares, esses foram tirados de Rebecca A. Craft, "Avoiding the Glass-Steagall and Bank Holding Company Acts: An Option for Bank Product Expansion", *Indiana Law Journal* 59, n. 1 (inverno de 1983), p. 89n3.

13. Ibid., p. 92.

14. Observações de Corrigan na ABA, p. 2. As citações restantes são provenientes desse discurso.

15. Greider, *Secrets of the Temple*, p. 523.

16. Ibid.

17. Greider, *Secrets of the Temple*, observa, na p. 527, que o revezamento anual dos membros em 1983 colocou Roger Anderson no Federal Advisory Council, "o seleto grupo de doze banqueiros de bancos comerciais que se encontravam em particular de trimestre em trimestre com a diretoria do Federal Reserve", o que Greider chamou de "um último insulto descarado".

18. Greider, *Secrets of the Temple*, p. 524.

19. Mary Greenebaum, "A Strategy for Limiting Portfolio Losses", *Fortune*, 14 de junho de 1982.

20. Entrevista com Hayne E. Leland e John O'Brien, 25 de abril de 2014 (deste ponto em diante, referida como "Entrevista com Leland – O'Brien, 2014").

21. Ibid.

22. Os pontos altos da carreira do almirante Ellis foram traçados em inúmeros artigos, inclusive "New Navy Ordnance Head", *New York Times*, 2 de junho de 1931, p. 27; e "Admiral in New Post", *New York Times*, 26 de outubro de 1940, p. 6. O status social da família Ellis é comprovado por dezenas de pequenas notas sobre a sociedade do *New York Times* e do *Washington Post*, entre as quais "Dinners Precede Newport Concert", *New York Times*, 24 de julho de 1936, p. 14; e "Lucia Long Ellis Engaged to Wed", *New York Times*, 16 de

404   O PIOR DIA NA HISTÓRIA DE WALL STREET

março de 1941, p. 46. A linhagem do próprio Leland é detalhada em "Engagements – Leland – de Bresson", *New York Times*, 16 de julho de 1964, p. 31; "Other Wedding Plans – Ellis – Leland", *New York Times*, 5 de junho de 1932, p. 31; e "New Home Acquired by Secretary Stimson", *New York Times*, 29 de junho de 1929, p. 7.

23. Andrew Kupfer, "Leland, O'Brien, and Rubinstein: The Guys Who Gave Us Portfolio Insurance", *Fortune*, 4 de janeiro de 1988.

24. "Engagements – Leland – de Bresson."

25. "Annie-May de Bresson Bride of Hayne E. Leland in Paris", *New York Times*, 5 de dezembro de 1964.

26. Sua tese de doutorado impressionou a ponto de ter sido publicada em 1969 pelo prestigioso *Journal of Finance*. Vide Hayne E. Leland, "Dynamic Portfolio Theory", *The Journal of Finance* 24, n. 3 (junho de 1969), p. 543.

27. Entrevista com Hayne Leland, John O'Brien e Mark Rubinstein, 1º de abril de 2016 (deste ponto em diante, referida como "entrevista LOR, 2016").

28. Ibid. Trata-se de uma história narrada com frequência, inclusive com detalhes em Bernstein, *Capital Ideas*, p. 269-73; Fox, *Mito dos mercados racionais*; e Kupfer, "Leland, O'Brien, and Rubinstein".

29. Infelizmente, essa ideia não parecia absurda no final dos anos 1990 e início dos anos 2000 para firmas como a AIG, que vendeu grandes números de swaps de crédito. Os swaps eram, essencialmente, apólices de seguro que protegiam compradores de perdas decorrentes de calotes corporativos. Como era provável que calotes corporativos estivessem altamente correlacionados a condições econômicas turbulentas, era também provável que essas "apólices de seguro" produzissem grandes cobranças ao mesmo tempo – que foi precisamente o que aconteceu na crise de 2008.

30. A ideia é descrita em linguagem simples por Bernstein, *Capital Ideas*, p. 271.

31. O que distingue opções de contratos a futuro, como os negociados em Chicago, é que uma opção não requer a transação, mas simplesmente a permite. Portanto, o detentor de um contrato a futuro seria obrigado a

comprar ou vender a commodity subjacente na data fixada pelo contrato, enquanto o detentor de uma opção não seria requisitado a agir.

32. Bernstein, *Capital Ideas*, p. 272.

33. Ele comentou mais tarde que sua ideia surgiu de um conjunto de outras pesquisas, entre as quais se note o trabalho de Fischer Black e Myron Scholes, cujo modelo para a fixação de preços de opções foi a fundação dos emergentes mercados de opções. Extraído de uma entrevista com Hayne Leland e John O'Brien, 26 de dezembro de 2016 (deste ponto em diante, referida como "Entrevista com Leland – O'Brien, 2016").

34. Ibid.

35. Bernstein, *Capital Ideas*, p. 274.

36. Ibid., p. 277.

37. Ibid., p. 276-78.

38. Ibid.

39. Entrevista LOR, 2016.

40. Ibid.

41. Clowes, *The Money Flood*, p. 210-11.

42. Mais tarde, o conceito seria chamado de "hedging dinâmico" e "alocação dinâmica de ativos", mas as evidências de que "seguro de portfólio" foi o nome original são inquestionáveis: o primeiro artigo sobre o conceito publicado por Leland foi "Who Should Buy Portfolio Insurance?" (Working Paper N. 95, Institute of Business and Economic Research, Universidade da Califórnia, Berkeley, dezembro de 1979). Ademais, o termo é usado repetidamente no artigo propriamente dito.

43. Além de terem estudado juntos na London School of Economics no ano acadêmico de 1964/65, Rosenberg e Leland haviam voltado para fazer doutorado em Harvard em 1968. Leland lembraria que Rosenberg, embora já rico, permanecia acessível e prestativo para com seus colegas.

44. Os detalhes foram extraídos do currículo on-line de O'Brien e de sua biografia da Haas School, exceto quando notado.

45. A Jas. H. Oliphant: na época, a firma concentrava-se na venda de pesquisas institucionais para outras corretoras; O'Brien era diretor da sua divisão de serviços analíticos. A Oliphant foi uma casualidade de 1975, quando a receita de Wall Street despencou com o fim das comissões fixadas.

46. Clowes, *The Money Flood*, p. 52-53; e John Ilkiw, "Missing Persons Found: Jenson Coined Beta and Alpha but Tito Cashed Out", *Canadian Investment Review* (inverno de 2006), p. 7. Esses "livros de beta" foram precursores das aperfeiçoadas análises "beta" que Barr Rosenberg, de Berkeley, desenvolveria com grande sucesso alguns anos depois.

47. Clowes, *The Money Flood*, p. 111. O sócio era seu ex-funcionário da Oliphant, Dennis Tito, cujos empregadores anteriores incluíam o Laboratório de Propulsão a Jato da NASA. Em 2001, Tito tornou-se o primeiro civil a "comprar uma passagem" para o espaço sideral, tendo pagado US$ 20 milhões em uma espaçonave russa para a Estação Espacial Internacional. Vide a entrada da *Encyclopedia Britannica* on-line sobre Dennis Tito.

48. Entrevista Leland–O'Brien, 2014.

49. "Alguns dizem que ele é o vendedor consumado", disse um observador. "Mas, na verdade, ele é um professor paciente. Ele está disposto a passar horas, literalmente, descrevendo todos os detalhes em uma linguagem simples [...] sem usar matemática complexa." Vide Hal Lux, "LOR's Big Gamble on SuperShares", *Investment Dealers' Digest*, 30 de novembro de 1992, p. 14, citado por Barbara Kyrillos em um estudo de caso de Harvard incluso em *Cases in Financial Engineering: Applied Studies of Financial Innovation*, ed. Scott P. Mason, Robert C. Merton, Andre F. Perold e Peter Tufano (Upper Saddle River, NJ: Prentice Hall, 1995), p. 767.

50. A comunidade tirou o nome de suas origens: ele fora os fundos da Twentieth Century-Fox, mas havia sido desenvolvido na década de 1960 para tornar-se um complexo denso e autocontido de torres de escritórios, hotéis, shopping centers e apartamentos.

51. Entrevista com Hayne Leland e John O'Brien, 10 de junho de 2015 (deste ponto em diante, referida como "Entrevista com Leland–O'Brien, 2015").

52. Entrevista com Leland–O'Brien, 2014.

NOTAS 407

53. Em 1990, essa publicação mudou o nome para *Pensions & Investments*, o título sob o qual foi publicada pela primeira vez em 1973; durante os anos 1980, contudo, era conhecida como *Pensions & Investment Age*.

54. O anúncio é reproduzido em Bruce I. Jacobs, *Capital Ideas and Market Realities: Option Replication, Investor Behavior, and Stock Market Crashes* (Malden, MA: Blackwell Publishers, 1999), p. 37. Ênfase do original.

55. Clowes, *The Money Flood*, p. 210.

56. Jacobs, *Capital Ideas and Market Realities*, p. 8. Jacobs não é muito claro a respeito da data em que o seminário ocorreu; um memorando que ele diz ter escrito logo depois para os clientes e a equipe de vendas da Prudential foi datado de 17 de janeiro de 1983, e se refere à nova estratégia de hedging como "isolamento de portfólio". Ele observa que a Kidder Peabody e a Wilshire já estavam oferecendo suas próprias versões, que pareciam situar o seminário no final de 1982.

57. Ibid.

58. Ibid., p. 303.

59. O investidor Warren Buffett se divertiu muito com a "hipótese do mercado racional" em sua carta de 1985 como acionista para os investidores da Berkshire Hathaway. "Nos anos 1970 [...], acadêmicos de faculdades de administração prestigiosas [...] pregavam uma nova teoria de investimentos: o mercado de ações era totalmente eficiente, e, portanto, os cálculos do valor do negócio – e mesmo apesar de si mesmo – não tinham importância nas atividades de investimento. Temos uma grande dívida para com esses acadêmicos. O que poderia ser mais vantajoso em uma competição intelectual do que ter oponentes que aprenderam que pensar é um desperdício de energia?" Citado em Leinweber, *Nerds on Wall Street*, p. 97. Leinweber também descreveu belamente (na p. 96) o paradoxo que Sanford Grossman e Joseph Stiglitz identificaram na hipótese do mercado eficiente, amada pelos fiéis econômicos da Universidade de Chicago. "*Se os mercados são eficientes*, eles refletem todas as informações, e não há lucros a ser extraídos das informações. Se não há lucros para extrair, os negociantes com informações não negociarão, e os mercados não refletirão [tais informações], e *não serão eficientes*."

9. A ASCENSÃO DE CHICAGO

1. "FDIC Securities Proposal and Related Issues", Hearings before the Telecommunications, Consumer Protection, and Finance Subcommittee of the House Committee on Energy and Commerce (deste ponto em diante, referida como "1983 FDIC Hearing"), 98th Congress, 1st Sess., 16 e 28 de junho de 1983, p. 1.
2. *The Transformation of Wall Street*, p. 576.
3. Anne M. Khademian, *The SEC and Capital Market Regulation: The Politics of Expertise* (Pittsburgh: University of Pittsburgh Press, 1992), p. 172-73.
4. Nancy L. Ross, "Four Members Urge Bigger Staff for SEC", *Washington Post*, 22 de março de 1983, p. C7.
5. Como observado, o Federal Reserve tinha autoridade estatutária para estabelecer limites de margem para compras de ações, mas, geralmente, estava submetida à SEC e às bolsas de ações nesse tópico.
6. Do mesmo modo, um swap de divisas estrangeiras permitira a um credor norte-americano que seria pago em ienes japoneses trocar esses pagamentos futuros por pagamentos em dólares norte-americanos, assim evitando o risco de uma queda no valor do iene em relação ao dólar. Com o tempo, os swaps passariam a cobrir todos os tipos de variáveis, de oscilações nos preços de commodities à queda na classificação de risco. O último caso teria um papel desastroso na crise financeira de 2008.
7. 1983 FDIC Hearing, p. 15.
8. Curiosamente, Shad não sugeriu que o Congresso simplesmente fechasse a brecha identificada pela FDIC com uma alteração da Lei Glass-Steagall para passar a cobrir todos os bancos, como muitos no Congresso e a maior parte do público presumiam que já cobrisse.
9. 1983 FDIC Hearing, p. 69.
10. Ibid., p. 70.
11. Ibid., p. 123.
12. Silber, *Volcker*, p. 233.
13. Ibid., p. 232.
14. Ibid., p. 233.

NOTAS 409

15. Tamarkin, *The Merc*, p. 289-90.

16. Já fazia muito tempo, era o sonho de Leo Melamed transferir a Merc para um prédio que refletisse a sua nova estrutura global – um que fosse, "no mínimo, de uma estatura igual à do prédio da CBT". O arranha-céu em art déco com sua estátua prateada de Ceres, emoldurado pelo longo corredor da LaSalle Street, é uma das imagens icônicas de Chicago. O prédio da CBT "era um marco da cidade", disse Melamed. "Eu nunca ficaria satisfeito até a Merc ter o seu." Vide Melamed, *Escape to the Futures*, p. 302.

17. Tamarkin, *The Merc*, p. 273.

18. Ibid., p. 274.

19. Birinyi e Rubin, *Market Cycles III*, p. 265.

20. Tamarkin, *The Merc*, p. 273.

21. *The Merc*, p. 295. O cálculo final desse fundo de pensão não incluía fundos, como o do General Motors, que contavam com gerentes externos; a adição de gerentes externos que usavam contratos a futuro certamente teria provocado um aumento do total.

22. Tamarkin, *The Merc*, p. 295.

23. Esses detalhes e conclusões foram extraídos pelo relato da presidente do conselho da CFTC Susan Phillips na transcrição "Review of the Commodity Futures Trading Commission" (deste ponto em diante, referida como "CFTC 1984 Review Hearing"), Hearing Before the House Agriculture Committee's Subcommittee on Conservation, Credit, and Rural Development, 98th Congress, 2nd Sess., 8 de fevereiro de 1984, p. 8.

10. ARBITRAGEM E ACOMODAÇÃO

1. "Ronald Reagan: Remarks at the Swearing-In Ceremony for Susan M. Phillips, Chairman of the Commodity Futures Trading Commission, November 17, 1983", site American Presidency Project, <http://www.presidency.ucsb.edu/ws/index.php?pid=40785&st =&st1 =>.

2. CFTC 1984 Review Hearing, p. 8.

3. Ibid.

4. Ibid., p. 9.

5. Essa análise é confirmada pelos depoimentos de John Shad e Susan Phillips na audiência, e fica evidente no anúncio das novas regras, descritas no testemunho formal de Phillips. Vide CFTC 1984 Review Hearing, p. 9, 93-96.
6. Leslie Wayne, "A Rock Climber's Reach for the Top of Wall St.", *New York Times*, 24 de janeiro de 1991, p. D1.
7. Entrevista Leland – O'Brien, 2014.
8. Entrevista LOR, 2016.
9. O anúncio é reproduzido em Jacobs, *Capital Ideas and Market Realities*, p. 38.
10. Entrevista Leland–O'Brien, 2015.
11. Ibid., confirmado em uma entrevista concedida por R. Steven Wunsch, 25 de junho de 2015 (deste ponto em diante, referida como "Entrevista Wunsch, 2015").
12. Na verdade, essa noção em geral tinha um toque de déjà-vu para Rubinstein. No final da década de 1970, ele se unira a executivos da Bolsa de Valores da Philadelphia (Philadelphia Stock Exchange) para propor uma opção sobre índice de ações, mas a proposta foi esmagada em um escândalo maciço de negociação de opções que levou a SEC a suspender novos produtos de opções em 1977 – e Rubinstein a esqueceu. Vide Donald MacKenzie, *An Engine, Not a Camera: How Financial Models Shape Markets* (Cambridge, MA: MIT Press, 2006), p. 176.
13. Entrevista LOR, 2016.
14. Entrevista Leland–O'Brien, 2016.
15. Entrevista com R. Steven Wunsch, 28 de novembro de 2016.
16. Obviamente, a lacuna de preços precisaria ser grande o bastante para cobrir o custo do envio de ouro para o outro lado do Atlântico.
17. A arbitragem de índice também estava sendo conduzida usando-se outros futuros de índices de ações, ou até opções sobre índices. Uma estratégia de arbitragem popular envolvia as 30 ações do índice Dow Jones e os futuros do Major Market Index da Chicago Board of Trade, baseada em um grupo de ações que lembrava muito o Dow. Alguns árbitros transferiam dinheiro entre o índice Standard & Poor's 100 e as opções OEX negociadas na Chicago Board Options Exchange.

18. Os registros não são inteiramente claros em relação a quem primeiro teve a ideia da arbitragem de índice, que teria uma influência cada vez maior sobre a NYSE e a Merc nos anos seguintes e receberia toda a atenção depois da Segunda-Feira Negra. De acordo com um relato, uma firma especializada de Nova York, a Miller Tabak Hirsch and Co., começou a explorar oportunidades de arbitragem oferecidas pela negociação dos contratos a futuro do índice Value Line em Kansas City na metade de 1982. Vide Jennifer Lin, "Programmed for Dispute", Philly.com, 3 de dezembro de 1989. Outros dizem que a ideia nasceu nas mentes férteis dos funcionários da Wells Fargo Investment Advisors, mas só teve o devido impulso quando três inovadores da WFIA foram parar no Mellon Bank, e, em agosto de 1983, criaram a Mellon Capital Management. Os três eram os lendários analistas William Fouse, Thomas Loeb e Polly Shouse. Vide "The Way We Were: 1982-1989", *Pensions & Investments*, 29 de outubro de 1998, acessado no site; e Testimony of Thomas Loeb, presidente do conselho da Mellon Capital Management Corp., "Program Trading" (deste ponto em diante, referido como "1987 Program Trading Hearing"), Hearing Before the Telecommunications and Finance Subcommittee of the House Committee on Energy and Commerce, 100th Congress, 1st Sess., 23 de julho de 1987, p. 224.

19. CFTC 1984 Review Hearing, p. 1.

20. Ibid., p. 4.

21. Ibid.

22. Ibid., p. 9.

23. Ibid.

24. Ibid., p. 12. Shad ainda alertou o subcomitê que tanto a SEC quanto a CFTC haviam sido processadas dois dias antes pela ofendida Chicago Board of Trade, que se opunha à mera existência das novas regras dos índices da indústria, não importando o quão lenientes fossem, sob a justificativa de que as duas agências não tinham poder para traçá-las nem aplicá-las. "Eu ficaria grato por qualquer tolerância que o comitê deseje exercer para

412   O PIOR DIA NA HISTÓRIA DE WALL STREET

não comprometer o caso da Comissão até termos tido a oportunidade de responder à queixa", disse Shad

25. Ibid., p. 17
26. Ibid.

11. BANCOS À BEIRA DO COLAPSO

1. Esses detalhes, embora repetidos em Greider, *Secrets of the Temple*, p. 624, e Silber, *Volcker*, p. 242, foram informados de modo mais completo em uma instigante reconstrução do resgate do Continental pelo jornal local do banco. Vide R. C. Longworth e Bill Barnhart, "The Panic Followed the Sun", *Chicago Tribune*, 27 de maio de 1984, p. 1.
2. Robert A. Bennett, "Chilling Specter at Continental", *New York Times*, 20 de maio de 1984, sec. 3, p. 1.
3. "History of the Eighties – Lessons for the Future", Federal Deposit Insurance Corporation (FDIC), p. 242, <https://www.fdic.gov/bank/historical/history/>.
4. Depoimento escrito de C. Todd Conover, "An Inquiry into Continental Illinois Corp. and Continental Illinois National Bank" (deste ponto em diante, referida como "House CINB Hearing"), Subcommittee on Financial Institutions Supervision, Regulation and Insurance, House Committee on Banking, Finance, and Urban Affairs, 98th Congress, 2nd Sess., 18 e 19 de setembro, e 4 de outubro de 1984, p. 273.
5. Longworth e Barnhart, "The Panic Followed the Sun".
6. Ibid.
7. Alguns desses detalhes também foram fornecidos por Peter T. Kilborn, Winston Williams e Robert A. Bennett em "The High-Stakes Scramble to Rescue Continental Bank", *New York Times*, 21 de maio de 1984, p. 1. O *Times* identificou uma história do Jiji como um dos fatores na crise repentina, mas não informou os detalhes por trás da sua produção e tradução. Há algumas diferenças entre os dois relatos: onde há detalhes locais envolvidos, o relato do *Tribune* parece mais confiável; já o relato do *Times* foi útil nos pontos em que há mais detalhes de Nova York.

NOTAS   413

8. Essa frase é semelhante a uma citação atribuída a um executivo do Continental por Kilborn, Williams e Bennett, "The High-Stakes Scramble to Rescue Continental Bank".

9. Williams e Bennett informaram (em "The High-Stakes Scramble to Rescue Continental Bank") que o Continental "estava irritado com a sua vizinha do outro lado da rua, na Board of Trade [...] Um apelo foi emitido para a corporação de compensação, e parte do dinheiro foi devolvida". Na verdade, a corporação de compensação era separada da Board of Trade.

10. Longworth e Barnhart, "The Panic Followed the Sun".

11. Ibid.

12. Mark Carlson e Jonathan Rose, "Can a Bank Run Be Stopped? Government Guarantees and the Run on Continental Illinois", Finance and Economics Discussion Series 2016-003, Washington, Diretoria do Federal Reserve, <http://dx.doi.org/10.17016/FEDS.2016.0003>, p. 1. A ligação entre fundos do mercado à vista e a economia mais ampla, que se tornou clara na crise de 2008, é que os fundos são um mercado pronto para papéis de curto prazo corporativos, os que as empresas com classificações elevadas podem vender para financiar suas necessidades de fluxo de caixa. Em 2008, uma corrida aos fundos do mercado à vista – desencadeada pela falência do Lehman, que provocou a perda de dinheiro em papéis de curto prazo por um fundo gigantesco do mercado à vista – quase inviabilizou o mercado desses papéis.

13. Robert A. Bennett, "$4.5 Billion Credit for Chicago Bank Set by 16 Others", New York Times, 15 de maio de 1984, p. 1.

14. Carlson e Rose, "Can a Bank Run Be Stopped?", p. 3.

15. Ibid., p. 1. Carlson e Rose observam que o "Washington Mutual perdeu 10% dos seus depósitos e o IndyMac perdeu cerca de 8%, cada um em mais ou menos duas semanas. Assim, mesmo em uma era mais digital e aparentemente mais rápida, essas corridas foram menos dramáticas do que as do Continental, ainda que severas o suficiente para levar à apreensão das duas instituições pela FDIC".

16. Silber, Volcker, p. 244.

414 O PIOR DIA NA HISTÓRIA DE WALL STREET

17. Kilborn, Williams, and Bennett, "The High-Stakes Scramble to Rescue Continental Bank".
18. Silber, *Volcker*, p. 245.
19. Ibid.
20. Ibid., p. 245.
21. Ibid. E entrevista com Volcker.
22. "Fed Intervention Disclosed", *New York Times*, 8 de setembro de 1984, p. 40.
23. Longworth and Barnhart, "The Panic Followed the Sun".
24. Ibid.
25. Sprague, *Bailout*, p. 190-91.
26. "Continental Plan Set Despite Regan", *New York Times*, 26 de julho de 1984, p. D1.
27. Sprague, *Bailout*, p. 189-90.
28. Ibid., p. 189.
29. Ibid., p. 199.
30. Ibid., p. 190.
31. Noble, "Continental Plan Set Despite Regan".
32. House CINB Hearing, p. 414.
33. Robert A. Bennett, "U.S. Will Invest $4.5 Billion in Rescue of Chicago Bank, Vowing More Aid If Needed", *New York Times*, 27 de julho de 1984, p. 1.

12. FUSÕES E MUTAÇÕES

1. Transcrição de Reunião da FOMC, 21-22 de maio de 1984.
2. E. Gerald Corrigan, "New Frontiers in Banking – 1984 and On: Regulation and Deregulation", Remarks Before the International Monetary Conference, Filadélfia, PA, 5 de junho de 1984, p. 3.
3. Ibid., p. 12.
4. Ibid., p. 14.
5. Uma das primeiras análises financeiras de ascensão dos mercados de swaps foi a de Henry T. C. Hu, "Swaps: The Modern Process of Financial

NOTAS **415**

Innovation and the Vulnerability of a Regulatory Paradigm", *University of Pennsylvania Law Review* 138, n. 2 (dezembro de 1989), p. 333. O artigo indica que "fala em 1º de outubro de 1989", salvo indicação contrária.

6. David Shirreff, "The Way to Any Market", *Euromoney*, novembro de 1983, p. 60, citado em Hu, "Swaps", p. 336.

7. Como resultado do fracasso dos reguladores em lidar com swaps e derivativos "híbridos" semelhantes nos anos 1980, mesmo apesar dos vários alertas, esses derivativos negociados em particular nas décadas seguintes apareceriam em muitas fraudes e crises financeiras.

8. Fred R. Bleakley, "Rate Swaps Draw Concerns", *New York Times*, 7 de fevereiro de 1985, p. D1.

9. H. J. Maidenberg, "Futures/Options: Insurers' Own Risks", *New York Times*, 22 de outubro de 1984, p. D5.

10. Robert A. Bennett, "Risky Trend in Business Borrowing", *New York Times*, 27 de maio de 1984, sec. 3, p. 1.

11. Maidenberg, "Futures/Options: Insurers' Own Risks".

12. Alton B. Harris, "The CFTC and Derivative Products: Purposeful Ambiguity and Jurisdictional Reach", *Chicago-Kent Law Review* 71, n. 4 (janeiro de 1996), p. 1.117-19.

13. Ibid.

14. Ibid., p. 1.118.

15. Robert A. Bennett, "A Growing Case of Market Jitters", *New York Times*, 25 de maio de 1984, p. D1.

16. Tim Metz, *Black Monday: The Stock Market Catastrophe of 1987... and Beyond* (Nova York: William and Morrow, 1988), p. 69-71. O viajante era Arthur D. Cashin Jr., que também era um diretor da NYSE. Cashin chamou sua apostila de "A Layman's Guide to Program Trading" e se gabava (de acordo com Metz, p. 70) de que ela tornara-se "o documento mais copiado de Wall Street durante meses" depois de ele ter começado a distribuir cópias em dezembro de 1984.

17. Michael Blumstein, "The Big Board's New Leader", *New York Times*, 25 de maio de 1984, p. D1.

416   O PIOR DIA NA HISTÓRIA DE WALL STREET

18. S. R. Shad, "The Leveraging of America", Address to the New York Financial Writers' Association, 7 de junho de 1984, p. 8, John S. R. Shad Papers, Baker Library, Harvard Business School, Cambridge, MA.

19. Fred R. Bleakley, "Tough State Treasurer: Jesse Unruh; A Trustee Takes on the Greenmailers", *New York Times*, 10 de fevereiro de 1985, sec. 3, p. 6.

20. Entrevista com Machold.

21. Ibid.

22. Uma defesa do espírito da era das tomadas agressivas, que ganhou fama (ou infâmia) no filme de 1987 de Oliver Stone, *Wall Street: poder e cobiça*, foi proferida em maio de 1986 por Ivan Boesky em um discurso de formatura para os graduados em Administração de Berkeley. Sua frase exata foi: "Não há nada de errado na ganância, aliás. Quero que vocês saibam disso. Acho que a ganância é saudável. Você pode ser ganancioso e se sentir bem com isso."

23. Robert A. Bennett, "Loss Takes Industry by Surprise", *New York Times*, 4 de outubro de 1984, p. D5.

24. Ibid.

25. Ibid.

26. House CINB Hearing, p. 1.

27. Ibid., p. 88.

28. Robert D. Hershey Jr., "No Danger to Chicago Bank Seen", *New York Times*, 5 de outubro de 1984, p. D5.

29. House CINB Hearing, p. 396.

30. Ibid., p. 470.

31. Ibid., p. 478-79.

32. Ibid., p. 479.

13. A ASCENSÃO DE BERKELEY E A QUEDA DOS BANCOS

1. E-mails de John O'Brien, 24 e 25 de abril de 2016 (daqui em diante, referidos como "E-mails de 2016 de O'Brien").

2. Joel Chemoff, "Manville Forming Contingency Plan", *Pensions & Investment Age*, 5 de março de 1984, p. 45.

NOTAS 417

3. Kyrillos, *Cases in Financial Engineering*, p. 773.

4. E-mails de 2016 de O'Brien.

5. Joint Impact Study 1984, Apêndice IV-A, p. 18-19.

6. Entrevista com Leland–O'Brien, 2015.

7. Leo Melamed, *Leo Melamed on the Markets* (Nova York: John Wiley and Sons, 1993), p. 122, 130.

8. Joint Impact Study 1984, p. I.2. Não está claro quando o relatório de fato foi entregue ao Congresso. Melamed cita uma carta de transmissão de Paul Volcker para o senador Jesse Helms datada de 11 de janeiro de 1985 (*Leo Melamed on the Markets*, p. 128).

9. Ibid. O relatório continha um exemplo vívido do que poderia dar errado. Na maior parte do dia de 19 de abril de 1984, o último dia de negociações antes do vencimento do contrato de opção OEX, parecia que a opção expiraria sem valor, pois dava aos negociantes o direito de comprar o índice S&P 100 por mais dinheiro do que ele valia à época. Durante a tarde, alguns negociantes da OEX haviam feito negociações que iria lhes permitir lucrar quando ela expirasse sem valor. Mas nos últimos 15 minutos de negociações, uma enorme quantidade de grandes ordens de compra para nada menos do que metade das ações do S&P 100 chegou ao pregão da NYSE, provocando uma alta no valor final do índice. De repente, a opção OEX, que esperavam vencer sem valor em Chicago, acabara de ganhar valor. Os negociantes de opções que haviam torcido para que isso não acontecesse perderam dinheiro; os que haviam torcido para que acontecesse ganharam. Houve exigências imediatas por uma investigação, mas nenhuma ação disciplinar jamais foi empreendida. (Vide Winston Williams, "S.E.C. Studying Trades on the S&P 100 Index", *New York Times*, 26 de abril de 1984, p. D1. Mais detalhes foram extraídos do Joint Impact Study 1984, p. VIII.8 e VIII.9.)

10. Ibid., p. I.3.

11. Memórias de Machold, p. 193.

12. Bleakley, "Tough State Treasurer".

418 O PIOR DIA NA HISTÓRIA DE WALL STREET

13. Esses detalhes foram tirados de Bruce Wasserstein, *Big Deal: The Battle for Control of America's Leading Corporations* (Nova York: Warner Books, 1998), p. 195-96.

14. Entrevista com Machold.

15. "Corporate Takeovers (Part 1)", Hearings before the Subcommittee on Telecommunications, Consumer Protection, and Finance, of the House Committee on Energy and Commerce, 99th Congress, 1st Sess., 27 de fevereiro, 12 de março, 23 de abril e 22 de maio, 1985, p. 51-52.

16. Wasserstein, *Big Deal*, p. 479.

17. Monica Langley, "Bank Board Chairman's Cool Initial Response to Ohio Crisis Linked by Some to GOP Politics", *Wall Street Journal*, entrou nos registros (sem data ou página indicada), da "Ohio Savings and Loan Crisis and Collapse of ESM Government Securities" (daqui em diante, referida como "Ohio S&L Hearing"), Hearing Before a Subcommittee of the House Committee on Government Operations, 99th Congress, 1st Sess., 3 de abril de 1985, p. 53.

18. A descrição desses eventos foi extraída do depoimento da Ohio S&L Hearing e material complementar, p. 56-58.

19. Ibid., p. 178-79.

20. Ibid.

21. Gary Klott, "Governor of Ohio Asks U.S. Coverage for Savings Units", *New York Times*, 17 de março de 1985, p. 1.

22. Associated Press, "Currency Markets: Dollar Drops Sharply over Banking Worries", *New York Times*, 19 de março de 1985, p. D18.

23. Robert A. Bennett, "Ohio Crisis Has Others Worried", *New York Times*, 18 de março de 1985, p. D1. Outra série de corridas aos bancos irrompeu em instituições de poupança asseguradas em Maryland um mês depois, em abril de 1985, elevando as preocupações dos reguladores em relação à velocidade com que essas crises podiam se espalhar.

14. A HORA DA FEITIÇARIA

1. Ronald Reagan, "Remarks to Brokers and Staff of the New York Stock Exchange in New York, New York", 28 de março de 1985, site American Presidency Project, <http://www.presidency.ucsb/ws/?pid=38402>.
2. Bernard Weinraub, "President Urging an Economic Shift", *New York Times*, 29 de março de 1985, p. 1.
3. Erik Ipsen, "The Long Shadow of Bob Birnbaum", *Institutional Investor*, julho de 1987, p. 188.
4. Entrevista com Robert J. Birnbaum, 3 de julho de 2015 (daqui em diante, referida como "Entrevista com Birnbaum").
5. Em julho de 1993, Levitt foi nomeado presidente do conselho da SEC pelo presidente Bill Clinton; quando deixou o cargo em fevereiro de 2001, ele era o presidente do conselho a ter ocupado o cargo por mais tempo na comissão, superando o recorde de John Shad.
6. Phelan muitas vezes expressou esse ponto de vista em público, inclusive em "Impact of Corporate Takeovers", Hearing Before the Securities Subcommittee of the Senate Committee on Banking, Housing, and Urban Affairs, 99th Congress, 1st Sess., 3 e 4 de abril, 6 e 12 de junho de 1985, p. 1.112.
7. "Drop in Final Hour Cuts Dow by 12.70, to 1,247.35". *New York Times*, 16 de março de 1985, p. 33.
8. H. J. Maidenberg, "Futures/Options: Witching Hours for Investors", *New York Times*, 15 de abril de 1985, p. D4.
9. Ibid.
10. "Dow Soars by 24.75, to 1,324.48", *New York Times*, 22 de junho de 1985, p. 35.
11. Ibid.
12. Melamed, *Escape to the Futures*, p. 322-25.
13. Ibid. p. 322.
14. Ibid., p. 323.

15. Esses detalhes biográficos são provenientes da primeira entrevista com Brodsky e de várias biografias corporativas por ele fornecidas.
16. Ibid.
17. "Dow Sets Record 3d Time in a Week", *New York Times*, 20 de julho de 1985, p. 35.
18. Entrevista confidencial com ex-executivo de fundo da GM.
19. Depoimento de W. Gordon Binns Jr., "Pension Funds in the Capital Markets: The Impact on Corporate Governance, Trading Activity, and Beneficiaries" (daqui em diante, referido como "1986 Pension Hearing"), Hearing Before the Subcommittee on Telecommunications, Consumer Protection, and Finance of the House Committee on Energy and Commerce, 99th Congress, 2nd Sess., 19 de março de 1986, p. 5.
20. Esses acontecimentos foram extraídos de uma cronologia entregue ao Congresso pelo Bank of New York. Vide "The Federal Reserve Bank of New York Discount Window Advance of $22.6 Billion Extended to the Bank of New York", Hearing Before the Subcommittee on Domestic Monetary Policy of the House Committee on Banking, Finance, and Urban Affairs, 99th Congress, 1st Sess., 12 de dezembro de 1985, p. 105-9.
21. Ibid., p. 43.
22. Ibid., p. 27.
23. Ibid., p. 47.

15. MERCADOS RACIONAIS?

1. John Crudele, "Dow Plunges 39.10 as Stocks Retreat in Heavy Trading", *New York Times*, 9 de janeiro de 1986, p. 1.
2. Ibid.
3. Ibid.
4. Ibid.
5. Em 16 de outubro de 1985, a SEC enviou cartas para as bolsas de opções que regulava propondo que limitassem o tamanho das ações que os investidores podiam deter ou fixassem o vencimento das opções em datas escalonadas, e não simultaneamente – ações que desencorajaram ainda

NOTAS 421

mais as seguradoras de portfólio a passar dos mercados a futuro para os mercados de opções, onde sua estratégia teria provocado menos desestabilização. Em uma reunião pública com a SEC em 14 de novembro, funcionários das bolsas de opções protestaram contra qualquer mudança nas regras do mercado. Um negociante de arbitragem da Kidder Peabody foi muito honesto em sua oposição à iniciativa da SEC: "Adoro a volatilidade, porque sou um negociante", disse ele. As negociações de arbitragem "comprimem movimentos do mercado em períodos menores", continuou, "mas só os levam a fazer o que teriam feito de qualquer maneira". Vide James Sterngold, "Futures/Options: Arbitrage-Led Stock Volatility", *New York Times*, 25 de novembro de 1985, p. D5.

6. Vise e Coll, *Eagle on the Street*, p. 198.

7. Ibid., p. 197.

8. Ibid., p. 198.

9. Vide Khademian, *The SEC and Capital Market Regulation*, p. 12-13. No final dos anos 1980, um ex-funcionário da SEC disse a ela: "Não estou a par de uma única vez em que a SEC tenha se oposto a alguma coisa que tenha ido à frente. Muitas pessoas no Congresso [...] acham que precisam ceder [à competência superior] da SEC." A deferência do Congresso diminuiria muito nos anos seguintes; não é mais incomum a SEC aplicar leis a que já se opôs, que considerou imprudentes. Khademian oferece um vislumbre muito revelador sobre o papel que essa deferência à competência teve nos anos 1970, quando a agência rejeitou a maioria das exigências de um Congresso democrático para que fosse mais rápida e incisiva para pôr fim às comissões fixas na NYSE e criar um mercado eletrônico interconectado chamado "sistema de mercado nacional". O resultado, especialmente o conceito espasmódico e fragmentado da SEC de um "sistema de mercado nacional", influenciou, naturalmente, muitas das mudanças épicas irrompidas na estrutura do mercado depois de 1980.

10. John Crudele, "Stocks End Mixed; Dow Eases by 0.92", *New York Times*, 21 de dezembro de 1985, p. 37.

11. Sem dúvida, o número de pessoas com uma participação indireta no mercado de ações através de um fundo mútuo crescera mais de 30% em dois

422   O PIOR DIA NA HISTÓRIA DE WALL STREET

anos. Por outro lado, o número de proprietários diretos de ações – que tinham confiança o suficiente no mercado e no seu próprio julgamento para ser investidores na prática – caíra 3% desde 1983. O único consolo era que a NYSE tivera mais investidores individuais do que as outras bolsas, que viram sua população de investidores individuais cair 5%. Vide James Sterngold, "Investor Rise Tied to Mutual Funds", *New York Times*, 5 de dezembro de 1985, p. D17.

12. Jay O. Light e Andre F. Perold, "The Institutionalization of Wealth: Changing Patterns of Investment Decision Making", capítulo de *Wall Street and Regulation*, ed. Samuel L. Hayes III (Brighton, MA: Harvard Business School Press, 1987).

13. Ibid.

14. Sterngold, "Investor Rise Tied to Mutual Funds".

15. Silber, *Volcker*, p. 255-56.

16. Ibid., p. 255.

17. Ibid., p. 256.

18. Greider, *Secrets of the Temple*, p. 700.

19. James Sterngold, "Futures/Options: Role of the Floor Trader", *New York Times*, 10 de março de 1986, p. D4. Essa prática dos membros do Congresso foi proibida pela legislação ética promulgada em 1991.

20. James Sterngold, "C.F.T.C., Exchanges Fight It Out", *New York Times*, 21 de novembro de 1985, p. D1.

21. Tamarkin, *The Merc*, p. 306.

22. Para seu constrangimento, a bolsa de Nova York não tinha nenhum mecanismo para o resgate da firma de compensação, cujos clientes acabaram enredados no labirinto da corte de falências, embora tenha acabado por cobrir cerca de metade da perda de US$ 14 bilhões no calote. Vide Tamarkin, *The Merc*, p. 265; e Charles R. Geisst, *Wheels of Fortune: The History of Speculation from Scandal to Respectability* (Hoboken, NJ: John Wiley and Sons, 2002), p. 257-58.

23. Tamarkin, *The Merc*, p. 265.

24. Depoimento de Susan Phillips, "Reauthorization of the Commodity Futures Trading Commission" (deste ponto em diante, referido como "Hou-

NOTAS 423

se CFTC Reauthorization 1986"), Hearings Before the Subcommittee on Conservation, Credit, and Rural Development of the House Committee on Agriculture, 99th Congress, 2nd Sess., 18 e 19 de março de 1986, p. 12-15.

25. Tamarkin, *The Merc*, p. 306.

26. Os negociantes defendiam os contratos de alavancagem como ferramentas para permitir que pequenos investidores comprassem commodities reais (quase sempre tão boas quanto ouro ou prata) em prestações, e argumentavam que os contratos estavam fora da jurisdição da CFTC, visto que ela não regulava a venda de commodities físicas. Críticos diziam que contratos de alavancagem eram um retorno aos dias de boteco da velha Chicago, já que os investidores usavam-nos principalmente para especular, e não para acumular ouro ou prata. A segunda praga constante na área das negociações fora da bolsa, as opções sobre commodities, era outro produto de varejo que desde muito tempo atrás gerava queixas de consumidores sobre propagandas enganosas e firmas de venda mentirosas. Aqui, também, a CFTC desperdiçara muito tempo e dinheiro combatendo fraudes e abusos, sem muito sucesso.

27. Sterngold, "Futures/Options: Role of the Floor Trader".

28. Isso era chamado "reconstrução computadorizada de negociação", ou sistema CTR.* Ele usava cartões de negociação numerados com antecedência e outros documentos para "atribuir o minuto exato da execução". Suas deficiências seriam expostas na investigação federal subsequente. Vide Jerry W. Markham, "Prohibited Floor Trading Activities Under the Commodity Exchange Act", *Fordham Law Review* 58, n. 1 (1989), p. 15-17.

29. House CFTC Reauthorization 1986, p. 13, 20-21.

30. Ibid., p. 111. Seevers fora um membro original da CFTC, e também atuou brevemente como o presidente do conselho antes da nomeação de Jim Stone no final da década de 1970. No Goldman Sachs, ele trabalhou com investidores institucionais – "fundos mútuos, fundos de pensão, e assim

---

* Sigla do original, em inglês, *computerized trade reconstruction*. [*N. da T.*]

424 O PIOR DIA NA HISTÓRIA DE WALL STREET

por diante", segundo disse – que estavam começando a usar os mercados a futuro como parte de suas estratégias de investimento.

31. Ibid., p. 111.

32. Ibid., p. 112.

33. John Crudele, "Dow Falls By 35.68 in a Wild Session", *New York Times*, 22 de março de 1986, p. 1.

34. James Sterngold, "'Triple Witching Hour' Havoc", *New York Times*, 22 de março de 1985, p. D1.

35. Ibid.

36. Ibid.

37. Nem Birnbaum nem O'Brien se lembram exatamente de quando esse evento ocorreu, embora ambos se lembrem dele com detalhes quase idênticos. Em uma entrevista publicada em 2005, John Phelan lembrou que ele se deu "em algum momento no verão de 1986", e foi esse o relato que usei. Vide *What Goes Up*, p. 275-76.

38. Entrevista LOR, 2016.

39. Weiner, *What Goes Up*, p. 276.

40. Entrevista com Birnbaum.

41. Ibid.

42. Jayne Jung, perfil sem título da O'Connor and Associates, site Risk.net, 1º de setembro de 2007, na ocasião do 13º aniversário da fundação da firma.

43. Ibid.

44. Leslie Wayne, "The Secret World of the O'Connors", *New York Times*, 12 de setembro de 1982, sec. 3, p. 1.

45. Ibid.

16. PORTFÓLIOS DE PANDORA

1. Stewart, *Den of Thieves*, p. 66-67.

2. Vise and Coll, *Eagle on the Street*, p. 300-302.

3. Ibid., p. 310.

NOTAS 425

4. *Den of Thieves*, de Stewart, fornece um relato vívido das tensas negociações secretas que levaram a esse acordo. Vide p. 274-89.
5. Nathaniel C. Nash, "S.E.C. Acts on 'Triple Witching'", *New York Times*, 11 de setembro de 1986, D1.
6. Vise e Coll, *Eagle on the Street*, p. 321.
7. Stewart, *Den of Thieves*, p. 283.
8. Vise e Coll, *Eagle on the Street*, p. 323.
9. Nash, "S.E.C. Acts on 'Triple Witching'".
10. John Crudele, "Stock Prices Fall by Record Amount in Busiest Session", *New York Times*, 12 de setembro de 1986, p. 1.
11. Ibid.
12. Jeffrey M. Laderman e John N. Frank, "How Chicago Zaps Wall Street", *BusinessWeek*, 29 de setembro de 1986.
13. James Sterngold, "A Harrowing Day on Wall St.", *New York Times*, 12 de setembro de 1986, D1.
14. "The Role of Index-Related Trading in the Market Decline on September 11 and 12, 1986" (daqui em diante, referido como "SEC September 1986 Report"), relatório da Divisão de Regulação de Mercado da Securities and Exchange Commission dos Estados Unidos, março de 1987, p. 9.
15. Ibid., p. 8.
16. No dia 2 de setembro de 1986, o analista Robert Prechter, que publicava o influente informativo *Elliott Wave Theorist*, instara os negociantes a pegar seus lucros no mercado de ações, mas seus seguidores provavelmente não teriam esperado dez dias para seguir seus conselhos. Um declínio de quatro dias no mercado pode ter seus próprios efeitos desencorajadores, transformando otimistas em pessimistas; sem dúvida, esse foi um fator adicional no declínio.
17. Vartanig G. Vartan, "Stocks Continue to Drop Sharply; Volume Climbs to a Record Level", *New York Times*, 13 de setembro de 1986.
18. Barnaby J. Feder, "Stocks Fall on Foreign Exchanges", *New York Times*, 13 de setembro de 1986, p. 36.
19. SEC September 1986 Report, p. 8.
20. Sloane, "Computers Keep Up with Action".

426   O PIOR DIA NA HISTÓRIA DE WALL STREET

21. Kenneth N. Gilpin, "Big Funds Caught by Surprise", *New York Times*, 13 de setembro de 1986, p. D1.

22. Kyrillos, *Cases in Financial Engineering*, p. 778.

23. MacKenzie, *An Engine, Not a Camera*, p. 176, confirmado em um e-mail de Mark Rubinstein datado de 11 de abril de 2016.

24. Ibid., p. 184.

25. Ibid., p. 183-84.

26. Entrevista LOR, 2016.

27. Vise e Coll, *Eagle on the Street*, p. 324.

28. Stewart, *Den of Thieves*, p. 289.

29. Mesmo em seu jantar de despedida em junho de 1987, Shad abriu o discurso que fez com uma homenagem a Volcker: "O propósito desta noite foi me permitir dizer 'Obrigado', mas como não é incomum nesta cidade, acontecimentos subsequentes eclipsaram esta modesta ocasião. Na terça, Paul Volcker anunciou sua decisão de se retirar do Fed. Eu gostaria de propor um brinde a Paul Volcker, em apreciação às suas monumentais contribuições à nação e ao mundo nos últimos oito anos" (John Shad, "6/4/87 Dinner [Speech] Speaking Copy", datado de 6 de junho de 1987, John S. R. Shad Papers, Baker Library, Harvard Business School, Cambridge, MA).

30. Vise e Coll, *Eagle on the Street*, p. 324.

31. Donald T. Regan, "Note for Al Kingon", 17 de novembro de 1986, #440502, FI003, Ronald Reagan Presidential Library and Museum Archives. Depois das manchetes do fim de semana ligando Boesky a Michael Milken e à Drexel, Regan escreveu: "Conversei com Jim Baker esta manhã a respeito dos desdobramentos recentes na arena dos títulos de arbitragem/ alto risco. Ele lembrou que, no ano passado, o [Economic Policy Council] havia considerado essa área, mas decidira não recomendar nenhuma ação. Entretanto, diante dos desdobramentos recentes, ele concordou que esse assunto deveria ser reexaminado." No mesmo dia, Regan almoçou com Mitchell E. Daniels Jr., assistente do presidente de questões políticas e intergovernamentais. (Vide "Memorandum for Donald T. Regan from Mitchell E. Daniels", 18 de novembro de 1986, #448003, FI003, Reagan

Presidential Library Archives, deste ponto em diante, referido como "Daniels Memo.") No dia seguinte, Daniels enviou para Regan um longo e revelador memorando sobre como a Casa Branca deveria responder à notícia sobre Boesky/a Drexel, recomendando "que assumamos a ofensiva considerando as negociações com informações privilegiadas e outros abusos na indústria de títulos [...]. Não precisamos ficar de braços cruzados diante desse assunto; aliás, seria perigoso fazer isso. Parece-me que você já está bem informado nessa área, mas, para constar, minhas sugestões são:

- Promova um encontro entre o presidente e John Shad, ou com toda a Comissão, ou com a equipe de aplicação de Shad, ou de alguma maneira conspícua obtenha um resumo sobre a situação geral e dê os parabéns pelo serviço eficaz.
- Dirija a produção de iniciativas legislativas para fortalecer os poderes da SEC nessa área e/ou estendê-los a relações internacionais, ou outras áreas ainda não cobertas.
- Selecione um fórum administrativo ou financeiro em que o presidente possa fazer um discurso forte condenando práticas duvidosas, prometendo uma aplicação contínua e vigorosa, e, talvez, comentando sobre os possíveis prejuízos à competitividade do surto de fusões / aquisições".

Shad aguardou até às 15h para notificar a CFTC: "Oversight Hearing on the Commodity Futures Trading Commission" (deste ponto em diante, referida como "CFTC Oversight Hearing 1987"), Hearing Before the Senate Committee on Agriculture, Nutrition, and Forestry, 100th Congress, 1st Sess., 15 de julho de 1987, p. 90.

32. Entrevista com Robert J. Birnbaum, 30 de abril de 2007, "Oral Histories", site da SECHS, usado com permissão de <www.sechistorical.org, http://3197d6d14b5f19f2f440-5e13d29c4c016cf96cbbfd197c579b45. r81.cf1.rackcdn.com/collection/oral-histories/birnbaum043007Transcript.pdf>.

428 O PIOR DIA NA HISTÓRIA DE WALL STREET

33. John Shad, "11/14/86 4:30 PM Press Conference", John S. R. Shad Papers, Baker Library, Harvard Business School, Cambridge, MA.

34. Vise e Coll, *Eagle on the Street*, p. 330.

35. Ibid., p. 330-31.

36. Ibid., p. 332.

37. Vide Stewart, *Den of Thieves*, p. 289: "O presidente do conselho Shad, particularmente, continuou preocupado em salvaguardar os US$ 100 milhões da SEC, que, em parte, dependiam do valor do imenso portfólio de Boesky."

38. John Crudele, "Takeover Stocks Fall Sharply", *New York Times*, 18 de novembro de 1986, p. D1.

39. Stewart, *Den of Thieves*, p. 295-96.

40. Ibid., p. 297.

41. Alguns críticos achavam que Boesky esperava lucrar com qualquer declínio do mercado desencadeado por notícias de sua prisão, mas as evidências que conduzem a essa suspeita são escassas, já que ele liberou essas posições muito cedo para colher as recompensas. Todo o seu histórico de negociações foi detalhado na CFTC Oversight Hearing 1987, p. 3-4. Vide o depoimento do diretor da CFTC Walter Seale, p. 107-8: "Não há indicação de que o senhor Boesky de algum modo tenha lucrado significativamente a partir desse anúncio [...]. Certamente, se o senhor Boesky [...] quisesse, de alguma forma, lucrar ilegitimamente com posições nos futuros, ele precisa de aulas, pois não conseguiu ali."

42. Vise e Coll, *Eagle on the Street*, p. 330.

43. Um assistente da Casa Branca observou em um memorando escrito alguns dias depois do anúncio de Boesky: "Os personagens das aquisições se encaixam no estereótipo, ao qual a mídia é receptiva, de uma elite dona de uma cobiça exagerada sem senso de responsabilidade social. O Partido Democrata exibe o máximo de sua demagogia quando afirma defender o país e seus 'pequeninos' de vilões predadores como eles." Vide Daniels Memo.

44. Wilentz, *The Age of Reagan*, p. 212–33. O escândalo iria se arrastar através de 1987, com processos criminais que se prolongaram até 1988. Para um relato maravilhosamente amplo desse intricado escândalo, vide o site

Understanding the Iran Contra Affairs [*sic*], criado sob a supervisão do Professor Ross Cheit na Universidade de Brown: <http://www.brown.edu/Research/UnderstandingtheIranContra_Affair/about.php>.

45. "Memorandum for Donald T. Regan, from Alfred H. Kingon, Subject: Program Selling", 23 de outubro de 1986, #452965, FI003, Reagan Presidential Library Archives. Kingon, um ex-banqueiro de investimentos de Wall Street, era secretário do gabinete e um assistente próximo de Regan na Casa Branca. O longo memorando, claramente parte de uma conversa que já vinha se desenrolando, mostra que Regan e Kingon estavam preocupados com o programa de negociação por computador. Kingon escreveu: "Achei que você gostaria de ouvir os comentários de Wall Street a respeito da minha pesquisa perguntando se alguma atitude efetiva foi tomada contra programas computadorizados de venda que registram a arbitragem de preços de futuros/ações do mercado. *Como nós, as pessoas sensatas que consideraram o problema estão divididas*" [ênfase da autora]. Todos os seus contatos "tinham uma forte tendenciosidade de mercado e não queriam que o governo interferisse", mas temiam que, se o programa de negociação por computador levasse a uma perda generalizada da confiança dos investidores, "as consequências disso fossem assustadoras", observou Kingon.

46. Vide Daniels Memo.

47. Embora o escândalo tenha levado à sua raivosa resignação como chefe de gabinete, Regan nunca foi acusado de nenhuma transgressão. Em suas memórias (*For the Record*), Regan negou qualquer conhecimento anterior sobre as complexas transações relacionadas ao Irã-Contras, e em grande parte pôs a culpa pela sua saída da Ala Oeste nas fortes diferenças de opinião com a primeira-dama Nancy Reagan.

48. Simon Kwan, "Cracking the Glass-Steagall Barriers", Economic Letters, 21 de março de 1997, site do Federal Reserve Bank de São Francisco, <http://www.frbsf.org/economic-research/publications/economicletter/1997/march/cracking-the-glass-steagall-barriers/>. O Fed permitia que holdings bancárias subscrevessem e negociassem certos títulos contanto que no máximo 5% de sua receita fossem provenientes dessas atividades.

430 O PIOR DIA NA HISTÓRIA DE WALL STREET

49. As evidências sobre a posição de Volcker a cada passo tomado pela diretoria do Federal Reserve para abrir brechas na Lei Glass-Steagall. Mas o presidente do conselho do Fed claramente discordava da administração de Reagan em várias questões importantes relacionadas à desregulação. Vide Nathaniel C. Nash, "How the White House Lost Its Big Bank Battle", *New York Times*, 12 de julho de 1987, sec. 3, p. 8.

50. Há duas versões do documento entre os papéis de Shad na Baker Library. Um, datado de 2 de abril de 1984, foi escrito à mão com lápis, comprimido em duas páginas amarelas de um bloco de anotações. O outro, datado de 10 de abril de 1984, é uma versão datilografada, com muitas edições, que parece ser a "página 11" de um discurso ou apresentação feita para um grupo de importantes doadores do GOP. Eles não são idênticos; as citações usadas aqui foram tiradas da versão datilografada, em virtude das várias abreviações e fragmentos de frases presentes na versão à mão. John S. R. Shad Papers, Baker Library, Harvard Business School.

51. Vise e Coll, *Eagle on the Street*, p. 339.

17. PRESSÁGIOS DE JANEIRO, ALARMES DE JULHO

1. Richard Levine, "Strike on L.I.R.R. Stops All Service; New Talks Today; Bus Runs Planned", *New York Times*, 19 de janeiro de 1987, p. 1.

2. A inquietação racial foi desencadeada por um ataque de um grupo de adolescentes brancos a três jovens negros que haviam entrado em seu bairro de Howard Beach na metade de dezembro. No dia 19 de janeiro de 1987, no início da semana, o prefeito da Cidade de Nova York, Ed Koch, publicou um artigo opinativo no *New York Times* rogando aos cidadãos, negros e brancos, que abandonassem os "estereótipos, a discriminação e a violência". Vide "3 in Howard Beach Attack Are Guilty of Manslaughter; A Year of Tension and Waiting for the Verdict", *New York Times*, 22 de dezembro de 1987, p. B10.

3. John Crudele, "Dow Tops 2,000 for the First Time as Wall St. Extends Latest Rally", *New York Times*, 9 de janeiro de 1987, p. 1.

NOTAS 431

4. H. J. Maidenberg, "Dow Up 13th Time, Closing at 2,104.47", *New York Times*, 21 de janeiro de 1987, p. D1. A fonte de Maidenberg é identificada como John M. Blin, "à frente de uma companhia com seu nome que desenvolve programas de negociação". Bin especula que as instituições, com efeito, estavam vendendo o contrato a futuro do S&P 500 a descoberto na esperança de compensar quaisquer perdas sofridas no mercado de ações com os lucros obtidos nessas posições vendidas.

5. H. J. Maidenberg, "51.60 Surge Puts Dow at 2,145.67", *New York Times*, 23 de janeiro de 1987, p. D1. A cobertura de Maidenberg, como de costume, mostrou-se mais alerta aos acontecimentos no mercado a futuro do que as típicas histórias sobre o mercado de ações publicadas na imprensa em geral.

6. Ibid.

7. Melamed, *Escape to the Futures*, p. 347.

8. John Crudele, "Wall St.'s Memorable Minute", *New York Times*, 20 de dezembro de 1986, p. D1.

9. Ibid. Maiores investigações revelaram que as ordens refletiam uma mudança súbita na estratégia pelos árbitros de índice. Embora o foco do mercado estivesse no vencimento do contrato a futuro do índice S&P 500 em dezembro, os negociantes da Merc inesperadamente haviam aumentado suas apostas no contrato do spooz ainda não vencido da Merc a um preço consideravelmente mais alto do que as ações subjacentes. Assim, os árbitros mais astutos simplesmente venderam o contrato de março na Merc e compraram ações na Big Board. Suas compras maciças de ações também provocaram uma alta do índice subjacente, e, por consequência, do valor do contrato com vencimento em dezembro.

10. "'Witching' Trade Inquiry", *New York Times*, 24 de dezembro de 1986, p. D12. Esse brevíssimo relatório dizia que a SEC havia apenas "expressado insatisfação" com a última hora de negociações em 19 de dezembro, e que a fonte do "leve aborrecimento da SEC" foi com o fato de o Salomon Brothers não ter informado suas maciças ordens de compra com antecedência.

11. Melamed, *Escape to the Futures*, p. 346.

432 O PIOR DIA NA HISTÓRIA DE WALL STREET

12. A CBOE mais tarde explicou que temia que a mudança dos termos da popular opção gerasse consequências legais; em vez disso, alterou os termos da opção bem menos procurada S&P 500, que se tornou ainda mais impopular.

13. "Wall St. Day: Torrid Start, Sudden Chill", *New York Times*, 24 de janeiro de 1987, p. 1.

14. SEC September 1986 Report, março de 1987, p. 28.

15. Ibid. A SEC calculou a queda do meio-dia em 115 pontos, e não 114, o número mais usado na cobertura da época pela mídia.

16. John Crudele, "The Dow Average Swings 114 Points; Closes Down by 44", *New York Times*, 24 de janeiro de 1987, p. 1.

17. Ainda faltavam meses para a conclusão dos estudos finais das negociações desse dia, e, ainda assim, eles seriam inconclusivos, mas, na época, os negociantes observaram imediatamente que houvera um grande aumento do volume de negociações do contrato a futuro do Major Market Index na Chicago Board of Trade e nas vinte ações do MMI que eram negociadas na NYSE, sugerindo negociações intensas de arbitragem. (Para uma comparação, o volume no índice S&P 500 na Merc não foi tão tendencioso, embora tenha ficado bem mais barato do que suas ações subjacentes no final da tarde – pouco antes de o mercado sofrer uma reviravolta e começar a subir.) Vide See Kenneth N. Gilpin, "Program Trading Widens the Swings", *New York Times*, 24 de janeiro de 1987, p. 37.

18. Sterngold, "Wall St. Day: Torrid Start, Sudden Chill".

19. Ibid.

20. Ibid.

21. "Francamente, tenho grande dificuldade de explicar": Vartanig G. Vartan, "Plenty of Orders, Few Explanations", *New York Times*, 24 de janeiro de 1987, p. 37.

22. "The Dow Average Swings 114 Points; Closes Down by 44."

23. Em pontos do Dow, em 23 de janeiro de 1987, o Dow subiu 64 pontos, caiu 115, subiu 60, e depois caiu 50 nos últimos 50 minutos. Conforme

NOTAS **433**

observado, um leitor moderno deve acrescentar um zero a cada um desses números para ter uma ideia do quão caótico foi esse dia.

24. Grant, "John Phelan vs. Program Trading".
25. Ibid. Phelan mais tarde disse (vide Weiner, *What Goes Up*, p. 276) que cunhou o termo para refletir os acontecimentos em Chernobyl, a usina soviética em território hoje ucraniano, ocorridos em abril de 1986. É possível que essa tenha sido a primeira aplicação do termo aos mercados financeiros; o *Oxford English Dictionary* cita apenas usos científicos do termo até 1975. Se assim for, o seu uso por Phelan, considerando que ele é comum para leitores modernos, teria sido muito mais chocante para a sua audiência, levando em conta a sua relação com um terrível acidente nuclear.
26. Ibid.
27. Ibid.
28. Melamed, *Escape to the Futures*, p. 340. Melamed na época não reconheceu publicamente que o uso pesado de estratégias de hedging relacionadas a índices por fundos de pensão gigantes, associado aos programas de compra que eram o outro lado dos programas de venda, pode muito bem ter ajudado a provocar a alta absurda do mercado. A SEC também atribuiu a alta a "percepções dos investidores", e não a estratégias artificiais de negociação.
29. Ibid.
30. Laurie Cohen e Carol Jouzaitis, "S&P Futures Pit Giving Merc Black Eye", *Chicago Tribune*, 22 de fevereiro de 1987.
31. amarkin, *The Merc*, p. 317.
32. Ibid., p. 318.
33. Ibid. p. 317.
34. Ibid.
35. Ibid.
36. Ibid.
37. Cohen e Jouzaitis, "S&P Futures Pit Giving Merc Black Eye".
38. Ibid.
39. Tamarkin, *The Merc*, p. 319.

434 O PIOR DIA NA HISTÓRIA DE WALL STREET

40. Ibid. Dentro de dias após a petição dos negociantes, a diretoria da Merc anunciou várias sérias (e provavelmente atrasadas) ações disciplinares contra negociantes específicos do pregão do S&P 500, dois dos quais foram expulsos e pagaram multas consideráveis.

41. Em uma conferência realizada em Nova York em junho de 1986, ele enfrentou um debate formal com Bruce I. Jacobs, ex-executivo da Prudential que agora gerenciava sua própria firma de administração de ativos em Nova Jersey. (Vide Trudy Ring, "Portfolio Insurance's Merits Spur Debate", *Pensions & Investment Age*, 7 de julho de 1986.) Jacobs não era o único crítico. Um consultor sênior de investimentos da Mercer-Meidinger, uma grande firma de consultoria de benefícios, comparou publicamente o seguro de portfólio a "jogar gasolina no incêndio de um mercado em declínio". (Vide Daniel Forbes, "Hidden Risks in Portfolio Insurance", *Dun's Business Month*, setembro de 1986, p. 34.) O consultor, William M. Morris, também alertou que "a pressão de venda de seguradoras tentando sair do mercado poderia intensificar o declínio até chegarmos a uma queda de 150 pontos". Em um artigo de janeiro de 1987, um executivo da Batterymarch Financial Management alertou, como Leland fizera, que o seguro de portfólio não protegeria um portfólio "quando o mercado cair rapidamente", citando uma queda de 10% no mercado italiano durante dois dias em maio de 1986 como "uma situação que teria sido um pesadelo para hedgers dinâmicos". (Vide William E. Jacques, "Portfolio Insurance or Job Insurance?" *Financial Analysts Journal* 43, n. 1 [janeiro-fevereiro de 1987]: 7.) Jacques admitiu, no entanto, que o seguro de portfólio, como geralmente empregado, "funciona muito bem", exceto em mercados calamitosos. Menos publicamente, os ex-analistas quantitativos da Wells Fargo Investment Advisors que haviam ido para a Mellon Capital tornaram-se críticos discretos, mas influentes, do seguro de portfólio. (Vide MacKenzie, *An Engine, Not a Camera*, p. 322n2.) MacKenzie elege William Fouse, que havia entrado para a Mellon depois de ter sido crucial para os dias de glória da WFIA, e seu colega Jeffrey R. Ricker como os críticos anteriores à quebra mais importantes do seguro de portfólio.

Ele insistiu que os investidores estavam procurando barganhas: Forbes, "Hidden Risks in Portfolio Insurance".

42. Ibid.

43. A Comissão Brady mais tarde concluiria que havia um total de US$ 90 bilhões envolvidos no seguro de portfólio em outubro de 1987, e observou que o montante crescera consideravelmente desde o início do ano. Report of the Presidential Task Force on Market Mechanisms (deste ponto em diante, referido como "Brady Report" [Relatório Brady]), janeiro de 1988, p. 29.

44. Entrevista com Leland–O'Brien, 2014.

45. "Who Should Buy Portfolio Insurance?" Nesse artigo pequeno, Leland citou os pré-requisitos para a negociação contínua doze vezes. (Vide p. 581, 586, 591, 593 e 594.)

46. MacKenzie, *An Engine, Not a Camera*, p. 182.

47. Entrevista LOR, 2016.

48. Por exemplo, vide Richard Bookstaber, *Mercado financeiro: a crise anunciada* (São Paulo: Elsevier, 2008), para um relato sobre o trabalho realizado na Morgan Stanley para o desenvolvimento de um produto concorrente; em um ano, o produto "cobriu" US$ 3 bilhões em ativos.

49. Entrevista com Wunsch, 2015.

50. R. Steven Wunsch, "Stock Index Futures", Commentary from the Financial Futures Department of Kidder Peabody and Co., 9 de junho de 1987, item presente nos arquivos da autora. Wunsch defendia o anúncio antecipado do seguro de portfólio e das ordens de arbitragem de índice, a fim de que eles pudessem ser combinados e arquivados separadamente – o que ele chamava de sunshine trading. Wunsch alertou que, embora Phelan e outras autoridades da NYSE estivessem erradas em culpar o seguro de portfólio e outros programas de negociação por computador pelo risco de "desastre financeiro", seus alertas, não obstante, "devem ser levados muito a sério, pois [...] eles estão em uma ótima posição para reconhecer o perigo iminente, tendo construído, mantido e operado a máquina que em breve pode parar".

51. Entrevista com Wunsch, 2015.

52. Silber, *Volcker*, p. 260.

53. Robert D. Hershey Jr., "Shad Plans to Leave SEC Post", *New York Times*, 21 de março de 1987, p. 37.

54. Conover fora substituído por Robert L. Clarke, um advogado especialista em operações bancárias que, em 1987, tentava convencer um Congresso recalcitrante de que precisava de mais dinheiro e poderes para lidar com um cenário cada vez mais funesto para S&Ls e bancos. Quem se juntou a ele no argumento foi o sucessor de Bill Isaac na FDIC, William Seidman, um veterano de Washington.

55. Entrevista com David S. Ruder, 13-14 de janeiro de 2015 (deste ponto em diante, referida como "Entrevista com Ruder, janeiro de 2015").

56. Ibid. Em algum momento durante aquele dia, Ruder soube que tanto Rudolph Giuliani, o procurador de fala grossa de Manhattan, quanto John C. Whitehead, um ex-sócio do Goldman Sachs que na época ocupava um cargo de vice-secretário de Estado, haviam declinado da nomeação da SEC.

57. Nathaniel C. Nash, "Novice Regulator: David S. Ruder; Seeking Tighter Control over the Financial Markets", *New York Times*, 17 de janeiro de 1988, sec. 3, p. 10.

58. Entrevista com Ruder, janeiro de 2015.

59. Nathaniel C. Nash, "Business People: Ruder Is Approved as S.E.C. Chairman", *New York Times*, 7 de agosto de 1987, p. D2.

60. "Why Greenspan Said 'Yes'", *New York Times*, 28 de julho de 1974, sec. 2, p. 1. Golden escreveu que "É difícil, e talvez impossível, entender o novo conselheiro do presidente sem entender seu relacionamento de vinte anos" com Rand, que disse a Golden que acreditava na "moralidade e na desejabilidade do capitalismo completamente laissez-faire e no que chamava de 'egoísmo racional'". Ela disse que Greenspan compartilhava dessa crença, mas acrescentou: "Nem ele nem eu esperamos que isso aconteça da noite para o dia." Greenspan confirmou, dizendo: "Se eu estivesse começando do zero, sei o que gostaria de ver neste país. Mas ir daqui até ali seria uma questão extremamente difícil de deslindamento, com grandes problemas de igualdade e justiça no caminho."

61. Justin Martin, *Greenspan: The Man Behind the Money* (Cambridge, MA: Perseus Publishing, 2000), p. 146-47.

62. "Briefing: Waiting for Greenspan", *New York Times*, 8 de julho de 1987, p. B6.
63. 1987 Program Trading Hearing, p. 49.
64. Ibid., p. 74.
65. Vide John Kenneth Galbraith, *1929: A grande crise* (São Paulo: Larousse, 2010), p. 103. O clássico de 1954 de Galbraith, um campeão de vendas naquele ano que continuava sendo impresso em 1987 (na verdade, não deixou de ser impresso até hoje), descreveu a "reação em cadeia" das ordens stop-loss que chegaram ao mercado em 24 de outubro de 1929, o prelúdio da quebra da semana seguinte: "À medida que caíam naquela manhã, os preços cruzavam um grande volume de ordens stop-loss [...]. Cada uma dessas ordens colocava mais títulos no mercado e causava uma queda ainda maior nos preços. Cada espasmo de liquidação, portanto, garantia que mais um se sucedesse." Uma descrição semelhante foi oferecida pelo economista Robert T. Patterson, que também observou que ordens stop-loss haviam "aumentado a pressão sobre o mercado" durante vários declínios vertiginosos nos meses que antecederam a quebra de 28 e 29 de outubro de 1929. (Vide Robert T. Patterson, *The Great Boom and Panic, 1921-1929* [Chicago: Henry Regnery Press, 1965], p. 62 e 71.) Quando o seguro de portfólio foi identificado como uma ordem stop-loss moderna, seu potencial para desencadear uma cascata descendente de preços deveria, supostamente, ter sido reconhecido com base na experiência de 1929.
66. 1987 Program Trading Hearing, p. 76.
67. Ibid., p. 126.
68. Se o subcomitê tivesse lido e entendido o depoimento escrito de Johnson (ibid., p. 143-44), eles teriam ficado ainda menos consolados. Ele explicou que várias estratégias de arbitragem que requeriam a compra de futuros e a venda de ações estavam sendo regularmente aplicadas por fundos de índice – cujos ativos, como observado, totalizavam absurdos *US$ 250 bilhões*. Quando os futuros de índices de ações estavam mais baratos do que as ações, esses fundos podiam, então, vender todas as suas ações, replicar o valor do portfólio com futuros de índices a um custo muito menor e investir os recursos adicionais em títulos de curto prazo do Tesouro.

438 O PIOR DIA NA HISTÓRIA DE WALL STREET

À medida que as taxas de juros sobre os títulos de curto prazo do Tesouro aumentavam – e fazia meses que eles vinham subindo –, esse tipo de arbitragem tornava-se ainda mais atraente para esses fundos gigantescos.

69. Ibid., p. 170-71.

70. O depoimento escrito de Binns foi uma litania honesta do que poderia dar errado com o seguro de portfólio, embora ele também confiasse muito na entrada dos caçadores de barganhas no mercado para evitar um desastre (ibid., p. 182-83).

71. Ibid., p. 201.

72. Ibid., p. 222.

73. Ibid., p. 226.

74. Ibid., p. 227-28. Wunsch rogou às bolsas que encontrassem uma forma de combinar esses compradores e vendedores; como não foi o que aconteceu, ele mesmo desenvolveu esse mercado eletrônico, a Bolsa de Valores do Arizona.

18. AS PIORES SEMANAS DE TODOS OS TEMPOS

1. Justin Martin, *Greenspan: The Man Behind the Money* (Cambridge, MA: Perseus Publishing, 2000), p. 171-72.

2. Entrevista com Corrigan.

3. Steven K. Beckner, *Back from the Brink: The Greenspan Years* (Nova York: John Wiley and Sons, 1996), p. 35.

4. Ibid., p. 36.

5. Transcrição de Reunião da FOMC, 18 de agosto de 1987, p. 1.

6. Ibid., p. 23.

7. Alguns relatos subsequentes desse período estabelecem o pico de 25 de agosto do Dow Jones em 2.746,65, sua alta durante o dia. Esse relato, como a maioria das autópsias oficiais, usa o fechamento do Dow em 25 de agosto como ponto de referência para o declínio subsequente, já que ele é invariavelmente comparado a outros níveis de fechamento, e não com a alta ou a baixa do Dow naqueles dias.

NOTAS 439

8. Alan Greenspan, *A era da turbulência: aventuras em um novo mundo* (São Paulo: Elsevier, 2008).

9. Bob Woodward, *Maestro: como Alan Greenspan comanda a economia americana e mundial* (São Paulo: Campus, 2001), p. 33.

10. "Top New York Official Resigns from S.E.C.", *New York Times*, 30 de setembro de 1987, p. D1. O advogado da Mobil Corporation trabalhara por um curto período na SEC logo depois da faculdade de Direito, mas passou as duas décadas seguintes dedicando-se à prática corporativa. Vide "Paid Death Notice: Warwick, Kathleen Ann", *New York Times*, 10 de outubro de 2010.

11. Carta para o presidente do conselho da SEC David S. Ruder do senador William Proxmire, 13 de agosto de 1987, site da SECHS, usado com permissão de <www.sechistorical.org, http://3197d6d14b5f19f2f440-5e13d29c4c 016cf96cbbfd197c579b45.r81.cf1.rackcdn.com/collection/papers/1980/198 70813RuderComplaint.pdf>. "Espero que a limpeza da bagunça apontada na agência regional de Nova York seja a sua prioridade máxima imediata", escreveu o senador Proxmire.

12. "Top New York Official Resigns from S.E.C." O funcionário escreveu: "É meu desejo sincero que qualquer controvérsia ou mal-entendido resultante de questões internas ou publicações da imprensa, por mais errôneas que acredito que sejam, não se reflitam de nenhum modo sobre a SEC como agência."

13. SEC Crash Report, p. 2.4.

14. Ibid.

15. SEC Crash Report, Apêndice A, p. A.2. Ele observa: "Embora o DJIA tenha caído durante a maior parte do dia, os movimentos mais bruscos aconteceram na abertura e no fechamento, quando ocorreram mais de 66% do declínio e a maioria das vendas de arbitragem do dia."

16. Lawrence J. De Maria, "Market Place: Stocks Face New Pressures", *New York Times*, 8 de outubro de 1987, p. D10.

17. Muitos agentes importantes de Wall Street tinham uma boa noção do que as seguradoras de portfólio estavam fazendo, e muitos calculavam por alto quantas vendas as seguradoras de portfólio fariam depois que o Dow

440 O PIOR DIA NA HISTÓRIA DE WALL STREET

Jones sofresse determinada queda. Vide Brady Report [Relatório Brady], p. v. O relatório observa: "As vendas feitas por esses investidores [de seguro de portfólio] e a perspectiva de que vendam mais encorajaram uma série de instituições voltadas para as negociações agressivas a venderem em antecipação a maiores declínios do mercado." Em outras palavras, esses negociantes "agressivos" venderam a descoberto (o que, em um mercado em declínio, é muito mais fácil para corretoras e negociantes institucionais do que para indivíduos) esperando lucrar quando as seguradoras de portfólio provocassem uma queda ainda maior do mercado.

18. Devemos observar que quem vendeu a descoberto, e que havia sofrido perdas imensas durante a longa alta de mercado, e, especialmente, durante o rali extremo do verão, recebeu cada declínio do mercado com satisfação, inclusive o desastre da Segunda-Feira Negra. Contudo, eles eram uma minoria minúscula no mercado, e o impacto financeiro geral das oscilações de setembro e outubro foi extremamente negativo para a grande maioria dos investidores do mercado de ações.

19. SEC Crash Report, p. 2.11–2.12. A SEC admitiu que "tanto os relatos da imprensa quanto o Relatório Brady citaram as vendas por árbitros de risco", como os especuladores de aquisições eram conhecidos, "como um fator significativo na semana de 12 de outubro" (ibid., p. 2.11). A Casa Branca e o gabinete do economista-chefe da SEC rapidamente culparam o House Ways and Means Committee, controlado pelos democratas, por ter ajudado a desencadear a quebra ao brincar imprudentemente com o mercado. A SEC, que extraía seus dados de treze firmas importantes ativas na arbitragem de risco, descobriu que o volume das vendas feitas pelos árbitros de risco na semana de 12 de outubro equivalia quase exatamente às vendas da semana anterior. O Relatório da SEC afirmou categoricamente: "O volume das vendas feitas por árbitros de risco não parece ter sido suficiente para reduzir outros preços do mercado que não os de títulos específicos de aquisições. Tampouco as vendas dessas entidades parecem ter sido significativamente diferentes nas semanas de 5 de outubro e 12 de outubro" (ibid., p. 2.12).

NOTAS 441

20. Para confirmar a conclusão da SEC, a quantidade de vendas de ações de aquisições na semana de 5 de outubro, que incluiu a venda de 2,6 milhões de ações em 6 de outubro e 4,3 milhões de ações em 9 de outubro, não foi muito citada como nada especialmente significativo na cobertura do declínio por um breve momento histórico da semana.

21. Lawrence J. De Maria, "Dow, Reversing Slide, Rises by 36.72", *New York Times*, 14 de outubro de 1987, p. D12. É curioso que a cobertura do mercado de ações na segunda e na terça-feira, 12 e 13 de outubro, tenha saído na seção de Negócios do *Times*.

22. Robert D. Hershey Jr., "Trade Gap Shrinks Less Than Hoped; Markets Plunge", *New York Times*, 15 de outubro de 1987, p. 1.

23. "Brady Report" [Relatório Brady], p. 15. A lógica era que o Fed aumentasse as taxas para evitar uma fuga do dólar de investidores estrangeiros, cujas compras haviam se tornado cada vez mais importantes para o mercado do Tesouro e, ainda que em um nível inferior, para o mercado de ações.

24. Ibid.

25. Ibid.

26. "Brady Report" [Relatório Brady], p. 17.

27. Metz, *Black Monday*, p. 89.

28. Ibid.

29. SEC Crash Report, p. 2.8.

30. Ibid., Apêndice A, p. A.8, 26.

31. "Brady Report" [Relatório Brady], p. 17.

32. Metz, *Black Monday*, p. 89.

33. "Brady Report" [Relatório Brady], p. 21.

34. Ibid.

35. Ibid.

36. Ibid.

37. No sino de encerramento de 15 de outubro de 1987, o mercado percorrera 51 dias depois do seu pico de 25 de agosto, e caíra 13%.

38. Metz, *Black Monday*, p. 37–39.

39. Na época, o sistema DOT aceitava ordens do mercado (ordens a ser cumpridas a qualquer que fosse o preço atual do mercado) de até 30.099 ações

442 O PIOR DIA NA HISTÓRIA DE WALL STREET

e ordens de limite (ordens a ser cumpridas a um preço equivalente ou melhor do que o "limite" especificado) de até 99.999 ações. Vide "Brady Report" [Relatório Brady], p. 47.

40. "Brady Report" [Relatório Brady], p. III-12. O relatório explicava que, em dias de vencimento, os investidores de opções ou teriam de comprar novos contratos para meses futuros (o que se chamava "roll forward" de posições) ou liquidar suas posições comprando ou vendendo os títulos subjacentes antes do sino de encerramento. Porém, a queda brusca da semana nos preços das ações significava que não havia contratos de opções para os meses futuros que refletissem esses novos preços mais baixos. Incapazes de fazer hedge nos mercados de opções, esses negociantes fizeram hedges nos mercados a futuro. Portanto, investidores que geralmente não integravam o fluxo de negociações nos pregões de futuros de repente tornaram-se ativos ali no dia de vencimento.

41. Ibid., p. 29.

42. Ibid., p. 25.

43. Ibid., p. III-12.

44. Ibid., p. III-12.

45. Entrevista com Stanley Shopkorn em 1º de dezembro de 2015 (deste ponto em diante, referida como "Entrevista com Shopkorn"); e entrevistas confidenciais com dois outros negociantes seniores de duas firmas grandes de Wall Street.

46. Metz, *Black Monday*, p. 91.

47. SEC Crash Report, p. 5.39-5.42. As firmas em apuros eram basicamente agentes do mercado para opções S&P 100, o OEX, a opção mais negociada da CBOE.

48. Weiner, *What Goes Up*, p. 281. Melamed mais tarde agradeceria por sua cautela: "Depois das acusações e investigações, das análises e da revisão, não teria sido do meu interesse ler histórias sobre como o líder da Merc estava no mercado [...] e ganhou muito dinheiro com a Segunda-Feira Negra" (Weiner, *What Goes Up*, p. 282).

49. Entrevista com Ruder, janeiro de 2015.

50. Entrevistas confidenciais com ex-funcionários da SEC.

NOTAS 443

51. Melamed, *Escape to the Futures*, p. 351-52.

52. Beckner, *Back from the Brink*, p. 42. Os dois relatos desse encontro claramente recorreram a Sprinkel, mas Melamed parece ter presumido que o encontro foi realizado no Salão Oval, enquanto Beckner colocou-o especificamente nos aposentos da família, o que parece mais provável se considerarmos a situação da primeira-dama.

53. Ibid., p. 43.

54. Entrevista LOR, 2016.

55. Ibid.

56. John Kador, *Charles Schwab: How One Company Beat Wall Street and Reinvented the Brokerage Industry* (Hoboken, NJ: John Wiley and Sons, 2002), p. 150-51.

57. Weiner, *What Goes Up*, p. 282-83. A declaração, feita no ar, atribuída a Baker por Kaufman, foi levemente editada com base na transcrição de seus comentários.

58. Ibid.

59. Carol Jouzaitis e Laurie Cohen, "The Crash and Chicago's Markets: How Markets Survived Crash", *Chicago Tribune*, 3 de janeiro de 1988, p. 1.

60. Metz, *Black Monday*, p. 91.

61. "Brady Report" [Relatório Brady], p. 29. As estimativas baseiam-se nas fórmulas que se sabe que as seguradoras de portfólio usavam.

19. 508 PONTOS

1. Há incerteza quanto ao momento e ao conteúdo do telefonema, mas, de acordo com todos os relatos, ela ocorreu pelo menos às 8h30. Em suas memórias, Melamed afirmou ter atendido a ligação em seu carro às 6h30 (7h30 em Nova York), enquanto corria pela autoestrada a caminho da Merc naquela manhã. (Vide *Escape to the Futures*, p. 348.) Em outra fonte (Tamarkin, *The Merc*, p. 325), Melamed lembrou que a chamada ocorreu às 7h (8h em Nova York). Dois meses depois da quebra, ele disse ao *Chicago Tribune* que recebera a ligação às 7h30 (8h30 em Nova York), a memória mais próxima do ocorrido, e, portanto, o horário adotado pelo

444 O PIOR DIA NA HISTÓRIA DE WALL STREET

autor. Também se encaixa melhor com os horários da NYSE, onde a equipe começava a tabelar as ordens do DOT às 7h do horário de Nova York. Parece improvável que Phelan tivesse visto o fluxo de ordens o suficiente nos primeiros trinta minutos para fazer uma análise tão pessimista. Quanto ao conteúdo, um memorando confidencial da SEC mostra que Phelan narrou a conversa para o presidente do conselho da SEC, David Ruder, uma hora depois do telefonema; e ela parece consistente com os pontos de vista de Phelan.

2. Em um relato escrito duas décadas depois, Phelan insistiu que "essa manhã foi como qualquer outra, e não havia muito motivo para preocupação". Isso deve ser considerado uma lembrança imprecisa, já que está em desacordo com tantos outros relatos contemporâneos e subsequentes daquele dia. Vide John J. Phelan Jr., "October 1987: A Retrospective", 2007, site da SECHS, usado com permissão de <www.sechistorical.org>, <http://3197d6d14b5f19f2f440-5e13d29c4c016cf96cbbfd197c579b45.r81.cf1.rackcdn.com/collection/papers/2000/20070802Phelan1987.pdf>.

3. Diana B. Henriques, *Fidelity's World: The Secret Life and Public Power of the Mutual Fund Giant* (Nova York: Scribner, 1995), p. 283-84.

4. "Brady Report" [Relatório Brady], p. 30. Um ou dois outros fundos muito menores venderam na Segunda-Feira Negra, mas a Fidelity representa a maior parte das ordens de venda de fundos mútuos daquele dia.

5. Conforme observado, o número de ações negociadas era menos relevante para a capacidade do sistema DOT do que o número de ordens submetidas. Vide "Brady Report" [Relatório Brady], p. VI-32: "Em 19 e 20 de outubro de 1987, 470.100 e 585 mil ordens do sistema foram recebidas, isso se comparadas à média diária de janeiro a setembro de 1987 de 143 mil ordens do sistema. Antes de 19 de outubro, o recorde de ordens recebidas em um dia era de 270 mil." Portanto, na Segunda-Feira Negra esse número foi, pelo menos, três vezes maior do que o normal; na terça, a carga foi quatro vezes maior do que o nível normal.

6. Metz, *Black Monday*, p. 42-43.

7. Tamarkin, *The Merc*, p. 325; Jouzaitis e Cohen, "The Crash and Chicago's Markets".

NOTAS 445

8. Memorando para Richard Ketchum de David S. Ruder, 19 de outubro de 1987, item presente nos arquivos da autora. O memorando confidencial foi o relato de Ruder da descrição de Phelan do telefonema para Melamed, entregue pouco depois da ligação. Melamed não se lembra de Phelan ter dito essas frases específicas durante a chamada, mas reconhece que Phelan provavelmente havia lhe transmitido essa mensagem durante outras conversas naqueles dias turbulentos. "Provavelmente, era assim que [Phelan] se sentia", Melamed disse em uma entrevista em 17 de fevereiro de 2017.

9. Phelan, "October 1987: A Retrospective", p. 4.

10. Entrevista LOR, 2016.

11. MacKenzie, *An Engine, Not a Camera*, p. 187, confirmado por Leland.

12. Ibid., p. 188.

13. Entrevista LOR, 2016.

14. Entrevista com Leland–O'Brien, 2016.

15. Entrevista com Corrigan.

16. Melamed, *Escape to the Futures*, p. 353-54.

17. Tamarkin, *The Merc*, p. 330, citando Alan Ross, chefe das operações do pregão para a firma de compensação membro da Merc, Rufenacht, Bromagen and Hertz.

18. "Brady Report" [Relatório Brady], p. III-20.

19. Ibid.

20. David S. Ruder, "The Impact of Derivative Trading and the Securities Markets", Remarks to the Bond Club of Chicago, 6 de outubro de 1987, p. 15. Prévia do texto disponível em <https://www.sec.gov/news/speech/1987/100687ruder.pdf>.

21. "Brady Report" [Relatório Brady], p. III-20.

22. Metz, *Black Monday*, p. 98. Metz observou que os negociantes do spooz "não se dão conta de que o fato de a NYSE ter enrolado na abertura [da Segunda-Feira Negra] foi proposital. Eles interpretaram os atrasos como um sinal de impossibilidade, em vez de dissuasão, de abrir as ações. Seu equívoco [...] aumentará o temor em Chicago". Metz afirmou que os ne-

446   O PIOR DIA NA HISTÓRIA DE WALL STREET

gociantes do spooz também não se deixaram afetar pelo "conhecimento geral" de que os especialistas da NYSE estavam vendendo contratos a futuro em Chicago para proteger seu inventário cada vez maior de ações, encarando isso como um sinal de uma preocupação crescente em Nova York. Como a Comissão Brady mais tarde observaria, o fluxo de informações formuladoras de percepções entre os dois mercados não podia ser cessado, mesmo que temporariamente, e logo se tornaram "um círculo vicioso" ("Brady Report" [Relatório Brady], p. III-26).

23. David S. Ruder, "Partial Chronology of Chairman's Office Participation in the October Market Break", preparada pela equipe do presidente do conselho da SEC, Ruder, p. 2, dos arquivos pessoais do professor Ruder.

24. Metz, *Black Monday*, p. 98.

25. Entrevista com Amanda Binns Mellar. A senhora Mellar disse que seu pai havia lhe contado essa história para mostrar o dever que as pessoas tinham umas com as outras na sociedade. Binns não falava em público sobre o papel da GM na quebra de 1987. Foi amplamente divulgado, e nunca negado, que a GM foi a cliente para a qual as vendas foram feitas. (Vide, por exemplo, Glenn Kessler e David Henry, "The Power to Drive the Market Down", *Newsday*, 17 de janeiro de 1988, p. 93; e um questionário não assinado, "Interview: General Motors' W. Gordon Binns", revista *Intermarket* 5, n. 10 [outubro de 1988].) Seus pontos de vista na Program Trading Hearing de 1987, especialmente em seu depoimento escrito, mostram que ele estava completamente consciente do fino colchão de capital sob a maioria das firmas especialistas e de negociação de futuros, do fato de que o seguro de portfólio não havia sido testado em um mercado em declínio e do fato de que modelos anteriores do desempenho do seguro de portfólio não suportavam uma proliferação generalizada. Pragmático, e não impositivo, Binns claramente sabia onde se encontravam as falhas geológicas, e, às 14h, o mercado estava se aproximando do ponto de queda livre à medida que essas falhas cediam. Não é difícil imaginar Binns intervindo, mas não é possível confirmar que ele fez isso.

26. A autora entrevistou meia dúzia de pessoas que conheceram bem Binns, e sua opinião sobre ele, refletida aqui, é unânime. A autora também leu

NOTAS 447

dezenas de cartas escritas por Binns na ocasião de sua aposentadoria por pessoas da GM que ele conhecera no mundo inteiro, e elas também transmitem essa imagem.

27. Entrevista com David S. Ruder, 7 de julho de 2015 (deste ponto em diante, referida como "Entrevista com Ruder, julho de 2015").

28. Elaine S. Povich, "Market Crash Brings Battle over Changes", *Chicago Tribune*, 4 de janeiro de 1988, p. 1. Vide também Reuters, "Big Investors Defend Programmed Trading", *New York Times*, 19 de novembro de 1987, p. D8.

29. Tamarkin, *The Merc*, p. 328.

30. *Escape to the Futures*, p. 357.

31. Entrevista com Machold.

32. Machold lembrou-se especificamente de uma previsão publicada bem antes, de Elaine Garzarelly, na época uma influente estrategista da Lehman Brothers. Ela mais tarde lembraria: "Comecei a sentir cheiro de uma baixa no final de setembro, e então, uma semana antes da quebra, eu disse na CNN que haveria um colapso como o de 29" (Weiner, *What Goes Up*, p. 280).

33. Sua reação, embora estranha, não foi exclusiva. Fischer Black, o gênio que ajudou a desenvolver uma teoria de precificação de opções vencedora do Prêmio Nobel, estava trabalhando no Goldman Sachs durante a quebra. De acordo com um relato, um negociante entrou correndo para informar que uma ordem de venda nunca foi processada porque os preços estavam caindo rápido demais. "Batendo palmas com alegria", Black supostamente teria respondido: "Uau! Sério? Estamos testemunhando a história!" Vide Patterson, *The Quants*, p. 51.

34. Memórias de Machold, p. 187; e entrevista com Machold.

35. Phelan, "October 1987: A Retrospective", p. 4-5.

36. Ruder, "Partial Chronology", p. 5.

37. *A era da turbulência: aventuras em um novo mundo.*

38. Ibid.

39. Phelan, "October 1987: A Retrospective", p. 7.

40. Melamed, *Escape to the Futures*, p. 360.

448 O PIOR DIA NA HISTÓRIA DE WALL STREET

41. Ibid., p. 359.

42. Ibid., p. 361.

43. Peter Norman, *The Risk Controllers: Central Counterparty Clearing in Globalised Financial Markets* (Chichester, RU: John Wiley and Sons Ltd., 2011), p. 137. Nesse volume que é fruto de uma pesquisa profunda, Norman observa que esse relato, que ouviu do executivo da câmara de compensação da Merc Phupinder Gill em 2008, foi confirmado na resposta de janeiro de 1990 da CFTC a um relatório do GAO: "O problema foi basicamente causado pelo fato de que os bancos de liquidação não receberam instruções precisas na hora de costume, porque certos pagamentos de um dia não feitos em dinheiro, realizados em 19 de outubro de 1987, não foram acomodados pelo software em uso, e, portanto, não foram refletidos nos cálculos da variação de 20 de outubro" (p. 137, 12*ff*).

44. Relatório Brady, p. VI-71. O Fedwire permanecera aberto até mais tarde do que o normal na Segunda-Feira Negra, mas a Comissão Brady criticou o fato de o Fed de Nova York não ter anunciado com antecedência que permaneceria aberto até todo o tráfego eletrônico ser processado. "À medida que cada horário de fechamento antecipado se aproximava e o tráfego eletrônico continuava incompleto, o Fed anunciou que adiaria o horário de fechamento. Consequentemente, os bancos de liquidação não sabiam minuto a minuto se suas supostas extensões de crédito de um dia seriam cobertas no fechamento dos negócios."

45. Entrevista com William Brodsky, 27 de julho de 2015 (deste ponto em diante, referida como "Segunda entrevista com Brodsky").

46. Esse resgate é descrito com detalhes na p. 335 de *The Merc*, por Tamarkin, e mencionado em Norman, *The Risk Controllers*, p. 142, mas nenhum relato identifica a firma envolvida. Nem Brodsky nem o amigo envolvido, o presidente do conselho da câmara de compensação Wayne Luthringshausen, conseguiram se lembrar claramente do nome da firma resgatada.

47. A firma de compensação de opções negociava tanto opções de venda sobre índices de ações na Chicago Board Options Exchange quanto contratos a futuro do S&P 500 na Merc. Suas perdas no mercado a futuro foram

completamente compensadas por ganhos gigantescos nas opções de compra. O contrato de margem de última hora permitiu que os lucros em um mercado fossem aplicados às perdas em outro, através das câmaras de compensação. Em alguns anos, contratos de margem formais seriam estabelecidos entre os dois mercados, seguindo as linhas desse acordo improvisado formulado entre dois grandes amigos na noite da Segunda-Feira Negra.

48. Norman, *The Risk Controllers*, p. 141-42.

49. Tamarkin, *The Merc*, p. 334. Esse relato baseia-se tanto nos relatos de Leo Melamed, presentes em suas memórias, quanto na primeira entrevista com Melamed, assim como na história autorizada de Bob Tamarkin da Merc. De acordo com Tamarkin, Bill Brodsky naquela manhã estava ao telefone com Wilma Smelcer – mas é possível que Melamed estivesse no mesmo telefonema, usando o aparelho da sala de reuniões, ou que tenha conduzido uma segunda conversa ao telefone com ela. Tamarkin também atribui ao presidente do conselho Jack Sandner o crédito por ter feito a Morgan Stanley pagar, com a seguinte conversa atribuída a ele: "Deixe-me lhe narrar os fatos. Existe um sistema que não permite dívidas [...]. A sua firma é a única que ainda não fez o pagamento. Se o dinheiro não estiver disponível, as manchetes dos jornais de amanhã dirão que sua firma passou um calote." O pagamento foi feito, segundo Tamarkin, "dentro de 45 minutos". Melamed manteve seu relato ao longo dos anos, e ninguém discordou dele em público. Mas, para sermos justos, e considerando o talento para o drama de Melamed, precisamos atribuir certo crédito a Brodsky e Sandner pelo resgate da Merc naquela manhã.

50. Entrevista com Leo Melamed, realizada em 29 de julho de 2015 (deste ponto em diante, referida como "Segunda entrevista com Melamed").

51. Fora Theobald, na época executivo sênior do Citibank, que por um momento recusou-se a participar do consórcio "rede de segurança" que ajudou a resgatar o Continental Illinois no verão de 1984, tendo supostamente dito: "Por que eu iria querer ajudar um concorrente?" (Vide Silber, *Volcker*, p. 245.) As possibilidades que cercavam o papel do Continental Illinois durante e imediatamente depois da Segunda-Feira Negra são pro-

450 O PIOR DIA NA HISTÓRIA DE WALL STREET

fundas, começando por "E se o tivessem deixado falir em 1984?" Algum outro banco teria sido tão receptivo à Merc?

52. Segunda entrevista com Melamed.

53. SEC Crash Report, p. 5.27.

54. Weiner, *What Goes Up*, p. 294.

55. Entrevista com E. Gerald Corrigan, 16 de junho de 2015.

56. Jouzaitis e Cohen, "The Crash and Chicago's Markets". De acordo com o *Tribune*, ao longo daqueles dois dias, os negociantes retiraram mais de US$ 300 milhões de seu saldo da First Options. Na seção do Harris Bank, no saguão da CBT, "os negociantes fizeram fila para sacar seu dinheiro" na segunda e na terça. Um negociante enfiava dinheiro em uma sacola de compras da Marshall Fields; outros, de acordo com relatos, alugaram cofres e os encheram de dinheiro. Um, segundo o *Tribune*, levou um carro-forte ao banco para fazer a retirada de US$ 300 mil em dinheiro, obtidos "depois de ter sacado um cheque de uma firma de compensação". O *Tribune* exagerou um pouco o caso. A SEC estimou que os saques totalizaram US$ 364,5 milhões entre 14 e 30 de outubro de 1987, com US$ 242,8 milhões retirados na semana da Segunda-Feira Negra. (SEC Crash Report, p. 5.43.) A questão é que a "onda de pânico" à First Options é confirmada pelos números.

57. Se a First Options ainda estivesse nas mãos de sua antiga proprietária, a grande firma especialista da NYSE, Spear, Leeds and Kellogg, é possível que não tivesse sobrevivido à onda de pânico da Segunda-Feira Negra, considerando os problemas enfrentados pelas firmas especialistas naquele momento. E, se ela não tivesse sobrevivido, a sombria terça teria sido muito pior.

58. "Brady Report" [Relatório Brady], p. 36.

59. Ibid., p. 40.

60. Ibid. "O que contribuiu muito para essa queda livre foi a falta de compras de arbitragem de índice, que geralmente teriam sido estimuladas pelo imenso desconto dos futuros em relação às ações", informou a Comissão Brady.

NOTAS 451

61. Ibid. Se o Dow Jones houvesse fechado nesse nível na terça, o declínio de dois dias de 19 e 20 de outubro de 1987 teria sido muito pior do que a quebra de dois dias de outubro de 1929. A 1.400 pontos, o Dow teria caído quase 38% em dois dias; em 1929, o declínio de dois dias ficou pouco abaixo de 24%.

62. Tamarkin, *The Merc*, p. 344.

63. "Brady Report" [Relatório Brady], p. 40.

64. Anotações confidenciais de dois dias depois mostram a preocupação dos reguladores em relação ao fato de que, "se o mercado tivesse fechado com uma queda de 200 pontos na terça, um grande número de especialistas poderia ter sido perdido".

65. Weiner, *What Goes Up*, p. 295.

66. Metz, *Black Monday*, p. 194.

67. Ibid.

68. Weiner, *What Goes Up*, p. 295.

69. Metz, *Black Monday*, p. 193.

70. Conforme notado anteriormente (e em Metz, *Black Monday*, notas da p. 195), Phelan tinha um plano que exigia a interrupção das negociações "em até cem bolsas simultaneamente se o programa de negociação por computador provocasse uma queda de mais de 25% do mercado". As interrupções nas negociações iriam "dar ao mercado tempo para respirar", Phelan disse na época. Os especialistas poderiam ter espalhado que a última venda fora de X e a oferta mais próxima fora de Y. "Em vez de deixá-lo dar um salto mortal para baixo, tentamos estabelecer um novo equilíbrio entrando em contato com todos os compradores e vendedores", ele explicara. (Vide "John Phelan vs. Program Trading".)

71. Metz, *Black Monday*, p. 209. Metz atribuiu a descrição dessa cena a anotações feitas pelo repórter do *New York Times* Robert J. Cole, que aguardava do lado de fora da sala de Phelan para dar continuidade a uma entrevista que fora interrompida naquela manhã.

72. Dez minutos depois, Melamed fecharia o pregão do S&P 500 da Merc, uma atitude tomada depois de uma conversa com Phelan, ocorrida em

452 O PIOR DIA NA HISTÓRIA DE WALL STREET

algum momento por volta do meio-dia do horário de Nova York. Sua cronologia é um pouco confusa – começando com a afirmativa, feita em suas memórias, de que o pregão do S&P ficou fechado por "cerca de 35 minutos". Existiam registros precisos mostrando que o pregão ficou fechado por 49 minutos.

73. David S. Ruder, "Notes: October 19, 1987, to October 30, 1987" (deste ponto em diante, referido como "Ruder, 'October 19-30 Notes'"), p. 31. Em seus arquivos privados, o professor Ruder tem 132 páginas de anotações feitas à mão relacionadas aos eventos ocorridos no mercado durante esse período, as quais ele generosamente disponibilizou para análise da autora para esta pesquisa.

74. Ibid.

75. Os registros, dos arquivos de Howard Baker na Universidade do Tennessee, em Knoxville, também mostram uma conversa com Phelan às 8h20 da manhã, seguida em 15 minutos por conversas com Greenspan e Ruder.

76. Phelan, "October 1987: A Retrospective", p. 10.

77. "Partial Chronology", p. 10-11, e entrevista com Ruder, dezembro de 2016.

78. Phelan, "October 1987: A Retrospective", p. 10.

79. Melamed, *Escape to the Futures*, p. 365.

80. Ibid., p. 365-66.

81. Ibid. Segundo Melamed, essa ação ocorreu por volta das 11h30 da manhã, horário de Chicago. Mas, de acordo com o "Brady Report" [Relatório Brady], ocorreu 15 minutos antes. Phelan telefonou para a SEC ao meio-dia; Melamed disse que a mensagem chegou a Chicago através da CFTC, momento em que ele ligou para Phelan antes de descer até o pregão do spooz. No entanto, isso foi realizado em apenas 15 minutos. É possível, é claro; também é possível que Melamed tenha conversado com Phelan antes da ligação deste último para a SEC – ele disse à CFTC que falara com Phelan várias vezes naquela manhã, e nem todas as ligações foram descritas em suas memórias.

82. Entrevista com Blair Hull, 31 de março de 2016.

83. Embora nenhum dos participantes dessa cena confirme, é provável que a Salomon e o Goldman também tenham direcionado ordens de compra para o pregão de futuros do S&P 500 na Merc quando ela reabriu pouco menos de uma hora depois.

84. Entrevista com Shopkorn e entrevistas confidenciais com executivos seniores aposentados do Goldman Sachs e da Salomon Brothers. O ex-colunista do *New York Times* Floyd Norris, na época colunista da *Barron's*, estava bem em frente à sala de Shopkorn quando esse incidente ocorreu, e o descreveu com detalhes em seu blog *Economix* ("It Never Happened", *New York Times*, 24 de outubro de 2007). A URL dessa coluna é <https://economix.blogs.nytimes.com/2007/10/24/it-never-happened/?r=0>.

85. Metz, *Black Monday*, p. 225-26. É, de fato, o evento mais inexplicável desse dia turbulento. O chefe da funcionária da NYSE, Richard Torrenzano, mais tarde disse a Metz que o funcionário "não sabe" por que fez essa declaração errônea. Uma possibilidade, é claro, se as interrupções nas negociações não foram passadas para os informativos, é que também não tenham sido passadas para os funcionários. Não obstante, teria sido protocolo checar a precisão da declaração antes de fazê-la. Questionado sobre o incidente em 2016, Torrenzano disse que o erro provavelmente foi parte dos danos colaterais de um dia turbulento.

86. Phelan, "October 1987: A Retrospective", p. 8.

87. Ibid.

88. "Brady Report" [Relatório Brady], p. III-26: "Outra força que afetou o mercado de ações na época foi a lista crescente de corporações americanas anunciando que estavam dispostas a comprar suas ações de investidores. Na segunda e na terça, as corporações anunciaram aproximadamente US$ 6,2 bilhões em recompras de ações." Essas compras podem não ter sido todas feitas, mas os anúncios surtiram um efeito positivo, de acordo com a Comissão Brady, pois "podem ter levado participantes do mercado a acreditar que as recompras manteriam um preço sólido nos pregões. Caçadores de barganhas apressaram-se para comprar, e vendedores finalmente puderam descarregar seus grandes blocos de ações diretamente para compradores corporativos."

454 O PIOR DIA NA HISTÓRIA DE WALL STREET

89. Esse comentário exato foi feito em um telefonema de retorno para Ruder, por volta das 15h daquele dia, mas reflete as lembranças dos participantes a respeito dos comentários de Phelan durante o telefonema anterior.

90. Tim Metz, um ótimo jornalista financeiro, apresentou a defesa mais detalhada da teoria da "grande conspiração" no capítulo 11 de seu excelente livro de 1988 *Black Monday*. Esta autora não a acha convincente, mas é possível que outros achem.

91. Um tanto inconsistentemente, Metz, *Black Monday*, p. 217, argumenta que "a maioria dos investidores – até os profissionais – sequer notará" o rali do MMI. O notório analista técnico Laszlo Birinyi, na época trabalhando para a Salomon Brothers, discordou, afirmando que o índice estava em qualquer monitor de computador nas mesas de operações de Wall Street, e seu uptick definitivamente teria sido influente – mais influente, aliás, do que os relatos de que sua firma e o Goldman haviam entrado com grandes ordens de compra. Esse desdobramento, acreditava, foi importante principalmente para os especialistas desesperados da NYSE, tendo lhes dado esperança para seguirem firmes até o rali do Dow.

20. MALABARISMO COM GRANADAS

1. Greenspan, *The Age of Turbulence*, p. 109. Greenspan citou esse como um de "meia dúzia de quase desastres, envolvendo, principalmente, o sistema de pagamento", que ocorreram nos dias seguintes à Segunda-Feira Negra. Ele acrescentou, com alarme, que um "funcionário sênior do Goldman" mais tarde confidenciou-lhe que, se a firma tivesse previsto as "dificuldades das semanas seguintes, não teria pagado. E em futuras crises semelhantes, ele suspeitava, o Goldman pensaria bem antes de fazer outros pagamentos que não compensariam."

2. A E.F. Hutton, onde John Shad trabalhara, foi a primeira vítima desses rumores infundados, seguida pela Bear Stearns e pela Morgan Stanley. Vide o artigo "Brokerage Stocks Fall; Large Losses Rumored", *New York Times*, 21 de outubro de 1987, p. D20.

3. Ruder, "October 19-30 Notes", p. 50.

NOTAS   455

4. O mercado compartilhava esse temor: mesmo durante o rali do mercado na tarde de terça, 20 de outubro, algumas ações de corretagem caíram mais ainda em relação à Segunda-Feira Negra. O pior golpe foi o da Hutton, que caiu mais de 27 pontos percentuais na terça, mesmo apesar de ter anunciado lucros maiores. A Morgan Stanley caiu quase 14%, isso depois de ter caído quase um terço na Segunda-Feira Negra. O First Boston perdeu mais de 11% do seu valor na terça, e estava negociando por menos do que o seu patrimônio líquido.

5. A firma especialista era a A. B. Tompane and Company, que fechou sua venda para a Merrill Lynch às 4h da manhã da quarta-feira, 21 de outubro de 1987. (Vide Metz, *Black Monday*, p. 150.) A corretora de varejo de Michigan era a H.B. Shaine and Company, de Grand Rapids; três outras pequenas firmas de negociação também foram suspensas da NYSE na terça, 20 de outubro: a William D. Mayer and Co., a Metropolitan Securities e a AIG Inc., que não tem nenhuma relação com a companhia de seguros de mesmo nome. (Vide SEC Crash Report, p. 5.8-5.9.)

6. Ruder, "October 19–30 Notes", p. 50.

7. Joe Nocera, *A Piece of the Action: How the Middle Class Joined the Money Class* (Nova York: Simon and Schuster, 1994), p. 359-62. Seu relato foi usado e um pouco ampliado por Kador, *Charles Schwab*, p. 152, 157.

8. Nocera, *A Piece of the Action*, p. 362.

9. Essa avaliação é da National Association of Securities Dealers, *Report of the Special Committee of the Regulatory Review Task Force on the Quality of Markets* (Ann Arbor, MI: NASD, 1988); do "Brady Report" [Relatório Brady] (p. 48–50); e do SEC Crash Report, cap. 9, que observa (na p. 9.2) que "de todos os grandes mercados, o de balcão recebeu as críticas mais duras daqueles que responderam ao questionário da força--tarefa de Brady". Um total de 76% dos questionados classificaram o desempenho do Nasdaq em 19 e 20 de outubro como "muito pobre".

10. SEC Crash Report, p. 8.6-8.9.

11. Ibid., p. 8.7. Para sermos justos com o fornecedor, a tarefa ficou extremamente mais difícil, já que as bolsas registraram dezenas de milhares de

456 O PIOR DIA NA HISTÓRIA DE WALL STREET

novos contratos de opção para negociação com o objetivo de refletir os preços mais baixos no mercado de ações. A capacidade do software da firma de precificação não era ilimitada, e algumas opções mais antigas tiveram de ser descartadas para acomodar novas opções.

12. Greenspan, *The Age of Turbulence*, p. 109-10.

13. Os defensores da Lei Glass-Steagall no Congresso usariam o incidente como prova de que os bancos não deveriam poder participar do negócio de títulos, e criticariam duramente o Continental Illinois por ter resgatado a First Options. Vide Steve Labaton, "Market Turmoil: Major Infusion of Cash Kept Key Options Clearinghouse Afloat", *New York Times*, 25 de outubro de 1987, p. A24.

14. A holding do Continental Illinois no final das contas forneceria no mês de outubro de 1987 US$ 312,5 milhões em capital à First Options, financiando essa injeção de dinheiro com a venda de títulos. Vide SEC Crash Report, p. 5.42.

15. Ruder, "October 19-30 Notes", p. 69-71 e p. 85, para teleconferências com Corrigan às 10h25 e novamente às 14h30 em 22 de outubro de 1987. Embora essas observações mostrem claramente que a First Options foi mencionada durante os telefonemas, a atribuição de informações específicas não é clara. Tais observações sugerem que ou Corrigan foi requisitado a, ou que ele pretendia, intervir com a autoridade controladora da moeda, Robert Clarke, mas nem Corrigan nem Ruder podem confirmar isso. Não obstante, o Continental Illinois recebeu sanção da autoridade controladora para fazer os empréstimos iniciais através do banco em vez da holding, uma atitude que Clarke disse ter mostrado que "o sistema funciona". Após o fato, Corrigan discordou publicamente dessa ação da autoridade controladora da moeda durante uma audiência no Comitê de Operações Bancárias do Senado em 10 de dezembro de 1987. (Vide Robert Trigaux, "Corrigan Endorses Proxmire-Garn Bill; NY Fed Chief Says Glass-Steagall Repeal Is Just First Step", *American Banker*, 11 de dezembro de 1987.) Requisitando "flexibilidade regulatória", Corrigan perguntou: "Teria sido do interesse público, ou do interesse da companhia [mãe] como um todo, ter permitido ou, pior ainda, forçado a First

Options a falir durante a semana de 19 de outubro [...]? Do meu ponto de vista, nem o interesse público, nem o interesse da companhia mãe, ou de seu banco, ou de outras subsidiárias teria sido atendido por uma estrutura legislativa ou regulatória tão rígida a ponto de forçar 'uma solução' que poderia ser extremamente nociva, mesmo apesar de haver alternativas mais aceitáveis."

16. Registros mostram que Ruder tornou-se um centro de comunicação improvisado e incansável para várias bolsas, agências reguladoras, firmas de Wall Street e membros do Congresso, isso por semanas depois da Segunda-Feira Negra. Vide Tamarkin, *The Merc*, p. 346: "Durante a quebra e o período que se seguiu a ela, Ruder e a SEC foram o centro de uma rede de comunicações que alcançava cada canto da comunidade financeira."

17. Os detalhes da experiência da Schwab com Teddy Wang foram extraídos de Kador, *Charles Schwab*, p. 160-68; e Nocera, *A Piece of the Action*, p. 360-65. Kador usou o relato de Nocera, baseado em entrevistas com Rosseau e nove outros executivos da Schwab (vide Nocera, p. 441).

18. Julgamento da Suprema Corte da Região Administrativa Especial de Hong Kong de Apelação, Apelação Criminal n. 233 de 2013 Entre a Região Administrativa Especial de Hong Kong e Chan Chun Chuen Perante o Honorável Lunn SP, Poon e Pang JJA, 30 de outubro de 2015. O caso, uma apelação de um dos homens condenados no sequestro de 1983, fornece detalhes do episódio original. Teddy Wang foi sequestrado uma segunda vez em 1990; embora Nina Wang tenha pagado US$ 34 milhões pelo seu resgate, ele nunca foi encontrado, e foi declarado morto em 1999.

19. De acordo com Kador, *Charles Schwab*, a participação de Schwab em sua companhia recém-aberta ao capital público valia 100 milhões de dólares na época de sua oferta pública inicial. Vide p. 146.

20. Nocera, *A Piece of the Action*, p. 363-64.

21. Kador, *Charles Schwab*, p. 166.

22. Ibid., p. 165.

23. Lawrence J. De Maria, "Wall Street Rebound Widens with Gains for Most Stocks; Dow up 186 on Heavy Trading", *New York Times*, 22 de outubro de 1987, p. 1.

458 O PIOR DIA NA HISTÓRIA DE WALL STREET

24. Kyrillos, *Cases in Financial Engineering*, p. 776, 20*ff*.
25. Ibid. Na verdade, estudos posteriores citados por MacKenzie (*An Engine, Not a Camera*, p. 190) sugerem que a proteção oferecida pela LOR era melhor do que Leland temia. Ela arcava com a proteção com hedge prometida para cerca de 60% de seus clientes, enquanto o restante viu os valores de seu portfólio caírem entre 5% e 7% abaixo dos valores mínimos que a LOR pretendia manter. "Era melhor tê-lo [o seguro de portfólio] do que não", disse um cliente citado por MacKenzie.
26. MacKenzie, *An Engine, Not a Camera*, p. 191, observa que "É extremamente difícil identificar 'novas notícias' na semana anterior que justificariam racionalmente uma reavaliação tão grande e súbita das ações". As manchetes e desdobramentos dos últimos dias e semanas "já teriam sido incorporados aos preços da sexta", explicou. Assim, só os eventos ocorridos a partir do fechamento da sexta são candidatos para justificar um declínio "racional" de 508 pontos na segunda. Alguns teóricos argumentaram que o mero fato do declínio histórico da sexta foi a "notícia nova", alertando investidores racionais em relação a um novo grau de risco no mercado; mas isso não explicaria o rebote historicamente grande da tarde de terça, quando insiders sabiam que o mercado tornara-se muito mais arriscado do que na segunda.
27. Kurt Eichenwald, "Many Wary on Impact of B.P. Offering Now", *New York Times*, 26 de outubro de 1987, p. D1.
28. Ibid.
29. Ibid.
30. Beckner, *Back from the Brink*, p. 57-58.
31. Lawrence De Maria, "Stocks Fall, but Avert Plunge; Reagan Says He'll 'Negotiate' with Congress on the Deficit", *New York Times*, 23 de outubro de 1987, p. 1.
32. Ibid.
33. Ibid.
34. Robert J. Cole, "Market Turmoil: The Professionals' Day; Specialists Man the Ramparts", *New York Times*, 22 de outubro de 1987, p. D14. Cole diz que os buttons estavam sendo distribuídos "como uma promoção" em

vários pontos da Federal Express no bairro, e podiam ser vistos "em toda a bolsa de ações".

35. Hineman apresentou esse argumento em um depoimento diante do Congresso algumas semanas depois. Vide "Review of Recent Volatility in the Stock Market and the Stock Index Futures Markets", Hearing Before the Subcommittee on Conservation, Credit, and Rural Development of the House Committee on Agriculture, 100th Congress, 1st Sess., 4 de novembro de 1987, p. 14.

36. Ruder, "October 19-30 Notes", p. 67; e Ruder, "Partial Chronology", p. 17.

37. Ibid.

38. A LOR vendeu mails de 5 mil contratos a futuro na terça, o que fez dela a segunda maior vendedora de seguros de portfólio nos pregões naquele dia. A Salomon Brothers, a Aetna, a Wells Fargo e a "GM pension" (o fundo supervisionado por Gordon Binns) também foram identificadas pela SEC como grandes vendedoras de seguros de portfólio nos pregões do spooz tanto na segunda quanto na terça. Vide Ruder, "October 19-30 Notes", p. 92. Outros também venderam muito, é claro – entre eles, o especulador titânico George Soros. Vide MacKenzie, *An Engine, Not a Camera*, p. 198.

39. Esse relato da reunião da SEC é baseado em Ruder, "Partial Chronology", p. 21-22.

40. Julia M. Flynn, "Market Turmoil: Merc Puts Daily Limits on Stock Index Futures", *New York Times*, 24 de outubro de 1987, p. 42.

41. Ronald Reagan, "The President's News Conference", 22 de outubro de 1987, site do American Presidency Project, em <http://www.presidency. ucsb.edu/ws/index.php?pid=33594&st=&st1=>.

42. Ronald Reagan, "Statement by Assistant to the President for Press Relations [Marlin] Fitzwater on the Stock Market Decline", 19 de outubro de 1987, site do American Presidency Project, em <http://www.presidency. ucsb.edu/ws/index.php?pid=33582&st=&st1=>.

43. Ronald Reagan, "Informal Exchange with Reporters", 19 de outubro de 1987, site do American Presidency Project, em <http://www.presidency. ucsb.edu/ws/index.php?pid=33581&st=&st1=>.

460   O PIOR DIA NA HISTÓRIA DE WALL STREET

44. Memorando de Gary L. Bauer para Howard H. Baker Jr., assunto: Stock Market, 20 de outubro de 1987: "Não é suficiente para o presidente dizer apenas que não estamos em 1929, e que a economia está bem. Anexei a declaração do presidente Hoover após a quebra de outubro. Observem que é exatamente o que ele disse. Não precisamos dar à imprensa e aos liberais outro 'paralelo' para fazerem entre aquela época e agora. Os democratas estão no salão [do Congresso] agora fazendo a conexão Hoover-Reagan. Precisamos agir *rapidamente* antes de a conexão tomar conta da mente do cidadão comum" (FI003, FI004, FG006-07, 615488PD, Ronald Reagan Presidential Library Archives).

45. Ronald Reagan, "Informal Exchange with Reporters", 21 de outubro de 1987, site do American Presidency Project, <http://www.presidency.ucsb.edu/ws/index.php?pid=33591&st=&st1=>.

46. Ronald Reagan, "The President's News Conference", 22 de outubro de 1987, site do American Presidency Project, em <http://www.presidency.ucsb.edu/ws/index.php?pid=33594&st=&st1=>.

47. Associated Press, "Foreign Markets Remain Uneasy", *New York Times*, 24 de outubro de 1987, p. 46. A mesma percepção – de que os mercados estavam decepcionados com o fato de não terem sido anunciadas medidas mais vigorosas para reduzir o déficit no orçamento norte-americano – refletiu-se em um relatório do Japão: Clyde Haberman, "Japanese Stocks Show Slight Gains", *New York Times*, 24 de outubro de 1987, p. 46.

48. Ruder, "Partial Chronology", p. 22. O telefonema veio do executivo do Goldman Sachs Robert Mnuchin às 9h55 da manhã de 23 de outubro de 1987.

49. Nathaniel C. Nash, "Market Turmoil: S.E.C. Was Ready to Support a Halt", *New York Times*, 14 de outubro de 1987, p. 45.

50. Ibid.

51. Flynn, "Market Turmoil: Merc Puts Daily Limits on Stock Index Futures". Os limites eram calculados em termos de "pontos de índice", ou do valor do índice S&P 500 indicado pelo preço do contrato do spooz. Assim, os

limites entravam em ação sempre que os preços dos futuros refletiam um ganho ou perda de 30 pontos no valor do índice subjacente. A regra também determinava que, se as negociações atingissem o limite por dois dias consecutivos, o limite seria expandido para permitir flutuações de até 45 pontos de índice.

52. Ibid.

53. Lawrence J. De Maria, "Market Is Steady and Tension Eases in Shorter Session", *New York Times*, 24 de outubro de 1987, p. 1.

54. Kurt Eichenwald, "Market Turmoil: T.G.I.F. on Wall St.: Time to Recover", *New York Times*, 24 de outubro de 1987, p. 45.

55. Ibid.

56. Ibid.

57. Tamarkin, *The Merc*, p. 344-45.

58. O diretor da Merc, Donald Jacobs, reitor da Kellogg School of Management da Northwestern, amigo e ex-colega de campus de Ruder, foi o intermediário da Merc para providenciar o encontro, e também compareceu.

59. Um memorando e anexo intitulado "Recommended Telephone Call for the President to: David Ruder, Chairman, Securities and Exchange Commission", N. 497960SS, Série IV, 3/12/87-2/1/88, Ronald Reagan Presidential Library Archives. O memorando é datado de 23 de outubro de 1987, mas mostra que o telefonema foi feito em 24 de outubro, para o número residencial de Ruder em Chicago. O anexo, chamado "Talking Points", é, na verdade, um roteiro curto com pontos específicos como "David, estou telefonando para obter sua análise de como está o acúmulo da papelada".

60. Tamarkin, *The Merc*, p. 346. Além de Melamed, Brodsky e Jacobs, a Merc foi representada por Rick Kilcollin, o vice-presidente sênior de pesquisa. Ruder alertara Rick Ketchum para o encontro com antecedência, e deu um feedback do que acontecera.

61. Entrevista com Ruder, janeiro de 2015.

62. Bruce Ingersoll, "Chicago Merc Says Futures Trading Didn't Cause Crash", *Wall Street Journal*, 30 de outubro de 1987. Os encontros com os membros do subcomitê de títulos do Comitê de Operações Bancárias do Senado e

do subcomitê de finanças do House Commerce Committee foram privados, mas Brodsky realizou uma coletiva de imprensa ao meio-dia, durante a qual repetiu o argumento de que a arbitragem de índice teve pouco efeito sobre os mercados na Segunda-Feira Negra, e de que as vendas do mercado a futuro evitaram que a queda do Dow Jones fosse bem maior do que realmente fora.

63. Tamarkin, *The Merc*, p. 345.

64. Nicholas D. Kristof, "Market Turmoil: Hong Kong Suffers Wild Fluctuations", *New York Times*, 27 de outubro de 1987, p. D14.

65. Lawrence J. De Maria, "Market Turmoil: Stocks Fall 156, Loss of 8%, After Big Sell Offs Abroad; Joint Talks on Deficit Begin", *New York Times*, 27 de outubro de 1987, p. 1.

66. Ruder, "October 19-30 Notes", p. 109. As anotações são de uma conversa com Phelan às 13h20, em 26 de outubro de 1987, 40 minutos antes do novo sino de encerramento, soado mais cedo.

67. De Maria, "Market Turmoil".

68. Ruder, "October 19-30 Notes", p. 110.

69. Transcrição de depoimento de John J. Phelan, "Briefing by New York Stock Exchange", terça-feira, 29 de outubro de 1987, Comitê de Operações Bancárias da Casa dos Representantes [*sic*], Washington D.C. (deste ponto em diante, referido como "Depoimento Confidencial de Phelan"), p. 8. New York Stock Exchange Archives, Mahwah, NJ.

70. Kador, *Charles Schwab*, p. 162.

71. Ibid., p. 168.

72. Nocera, *A Piece of the Action*, p. 359.

73. Depoimento confidencial de Phelan, p. 5.

74. Ibid., p. 9.

75. Ibid., p. 28-29.

76. A subsidiária da First Options nunca recuperou a rentabilidade que tinha antes da quebra, em grande parte por causa da queda das negociações no mercado de opções. Em 1991, ela voltou a ser comprada por seu proprietário anterior, a firma especialista da NYSE Spear, Leeds and Kellog, por apenas US$ 15 milhões.

NOTAS 463

77. James Sterngold, "Market Turmoil: U.S. Underwriters Relieved by London Accord", *New York Times*, 30 de outubro de 1987, p. D9.
78. Mahar, *Bull*, p. 73. Mahar diz: "Um ano depois da quebra, as transações com títulos de todos os tipos haviam caído 22%, e cerca de 15 mil trabalhadores de Wall Street haviam perdido seus empregos."
79. Entrevista com Ruder, julho de 2015.

21. PROCURANDO CULPADOS, FUGINDO DA REALIDADE

1. O tom e o conteúdo desse episódio foram reconstruídos e parafraseados a partir de entrevistas com três dos participantes: segunda entrevista com Melamed, entrevista com Birnbaum e uma entrevista com William Brodsky em 27 de julho de 2015. Em suas memórias, Melamed descreveu brevemente o café da manhã (vide *Escape to the Futures*, p. 382): "Quando Phelan me convidou e a outros funcionários da CME para nos sentarmos e conversarmos com funcionários da NYSE, a princípio ele não pretendia convidar a CBT. Mas insisti e assegurei que a CBT fosse convidada. No final das contas, o presidente da CBT, Thomas Donovan, e a presidente do conselho Karsten Mahlmann juntaram-se a Brodsky, Sandner e eu para uma reunião com Phelan na NYSE. Infelizmente, as antigas animosidades entre a NYSE e a CBT mais uma vez emergiram, resultando em um embate de erros, e pouco foi concretizado."
2. A CBT alardeou isso em um anúncio de página inteira no *New York Times* na manhã seguinte: "Minuto após minuto, segundo após segundo, estávamos lá. Durante o recorde em volume e volatilidade, nossos mercados operaram sem interrupção."
3. Vários participantes lembraram-se especificamente de que cada lado acusava o outro de "inventar coisas".
4. Primeira entrevista com Melamed.
5. Scott McMurray e Bruce Ingersoll, "Post-Crash Damage Control at the Merc", *Wall Street Journal*, 5 de novembro de 1987.
6. "Brady Report" [Relatório Brady], p. 49-50. O relatório reconheceu que a maioria dos especialistas seguiu o fluxo e comprou muito durante os

464   O PIOR DIA NA HISTÓRIA DE WALL STREET

primeiros 90 minutos da Segunda-Feira Negra "diante de uma pressão de venda sem precedentes". Mas o desempenho dos especialistas a partir das últimas horas da Segunda-Feira Negra e ao longo do dia de pregão da terça foi muito mais inconstante. De acordo com o Relatório Brady, "um número considerável" de especialistas não havia cumprido sua obrigação de ser "uma força significativa para compensar as tendências do mercado". O relatório admitia, contudo, que "a natureza limitada da contribuição dos especialistas para com a estabilidade dos preços pode se dever ao esgotamento de seu poder de compra após as tentativas de estabilizar os mercados" na manhã da Segunda-Feira Negra.

7. Melamed, *Escape to the Futures*, p. 373. Melamed cunhou a frase "linha da Merc".

8. James Sterngold, "Exchanges Seek Ways to Heal Split", *New York Times*, 7 de novembro de 1987, p. 37.

9. Segunda entrevista com Melamed.

10. Steve Coll and David A. Vise, "Stock Futures Market Is Flexing Its Muscle", *Washington Post*, 16 de outubro de 1988, p. 1.

11. Sterngold, "Exchanges Seek Ways to Heal Split".

12. O nome oficial da comissão era "Presidential Task Force on Market Mechanisms" [Força-Tarefa Presidencial Para Mecanismos do Mercado].

13. O bisavô de Brady, um imigrante irlandês, foi quem iniciou a fortuna da família na indústria elétrica; seu avô fundou uma das primeiras montadoras de automóveis, que mais tarde se fundiu com a Chrysler; e a família tinha uma participação na Purolator Company desde a sua fundação. Vide Susan F. Rasky, "Man in the News: Blue-Chip Leader for Task Force: Nicholas Frederick Brady", *New York Times*, 23 de outubro de 1987, p. D10.

14. A comissão, originalmente, deveria ter três membros, incluindo Brady, mas ele disse à Casa Branca que precisava de um painel de cinco. A Casa Branca formulou uma lista de sugestões que contava com os ex--presidentes do conselho da SEC, John Shad e Harold Williams, e com o ex-presidente do conselho da CFTC, Jim Stone, além do gerente do fundo de pensão da GM, Gordon Binns. Mas Brady fez suas próprias escolhas,

NOTAS **465**

recrutando James C. Cotting, o CEO de muito tempo da Navistar International, sediada em Chicago; John R. Opel, o presidente do conselho aposentado da IBM e uma fonte de conhecimentos tecnológicos; Robert G. Kirby, presidente do conselho da Capital Guardian Trust Company, de Los Angeles; e Howard S. Stein, chefe da família Dreyfus de fundos mútuos, sediada em Nova York.

15. Alguns anos antes, Glauber convencera a firma de Brady a investir em um fundo cujo portfólio seria selecionado através de uma análise estatística feita por computador. O fundo estava à frente de seu tempo, mas, infelizmente, também estava à frente do poder computacional disponível e dos dados do mercado de seu tempo, e não tardou a fracassar.

16. Entrevista com Nicholas F. Brady, 25 de setembro de 2014.

17. Entrevistas com Robert R. Glauber, 8 e 19 de janeiro de 2015 (deste ponto em diante, referidas como "entrevistas com Glauber").

18. William Glaberson, "A Task Force Plays Beat the Clock", *New York Times*, 14 de fevereiro de 1988, sec. 3, p. 4.

19. Christopher Ladd, "Agency File: The Brady Bunch", *Legal Times*, 1º de dezembro de 1987, FG258-24, 548495CW, Ronald Reagan Presidential Library Archives. O artigo informa que Bruce Bartlett, um ex-economista da Heritage Foundation que começou a trabalhar para a Casa Branca em agosto, fizera uma conservadora reunião de catalisação de ideias que ele "aparentemente acreditava [...] ser extraoficial". Bartlett chamou a firma em Wall Street de Brady uma casa de investimentos que fazia barulho por nada, e rogou que a comissão fosse ignorada. Nos arquivos de Reagan, esse artigo está anexado a um memorando de Arthur B. Culvahouse Jr., conselheiro do presidente, de Howard Baker e de três outros assistentes seniores da Casa Branca. O memorando chamava o artigo de "um relatório muito perturbador". Um mês antes, Bartlett alertara seu chefe, Gary Bauer, de que "Brady é um oponente conhecido de quase todas as inovações financeiras dos últimos dez anos, inclusive dos títulos de alto risco, das opções, dos futuros financeiros, dos títulos lastreados por hipotecas etc. Se ele conseguisse o que queria, voltaríamos aos anos 1950." Bartlett informou que Christopher Cox, na época

466 O PIOR DIA NA HISTÓRIA DE WALL STREET

vice-conselheiro de Reagan, e, mais tarde, presidente do conselho da SEC na administração George W. Bush, "está ciente das preocupações que tenho, e tentou cuidar delas". Memorando para Gary Bauer de Bruce Bartlett, 3 de novembro de 1987, FG999/FI003, FG006-07, 54666480, Ronald Reagan Presidential Library Archives.

20. Memorando para Gary Bauer de Bruce Bartlett. Assunto: Comissão Brady, 29 de outubro de FI003, N. 611055 PI, Ronald Reagan Presidential Library Archives.

21. Anise C. Wallace, "Pension Fund Group Links Specialists to Stock Plunge", *New York Times*, 8 de dezembro de 1987, p. D1. Um mês antes, Binns compareceu a uma reunião do comitê consultor sobre produtos financeiros da CFTC em Washington para defender o programa de negociação por computador. (Vide Reuters, "Big Investors Defend Programmed Trading".) Juntara-se a ele na reunião Frederick Grauer, presidente da Wells Fargo Investment Advisors. Grauer reclamou que as firmas de Wall Street negociaram à frente das vendas das seguradoras de portfólio para garantirem lucros, com isso exacerbando a pressão de venda no mercado a futuro. A suspeita foi comprovada pela Comissão Brady, que disse que sete firmas haviam feito vendas a descoberto no imenso volume da sexta, 16 de outubro, antecipando as vendas que as seguradoras de portfólio precisariam fazer na segunda. Notadamente, Grauer disse ao *New York Times* que achava que outros gerentes de recursos do mercado deveriam ter esperado que as seguradoras de portfólio negociassem primeiro! (Vide Anise C. Wallace, "Portfolio Insurers Reject Blame", *New York Times*, 13 de janeiro de 1988, p. D1.)

22. Nicholas F. Brady, *A Way of Going*, memórias publicadas independentemente e sem data, p. 112. De acordo com Brady, a NYSE dissera que não podia fornecer as fitas com os dados das negociações, mas ele e Glauber descobriram que as fitas na realidade estavam sob custódia da Depository Trust and Clearing Corporation, a câmara de compensação central de Wall Street. "Pedimos ao nosso consultor geral [Joel L. Cohen] que telefonasse [...] e instruísse os funcionários que se [as fitas] não fossem entregues ao nosso escritório até às 10h da manhã daquele dia, diríamos ao

New York Times que estavam sendo omitidas. Em duas horas, dez caixas de fitas de computador chegaram à nossa porta."

23. Glaberson, "A Task Force Plays Beat the Clock". A assistência veio da equipe do membro da Comissão Brady John R. Opel na IBM, que também observou que a comissão fora equipada pelo Departamento do Tesouro com computadores que eram "clones do IBM", e tomou providências para substituí-los por equipamentos da companhia.

24. Robert D. Hershey Jr., "Business People: Deregulator Chosen for Commodity Post", *New York Times*, 4 de dezembro de 1987, p. D2.

25. Harris, "The CFTC and Derivative Products", p. 1.125.

26. A ação da CFTC foi incitada por uma proposta do Wells Fargo Bank em 1987 para a emissão de certificados de depósito com a taxa de juros fixada de acordo com o preço do ouro. A CFTC processou o banco no outono de 1987, afirmando que o novo CD era um contrato a futuro ilegal. O banco descartou o produto, mas se juntou aos outros grandes bancos da nação para protestar contra a ação da CFTC. Vide Nathaniel C. Nash, "A Chill over the Hot New 'Hybrids'", *New York Times*, 10 de abril de 1988, sec. 3, p. 1.

27. Uma razão para esses swaps de balcão serem tão rentáveis, é claro, era precisamente o fato de não serem negociados publicamente. Os computadores de um swap não tinham como saber o que outros estavam pagando no momento por acordos semelhantes, então era um mercado do vendedor.

28. Robert D. McFadden, "Storm Hits East Coast After Burying South in Snow", *New York Times*, 9 de janeiro de 1988, p. 1.

29. Nathaniel C. Nash, "Task Force Urges a Major Overhaul of Stock Trading", *New York Times*, 8 de janeiro de 1988, p. 1. O artigo informava incorretamente, com base nos vazamentos hostis, que a comissão exigiria limites sobre as oscilações de preços, semelhante aos limites diários às vezes impostos nos pregões de futuros. A história do dia seguinte, baseada no relatório propriamente dito, explicava a imprecisão: "A comissão, contudo, aparentemente recuou de uma proposta radical de impor limites sobre as oscilações dos preços diários de todas as ações." Vide Nathaniel C. Nash, "Task Force Ties Market Collapse to Big Investors' Program Trades", *New*

468   O PIOR DIA NA HISTÓRIA DE WALL STREET

York Times, 9 de janeiro de 1988, p. 1. (Na verdade, tanto Brady quanto Glauber disseram em entrevistas que os limites sobre os preços do mercado de ações nunca haviam sido uma recomendação.) Para seu crédito, os principais jornais não relegaram à liberação propriamente dita do relatório uma atenção secundária, como os responsáveis pelo vazamento na administração provavelmente esperavam.

30. Glaberson, "A Task Force Plays Beat the Clock".

31. Entrevistas com Glauber. Ninguém parece se lembrar da presença de Greenspan durante essa breve reunião, então não é possível presumirmos que ele não tenha tido nenhum papel importante, mas a fotografia de Brady do evento exibe claramente Greenspan em um dos dois sofás, ao lado de Glauber.

32. Kenneth N. Gilpin, "Dollar Falls as Stocks Plummet", *New York Times*, 9 de janeiro de 1988, p. D1.

33. A segunda maior perda foi a queda de 156,83 pontos em 26 de outubro de 1987.

34. Nash, "Task Force Ties Market Collapse to Big Investors' Program Trades", p. 1.

35. Passados trinta anos, o relatório continua sendo o melhor entre todos os estudos sobre a quebra de 1987 e, sem dúvida, o mais acessível e interessante para o leitor comum. Em uma carta para o presidente Reagan datada de 2 de fevereiro de 1988, Charles Schwab chamou o relatório de "notável". (Vide White House Correspondence Tracking Worksheet, FI003, 544319, Ronald Reagan Presidential Library Archives, p. 2.) O próprio Brady contaria orgulhosamente mais tarde que o investidor Warren Buffett dissera-lhe que o relatório foi "o melhor exemplo de relato de um evento financeiro que ele vira". (Vide "Remembering Black Monday: Nicholas Brady", *Fortune*, arquivo on-line em <http://archive.fortune.com/galleries/2007/fortune/0709/gallery.black_monday.fortune/10.html>.)

36. James Sterngold, "Panel's Concern: Power, Not Panic", *New York Times*, 9 de janeiro de 1988, p. 39. Sterngold continua: "O fato fundamental que o relatório revelou é que essas instituições não agem como indivíduos. Usando computadores e estratégias sofisticadas de negociação, eles têm

a capacidade de fazer uma varredura em vários mercados diferentes e operar neles simultaneamente." Ele observou que o Congresso estudara a concentração crescente de riqueza institucional quase duas décadas antes, mas concluíra que os fundos gigantes não estavam agindo de acordo na época, e, portanto, não ofereciam uma ameaça. Isso claramente não era mais verdade.

37. Um livro poderia ser escrito especialmente para comparar os diversos estudos sobre a quebra de 1987. Com exceção do estudo da CFTC, que negava que houvesse qualquer relação entre o período de grandes declínios do mercado de ações e as vendas relacionadas ao seguro de portfólio, eles geralmente concordaram que as estratégias de seguro de portfólio tiveram *algum* papel na aceleração do declínio, mas discordaram sobre o quão grande era o papel e o que fazer em relação a ele. Todos eles concordaram que falhas nos sistemas computacionais e de comunicação exacerbaram o pânico que já se desenvolvia, mas, implicitamente, deixaram a criação e a manutenção desses sistemas a cargo das bolsas e suas firmas-membros. Eles concordaram que a coordenação do processo de compensação e liquidação seria uma coisa positiva, mas também que isso geraria dificuldades assustadoras. Nenhum sequer tentou abordar o problema da proteção do sistema financeiro a partir do poder imenso exercido por investidores gigantes que dominavam o mercado. Em vez disso, seu foco concentrava-se no estímulo do mercado para encontrar modos de oferecer a escala e a velocidade que esses investidores gigantes demandavam.

38. É revelador que nem as memórias de Greenspan desses anos, nem nenhuma das biografias escritas por aqueles que tenham tido um bom acesso a ele incluam o President's Working Group no índice remissivo.

39. Provavelmente, não ajudava o fato de que o marido de Wendy Gramm, o senador republicano do Texas Phil Gramm, tivesse desprezo pelos pedidos de Ruder por financiamento adicional para a SEC. Quando Ruder apresentou o imenso relatório da SEC sobre a Segunda-Feira Negra ao Comitê de Operações Bancárias do Senado em 3 de fevereiro de 1988, o senador Gramm não poupou esforços: "Qualquer um que tenha uma equipe capaz de escrever isso [o relatório] não possui uma equipe peque-

470 O PIOR DIA NA HISTÓRIA DE WALL STREET

na demais. De fato, eu argumentaria que essa seria uma área muito fértil para procurarmos uma redução do efetivo. Além disso, um resumo executivo de 26 páginas? Talvez vocês precisem de um resumo do *presidente executivo*. [Risos.]" (Vide "'Black Monday': The Stock Market Crash of October 19, 1987", Hearings Before the Senate Committee on Banking, Housing, and Urban Affairs, 100th Congress, 2nd Sess., 2-5 de fevereiro de 1988, p. 133.)

40. Nash, "A Chill over the Hot New 'Hybrids'".

41. Harris, "The CFTC and Derivative Products", p. 1126, 61*ff.*

42. Ibid.

43. Nash, "A Chill over the Hot New 'Hybrids'".

44. Ibid.

45. Vide Wendy L. Gramm e Gerald D. Gay, "Scams, Scoundrels, and Scapegoats: A Taxonomy of CEA Regulation over Derivative Instruments", *Journal of Derivatives* (primavera de 1994), p. 6-24.

46. Entrevista LOR, 2016.

47. Kyrillos, *Cases in Financial Engineering*, p. 778.

48. É claro que essa era exatamente a queixa que o irmão de Leland fizera sobre o destino de seus clientes nos anos 1970 – a queixa que colocou Leland no trajeto com destino ao seguro de portfólio.

49. Douglas Frantz, "Leland O'Brien's Image Marred in 'Meltdown': Pioneer Portfolio Insurers on the Defensive as Role in Market Skid Is Questioned", *Los Angeles Times*, 2 de novembro de 1987.

50. MacKenzie, *An Engine, Not a Camera*, p. 206. A autora pediu a Rubinstein que ele revisasse o manuscrito de Mackenzie, e ele não discordou da passagem.

51. Ibid.

52. Bernard Saffran, "Recommendations for Further Reading", *Journal of Economic Perspectives* 3, n. 1 (inverno de 1989), p. 185. Markowitz ganharia o Prêmio Nobel de Ciências Econômicas em 1990, juntamente a Merlon Miller, defensor convicto do seguro de portfólio e dos mercados de derivativos, e a William Sharpe.

NOTAS 471

53. Vide Gerard Gennotte e Hayne Leland, "Market Liquidity, Hedging, and Crashes", *American Economic Review* 80, n. 5 (dezembro de 1990), p. 999--1021. Esse artigo sugere que "choques de oferta ignorados e relativamente pequenos [i.e., ondas súbitas de venda] podem ter efeitos pronunciados – mais de cem vezes maiores do que os efeitos dos choques de oferta observados – sobre os preços atuais do mercado [...] como consequência da dedução de informações por investidores a partir de preços. Um choque de oferta leva a preços menores, que, por sua vez (já que o choque não foi observado), levam investidores desinformados a revisar suas expectativas e reduzi-las. Isso limita a disposição desses investidores de absorver uma oferta extra, causando uma reação intensificada aos preços." O artigo basicamente admite que "planos de hedging não antecipados podem levar a um cenário de 'desastre'. Uma pequena mudança de informação pode levar a preços menores, que, por causa do hedging, levam a uma oferta maior em excesso e a uma queda maior nos preços". Mas conclui que "algumas mudanças na organização do mercado podem reduzir radicalmente a probabilidade de uma quebra [...]. O anúncio antecipado de requisitos de negociação pode reduzir o impacto dessas negociações em um fator maior do que 100".

54. Mackenzie, *An Engine, Not a Camera*, p. 196. Leland disse a MacKenzie: "Se todo mundo sabe que somos negociantes desinformados, então alguns não revisam suas expectativas para reduzi-las quando os preços caem. Eles simplesmente dizem que as coisas estão à venda. Então, tomam o outro lado com maior disposição. Se todo mundo pensa que o preço está caindo porque alguém tem informações, eles não tomam o outro lado." Essa análise não acomoda as firmas de Wall Street que começaram a prever as negociações do seguro de portfólio e assumiram posições para lucrar a partir disso.

55. O incêndio, em que um funcionário da manutenção foi morto e outros ficaram feridos, começou no andar abaixo da sede da LOR, onde o First Interstate Bank tinha uma grande mesa de operações financeiras de títulos do governo. A causa nunca foi identificada. Vide Robert Reinhold,

472 O PIOR DIA NA HISTÓRIA DE WALL STREET

"Survivors Recall Terror of Tower Fire", *New York Times*, 7 de maio de 1988, p. 36.

56. Robert Reinhold, "Los Angeles High-Rise Fire Kills One; Officials Cite Lack of Sprinklers", *New York Times*, 6 de maio de 1988, p. A20.

57. Entrevista LOR, 2016.

58. Fox, *Mito dos mercados racionais*.

59. David S. Ruder, "An SEC Chairman's Recollection", 2 de junho de 2004, p. 5-6, site do SECHS, usado com permissão de <www.sechistorical.org>, <http://3197d6d14b5f19f2f440-5e13d29c4c016cf96cbbfd197c579b45.r81. cf1.rackcdn.com/collection/papers/2000/20040602SECHSRTChRuder. pdf>.

60. Ibid., p. 4.

61. SEC Litigation Release N. 11859, 7 de setembro de 1988.

62. Kurt Eichenwald, "Drexel Talking to Shad on Chairman's Job", *New York Times*, 12 de janeiro de 1988, p. D1. De acordo com Eichenwald, a Drexel inicialmente tentara recrutar o chefe de gabinete da Casa Branca Howard Baker para a colocação. A Drexel pediu falência em 1990.

63. Michael Oreskes, "Transition in Washington: Lights! Action! Inauguration Is Underway", *New York Times*, 19 de janeiro de 1989, p. 1.

64. Melamed, *Escape to the Futures*, p. 390.

65. Greising e Morse, *Brokers, Bagmen, and Moles*, p. 19-20.

66. Ibid., p. 220.

67. Ibid., p. 230.

68. Ibid.

69. Ibid., p. 231.

70. Nathaniel C. Nash, "C.F.T.C. Insists It Had Role All Along", *New York Times*, 24 de janeiro de 1989, p. D11. Gramm convocou uma coletiva de imprensa, que Nash chamou de "extraordinária", para refutar relatos de que a CFTC não tivera um papel no caso. Ela explicou que estava revelando o papel da agência na investigação para reforçar a confiança do investidor na supervisão dos mercados a futuro pela CFTC.

71. Birinyi e Rubin, *Market Cycles III*, p. 304.

NOTAS 473

72. Em novembro de 1988, em uma comparação a setembro de 1987, o volume da NYSE havia caído 24%, as negociações dos contratos S&P 500 da Merc haviam caído 54%, as negociações dos contratos de opções S&P 100 da CBOE haviam sofrido um declínio de 48% e o número de negociações de grandes blocos na NYSE havia caído 20%. Vide Seligman, *The Transformation of Wall Street*, p. 591.

73. R. W. Apple Jr., "Reagan, in Farewell, Warns Against Loss of Spirit", *New York Times*, 12 de janeiro de 1989, p. 1. A pungência dessa mensagem de despedida tornou-se mais clara quando Reagan revelou, em 1994, que fora diagnosticado com mal de Alzheimer, que foi apagando as memórias obtidas por ele ao longo de seus anos na Casa Branca. Ele faleceu em 5 de junho de 2004; Nancy Reagan se foi em 2016.

EPÍLOGO

1. Em agosto de 2012, a falha de um computador no Knight Capital Group o fez começar a cuspir uma torrente de ordens acidentais, custando US$ 440 milhões à firma e agitando o resto do mercado; em agosto de 2013, o Nasdaq foi fechado abruptamente por três horas quando sua caixa de entrada eletrônica foi sobrecarregada por mensagens errôneas do mercado automatizado da NYSE; e, em julho de 2015, a NYSE foi congelada por horas pelo erro de um computador – isso só para citar algumas falhas tecnológicas ocorridas nos últimos anos. Cada uma teve um custo na confiança do investidor, e a maioria custou dinheiro a pelo menos alguns investidores.

2. Na sexta-feira, 13 de outubro de 1989, o Dow de repente caiu quase 7%, graças, em parte, a vendas pesadas de firmas de Wall Street que tentavam fazer um hedge dos riscos que haviam assumido com a venda de um novo seguro de portfólio baseado em opções. (Vide Office of Technology Assessment of the U.S. Congress, "Electronic Bulls & Bears: U.S. Securities Markets & Information Technology", OTA-CIT- 469 [Washington D.C.: Gráfica do governo dos Estados Unidos, setembro de 1990].) Em setembro de 1998, um fundo hedge gigantesco em Connecticut, que devia bilhões de dólares

474 O PIOR DIA NA HISTÓRIA DE WALL STREET

a firmas gigantes de Wall Street, teve de ser resgatado da beira do calote depois que derivativos particulares que deveriam oferecer garantia a suas contrapartes contra perdas no mercado deram errado. (Vide Bruce I. Jacobs, "Risk Avoidance and Market Fragility", *Financial Analysts Journal* 60, n. 1 [janeiro/fevereiro de 2004]", p. 26-30. Para detalhes do colapso do fundo Long Term Capital Management, vide Diana B. Henriques, "Billions and Billions: Fault Lines of Risk Appear as Market Hero Stumbles", *New York Times*, 27 de setembro de 1998, p. 1.) No dia 6 de maio de 2010, uma quantia estimada em um trilhão de dólares foi perdida durante um "flash crash" de vinte minutos que viu os preços das ações blue chip despencarem para centavos por ação em apenas alguns segundos antes de voltarem a subir. (Vide depoimento da presidente do conselho da SEC Mary L. Schapiro, "Examining the Causes and Lessons of the May 6th Market Plunge", Hearing Before the Securities, Insurance, and Investment Subcommittee of the House Committee on Banking, Housing, and Urban Affairs, 111th Congress, 2nd Sess., 20 de maio de 2010, p. 3-5.) No dia 15 de outubro de 2014, um "flash crash" semelhante e sem precedentes atingiu o supostamente profundo e eficiente mercado do Tesouro; analistas mais tarde citaram o grande papel das negociações computadorizadas executadas por algoritmos de negociantes institucionais gigantes. (Vide "Joint Staff Report: The U.S. Treasury Market on October 15, 2014", produzido pelo Tesouro, pelo Federal Reserve, pelo Federal Reserve Bank de Nova York, pela SEC e pela CFTC, 13 de julho de 2015.) E em 24 de agosto de 2015, o Índice Dow teve uma queda recorde de 1.089 pontos no sino de abertura, teve um rebote em meio a grandes oscilações, e voltou a cair exatamente no sino de fechamento, finalizando o dia com uma queda de 6,6%, ou 588 pontos; uma volatilidade extrema ativou os "disjuntores do mercado" mais de 1.200 vezes naquele dia. (Vide Matt Egan, "After Historic 1,000-Point Plunge, Dow Dives 588 Points at Close", site CNN Money, 25 de agosto de 2015.)

3. Depoimento de Christopher Cox, presidente da SEC, "The Financial Crisis and the Role of Federal Regulators" (daqui em diante, referido como "Waxman Hearing 2008"), Hearing Before the House Committee on Oversight and Government Reform, 110th Congress, 2nd Sess., October

NOTAS 475

23, 2008. A versão on-line dessas audiências não é dividida em páginas, mas há um arquivo de texto pesquisável disponível em <https://www.gpo.gov/fdsys/pkg/CHRG-110hhrg55764/html/CHRG-110hhrg55764.htm>. Nessa versão, o depoimento de Cox está na p. 12.

4. Depoimento do ex-secretário do Tesouro, John Snow, Waxman Hearing 2008, p. 15 da versão em texto.

5. Alison Leigh Cowan, "Harvard to Get $30 Million Ethics Gift", *New York Times*, 31 de março de 1987, p. D1.

6. "Dealbook: John Phelan Jr., Ex-Head of Big Board, Dies at 81", *New York Times*, 7 de agosto de 2012.

7. No momento em que este livro é escrito, algumas negociações de opções continuam ocorrendo em parte daquelas instalações.

8. Em 2013, Brodsky deixou o cargo de CEO, mas continuou ocupando o de presidente do conselho até sua aposentadoria, no início de 2017. Foi ele quem ocupou o cargo de presidente do conselho da CBOE por mais tempo na história.

9. Um dos desafios citados por Stone foi "segurar as rédeas em Wall Street".

10. "Gordon Binns Jr. dies – advised VRS." Há uma cópia disponível no arquivo de obituários on-line do GenLookups.com, em <http://www.genlookups .com/va/webbbs_config.pl/noframes/read/434>.

11. Entrevista com Roland M. Machold, 11 de fevereiro de 2017.

12. Kyrillos, *Cases in Financial Engineering*, p. 804.

13. A capa foi a da edição de 13 de fevereiro de 1999.

14. Depoimento de Alan Greenspan, Waxman Hearing 2008, p. 17-18 do arquivo de texto pesquisável.

15. Ibid.

16. Alan Greenspan, *The Map and the Territory 2.0: Risk, Human Nature, and the Future of Forecasting* (Nova York: Penguin Books, 2013/2014), p. 8, 18-34.

AGRADECIMENTOS

Mais uma vez, vejo-me agradecendo à minha sorte pelos quatro anjos guardiões que me ajudaram a cruzar a linha de chegada com mais um livro. Minha irrepreensível agente, Fredrica S. Friedman, me apoiou em cada beco sem saída e em cada desvio, e me deu conselhos excelentes ao longo do caminho. Meu editor na Henry Holt, Paul Golob, não só fez sua mágica de costume (ainda assim, nada comum!) com o manuscrito, mas também ajudou a moldar o conceito do livro desde o nosso primeiro almoço de "brainstorming" em 2013. Minha assistente Barbara Oliver, sem dúvida uma das caçadoras mais implacáveis do mundo da pesquisa arquivística e on-line, mais uma vez aplicou suas capacidades formidáveis à tarefa de desenterrar tesouros arquivados trinta ou quarenta anos atrás. E, acima de todos, com status de arcanjo, meu marido Larry Henriques deu todo o apoio a este projeto – bem como a todos os projetos da minha família – com generosidade, amor e paciência incansáveis.

Um anjo adicional entrou para o time – Jody Hotchkiss, que me representou brilhantemente na promoção dos direitos autorais para a adaptação para o cinema de *O mago das mentiras* e que compartilhou seus inspirados instintos cinematográficos enquanto eu lutava com esta complexa história. Ela foi aperfeiçoada com sua ajuda, e eu fui frequentemente reenergizada por seu entusiasmo.

Também tenho uma dívida gigantesca para com as pessoas que viveram a "Quebra dos Anos 1980" e abriram seus arquivos e suas memórias para mim. Alguns me pediram para manter o anonimato, mas sabem quem são – e jamais me esquecerei de sua ajuda. Entre os que tiveram os nomes citados, alguns merecem reconhecimento especial.

No topo da lista está o dr. David S. Ruder, professor titular emérito do Memorial William W. Gurley de Direito, na Universidade de Northwestern. Além de compartilhar suas memórias notáveis, o dr. Ruder me concedeu acesso aos arquivos pessoais de seu mandato como 23º presidente do conselho da Comissão de Valores Mobiliários dos Estados Unidos. Seus arquivos compõem um recurso histórico precioso, e espero que eles algum dia encontrem um lar onde os estudiosos possam explorá-los mais a fundo do que eu mesma pude. Também sou grata pela ajuda de sua assistente, Maryanne Martinez.

Chicago é, de fato, uma cidade de gigantes financeiros, e foi uma sorte dispor da assistência de alguns dos melhores e mais brilhantes. William J. Brodsky, que foi presidente da Chicago Mercantile Exchange durante a quebra, demonstrou entusiasmo, foi atencioso e muito engraçado – e sua assistente, Tudy Gomez, facilitou a minha vida de várias formas durante minhas viagens a Chicago. O extraordinário Leo Melamed, uma presença intimidante no mundo financeiro por mais de meio século, forneceu luz e calor a esta história, e jamais esquecerei nossas conversas.

Nicholas F. Brady passou horas compartilhando suas memórias de uma vida distinta em Wall Street e Washington; sua narrativa foi ampliada pelo dr. Robert R. Glauber, que liderou a equipe da Comissão Brady na produção de um documento que oferece uma contribuição incalculável à história financeira da América. Paul Volcker e E. Gerald

AGRADECIMENTOS 479

Corrigan, ambos gigantes no reino da regulação bancária, foram prestativos e se mostraram detentores de grande sabedoria. Roland Machold, meu primeiro contato para questões financeiras quando eu era uma jovem repórter no *Trenton Times*, no final da década de 1970, deu continuidade à tradição de generosidade compartilhando tanto suas lembranças vivas como suas memórias inéditas. Dean LeBaron, David P. Feldman e Amanda Binns Meller ajudaram-me a evocar a personalidade do pai de Amanda, o saudoso W. Gordon Binns, uma presença afável nesta história. Richard Torrenzano e Sharon Gamsin, que estavam ao lado de John Phelan na Bolsa de Valores de Nova York durante a maior parte dos anos descritos neste livro, compartilharam não só suas memórias, mas cadernos de anotações e cadernetas telefônicas. O presidente executivo aposentado da FINRA, Richard Ketchum, cuja carreira como regulador financeiro engloba esta história e anos posteriores, foi extremamente prestativo, assim como Nancy Condon, sua chefe de comunicações. Dr. James M. Stone, dr. Richard L. Sandor e Philip McBride Johnson foram fontes de informações inestimáveis sobre os "anos que compõem o prólogo" do final da década de 1970 e início da de 1980. E Terrence A. Duffy, presidente do conselho e presidente executivo do CME Group, generosamente disponibilizou os arquivos de sua corporação nos cruciais primeiros dias da minha pesquisa.

Também quero agradecer ao formidável Tim Metz, autor de *Black Monday: The Catastrophe of October 19, 1987... and Beyond*. Sua pesquisa meticulosa, conduzida nas semanas e nos meses que se seguiram imediatamente após o desastre de outubro, foi de uma ajuda imensa, particularmente em sua reconstrução impecável dos eventos transcorridos dentro da NYSE na Segunda-Feira Negra e na terça.

Devo gratidão extra aos professores Hayne Leland, Mark Rubinstein e John O'Brien, da Universidade da Califórnia, em Berkeley. Os três tinham ótimas razões para querer distância de qualquer projeto explo-

480 O PIOR DIA NA HISTÓRIA DE WALL STREET

rando seu papel nas mudanças épicas que moldaram o mercado norte-americano nos anos 1980. Não obstante, eles responderam às minhas frequentes consultas com generosidade, um cuidado digno de estudiosos em relação à precisão e uma paciência incansável enquanto eu galgava minha íngreme curva "quantitativa" de aprendizado. Sua disposição em compartilhar sua história, com seus sucessos e decepções, enriqueceu minha pesquisa mais do que eles poderiam imaginar.

E graças a Deus pelos arquivistas e bibliotecários!

Carla Rosati, a talentosa diretora da SEC Historical Society até o início de 2017, foi uma fonte inestimável, e espero que todos que gostem deste livro façam uma doação, que pode ser deduzida dos impostos, à Historical Society, como eu fiz. Digo o mesmo do Museum of American Finance, um afiliado do Smithsonian em Manhattan e importante repositório de uma faceta essencial da história norte-americana que, com frequência, acaba indo para as fragmentadoras de papel corporativas ou para a lixeira.

Em ordem alfabética – porque escolher um primeiro lugar seria impossível entre tantas pessoas generosas! –, meu agradecimento também para Linda Beninghove, diretora interina da Samuel C. Williams Library, no Stevens Institute of Technology; Laura Kristina Bronstad, professora assistente do Baker Center, Universidade do Tennessee, Knoxville; Megan Keller, arquivista de projetos da CME Group Collection, na Universidade de Illinois, em Chicago; Laura Linard, bibliotecária de coleções especiais da Baker Library, Harvard Business School; Jennifer Mandel, arquivista da Ronald Reagan Presidential Library and Museum; David May, bibliotecário da Comissão Reguladora de Operações a Futuro com Commodities; Herb Somers, bibliotecário da Jacob Burns Law Library, na faculdade de Direito da Universidade de George Washington; Scott Vanderlin, bibliotecário da Chicago-Kent Law School, no Instituto de Tecnologia de Illinois; e Stephen Wheeler, arquivista do arquivo da NYSE, em Mahwah, Nova Jersey, agora uma unidade da subsidiária da NYSE na Intercontinental Exchange.

AGRADECIMENTOS 481

Agradeço também aos meus queridos amigos do mundo do jornalismo financeiro, bem como, em alguns casos, a seus entes queridos, que tanto me encorajaram quanto orientaram minha pesquisa. Agradecimentos especiais aos veteranos da CNN Susan Lisovicz e Mike Kandel; à minha antiga colega do *New York Times* Leslie Eaton e seu marido, professor Mark Vamos; e à minha ex-colega da *Barron's* Jaye Scholl e seu marido Charles E. Bohlen Jr., um dos primeiros a ter lido este projeto. Outros amigos e familiares – especialmente minha irmã, Peggy van der Swaagh, e meus cunhados, Noel Bakenhoff e Teakie Welty – foram extraordinariamente pacientes com minha obsessão de três anos pelos anos 1980, bem como com todas as distrações e demandas do processo de escrita de um livro. Obrigada a cada um de vocês.

Devo uma última palavra de gratidão – uma gratidão imensa – a Floyd Norris, meu colega primeiro na revista *Barron's* e depois, por quase 25 anos, no *New York Times*. A contribuição de Floyd para com o jornalismo financeiro durante sua longa carreira atesta sua integridade, seu trabalho de pesquisa incansável e seu brilhantismo. Por isso, todos nós devemos lhe ser gratos. Mas minha dívida para com ele é mais pessoal: quando cheguei à *Barron's,* em 1986, eu estava lamentavelmente despreparada para a intensidade de pesquisa financeira exigida pelo lendário editor da revista, Alan Abelson. Eu não teria durado nem um mês sem as orientações incansáveis de Floyd. Em 1989, ele me recomendou para uma vaga no *New York Times*, e, com isso, ajudou a determinar o resto da minha carreira profissional. Sua amizade também enriqueceu minha vida pessoal, e nos ajudamos mutuamente ao longo de muitas dificuldades sem nenhuma relação com quebras ou escândalos financeiros. Acrescente a isso tudo os meus erros, que ele impediu que fossem publicados; as charadas financeiras, que ele me ajudou a decifrar; e as risadas que ele trouxe aos meus anos na redação.

Floyd e eu compartilhamos uma paixão pela história financeira, e é uma honra para mim dedicar este livro a ele. Não chega nem perto de compensar minha dívida, mas é o mínimo que posso fazer.

ÍNDICE

A

A.G. Becker, 132-134

ações blue chip 284, 291, 299

ações preferenciais, 179-183, 202

Acordo Shad-Johnson, 77-79, 87-89, 93-94, 147, 153, 156, 157

acordos de liquidação da FDIC
    Continental Illinois e, 167, 185-186
    Penn Square e, 115-116, 167, 186

Aetna Life Insurance, 234
    "Guaranteed Equity Management" (GEM), estratégia, 150

África do Sul, 179

Agência de Proteção Ambiental (EPA), 40

agências de classificação de risco, 117

AIG, 18

Allstate, 124

alocação dinâmica de ativos, 134

alta de mercado dos anos 1980, 139, 143, 150, 188, 265-266, 309

América Latina, 114

American Banker, 112

American Bankers Association, 124, 279

American Law Institute, 255

amianto, processos, 188

analistas quantitativos (quants), 45-46, 80, 132-133, 217-218, 226, 229, 259, 315

Anderson, Roger E., 111-112, 125, 159

Annunzio, Frank, 187

antitruste, 122

apartheid, desinvestimento, 179, 290

Apple Computer, 64

aquisições, 122, 179-183, 192-195, 202, 214-215, 217, 228-229, 239, 255-256, 269-270

arbitragem de índice, 192
    definição, 152-155
    equilíbrio entre mercado de futuros e mercado de ações e, 154
    quedas durante a witching hour e, 214, 223, 231, 245
    Segunda-Feira Negra e, 269, 271, 274, 276-277, 283, 287, 289, 299, 304-305, 314, 318, 336
    seguro de portfólio e, 154-155, 251-253, 258-260

484 O PIOR DIA NA HISTÓRIA DE WALL STREET

sistema DOT e, 274, 284

sistema SuperDOT e programa de negociação por computador, 177-178, 203

arbitragem, 152-155, 203, 213-215, 231 -234, 237, 240, 259. *Ver também* ar bitragem de índice

Arizona Stock Exchange, 354

Associação Nacional de Pecuaristas, 199

associações de empréstimo e poupança (S&Ls), 26, 49, 100-101, 111, 118, 118-119, 183, 341, 346-347

crise de Ohio, 195-199

AT&T, fundo de pensão, 79-81

Automobile Club of Southern California, fundo de pensão, 134

B

Bache Halsey Stuart Shields, 25-26, 29, 91

Bacot, J. Carter, 210-211

baixas de mercado

de 1973-74, 21, 62, 206

de 1981-82, 120

de 1987, 272-273

Baker, Howard H., Jr., 9, 254, 256, 278- -279, 285, 300

Baker, James A., III, 9, 193, 218, 237, 274, 279-281, 285, 334, 346-347

Balles, John J., 104

Banco da Inglaterra, 328, 329

bancos constituídos na esfera estadual, 137

bancos de investimento, 81-82, 315

bancos japoneses, 160-162

bancos suíços, 353

bancos. *Ver também bancos específicos*

calote da Drysdale e, 99-105

corretoras e, 22, 124, 139

crise da prata e, 143-145

crise das dívidas mexicanas e, 115

crise do Penn Square e, 109-118

desregulação e, 124

empréstimos vendidos a outros bancos, 113-114

fusões e, 124, 183

futuros sobre o índice S&P 500 e, 189

Glass-Steagall e, 137-141

mercado de commodities e, 22, 139

mercados a futuro e, 144

negociantes internos, 339

novos negócios e, 139-140, 169

ondas de pânico com corridas a, 173

Segunda-Feira Negra e, 295-297, 346

sistema de pagamento e, 208

swaps e, 139-140, 144, 175, 220-221, 342-343

tamanho, 114, 125

taxas de juros e, 37, 40, 139-140

Bank of America, 309-310

Bank of New York, 208-212, 295

Barron's, 95

Batten, William M. "Mil", 63, 177, 201

Bear, Stearns and Company, 248

Bendix, 121-122, 179

Binns, W. Gordon, Jr., 11, 80-81, 84-86, 96, 122, 134, 179-181, 207-208, 259, 288-289, 335, 353

Birnbaum, Robert J., 11, 201, 207, 224--226, 233, 238, 274, 331, 352-353
Boesky, Ivan F., 194, 228-230, 234, 237--241, 267
Bohemian Grove, 38
Bolsa de Valores Americana (American Stock Exchange, Amex), 11, 201-206, 287-288
  negociação de opções, 206, 275, 300-301
  Segunda-Feira Negra e, 292, 304
Bolsa de Valores Americana (American Stock Exchange, Amex), índice, 224
Bolsa de Valores de Nova York (New York Stock Exchange; "Big Board"; NYSE), 11, 46, 58, 99-100, 189, 352, 357. *Ver também* Dow Jones Industrial Average; índice Standard and Poor's 500; corretoras de Wall Street; *e firmas e indivíduos específicos*
  ações preferenciais e, 179-180, 202--203
  agendas de acerto, 88, 281
  alavancagem e problemas de escala, 327-328
  aquisições e, 122-123, 178-179, 181--183, 202
  Birnbaum chefia, 201, 207
  Brodsky e, 206
  Chicago *versus*, 56, 87, 92-94, 203, 331-333, 341
  consequências da Segunda-Feira Negra e, 357-358
  Drysdale e, 99-100
  First Options e, 227

fundos de cobertura privados e, 86
futuros financeiros e, 37, 55, 78, 89, 92-94, 252, 281. *Ver também produtos específicos*
investidores institucionais e, 81-84, 201-202, 216-217, 327-328
modernização e, 63-65, 69, 84-86, 123, 214
negociações "lá de cima" e, 202
negociações com informações privilegiadas e, 88, 229-230, 238--239
NYFE e, 56-57, 63
paralisações das negociações e, 19, 88, 152, 228-229, 247-248, 288--290, 300-307, 321, 331, 338, 341
Penn Square e, 117
Phelan chefia, 177
populistas e, 61
preâmbulo da Segunda-Feira Negra, 266-278, 281
preços de ações e, 78-79, 93, 251
pregão e, 58, 61-62
problemas de 1982 e, 120, 121
programa de negociação por computador, 177-178
quebra de 1970 e, 59-61
quebra de 1986, 230-234
queda de janeiro de 1981, 70
queda de janeiro de 1987, 245-250, 258, 260
queda de janeiro de 1988, 338
Quinta da Prata e, 29-31
Reagan e, 38-39, 67-68, 200-201
regras, 62-63, 88-89
SEC *versus* CFTC e, 92-93

486 O PIOR DIA NA HISTÓRIA DE WALL STREET

Segunda-Feira Negra, 18, 280-336, 338
sistema DOT e, 177, 203
sistema financeiro mundial e, 339--340
taxas de juros e, 40
taxas fixas de comissão e, 61
temores em relação a desastre financeiro, 225, 247-248, 251-252, 259, 271, 275, 285-286, 290-294, 332, 351-352
uma ação, um voto, regra, e, 121--122, 203
volatilidade e, 327-328
volume de negociações e, 203
witching hours e, 204-208, 223--226, 244-245
Bolsa de Valores de Tóquio, 19, 232, 274, 283, 293, 321, 325
Bottum, Edward S., 159-161
Brady, Nicholas F., 9, 321, 334-335, 337-339, 346-347
British Petroleum, 315, 328, 329
Brock, William, 205
Brodsky, Joan, 206
Brodsky, William J., 11, 206-207, 258, 282, 295-296, 301-302, 319, 322--324, 331, 352
Bush, George H.W., 193, 334, 337-338, 347, 348
Business School, 44, 334-335, 352
Butcher, Willard C., 101-102

C
caçadores de barganhas, 48, 136, 225--226, 250, 258, 291, 299, 304
calls de fechamento, 230, 245
Câmara dos Deputados dos Estados Unidos
audiências da Quinta da Prata, 31--32
audiências Glass-Steagall, 137-138
Comitê de Agricultura, 32, 155-156, 221
Comitê de Energia e Comércio, 155
Comitê de Operações Bancárias, 169, 184-185
Comitê do Comércio, 257-261, 327
Penn Square e, 116-118
swaps e, 139
Ways and Means Committee, 270
câmaras de compensação, 206, 298, 310, 339, 341, 353
Carey, Hugh, 56
Carolina do Norte, S&Ls, 198
Carter, Jimmy, 21, 27, 37, 39-40, 66-67, 76, 91, 113
CBOE 100, opção, 145
CBT, índice, 95
certificados de depósito (CDs), 37, 86
Charles Schwab and Company, 280, 309, 312-314, 315, 325-326, 328
Chase Manhattan Bank, 100-105, 117
Chicago Board of Trade (CBT), 10, 11, 42, 244
CFTC e, 32-33, 50, 54-56, 75
comitê de novos produtos, 95
escândalo de corrupção, 347-348
fusões com a Merc, 352
futuros de índices de ações e, 94-95
futuros do S&P 500 e, 245
futuros do Tesouro e, 53-54, 55-56

ÍNDICE 487

futuros financeiros e, 41
futuros Ginnie Maes e, 49-52, 74
futuros MMI e, 204
Johnson e, 51
opções sobre Ginnie Maes e, 87, 94, 97
Reagan e, 67
registro de horário e, 221
regras capitais e, 219
Segunda-Feira Negra e, 302, 305, 329-330, 331-333
Shad-Johnson Accord e, 87
swaps e, 220-221
Chicago Board of Trade Clearing Corporation, 160, 162
Chicago Board Options Exchange (CBOE), 74, 75, 87, 202, 206, 227, 245, 248, 275, 353
estudo de Brodsky sobre, 206
First Options e, 227, 298
opção S&P 100 e, 145, 151, 245
opção S&P 500 e, 151
opções sobre ações e, 129
paralisação das negociações, 300
Segunda-Feira Negra e, 295-297, 301
witching hours e, 245
Chicago Mercantile Exchange (CME) Center, 143, 146, 206
Chicago Mercantile Exchange (Merc), 11, 33-34, 42-44, 49, 51-55, 89, 96-97, 111, 244, 268
Acordo Shad-Johnson e, 88
agendas de acerto e, 294-296, 298-299
bancos de Chicago e, 111

Binns no fundo de pensão da GM e, 207
Brodsky chefia, 206-207
câmaras de compensação e, 281, 294, 299
CBT absorvida por, 352
CFTC e, 32-33, 54-55
Continental Illinois e, 159
disjuntores e a NYSE, 341
escândalo de corrupção e, 347
escândalo dos futuros de cebolas, 51-52
futuros de índices de ações e indústrias específicas, 147-148, 156-157
futuros de índices de ações e, 95-96, 143-144, 151-152, 189, 246, 248-250
futuros do Tesouro e, 53-56
futuros financeiros introduzidos por, 42-44
futuros sobre moedas estrangeiras e, 43-44, 49, 110-111
influência sobre reguladores, 205
Melamed chefia, 42-43
queda de janeiro de 1987 e, 257
registro de horário e, 220
regras capitais e, 219
Relatório Brady e, 336
Segunda-Feira Negra e, 271, 275, 277, 282, 283, 286, 294-301, 305, 319, 322-324, 331-332, 335
seguro de portfólio e, 258
swaps e, 221
Chicago Tribune, 161, 249, 347
Cinturão de Fazendeiros, 34-35, 50, 54

488 O PIOR DIA NA HISTÓRIA DE WALL STREET

Citicorp, 166, 228

Citigroup, 192

Clowes, Michael, 134

Coastal Corporation, 202

Coldwell Banker, 124

comissão da Seguridade Social, 256-
-257

Comissão Federal do Mercado Aberto
(FOMC), 102, 117, 174, 217-218, 266

comissões fixas, 62, 132

Committee on Investment of Employee Benefit Assets (Cieba), 208

Commodity Exchange Authority, 44,
50, 51

Commodity Futures Trading Commission (CFTC), 10
Acordo Shad-Johnson e, 77-79, 87-
-88, 93
Boesky e, 237
bolsas de futuros de Chicago e, 41
confidencialidade de dados de
clientes e, 27, 32
Congresso e, 32, 156
contratos de alavancagem e, 220
criação, 33, 50-51, 67, 97
disjuntores para a Merc e a NYSE
e, 341
equipe de crise, 265
escândalo de corrupção e, 347-348
futuros de índices de ações e, 87,
93-95
futuros de índices de indústrias específicas, 147, 156-158
futuros do índice Value Line e, 93
futuros do Tesouro e, 54-56
futuros financeiros e, 36-37, 50-52,
54-55, 87

futuros Ginnie Maes e, 49, 52, 74-75
Gramm chefia, 336
Johnson chefia, 75-76, 77-78
jurisdição da SEC *versus*, 97-98,
147-148, 156-158, 191-192
jurisdição e, 97-98
liquidações e, 78-79
manipulação do MMI e, 305
mercados de Chicago e volatilidade dos preços, 36
NYFE e, 63
NYSE e, 55
opções sobre Ginnie Maes e, 75, 97
orçamento, 76
Phillips chefia, 146-147, 156, 254
President's Working Group e, 340-
-341
produtos negociados fora da bolsa
e, 220-222
programa de negociação por computador e, 257
quebra de 1986 e, 233
Quinta da Prata e, 26-29, 31-33
Reagan e, 66-67, 70, 76, 146-147
reautorizações, 52-54, 93-94, 98, 156
registro de horário e, 220-221
registros e, 220-221, 249
regras capitais e, 219-220
relatório conjunto sobre futuros
financeiros e mercados de opções, 191
Segunda-Feira Negra e, 278, 301,
318-319, 334, 353
sunshine trading e, 254
swaps e, 139, 175-176, 220-222,
336, 341-343
witching hours e, 230-231

ÍNDICE 489

Commodity News Service (CNS), 161

Companhia dos Mares do Sul, 20

companhias de seguros, 124, 144, 175

Congresso dos Estados Unidos, 35, 50--54, 62, 98, 112, 124, 137-141, 145, 148, 156-157, 183, 191, 203, 208, 219, 236, 240-241, 320, 334

Conover, C. Todd, 09, 113-116, 118, 160, 162-166, 168-169, 184-185, 254, 311

Conselho Bancário Federal de Empréstimo Habitacional, 197

conselho da Federal Deposit Insurance Corporation (FDIC), 10, 22, 91, 99, 113-114

    Continental Illinois e 161, 163-170, 177, 184-187, 226-227, 240, 311--312

    crise de S&L e, 195, 198

    First Chicago e, 184, 185

    First Options e, 226

    Glass-Steagall e, 137

    Isaac deixa o cargo, 254

    limites sobre pagamentos integrais, 113-114

    Penn Square e, 112-119

    subscrição de títulos por bancos constituídos na esfera estadual, 137, 140

Conselho de Consultores Econômicos, 142, 256, 278

Continental Illinois National Bank, 42, 173

    crise das dívidas mexicanas e, 115

    crise financeira de 2008 e lições, 351

    e resgate de 1984, 159-170, 177, 184-187, 211, 240, 255, 311

    Fed e, 125-126

    First Options e, 226-227, 277, 298, 309-311, 328

    holding e, 169

    mercados a futuro de Chicago e, 110-111

    Penn Square e, 109-117, 125-126, 160

    Relatório Brady e, 341

    Segunda-Feira Negra, 297-299, 308, 310-311, 345-346

contratos de alavancagem, 220

cooperativas de crédito, 117

corretagem a preços baixos, 280

corretoras de Wall Street. *Ver também crises específicas; produtos financeiros específicos; firmas específicas; e bolsas de ações específicas*

    bancos e, 124, 137-141

    comissões fixas e, 61-62

    competição da Sears com, 125

    crescimento, 60

    declínio dos anos 1970, 60

    declínios de ações de firmas, 316

    departamentos administrativos e, 59, 61, 84

    derivativos e risco sistêmico, 145, 174-175

    firmas de commodities e, 92-93

    fundos de pensão e, 85

    informatização e, 84, 202

    investidores individuais *versus* institucionais e, 84, 89-90

    mercados a futuro e, 144

negociações "lá de cima" e, 202

negociações de títulos do Tesouro e, 99-100

negociantes internos, 339

reguladores e, 71, 92-93, 99

Segunda-Feira Negra e, 288, 329

swaps e, 139-140, 144, 175-176, 221

vínculos com o mercado de commodities e com bancos, 22

Corrigan, E. Gerald "Jerry", 09, 89-91, 101-105, 124-125, 173-176, 183, 192, 208-212, 220, 265, 272-273, 285-286, 293, 295-297, 300, 306, 311, 316, 335, 353

Council of Institutional Investors, 181, 193-194, 208

Cox, Charles C., 257

crise bancária de 1984, 159-170

crise financeira de 2008. *Ver* quebra de 2008

D

dark pools, 356

dealers primários, definição, 99

Dean Witter Reynolds, 124

Debreu, Gérard, 279

déficit de negociações, 269-270, 281-282

déficits do orçamento federal, 37, 49, 98, 273, 320

democracia dos acionistas, 203

Departamento de Agricultura, 44

Departamento de Energia, 70

Departamento de Justiça, 347

Departamento de Transporte, 70

Departamento do Interior, 70

Departamento do Tesouro

ameaça de Volcker de deixar cargo e, 218

Brady chefia, 346-347

Continental Illinois e, 165, 167-169

crise das dívidas mexicanas e, 115

dólar e, 278

Drysdale e, 101

equipe de crise e, 265-266

futuros do Tesouro e, 54-55

futuros financeiros e, 36-37, 54-55, 191-192

holdings bancárias e, 169

James Baker chefia, 193

mercado de títulos do governo e, 236

opções e, 191

Penn Square e, 116

President's Working Group e, 341

quebra de 2008 e, 18, 350

Quinta da Prata e, 26-27, 30-32

Regan chefia, 70

Segunda-Feira Negra e, 284-285

swaps e, 342

depósitos sem garantia, 114, 186

derivativos negociados fora da bolsa, não regulados, 220-221, 336, 343

derivativos, 17-18, 54, 144-146, 148, 158, 222, 352. *Ver também* futuros financeiros; opções financeiras; *e outros tipos específicos*

colchões financeiros e, 219

não regulados, 138-140, 173-176, 182-183, 341-343, 351

negociações com informações privilegiadas e, 239

risco sistêmico e, 173-174, 182-183, 327, 341-343

SEC *versus* CFTC e regulação de, 77-79

Designated Order Turnaround (DOT), sistema, 177, 203, 271, 274, 284, 289, 292, 298, 306, 318, 332

SuperDOT, sistema, 177-178

desregulação, 40-41, 67, 71-72, 76, 124--125, 255, 335-336, 341

Dillon, Read and Company, 334

Dingell, John, 98

disciplina do mercado, 141

Disney Corporation, 180

doações, 189, 275, 339

dólar, 43-44, 198, 265, 270, 272, 278, 293

Dole, Robert, 94

Donovan, Tom, 331-332

Dow Jones and Co., 202

Dow Jones Industrial Average (DJIA)

Bendix e, 123

colapso do Lehman Brothers e, 18

futuros financeiros e, 36, 94-95

MMI e, 204

oscilações de 1983, 142

preço dos futuros *versus* pregão do mercado de ações, 78-79

programa de negociação por computador e, 260-261

queda de 1929 e, 13

queda de 1968, 59-60

queda de 1981, 69-70

queda de 1985, 204

queda de 1986, 213-214, 223-226, 230-231

Quinta da Prata e, 29

Segunda-Feira Negra e, 13, 266-277, 282, 287, 289-291, 298-299, 304, 314, 317, 322-326

tamanho em 1987, 13-14

verão de 1982 e, 120

witching hours e, 204-205, 223, 243-251

Drexel and Company, 82

Drexel Burnham Lambert, 194, 228, 237-238, 347

Drysdale Government Securities, 99--105, 114

Dun's Review, 111

E

E.F. Hutton and Co., 10, 38-39, 67-69, 122, 214

economia comportamental, 48

economia de livre mercado, 43, 71, 316

efeito bola de neve, 135-136, 174

efeito feedback, 235

eleições

de 1980, 38-41, 66-69

de 1984, 169, 193

de 1988, 193, 346-347

Ellis, Hayne, 128

English, Glenn, 156-158

escola de economia de Chicago, 136

ESM Government Securities, 195-196

especialistas, 57, 64, 178, 284, 289, 292, 357

especuladores, 35-36, 74-75, 93, 105, 268, 269, 339, 357

Eurodólares, 37

Euromoney, 175

F

família Vanguard, fundos mútuos, 47

febre das tulipas na Holanda, 20

Federal Bureau of Investigation (FBI), 347-348

Federal Register, 336

Federal Reserve Bank de Chicago, 42, 164, 298

Federal Reserve Bank de Cleveland, 198

Federal Reserve Bank de Minneapolis, 09, 124, 173

Federal Reserve Bank de Nova York, 09, 10, 89-90, 99-103, 165, 192, 208--212, 272, 284-285, 329, 335

Federal Reserve Bank de São Francisco, 104

Federal Reserve Bank de St. Louis, 104

Federal Reserve, 9, 10

    calote da Drysdale e, 100-105

    colapso do Lehman Brothers e, 18

    consequências de 1987 e, 354-355

    Continental Illinois e, 125-126, 167-170

    crise das dívidas mexicanas e, 115

    crise de S&L de Ohio e, 195-199

    crise do Penn Square e, 112-113, 117, 125-126

    equipe de crise e, 265

    futuros financeiros e, 36-37, 54-55, 93, 191

    Glass-Steagall e, 137, 241

    Greenspan chefia, 256, 265-267

    mercado cambial e, 167, 170

    mercado de títulos do Tesouro e, 98-99

    mercado unificado e necessidade de harmonizar as regulamentações entre Chicago, Nova York etc. 339-340

    President's Working Group e, 340

    Quinta da Prata e, 25, 30, 31

    regulação bancária por, 91, 99, 111, 113

    Relatório Brady e, 340-341

    Segunda-Feira Negra e, 293, 297-298

    subscrição de títulos por bancos constituídos na esfera estadual e, 137, 139-140

    taxas de juros e, 40, 217-218, 269, 278

    Volcker chefia, 40, 90, 142

    Volcker deixa cargo, 217-218, 254, 256

Fedwire, 209-212, 295

Feldman, David P., 80-81

feriado bancário, 197

Fidelity Investments, 283

First Boston, 246

First Interstate Bank, 149

First National Bank of Chicago, 110, 150, 184-185

First Options Inc., 226-227, 277, 298, 309-311, 328

Five Easy Theses (Stone), 353

Ford, Gerald R., administração, 142, 205

Fortune, 127, 136, 150, 235

fragmentação regulatória, 20, 84-89, 181-183, 350-352, 355. *Ver também* reguladores bancários; *e agências específicas*

    Acordo Shad-Johnson e, 87-88

calote da Drysdale e, 102-105
crise de 2008 e, 350
crise do Penn Square e, 118
derivativos e, 144-145
entidades financeiras entrelaçadas e, 91, 124, 215, 265-266, 355-356
Glass-Steagall e, 138-139
Quinta da Prata e, 31
Reagan e, 40-41, 71-72
Relatório Brady sobre, 335, 338-339
Segunda-Feira Negra e, 335, 339, 348
swaps e, 139, 176, 341
Friedman, Milton, 43
fundações, 85
Fundo Monetário Internacional (FMI), 115, 174
fundos de índice, 47, 80, 85, 136, 180, 216, 246, 260. *Ver também fundos e índices específicos*
ações preferenciais e, 180
comportamento de manada e, 217
fundos de pensão da Califórnia, 180-181, 193
fundos de pensão estaduais, 85
fundos de pensão, 47, 62, 79-85, 122, 127, 131-134, 144, 150-152, 178-181, 189, 194-195, 207-208, 216-217, 234-235, 275, 329, 339, 356-357
fundos hedge, 86, 275, 339
fundos mútuos do mercado à vista, 111, 124, 163, 168
fundos mútuos, 62, 84-85, 91, 177-178, 189, 275, 280, 283, 287, 339, 356
Futures, revista, 249
futuros baseados no índice composto da NYSE, 93, 143, 214, 253, 317

futuros de ações, 56, 87
futuros de cebolas, 51
futuros de commodities agrícolas, 293
futuros de índices das indústrias específicas (limitados), 148, 156-158
futuros de índices de ações, 36-37, 143-144, 203, 214, 230, 275, 339. *Ver também índices específicos*
CFTC *versus* SEC e, 78, 87-89, 92-93, 98, 148, 156
margens e, 93
preços do mundo real *versus*, 78-79, 155, 259
futuros de índices, 246
futuros de moedas estrangeiras, 42-44, 51, 111
futuros de prata, 51, 78
futuros de taxas de juros, 139, 144
futuros do índice Standard & Poor's 100
limites de preço, 319
futuros do índice Standard & Poor's 500 (spooz), 95-96, 143-144, 148, 189-199, 207, 214, 232-236, 238-239, 244, 248-249, 268, 356
arbitragem de índice e, 152-153, 251
lacuna de preços entre os valores à vista das ações e, 152-155, 245, 318-319
limites de preço, 319, 322
negociação "com desconto" *versus* "com a oferta maior do que a procura", 152-153
paralisações das negociações e, 332
Segunda-Feira Negra e, 271, 277, 280, 284, 287, 292-293, 299, 302, 304-306, 314, 318, 323-324

futuros do índice Standard & Poor's Energy, 148

futuros do índice Value Line, 36-37, 93-94, 95, 143

futuros financeiros, 91, 140, 144, 168, 174-175, 183, 191-192, 218-219, 244
CFTC e, 32-33, 41, 50-53, 66, 75
Congresso e, 219-22
definição, 33-37
futuros de commodities *versus*, 78
hedging e, 87
impacto sobre mercado de ações, 243-244
introdução, 41-45, 53-55
liquidação e, 78-79, 88, 281
opções *versus*, 74
preços de ações e títulos *versus*, 36, 152, 291, 299, 318-319
Segunda-Feira Negra e, 275, 279, 294, 333-34
seguro de portfólio e, 149-152
swaps e, 139, 176, 336

futuros. *Ver* futuros financeiros

G

gabinete da autoridade controladora da moeda, 26-27, 31, 91, 99, 102, 113, 118, 160-161, 168, 254, 311, 342

gabinete do procurador-geral dos Estados Unidos, 237

Gates Corporation, fundos de pensão, 134

General Accounting Office (GAO), 53--54

General Motors (GM) ações preferenciais e, 202-203

fundo de pensão, 11, 81, 96, 122, 134, 136, 179, 180-181, 207, 259, 289, 335, 353-354

Ginnie Mae
futuros, 49-52, 74-75
opções, 74-75, 87, 94, 97

Glauber, Robert R., 334-335, 337

Glickman, Dan, 156, 222

Goldin, Harrison J., 193-195

Goldman Sachs, 221, 295, 303, 305-306, 308, 316, 321, 329, 353

golfo Pérsico, 266, 274

Gould, George D., 342

Government Securities Act (1986), 236

Gramm, Phil, 336

Gramm, Wendy, 10, 336, 341-342, 348

Grande Depressão, 18, 58, 60, 113, 289, 350

Granville Market Letter, 69

Granville, Joseph E., 69-70, 86, 94

Greenberg, Alan "Ace", 248

Greenspan, Alan, 09, 142, 256-257, 265--267, 278-279, 284, 293-294, 297, 308, 311, 337, 340-341, 355

H

Hardiman, Joseph, 310

Harris Bank and Trust, 110

Hayakawa, S. I. "Sam", 94

hedging
agregado e risco para o sistema financeiro, 183
definição, 35-36
LOR e, 128, 225-226, 280, 286
taxas de juros sobre hipotecas e, 49

ÍNDICE 495

seguro de portfólio e caçadores de barganhas, 225-226

Heuwetter, David, 99-101

Hineman, Kalo A., 10, 279, 318

hipótese do mercado racional eficiente, 46-48, 136, 191, 205, 214-215, 223, 225-226, 250, 258, 315, 345--346, 357

holdings bancárias, 99, 140, 169, 192, 311

Home State Savings Bank, 196-197

Honeywell, fundo de pensão, 134

Hong Kong, mercado de ações, 19, 283, 313, 321, 324-325

Hong Kong, mercado de futuros, 313, 324-325

Hoover, Herbert, 320

Hull, Blair, 302-303, 305-306

Hunt, Nelson Bunker, 25-32, 54, 78, 91

Hunt, William Herbert, 25-32, 54, 78, 91

I

IBM, ações, 299, 317

Icahn, Carl, 194

iene japonês, 270

impostos, 40, 270

índice Standard & Poor's 500, 85, 132, 152-155, 245, 286-287, 318-319, 348

inflação, 26, 30, 37, 39-40, 116, 118, 120, 266

informativo do Dow Jones, 121

informatização, 19, 21, 27, 45-46, 64, 100, 153, 213-215, 295, 339, 351

falhas e, 208-212

paralisações das negociações e, 246-248

International Commercial Exchange (ICE), 43

International Monetary Market (IMM), 44

investidor racional. *Ver* hipótese do mercado racional eficiente

investidores individuais, 84-85

fundos mútuos de índice, 85

instabilidade crescente, 357

investidores institucionais *versus*, 217

Segunda-Feira Negra e, 310

sistema DOT e, 177-178, 318

witching hours e, 216

investidores institucionais, 62, 70, 84--86, 89, 111, 123, 168, 177-180, 182, 194, 201-203, 207-208, 214-215, 217, 219, 223, 226, 234, 246, 271-273, 275-276, 291, 317-318, 324, 332, 339-340, 351

Investment Dealers' Digest, 247

Irã, 274

Irã, crise dos reféns, 40, 70

Irã-Contras, escândalo, 240-241, 254

Isaac, William M., 10, 113-116, 118--120, 162-170, 184-187, 254

J

J.P. Morgan, 189-191, 230

Jacobs, Bruce I., 135-136

Jacobs, Harry, 25-26, 29, 91

Jarrell, Gregg, 215

Jas. H. Oliphant and Company, 132

Jiji, informativo, 161-162

Johns-Manville, fundo de pensão, 188-190

496 O PIOR DIA NA HISTÓRIA DE WALL STREET

Johnson, Philip, 10, 50-52, 67, 75-79, 87-88, 92-94, 98, 146-148, 353

Johnson, R. Sheldon, 259

Jones, Ed, 157

K

Kaiser Aluminum, 58

Kansas City Board of Trade, 37, 93-95, 143

Kaufman, Henry, 280

Kemper Financial Services, 234

Kennedy, John F., 30

Ketchum, Richard G. "Rick", 10, 278, 285, 288, 324, 334

Kidder Peabody, 12, 148-149, 151, 152, 189, 252, 258, 295

Kirkland and Ellis, 51

Knight Ridder, informativos, 290

Koch, Ed, 56, 65

Kodak, ações, 299

L

laissez-faire, abordagem, 256, 355

Lebeck, Warren, 49-29

Lehman Brothers, 18, 350-351

Lei Glass-Steagall (1933), 137-140, 241

leis de seguros do Estado de Nova York, 144

leis estaduais de seguros, 91, 144, 175

Leland O'Brien Rubinstein (LOR) Associates, 11, 133-136, 148-155, 188-190, 224-225, 234-235, 250-253, 258-260, 280, 286, 289, 314, 343-345, 354

Leland, Hayne E., 11, 127-134, 136, 149, 150, 151, 224, 234-235, 251-253, 258-260, 279-280, 285-286, 314-315, 335, 343-345, 354

Levine, Dennis, 228-229

Levitt, Arthur, 201

liquidações, 79, 88, 281, 294, 314, 323-324

livros de beta, 132

Loeb, Thomas, 259, 260

Londres, bolsa de ações, 19, 274, 283, 293, 315-316, 321, 325

Longstreth, Bevis, 138, 141

Los Angeles Times, 343

Lugar, Richard, 92, 94

M

Machold, Roland Morris, 11, 81-84, 86, 122, 136, 179-181, 193-194, 290-291, 354

Magellan Fund, 283

Mahlmann, Karsten "Cash", 333

Major Market Index (MMI)

futuros, 204, 223, 244, 245, 302-306

opções, 204, 223, 275, 302-306, 329

manadas, 217, 272, 333, 339

Manufacturers Hanover Bank, 177

marco alemão, 270

margens e calls marginais, 93, 295, 303, 310, 312-313, 339

Markey, Ed, 257

Markowitz, Harry, 344

Martin Marietta Corporation, 121-122

Martin, Preston, 118, 142

Maryland, S&Ls, 198

Massachusetts, S&Ls, 198

Meese, Edwin III, 73

Meet the Press (programa de TV), 279, 280

Melamed, Leo, 41-45, 53, 55, 67, 75, 96, 111, 143, 191, 205-207, 219, 220, 244-245, 249-250, 253, 277, 283--284, 286, 294, 296, 299-302, 306, 319, 323-324, 331-335, 341, 347, 352

Mellon Capital, 259-260

mercado australiano, 321

mercado de ações alemão, 325

mercado de balcão, 62, 130, 139, 176, 336, 341

mercado de Repos, 100

mercado de Taiwan, 321

mercado de títulos, 81-83, 100, 120, 144, 183, 272-274

mercado do Nasdaq, 64-65, 203, 292, 304, 310, 326

mercados asiáticos, 282, 324-325

mercados cambiais, 43, 167, 170, 198, 266, 270, 273-274, 278-279, 293, 339

mercados de commodities de Chicago. *Ver também* Chicago Board of Trade; Chicago Mercantile Exchange; futuros financeiros; opções financeiras; *e produtos específicos*
Acordo Shad-Johnson e, 88
CFTC e, 32-33, 41, 50-51, 54-56, 66, 139
Continental Illinois e, 110
corretoras e bancos entram, 22, 92--93, 139
debate sobre futuros financeiros e, 36-37
fatos básicos e, 34-36
investigação federal de, 347-348

New York *versus*, 54-56, 63-65, 230-234, 328-329, 331-333
opções *versus* futuros e, 97-98
Reagan e, 67, 70
registros e, 234, 347-348
Segunda-Feira Negra e, 18, 269--272, 276-277, 281, 287, 290-291, 293-297, 298-299, 304, 323-324, 326-327, 329, 346-348

mercados eletrônicos, 356

Merrill Lynch, 28, 70, 123, 297, 309

metais preciosos, 273

método do "passeio aleatório", 46-47

México, 218
crise das dívidas, 114-115

Michigan National Bank, 117

Mid-America Club, 67

Milken, Michael, 237, 238, 347

Mnuchin, Robert, 303

Mobil Corporation, 267

Morgan Guaranty Bank, 164

Morgan Stanley, 82-83, 247, 259, 295--296, 316

Mullins, David W., Jr., 335

N

negociações "lá de cima", 202

negociações automatizadas, 203-204, 208-209

negociações com informações privilegiadas, 88, 147, 182, 215, 228-229, 237, 239, 255

New Deal, 61, 98

New Jersey Division of Investment, fundos de pensão, 11, 81-83, 122, 136, 180, 290, 354

New York Commodity Exchange (Comex), 219
New York Futures Exchange (NYFE), 56-57, 63-65, 93, 142-143, 202, 254
New York Times, 43, 82, 123, 169, 170, 175, 177, 204, 223, 244, 246, 317, 325, 337
Nixon, Richard, 43, 50
Northwestern University School of Law, 70, 255, 353

O

O'Brien 5000, índice, 132
O'Brien Associates, 132
O'Brien, John, 11, 132-135, 148-152, 188-190, 224-226, 234, 250, 252, 280, 285, 314, 343, 345, 354
Obama, Barack, 353
OEX (opções de Índice Standard & Poor's 100), 145, 151
Ohio Deposit Guarantee Fund, 196
Ohio, crise de S&L, 195-199
opção de venda sintética, 130
opção Standard & Poor's 100 (OEX), oferecida pela CBOE, 145
opções de índice amplas, 132
opções de índices, 246, 260
opções do Índice Standard & Poor's 100, 245, 275
opções do índice Standard & Poor's 500, 144, 214, 250, 332
opções financeiras, 87, 129-131, 140, 144, 151, 174, 182-183, 191-192, 206
câmaras de compensação, 221, 296
definição, 73-75
opções sobre commodities físicas e, 220

Segunda-Feira Negra e, 274, 292, 294-295, 301, 310-311, 332
serviços de precificação, 310, 346
opções sobre ações, 129-130, 223
call e put, definição, 129-130
definição, 74
opções sobre índices de ações, 93, 144, 203, 214, 248, 275-276, 339, 312--313. *Ver também índices específicos*
Options Clearing Corporation, 206, 277, 310
ouro, 198, 292

P

Pacific Stock Exchange, 131
pagamento antiaquisição, 180, 193-195
Paine Webber, 28
guia do programa de negociação por computador, 177-178
paralisação das negociações, 246-247, 288-290, 300-306, 321-323, 327, 331-332
Paris, mercado de ações, 325
Partido Democrata, 37, 138, 156, 184, 187, 222, 240, 241, 257, 270
Partido Republicano, 38-39, 66-67, 76, 138, 139, 142, 187, 237, 255
Penn Square Bank, 109-118, 125-126, 159-160, 167, 186, 240, 334
Pensilvânia, S&Ls, 198
Pensions & Investment Age, 134
petróleo, 31, 109-112, 116, 266
Phelan, John J., Jr., 11, 57-61, 63-65, 68-70, 84-90, 93, 100, 123-124, 135, 177, 179, 181, 200-204, 216, 224--226, 229-231, 233, 238, 245, 247--248, 252, 271, 274, 278, 283-284,

288, 291-292, 293, 298-306, 312, 316-319, 322, 325-327, 331-333, 341, 352

Phelan, John J., Sr., 57-58

Phillips Petroleum, 193-195, 228

Phillips, Susan M., 10, 146-147, 156--158, 221, 234, 254, 257-258, 353

Pickens, T. Boone, 194

Pitt, Harvey, 52, 229

poder de mercado, 340-341

prata e, 31-32, 105

ligados à NYSE através da arbitragem, 203

paralisações das negociações e, 19, 88, 152, 289-290, 299-302, 319, 321, 332, 341

preços das ações e, 324

regras do mercado de ações *versus* regras dos futuros e, 88-89

prêmio, definição, 74

President's Working Group on Financial Markets, 340-342, 346

Presidential Task Force on Market Mechanisms, 9

Preston, Lewis T., 164, 166

processos referentes à era do Holocausto, 353

programa de negociação por computador, 177-179, 208, 234, 245-248, 257-261, 298, 305, 318-319, 332

Prudential Insurance, 124, 135, 136

Prudential-Bache Securities, 124

Q

quebras e crises

de 1929, 13, 20-21, 58, 213, 233, 258, 283, 290, 291, 292, 320

de 1962 (queda "air pocket"), 20

de 1970, 58-60, 62

de 1980 *ver* Quinta da Prata

de 1986 (11-12 de setembro), 230--235, 251, 258

de 1987 *ver* Segunda-Feira Negra

de 2008, 18-20, 165, 312, 343, 350--353, 355

Quinn, Linda, 329-330

Quinta da Prata (1980), 25-33, 38, 56, 78, 91, 105, 236

R

Rand, Ayn, 256

Reagan, Nancy, 70, 278, 319-320

Reagan, Ronald, 38-41, 66-73, 76, 77, 111, 138, 142, 146-147, 200, 205, 240, 254-256, 270, 278, 317, 319--320, 323, 334-335, 337-338, 340, 348-349

recessões, 114, 329

recompras de ações corporativas, 304, 306

Regan, Donald T., 10, 70, 116, 142, 165--169, 193, 200, 240, 240-241, 254, 311

registros, regras, 220-221, 233, 249

reguladores bancários, 91, 105, 113, 118-120, 124-127, 138-141, 173, 183, 341. *Ver também* fragmentação regulatória; *e agências específicas*

Relatório da Comissão Brady, 334-341, 346, 351

Representante de Comércio dos Estados Unidos, 205

resgates financeiros, 164-170, 212, 352, 355

500 O PIOR DIA NA HISTÓRIA DE WALL STREET

Rockefeller, família, 100

Roos, Lawrence K., 104

Roosevelt, Franklin D., 61, 128

Rosenberg, Barr, 45, 132

Rosenthal, Benjamin, 31-32, 118-119

Rosseau, Robert, 312-314, 325-326

Rubin, Robert, 355

Rubinstein, Mark, 12, 127, 130-131, 133-136, 149-151, 224, 234-236, 253, 280, 285, 314, 315, 344, 354

Ruder, David S., 10, 70-72, 255-257, 267-268, 278-279, 285, 287-290, 292, 300-309, 312, 318-319, 321-325, 328, 329-330, 334, 341, 346-347, 353

S

Salomon Brothers, 245, 280, 303-306, 316

Sandor, Richard L., 11, 44-45, 49, 50, 95

Sarbanes, Paul, 76

Schwab, Charles "Chuck", 309-310, 325

Sears, 124-125

Seattle First National Bank (Seafirst), 117

Securities and Exchange Commission (SEC), 10, 124, 352

Acordo Shad-Johnson e, 77-79, 87--88, 93-94, 156-158

aquisições e, 181-182, 270

arbitragem baseada em sistemas computacionais e, 215-216

comissões fixas e, 62

Continental Illinois e, 163

cortes orçamentários e, 76, 138

desregulação e, 40, 71-73

Drysdale e, 102

eleições de 1980 e, 67

equipe de crise, 265-266

estrutura regulatória e, 21

fundos mútuos e, 124

fusões corporativas e, 122

futuros de índices de ações e, 98, 189-190

futuros de índices de indústrias específicas e, 147-148, 156-158

futuros financeiros e, 36-37, 51-54, 78-79, 189-192

Glass-Steagall e, 138

jurisdição versus CFTC, 50-53, 77--79, 87, 92-93, 97-98, 105, 148, 155-158, 255, 342

liquidações e, 78-79

mercado do Tesouro e, 98, 236

negociações com informações privilegiadas e, 182-183, 229, 237--240, 345

opções e, 75, 87, 97-98, 191

President's Working Group e, 341--342

programa de negociação por computador e, 257

propostas de reforma e, 346

quebra de 1986 e, 236

quebra de 2008 e, 350

Quinta da Prata e, 26-27, 31-32

regra do sistema de mercado nacional e, 63

Ruder chefia, 256

sede de Nova York, 267

Segunda-Feira Negra e, 278, 284--285, 287-290, 301-303, 308, 312, 318-324, 334, 346

Shad chefia, 75-76, 77
Shad deixa o cargo, 241-242, 254--257
witching hours e, 216, 230-240, 244-245
Securities Industry Association, 145
Securities Law Institute, 71-72
Seevers, Gary L., 221-222
Segunda-Feira Negra (19 de outubro de 1987)
    acordos após, 325
    catástrofe evitada por sorte, 329
    declínio recorde, 13, 17-18, 273, 288-292
    dias seguintes, 308-324
    eventos, 279-297, 321-323
    fronteiras regulatórias e, 345-346
    investidores institucionais e, 333
    lições e consequências, 20-21, 327--328, 331-358
    mercados de Chicago e, 323-324, 347-348
    mercados racionais eficientes e, 314-315, 345
    paralisações nas negociações e, 288-290, 299-306, 321-322, 327, 332
    President's Working Group e, 340--342
    queda livre da terça e reviravolta, 298-307
    raízes, 17-22
    Reagan e, 319-320
    relatório da Comissão Brady sobre, 334-342
    Segunda-Feira do Lehman de 2008 *versus*, 18

semana seguinte, 324-329
vendas de outubro anteriores a, 268-280
seguro de portfólio, 132-136, 149-155, 177-179, 188-189, 191-192, 225-226, 234-235, 201-254, 258-260, 269--272, 276, 282, 284-287, 289, 298, 306-307, 315, 318, 327, 344, 354
Senado dos Estados Unidos, 270
    Comitê de Agricultura, 32, 92-93
    Comitê de Operações Bancárias, 174
    eleição de 1980 e, 67
    SEC e, 75-76, 257
serviços imobiliários, 124
Sétimo Circuito de Cortes de Apelações, 97
Shad, John S. R., 10, 38-39, 67-69, 70, 75, 87-88, 92, 122, 138-141, 147-148, 155-158, 169, 182, 215, 228-234, 236-241, 254-256, 267, 347, 352
Shad, Pat, 39
Shearson Lehman Brothers, 248, 316
Shopkorn, Stanley, 303
Singapura, mercado, 321
sistema bancário sombra, 174
sistema de pagamento (rede financeira eletrônica), 208-209
sistema financeiro mundial, 357
Skadden, Arps, Slate, Meagher and Flom, 146
Smelcer, Wilma, 296
Smith, Roger B., 81
Sociedade Federal de Seguro de Crédito e Poupança (FSLIC), 196-199
Solomon, Anthony, 166
Sommer, A. A., Jr. "Al", 72-73

Spear, Leeds and Kellogg, 227
Sprague, Irvine H., 169-170
Sprinkel, Beryl, 278
St. Germain, Fernand "Fred", 184-185
Stoddard, Richard, 83
Stone, James M., 10, 27-29, 31-33, 37, 41, 66-67, 75, 92-93, 346, 353
Stone, Oliver, 27
stop-loss, ordem, 258
"Strategy for Limiting Portfolio Losses" ["Uma Estratégia Para Limitar Perdas de Portfólio"] (Greenebaum), 127
subprime, empréstimos, 355
Suíça, 321
Summers, Lawrence, 355
sunshine trading, 253, 258-260, 344
SuperTrust, 354
swaps de crédito, 18
swaps de taxas de juros, 139, 174
swaps, 139-140, 174-176, 183, 220-221, 336, 342-343, 346

T

taxas de juros alemãs, 274
taxas de juros, 26, 30, 37, 40, 49, 53, 81, 100-101, 102-103, 111, 213, 217-218, 266, 269, 272, 274, 278-279, 281
Taylor, David G., 159, 160, 162-168, 170
Texaco, 180
Thatcher, Margaret, 316
Theobald, Tom, 166, 296-297
Time, 355
títulos de alto risco, 183, 237
títulos de curto prazo do Tesouro, 53-55, 134

futuros, 52-55, 97
títulos de longo prazo do Tesouro, 36--37, 86, 98-102, 198, 236, 270, 272
futuros, 52-53, 87
títulos do Tesouro, 54-55, 101-105, 114, 139, 208-212, 292
futuros, 55-56, 144, 236
opções, 236
títulos lastreados por hipotecas, 36, 49, 86
futuros, 49
"Trials and Tribulations" ["Provações e Tribulações"] (Shad), 241

U

uma ação, um voto, regra, 121-122, 203
União Soviética, 344
Universidade da Califórnia, Berkeley, 11, 12, 44-45, 49, 127-129, 132, 148--149, 151, 279, 230
Universidade de Chicago, 43, 45, 46
Universidade de Harvard, 128
Universidade de Minnesota, 44
Universidade de Stanford, 128
Unruh, Jesse, 180-181, 193-194

V

Vale do Silício, 45
venda a descoberto, 275
Volcker, Paul A., 9, 10, 97, 174
Boesky e, 237, 240-241
calote da Drysdale e, 101-105
carreira posterior, 353
Continental Illinois e, 127, 162-168
Corrigan e, 89-91, 265
crise de S&L de Ohio e, 195-199

crise do Penn Square e, 113-118
crises financeiras e, 141, 346
desregulação e, 124, 246
Diretoria do Fed e, 142, 218
futuros de índices de ações e, 93
futuros financeiros e, 55-56, 191
Glass-Steagall e, 241
inflação e, 40, 120, 217, 266
James Baker e, 193, 218
mercados cambiais e, 167
Quinta da Prata e, 25-29
resignação, 254, 256
Volume Investors, firma de compensação, 219
votos por procuração, 121-123

W
Wall Street Journal, 43, 46, 71, 95, 337
Wang, Nina, 313

Wang, Teh-huei "Teddy", 312-313, 314, 326
Wells Fargo Bank, 47
Wells Fargo Investment Advisors, 47, 234, 259, 289
Williams, Harold M., 10, 26, 27, 28, 31, 33, 36, 67, 72-75
Wilshire Associates, 133
Wilson, Woodrow, 128
Wirth, Timothy E., 137-139
witching hours (fenômeno da terceira sexta-feira), 204-207, 213-214, 223, 229-231, 244-245, 275-276
triple, 204-205, 223, 233
Wunsch, R. Steven, 12, 148-152, 189, 252-254, 258, 260-261, 354

Y
Yeutter, Clayton, 205-206

Este livro foi composto na tipografia Minion Pro,
em corpo 11,5/16, e impresso em
papel off-white no Sistema Cameron da
Divisão Gráfica da Distribuidora Record.